Eine Veröffentlichung des
LVR-Instituts für Landeskunde
und Regionalgeschichte

Berthold Heizmann

unter Mitarbeit von
Dagmar Hänel

Von Apfelkraut bis Zimtschnecke

Das Lexikon der rheinischen Küche

Illustriert von
Thomas Plaßmann

GREVEN VERLAG KÖLN

Lektorat: Thomas Volmert, Köln
Gestaltung: Elmar Lixenfeld, Frankfurt am Main
Gesetzt aus der Barudio und der Alibi

Druck und Bindung: CPI – Clausen und Bosse, Leck

ISBN 978-3-7743-0477-2

Detaillierte Informationen über alle unsere Bücher
finden Sie unter:
www.Greven-Verlag.de

INHALTSVERZEICHNIS

7 Vorwort

11 Abkürzungen

13 Wörterverzeichnis A–Z

270 Literaturverzeichnis

Regionalität ist »in«: Die Besonderheiten von Regionen, Städten und Dörfern werden allüberall herausgestellt – für den Tourismus, fürs Wir-Gefühl in Vereinen, im Sport oder gegen die Nachbarstadt. Wenn es darum geht, was denn eigentlich typisch ist für eine bestimmte Gegend, fallen wohl jedem drei Beispiele ein: Sprache, Bräuche und das Essen. Wer Oberbayern kennenlernen will, muss unbedingt Weißwurst essen, in Hessen gehört der Äppelwoi dazu – und im Rheinland?

Die rheinische Küche ist Thema dieses Buchs. Wer mit offenen Augen durch Buchhandlungen bummelt, weiß, Essen ist sozusagen nationale Kultur. Dort stapeln sich Kochbücher zur italienischen, französischen und japanischen Küche – aber Vorsicht: Weder vom Veneto bis nach Sizilien noch von der Normandie bis ins Elsass kommt italienischer oder französischer Einheitsbrei auf den Teller. Im Gegenteil, nationale Küchen sind bunte Sträuße aus jeweils regionalen Besonderheiten. Eine dieser Essregionen, das Rheinland, wollen wir näher betrachten. Da der Autor Volkskundler ist und Kochen und Essen für ihn zuerst als kulturelle Phänomene interessant sind, ist das Lexikon der rheinischen Küche kein klassisches Kochbuch geworden. Es enthält zwar durchaus Rezepte, aber in erster Linie geht es um die rheinische Küche als Ausdruck von regionaler Kultur und regionaler Identität. Für Volks- und Landeskundler ist es gar nicht überraschend, dass viele sich heute so intensiv mit der heimischen Küche beschäftigen: Regionale Gemüse und Salatpflanzen feiern auf den Wochenmärkten im Rheinland ihre (manchmal recht teuer zu bezahlende) Wiederkehr, und für viele Fernsehsender gehören Berichte über regionale Küchen sowie die entsprechend regional eingefärbten Kochsendungen zum abendlichen Standardprogramm. Dieses große und weit verbreitete Interesse an heimischen Speisen und traditionellen Gerichten hat mit den alltäglichen Erfahrungen von Globalisierung und Mobilität zu tun: Grenzen verschwimmen, die Welt wird unübersichtlicher, der Heimat – was auch immer genau damit gemeint ist – als Ort von Sicherheit und Ruhe kommt große Bedeutung zu. Und die Erfahrung von Heimat, also regionaler Identität, funktioniert unter anderem über das Essen – Essen ist nicht nur die Aufnahme von Kohlehydraten und Vitaminen, sondern ein zentraler Bestandteil jeder Kultur: Was wir essen, wann, wie zubereitet, in welcher Gesellschaft – das verrät viel über die jeweiligen kulturellen Strukturen einer Gesellschaft.

Was aber ist – essensmäßig betrachtet – eigentlich regionale Identität? Eine grundlegende Antwort auf diese Frage kommt aus Straelen: Es gibt hier keine typischen Speisen oder Getränke, die es nicht auch andernorts am Niederrhein gibt. Das lässt uns erst einmal stutzen, um dann aber zu erkennen, dass die meisten als typisch für eine Region empfundenen Gerichte durchaus auch anderswo bekannt sind – allerdings unter Namen, die durch den regionalen Sprachgebrauch etwas anders eingefärbt oder ganz verschieden sein können. Ihren regionalen Bezug erhalten solche Gerichte durch die (Küchen-) Sprache und die Zusammenstellung der verwendeten Zutaten, vor allem aber dadurch, dass sie von den Konsumenten als irgendwie typisch für ihre Region empfunden werden. Es sind oft Gerichte, die man seit der Kindheit kennt und die mit regionalen Traditionen verbunden sind. Es sind für viele Menschen ihre Erinnerungen und Lebenszusammenhänge, die

die regionale Küche so wertvoll machen: Der Name des Lieblingsgerichts in der Sprache der Kindheit, ein Geschmack und Geruch, der mit einem Brauch oder Fest und damit auch mit besonderen Personen verbunden ist, das ist es, was eine als »typisch« empfundene regionale Küche ausmacht. Schließlich nehmen wir über das Essen ein Stück kultureller Tradition auf, es erzählt über unseren Alltag und über unsere Feste.

Als das damalige Amt für rheinische Landeskunde des Landschaftsverbandes Rheinland Anfang der 1980er-Jahre die Umfrage »Nahrung und Speise im Wandel nach 1900« auf den Weg brachte, war nicht abzusehen, wohin dieser Weg führen würde. Rund 300 Erzählerinnen und Erzähler berichteten damals mehr oder weniger ausführlich darüber, wie früher bei ihnen gegessen und getrunken wurde. Angereichert waren ihre Ausführungen häufig mit Mundartausdrücken, die Gerichte, Geräte oder Verhaltensweisen bezeichneten. Wichtig war zudem allen, den sozialen Wert des Essens zu betonen.

Die auf den Berichten basierende zusammenfassende Publikation »Die rheinische Mahlzeit« war innerhalb kurzer Zeit vergriffen. Das in den letzten Jahren immer stärker gewordene Interesse an regionaler Identität und landschaftstypischen Küchen führte nun zu einem Buch der etwas anderen Art: Zum Lexikon überarbeitet, erklärt und beschreibt das vorliegende Buch von A bis Z die rheinische Küche, wie sie sich in den letzten einhundert Jahren entwickelt und verändert hat. Sie hat nämlich weitaus mehr zu bieten als »Halver Hahn«, »Himmel un Ääd« oder »Sauerbraten«: eine Vielzahl an Lebensmitteln, Aufbewahrungs- und Zubereitungsarten, inzwischen vergessenen oder wieder entdeckten regionalen Speisen und Getränken. Den rheinischen Küchenkosmos greifbar, erlebbar, nachfühlbar zu machen, eigene Erinnerungen mit fremden vergleichen zu können und damit unsere unmittelbare Lebenswelt zu erschließen – das ist das Anliegen dieses Lexikons.

Die Fertigstellung dieses umfangreichen Lexikons wäre nicht möglich gewesen ohne die intensive und gute Zusammenarbeit in der Volkskundlichen Abteilung des LVR-Instituts für Landeskunde und Regionalgeschichte. Berthold Heizmann legt eine Gesamtschau seiner rund dreißigjährigen Forschungen über die rheinische Küche vor. Dagmar Hänel als Mitautorin unterzog sich der Mühe, das Manuskript intensiv zu durchleben, lesbarer zu gestalten und – wo immer nötig – auch nicht unwesentlich zu ergänzen. Alois Döring redigierte mit gewohnt scharfem Blick und entdeckte manche Ungereimtheiten, die wir gemeinsam beseitigen konnten. Seinen Ruf als exzellenter Kenner des rheinischen Brauchlebens brachte er hervorragend textlich ein. Peter Honnen aus der ILR-Sprachabteilung gab wertvolle Hinweise auf sprachliche Besonderheiten und verfolgte das Projekt mit großem Interesse. Hildegard Trautmann hielt den Kolleginnen und Kollegen häufig den Rücken für die langwierige Arbeit frei und regte als Rheinländerin durch geschicktes Nachfragen viele neue Erkenntnisse und Sichtweisen an. Corinna Schirmer fiel die Aufgabe zu, die schier unüberschaubare Zahl an Querverweisen zu überprüfen und in einen sinnvollen Zusammenhang zu bringen. Für die Illustrationen sorgte Thomas Plaßmann, der mit liebevollem Strich und viel Verständnis für die Details die rheinische Küche ins rechte Cartoon-Licht rückte.

Ihnen allen gilt unser Dank. Wir sind stolz, dass wir gemeinsam dieses Lexikon präsentieren können: eine Zusammenfassung langer Forschung und interdisziplinären Miteinanders!

Dagmar Hänel und Berthold Heizmann

ADV	Atlas der deutschen Volkskunde
HSTAD	Hauptstaatsarchiv Düsseldorf
LHK	Landeshauptarchiv Koblenz
LVR-ILR	LVR-Institut für Landeskunde und Regionalgeschichte
MKL	Meyers Konversations-Lexikon (siehe Literaturverzeichnis)
MmWb	MitMachWörterbuch (Online unter www.rheinische-landeskunde.lvr.de/kompetenz/sprache)
RhWb	Rheinisches Wörterbuch (siehe Literaturverzeichnis)
STAM	Staatsarchiv Münster

Kursiv gesetzte Zitate beziehen sich im Zusammenhang mit der Ortsangabe auf die Umfrage »Nahrung und Speisen nach 1900« des LVR-ILR aus dem Berichtsjahr 1983. Das gesamte Umfragematerial lagert im Rheinischen Volkskundearchiv des LVR-ILR in Bonn.

Grundlage der einzelnen Stichwörter ist, wenn nicht anders ausgewiesen, die Publikation »Die rheinische Mahlzeit. Zum Wandel der Nahrungskultur im Spiegel lokaler Berichte« von Berthold Heizmann (siehe Literaturverzeichnis).

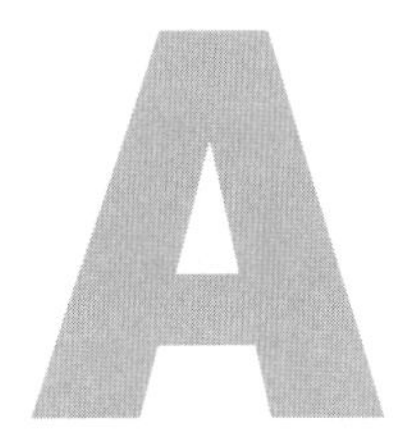

AAL Anguilla anguilla. Der Europäische Flussaal, Fisch des Jahres 2009, ist heute vom Aussterben bedroht. Erst in den letzten Jahrzehnten hat man, etwa durch Satellitenbeobachtung markierter Aale, festgestellt, dass er zum Laichen aus dem Süßwasser der europäischen Flüsse in den Atlantik und dort bis in die Sargassosee wandert. Im Frühjahr wandern die jungen, etwa dreijährigen Aale von den Küsten zurück in die Flüsse.

Nach 1900 wurde der Aal neben dem → SALM der wichtigste Brotfisch der Fischer am Niederrhein. Als Brotfisch bezeichneten sie jene Arten, die die Grundlage für den Broterwerb sicherten. Der beliebte Speisefisch wurde (und wird) gekocht, gebraten und vor allem geräuchert gegessen. (→ FASTENSPEISEN, FISCHGERICHTE)
Aus Troisdorf-Bergheim an der Sieg stammt eine etwas ungewöhnliche Methode des Aalfangs: »Bei Hochwasser wurden die Wiesen an der Sieg überflutet. Wenn das Wasser zurückging, blieben flache Tümpel oder Pfützen in den Wiesen stehen – und die Aale saßen in dem Schlamm drin, die waren da ja gefangen. Das Wasser wurde immer weniger und wir sind dann als Kinder in diese Tümpel gegangen und man merkte immer, wenn man auf einen Aal drauftrat, dann hatte man wieder einen.
So haben wir dann die Fische da rausgezogen und nach Hause gebracht.« In den Notjahren nach dem Zweiten Weltkrieg, aus denen hier erzählt wird, war das eine willkommene Bereicherung des Speiseplans für die Familien.

Das Fleisch des Aals ist sehr fettreich und eignet sich deshalb besonders zum Räuchern. Man kann ihn aber auch braten oder kochen. Das Blut des Aals enthält ein die roten Blutkörperchen auflösendes Gift. Es sollte daher nicht direkt mit der Haut oder Schleimhaut in Kontakt kommen.

AANHOLTSE JONGES Fettgebäck, typisch in Rees und im deutsch-niederländischen Raum Isselburg-Anholt (und auch im Raum Bocholt-Borken, also im Grenzgebiet zwischen Niederrhein und Westfalen).

ÄDÄPPELE Mit Erdäpfeln sind natürlich → KARTOFFELN gemeint. Sie haben zahlreiche regionaltypische Namen. Die Bezeichnung »Erdapfel« wird aus Form und Konsistenz abgeleitet: eine Frucht, die einem Apfel ähnelt, aber in der Erde wächst.

ÄDÄPPELSDAACH Sogar ein eigener Wochentag ist der → KARTOFFEL im Rheinland gewidmet: Mit dem Kartoffeltag ist der Freitag gemeint, denn die Kartoffel galt als → FASTENSPEISE. So haben sich manche Essensgewohnheiten bis heute gehalten, beispielsweise freitags → RIEVKOOCHE zu backen.

»Am Stockfesch- un Ädäppelsdaach (Freitag), sage de ärm Lück, esse mer de Ädäppel met gekreiztem Öllich (Öl, Rüböl), un de Stockfesch setzen dröm eröm.« (Wrede, Sprachschatz)

ADVENTSGEMÜSE Auch → MAIWIRSING genannter Kohl, der im Herbst gepflanzt wird und im Winter auf den Feldern wächst und reift. Das milde Klima der Bonner Bucht bietet die idealen Voraussetzungen für seinen Anbau, daher wird dieser Kohl auch Bonner Advent oder Endenicher Advent genannt. Maiwirsing heißt er wegen seiner Erntezeit, Adventsgemüse, weil er während der Adventszeit (und den ganzen Winter über) wächst – ein ungewöhnlicher Anblick, im Dezember grüne Pflanzen auf den Feldern zu sehen.

ADVENTSKOHL Ähnliche klimatische Bedingungen wie für den → MAIWIRSING bzw. das → ADVENTSGEMÜSE in der Bonner Bucht gibt es auch am Niederrhein und in der Vorderpfalz. Dort wird der im Spätherbst ausgesetzte Kohl (Kopfkohl/Wirsing) ebenfalls als »Adventskohl« bezeichnet und im April/Mai geerntet (Dumont).

ADVENTSZEIT Für uns heute ist klar: Der Advent ist die letzte, heiße Phase des vorweihnachtlichen Einkaufsmarathons. Außerdem bringt er eine Fülle an besonderen Gebäckarten und ist überhaupt eine Zeit des Genusses, etwa auf den beliebten Weihnachtsmärkten.

Kaum mehr bekannt ist, dass diese Zeit vor → WEIHNACHTEN bis ins frühe 20. Jahrhundert in katholischen Gegenden als Fastenzeit galt. Ebenso wie vor dem → OSTERFEST waren 40 Tage Weihnachts- oder Adventsfasten üblich. Es begann nach dem Martinstag (→ SANKT MARTIN). Die auch im Rheinland verbreitete Martinsgans ebenso wie der 11.11. als Beginn des → KARNEVALS waren also letzte Gelegenheiten zu Gaumenfreuden und ausgelassener Fröhlichkeit. Und die typischen Adventsgebäcke sollten nicht wie heutige Weihnachtsplätzchen sofort verzehrt werden, sondern erst zum Fest selbst: Spekulatius und → PRINTEN, PFEFFERNÜSSE, LEBKUCHEN, STOLLEN, HONIGPLÄTZCHEN und ZIMTSTERNE lassen sich eben deshalb gut aufbewahren. Manche von ihnen schmecken erst nach einigen Wochen richtig gut. Viele dieser traditionellen Adventsgebäcke haben außerdem eine religiöse Symbolik, die auf ihre Funktion im Weihnachtsfestkreis verweist, beispielsweise der Christstollen, der das Christkind in der Krippe symbolisiert (Döring). Spekulatius und Lebkuchen gehörten auch zu den traditionellen Gaben bei winterlichen Heischegängen wie dem Dreikönigssingen. Doch ausnahmsweise waren die besonderen Köstlichkeiten auch in der Adventszeit erlaubt: Der Nikolaustag, der 6. Dezember, war einer der Termine, an denen Fastendispens herrschte; ebenso galten an den Adventssonntagen weniger strenge Regeln. Zudem waren gerade die besonders gewürzten Backwaren schon im Mittelalter als Krankenspeise beliebt – und Kranke unterlagen sowieso nicht den Fastenregeln.

Gerade am typischen Adventsgebäck zeigt sich der Wandel, der sich bei Herstellung und Handel mit Lebensmitteln und auch bei unseren Ernährungsgewohnheiten seit dem 19. Jahrhundert vollzogen hat, besonders deutlich. Damals begann die industrielle Fertigung der Backwerke, die vorher in den Familien selbst hergestellt worden waren. Der immer preiswerter werdende Kristallzucker ersetzte zunehmend die alten Süßmittel → RÜBENKRAUT und HONIG, und die industriell hergestellte Schokolade in allen denkbaren Formen hat heute Lebkuchen und Spekulatius längst aus den Top Ten der Lieblingssüßigkeiten verdrängt.

Inzwischen können wir bereits im September die typischen Advents- und Weihnachtsgebäcke (aber auch die Schokoweihnachtsmänner) im Supermarkt kaufen, was unter anderem mit der zunehmenden → INTERNATIONALISIERUNG der Nahrungskultur zusammenhängt.

Aus der vierwöchigen Adventszeit ist die bis zu 16 Wochen dauernde Vorweihnachtszeit des Einzelhandels geworden. Kommentar einer Supermarkt-Leiterin: »Finde ich eigentlich nicht gut, aber die Kunden wünschen das so!« Die Kirchen versuchen die Bedeutung der Adventszeit wieder stärker ins Bewusstsein zu rücken, beispielsweise durch die Aktion »Advent ist im Dezember«, die unter anderem dazu aufruft, Spekulatius und Lebkuchen erst in der Adventszeit zu kaufen und zu essen (www.advent-ist-im-Dezember.de).

ÄRPELKNÖTSCHER Kartoffelstampfer (Niederrhein). → KNÖTSCHER

ALLERHEILIGEN Papst Gregor IV. legte im Jahre 835 als Termin für das Allerheiligenfest in der abendländischen Christenheit den 1. November fest. Dieser Gedenktag der Heiligen und des neuen Lebens, in das die Heiligen bereits eingegangen sind, ist mit dem Allerseelentag am 2. November gewissermaßen zu einem Doppelfest zum Gedenken an alle verstorbenen Gläubigen verschmolzen.

Nach populärreligiösen Vorstellungen können die Lebenden die Leidenszeit der Seelen der Verstorbenen im Fegefeuer durch Werke der aktiven Nächstenliebe abkürzen, etwa durch Patengeschenke oder Heischegaben an Kinder. Üblicherweise gab man früher den Bettlern am Allerseelentag reichlich Brot für die bevorstehenden Wintermonate.

In manchen Ortschaften in der Pfalz ist schon im 16. Jahrhundert eine Kornspende bezeugt, die als »Seelzopf« oder »Seelbrezel« gebacken wurde. In anderen Regionen schenkte man seinem Patenkind den »Seelenwecken«. Als Dank für diese Gabe sagte man: »Vergelt's Gott für die armen Seelen.« Im Kreis Paderborn bekamen die Kinder am Allerheiligenabend Äpfel und Nüsse. In manchen Eifelortschaften sammeln bis heute die Junggesellen Spenden für die Kirche (z. B. für Altarkerzen oder für heilige Messen) und erhalten Obst oder Schnaps als Belohnung.

ALSE In Mitteleuropa gibt es zwei Arten von Süßwasserheringen: die Finte (Alosa fallax) und die Alse (Alosa alosa). Beide leben als erwachsene Tiere im Meer und steigen zur Laichzeit im Frühjahr in die Flüsse auf. Während die Finten vor allem in Norddeutschland bekannt sind, wandern die Alsen unter anderem in den Rhein und werden als → MAIFISCH gerne gefangen und verzehrt. Ihr schmackhaftes Fleisch lässt sich gut backen, braten und grillen, die »Filets eignen sich für alle Zubereitungen« (Dumont). Die weiblichen Tiere sind größer und fetter (RhWb).

ALSEM Bezeichnung für die Wermutpflanze (Artemisia absinthium L.) bzw. den »Wermutschnaps, auch Älzbettere genannt« (RhWb).

ALTBIER Obergäriges → BIER, meist kurz Alt genannt, das am gesamten Niederrhein getrunken wird. Die Farbe kommt vom heißer getrockneten und daher dunkleren Malz. Der Name hat natürlich nichts mit dem Alter des Biers zu tun, sondern bezieht sich auf die früher allgemein übliche »alte«, nämlich obergärige Brauweise.
→ GETRÄNKE IM 19. JAHRHUNDERT

AMBULANTER HANDEL → EINKAUF UND SELBSTVERSORGUNG

ANDULSCH Von »Andouille«; das ist eine »berühmte französische Wurst aus Kalbsgekröse, Schweinemagen und Schweinebauch, pikant gewürzt und gekocht« (Gorys); nach einer anderen Quelle aus dem Jahr 1894: »feine französische

Würstchen aus Schweine- oder Kalbfleisch, die besten aus Troyes« (MLK). Heute ist die »Andouille de Vire« aus dem gleichnamigen Ort in der Normandie besonders bekannt.

Unter dem Stichwort »Andulge« findet man im Rheinischen Wörterbuch eine anschauliche Beschreibung ihrer Herstellung: »Darmwurst, die dann bereitet wird, wenn bei der Herstellung der beliebten Blutwurst (Freip) noch Schweinedärme übrig bleiben, da kein Gefüllsel mehr für sie vorhanden ist. Alsdann werden diese Gedärme übereinandergezogen, gesalzen, gepfeffert, geräuchert u. in Erbsen gekocht, auch als Salat (fein gehackt) genossen« (RhWb).

Aus Kirf bei Saarburg wird über die Zubereitung dieser Darmwurst berichtet: *Die Mastdärme des Schweins wurden tadellos gesäubert und einige Tage in Essigwasser gelegt. Nach einigen Tagen wurden sie eingesalzen (egesolpert) und danach (zur) Abtrocknung an einer Schnur aufgehangen und ein größerer Darm darübergezogen. (Zusatz: Die »Wurst« wurde, wie alles andere Fleisch auch, in der strammen Nachwinterluft getrocknet ...) Nur wurde das Ganze normal geräuchert. Ein kleines Schwein brachte eine »Wurst«, ein großes deren zwei ... hat recht kräftig (stramm) geschmeckt.*

ANIS Pimpinella anisum, ein Doldenblütler, wurde schon in der Antike als Heilpflanze genutzt. Die ölhaltigen Samen oder das Anisöl werden in unterschiedlichen Formen bei Verdauungsstörungen und Erkältungskrankheiten angewandt, Anis wirkt schleimlösend und antibakteriell.

Das ätherische Öl mit seinem intensiven Aroma wird vor allem als Beimischung für Spirituosen und Liköre verwendet, beispielsweise für Anisette, Pastis, Raki, Ouzo und Absinth. Auch für Konditorerzeugnisse, für Backwaren, Soßen, Salate und Gemüse wird Anis verwendet. Es ist außerdem eine wichtige Zutat für Lakritz und Hustenbonbons.

Archäologische Funde haben gezeigt, dass Anis schon im 14. vorchristlichen Jahrhundert auf Kreta verwendet wurde, um Wein zu würzen. Pythagoras von Samos schwärmte um 550 v. Chr. von mit Anis gewürztem Brot. Ins nördliche Europa und damit auch ins Rheinland gelangte Anis als Brotgewürz im 14. Jahrhundert.

Schnell wurde Anis auch ins Brauchleben aufgenommen: Vielleicht aufgrund seiner wohltuenden Wirkung bei Krämpfen und Blähungen wurde mit Anis gewürztes Gebäck zu einem wichtigen Element der niederrheinischen Bräuche rund um die Kindstaufe: Der Storch brachte sowohl auf der deutschen als auch auf der niederländischen Seite der Grenze nicht nur das Baby, sondern auch Anisplätzchen für die Geschwisterkinder (RhWb); Aniskuchen oder

Anisschnittchen gab es zur Taufe. Den mit Anis bestreuten Zwieback, das Anisbeschütchen, konnte die Hausfrau zu jeder Gelegenheit reichen, ebenso Anisbranntwein, einen süßen Schnaps.

Eine Spezialität in Elten am Niederrhein waren die Anis-Prölleken: Dort wurde am Schlachttag für Kinder ein Mehlwürstchen mit Korinthen und Anis hergestellt, das Anis-Prölleke oder → PRÖLLEWÖRSKE genannt wurde. Übrigens bedeutet noch heute »Pröll« im Rheinischen »wertloses Zeug« oder »Plunder« (Honnen, Kappes).

APFEL Das Rheinland liegt auf Platz vier der deutschen Apfelanbaugebiete nach dem Alten Land bei Hamburg, der Bodenseeregion und Sachsen. Auf rund 2400 Hektar stehen in NRW über acht Millionen Obstbäume, zwei Drittel (= 1600 Hektar) davon allein im Regierungsbezirk Köln, vor allem in der Region um Bonn. Wichtigster Abnehmer für die Obstbauern in der Region ist Landgard in Roisdorf, früher Centralmarkt Rheinland, eine 1920 gegründete Genossenschaft.

Von den rund 2700 in Deutschland angebauten Apfelsorten werden lediglich etwa 25 im Erwerbsobstbau kultiviert. Davon werden wiederum noch sieben (Boskoop, Cox Orange, Golden Delicious, Elstar, Gloster, Jonagold, Granny Smith) vorzugsweise im Handel angeboten. Im Vergleich dazu ist die typisch rheinische Apfelsorte Berlepsch aufwändig zu pflegen und geht daher im Anbau zurück, vermutlich auch der Boskoop. Der rheinische Winterrambur ist praktisch verschwunden.

APFELBLÜMCHEN *Kohlensäurehaltiges Getränk, gesüßt, mit leichtem Apfelaroma* (Köln) oder auch *Apfelsaft* (Köln).

APFELKRAUT Als Apfelkraut bezeichnet man einen zu zähflüssigem Sirup eingedickten Apfelsaft, der als Brotaufstrich, Backzusatz und Süßmittel dient. Vor dem Beginn der industriellen Zuckerherstellung im 19. Jahrhundert war Apfel- oder auch Birnenkraut ein verbreitetes Süßmittel. Je höher der Zuckergehalt des Sirups war, umso haltbarer war er, daher wurden den Äpfeln häufig die süßeren Birnen zugemischt. Eine Variante aus Lüttich enthält außerdem Datteln (Délice de Liège), auch Aprikosen eignen sich. → KRAUT → KONSERVIERUNG, BROTAUFSTRICHE

Heute wird Apfelkraut häufig mit dem Hinweis »100 % Fruchtanteil ohne Zuckerzusatz« beworben und gilt in vielen Familien als angenehme und gesunde Abwechslung zu herkömmlichen Brotaufstrichen. Apfel- oder Obstkraut kann man zudem als selbstgemachte Spezialität etwa in Bauernläden kaufen. Gerade im Zusammenhang mit Bio- und Vollwerternährung spielt Apfel-, aber auch Birnenkraut eine wichtige Rolle: Als traditionelles Süßmittel wird es hier wiederentdeckt; seine vielseitige Verwendbarkeit ermöglicht eine Reduktion des Verbrauchs von Kristallzucker.

APFELMUS Ein einfaches Gericht: Äpfel werden gekocht und zu Mus gestampft beziehungsweise durch ein Sieb gestrichen. Ins Apfelmus kam früher auch das Fallobst, das so noch verarbeitet und genutzt werden konnte. Kombiniert wird Apfelmus bis heute mit → RIEVKOOCHE (Reibekuchen mit Apfelmus und Kraut), es ist wichtiger Bestandteil von → HIMMEL UN ÄÄD und schmeckt auch als Nachtisch oder Beigabe zu herzhaftem Eintopf. Mit Apfelmus lassen sich Milchsuppen und Breispeisen ebenso verfeinern wie Pfannkuchen. → APPELTAAT wird mit Apfelmus bestrichen. Und Kindern schmeckt der Apfel in dieser Form besonders gut – es verwundert also nicht, dass Hersteller moderner Babykost immer auch Apfelmus im Glas im Angebot haben.

APOSTEL, LACKIERTE Lackierte Apostel nennt man in Koblenz und Bad Godesberg ein Kartoffelgericht: »gestovte« Kartoffeln. »Stoven« bedeutet im Niederdeutschen »Dünsten«. Das »gestovte« Gemüse (außer Kartoffeln lassen sich auch grüne Bohnen, Blumen- und Weißkohl auf diese Weise zubereiten) wird in einer mit Milch aufgegossenen Mehlschwitze serviert.

APOSTELSUPPE Als Apostelsuppe wird im Rheinland eine Suppe bezeichnet, die man traditionell an → GRÜNDONNERSTAG nach dem

Gottesdienst aß. Sie wurde mit zwölf verschiedenen Kräutern zubereitet. »Wer zuerst den Löffel in die Suppe steckte, hieß der Judas« – so ein aus Selfkant überlieferter Brauch zu diesem Essen (RhWb).

APOSTELWEIN Wer »Apostelwein« bestellt, riskiert, einfaches Wasser vorgesetzt zu bekommen. Neben dieser zugegebenermaßen frugalen Bedeutung gibt es mit dem Rüdesheimer Apostelwein von 1727 noch eine berühmte und kostspielige Version. Von diesem als »Jahrhundertwein« bezeichneten Jahrgang lagert im »Bremer Ratskeller« ein Fass: Bei besonderen Gelegenheiten wird eine Flasche abgefüllt: Für 0,375 l zahlen Weinsammler zwischen 14.750,– (www.jahrhundertweine.de) und 16.500,– Euro (www.weinikonen.de, 2009-09-15). Welches Geschmackserlebnis erwartet den Genießer eines solchen Tropfens? »Dunkelbraun, faszinierende Nase, halbtrockener Sherry, Teer, Kaffeetöne, altes, leicht verrottetes Leder, bleibt in der Nase schön, verliert aber sehr schnell am Gaumen und wird säuerlich. Trotzdem faszinierend, dass solch ein Wein überhaupt noch trinkbar ist« – so ein Kommentar in einem Internetforum.

APPELTAAT Apfeltorte. Es handelt sich um einen Hefeteig, der flach ausgerollt und mit Apfelscheiben oder Apfelmus belegt wird. Über die Apfelfüllung kommen kreuzweise Teigstreifen, »Riemchen« genannt. Ohne die Riemchen heißt der Kuchen »Apfelfladen«. In gleicher Art werden auch Aprikosen (Aprikosentaat) verarbeitet. In Viersen heißt diese Art Kuchen Appels-, Prumme-, Remmkes- oder Strippkestaat, in Mönchengladbach Remkestaat und im Stadtteil Rheydt Ledderkestaat.

Appeltaat ist vor allem am Niederrhein bekannt und beliebt. In Süchteln bei Viersen war der Kuchen gar Namensgeber für eine Kirmes, die Appeltaate-Kermes zum Imgardisfest (4. September). Dort wurden kleine halbrunde, mit Apfelstückchen und Apfelkompott gefüllte Hefeteilchen (Apfeltaschen oder Apfeltörtchen) verkauft. Heute gibt es einen Bäcker, der auf dem Heiligenberg in Süchteln während der Oktav »Apfeltörtchen« verkauft. Kein Wunder, dass Appeltaat auch ein beliebtes Mitbringsel von den niederrheinischen Wallfahrtsorten (Kevelaer, Marienbaum / Niederrhein, Süchteln) ist. Auch als Beerdigungskuchen ist die Appeltaat verbreitet, allerdings wird zu diesem Anlass auf die Sahne verzichtet. (MmWb, RhWb)

ARMELEUTE-ESSEN So manches Gericht hat bis heute den Beinamen »Armeleute-Essen«. Oft sind negative Erinnerungen mit solchen Nahrungsmitteln verbunden, beispielsweise den Steckrüben, die viele ältere Menschen noch aus den Notzeiten während und kurz nach dem Zweiten Weltkrieg kennen:

1946, der Opa war in Kriegsgefangenschaft, ich war mit den drei Kindern bei den Schwiegereltern im Haus. Steckrübensuppe gab's da jeden Tag, manchmal hatten wir ein kleines Stück Speck, das wurde mitgekocht, damit schmeckte es ein bisschen besser. – Für meine Großmutter weckte die Steckrübe immer die Erinnerung an eine traumatische Lebensphase, dieses Gemüse kam bei ihr ebenso wenig auf den Tisch wie Brennnesselspinat oder Graupen. Auch auf die Idee, einen Salat mit jungen Wildkräutern wie Giersch oder Löwenzahn zu verfeinern, wäre sie nie gekommen. Denn so etwas isst man nur, wenn es gar nichts anderes gibt.

Mit »Armeleute-Essen« und »Notspeisen« sind übrigens eigentlich zwei unterschiedliche Dinge gemeint: Notspeisen sind solche Gerichte, die in Krisenzeiten, der Not gehorchend, einfacher ausfielen oder mit verfügbaren Ersatzstoffen hergestellt wurden. Sie sicherten das Überleben – und zwar in allen sozialen Schichten.

Auf der andereren Seite gibt es eine Reihe von Speisen, denen prinzipiell der Ruch der Ärmlichkeit anhaftet. Wie so häufig im richtigen Leben überlappen sich beide Bereiche, und vielen ist der Unterschied gar nicht bewusst.

Ein Krefelder Ehepaar, er 1917, sie 1925 geboren, kennt noch die ganze Palette der Armenspeisen, wie sie in Stadt und Land bis nach dem Zweiten Weltkrieg üblich waren:

- *Pfannkuchen aus geschrotetem Korn (Nachlese auf den Feldern)*
- *gequetschter Hafer zu Haferschleim*
- *Pellkartoffeln mit Magerquark*
- *Schwarzbrot in Öl getunkt*
- *Suppen aus Weißkraut- oder Wirsing-Blättern*
- *Schwarzbrot, belegt mit zerquetschten Bratkartoffeln*
- *Schwarzbrot, mit Schweineschmalz und Salz bestreut*
- *Schwarzbrot mit Panhas (Wurstbrühe nach dem Schlachten, eingedickt mit Buchweizenmehl)*
- *Schwarzbrot mit Brotaufstrich aus Öl, mit Mehl eingedickt*
- *im Wechsel nur Grün- oder Weißkohl*
- *Wirsing durcheinander gekocht*

Ergänzend heißt es aus Griethausen, heute ein Stadtteil von Kleve: *Auch »Papp« = Milchsuppe mit Mehl (ohne Klümpchen) und eingebrocktem Brot war ein einfaches Essen. Kartoffelsalat mit Würstchen galt uns schon als »gehobene« Kost. Bohnen aus der Tonne und Sauerkraut galten wohl als »Notstopfen«. Steckrüben waren Viehfutter; sie wurden auch im schlechtesten Winter kaum akzeptiert.*

ARMELEUTE-ESSEN, **BROTBELAG**
Selbst in strengen Notzeiten galt Brot ohne Belag (»trocken Brot«) als inakzeptable Armenspeise *und wurde von der Mutter nur ungern*

gesehen ... »Don der doch jet drop, du bruchs doch kei drüch Brut ze esse!« (Königswinter). Statt Käse oder Wurst kamen in solchen Zeiten Rübenkraut und gestampfte Kartoffeln aufs Schwarzbrot (Aldekerk, Kerken/Niederrhein). Auch die Reste vom Grünkohl wurden – unter anderem in Kerken – wieder warm gemacht und als Brotaufstrich verwendet.

ARMELEUTE-ESSEN, **EINTOPF** Eindeutig in die Kategorie der Armenspeisen gehören auch viele Eintöpfe, vor allem dann, wenn sie, wie in Mönchengladbach-Neuwerk, ohne Fleisch gekocht wurden: Gemüsesuppen aus Bohnen, Erbsen, Linsen, häufig mit viel Wasser verlängert und höchstens mit einem Schweinspfötchen verfeinert (Emmerich), oder Restesuppe mit Speckschwarten wie in Rees. *Gerstensuppe galt als Armeleute-Essen* (Köln, ähnlich in Oeverich bei Bad Neuenahr), ebenso Gerste allgemein, Graupen und Graupensuppe, Kohlsuppen, Roggenmehl- und Brotsuppen. Auf dem Hunsrück, der Heimat von Nudeln und Mehlspeisen, galt Brotsuppe als Armenspeise, und in Winterspelt in der Eifel zählten Knödel und Ziegenmilch dazu.

ARMELEUTE-ESSEN, **FISCH** Ein klassisches Armeleute-Essen war der Stockfisch: *Früher konnte man Stockfisch bereits gewässert und aufgeweicht in der Fischhandlung kaufen. Der Stockfisch musste in Salzwasser etwa eine Stunde lang mehr ziehen als kochen; dazu gab es Salzkartoffeln. Als Soße reichte man heißes Rüböl mit gebratenen Zwiebelscheiben. In Holland kann man heute noch Stockfisch kaufen. Es gibt ihn dort trocken und in gewässertem Zustand. In Köln ist der Stockfisch aus dem Angebot der Fischgeschäfte verschwunden, wahrscheinlich weil es zu umständlich und langwierig ist, ihn aufzuweichen. Früher gehörte er zu den billigsten Fischarten und wurde fast zu den Armeleuteessen gezählt.*

Auch der Hering war als armselige und magere Speise bekannt – zumindest vor dem Zweiten Weltkrieg. Aufschluss darüber und auch über andere einfache Gerichte gibt ein Bericht aus Griethausen (Kleve): *Zu unserer Zeit war der*

Hering ein ausgesprochenes Armeleute-Essen. Er wurde in Tonnen geliefert, mit einer Holzzange aus der Brühe genommen und einzeln verkauft. Alle Welt war scharf auf die Zwiebeln als Beilage. Grüne Heringe wurden in der Pfanne gebraten. Die selbst eingelegten Fische zu Hause schmeckten am besten. (→ STREICHHERING)

ARMELEUTE-ESSEN, FLEISCH

Fleisch, wenn es denn auf den Tisch kam, unterlag ebenfalls unterschiedlichen Wertungen. Gelängte Frikadellen etwa, also mit Schwarten, Brot etc., waren sowohl Ersatz- als auch Armenessen. Gleiches galt zum Beispiel für eine Art Gulasch *aus gekochtem Rindfleisch. Kleine Stücke mit Lorbeerblatt und Zwiebel sauer angerichtet* (Rees), für Freibank- und amerikanisches Gefrierfleisch, Pullwurst (Hückeswagen), Wurstbrühe und natürlich für die → GERÄTSCHAFTEN des Schweins: *Als Armeleuteessen galten unter anderem Schweinepfötchen, Schweineohren, Schweinekopf, es gab Leute, die nichts vom Schweinkopf aßen. Daher stammt wohl auch der Ausdruck: Haat-r nix va Puten on Uhre.* (Harzelt/Selfkant) Ausgenommen war jedoch das Eisbein, *das ist ja eine Spezialität!* (Aachen). Dazu gehörten aber Euter mit Mangold (Meerbusch-Osterath, Meerbusch) oder Euter pur (Aachen), Pferdefleisch, Lunge bis hin zum Schabefleisch, das es jeden Mittwoch für arme Leute beim Metzger gegeben habe (Köln) – verpönt und doch gegessen. Die einfache Blutwurst galt in der Gegend um Aachen und in Moers als ausgesprochenes Armeleute-Essen. In Niederdollendorf / Siebengebirge als → »FLÖNZ« (der Zusatz Flöpp meint die einfache Leberwurst) und in Rees mit Stampfkartoffeln serviert, schätzte man sie schon eher.

ARMELEUTE-ESSEN, KARTOFFELN

Der → KARTOFFEL haftete seit den ausgedehnten Notzeiten im 19. Jahrhundert der Ruch höchst einfacher Speise an. Und was ein Mannebacher Landwirt (Eifel) für die Zeit um 1910 schreibt, hatte schon sehr viel früher und auch noch später Gültigkeit: *Bratkartoffeln (eigentlich Kartoffeln überhaupt) wurden als Armeleuteessen angesehen. Es gab: morgens Bratkartoffeln mit (Malz-)Kaffee – mittags Kochkartoffeln mit (Malz-)Kaffee – abends Kaffee mit Bratkartoffeln!* Erstaunlicherweise wird für Bonn in den Jahren nach 1910 der »Knüles« in dieser Rubrik geführt: Bestand dieser → KESSELKUCHEN doch aus Kartoffeln, Speckwürfeln oder / und grober Bratwurst sowie Rosinen – einer durchaus reichhaltigen Rezeptur also.

Gerade Kartoffeln und Mehlspeisen galten als ganz normales und übliches Armeleute- und Notzeiten-Essen, wie ein Blick zurück in die Speisepläne des 18. und 19. Jahrhunderts belegt. Die Speisefolge war wenig abwechslungsreich, und Fleisch kam auch bei der ländlichen Bevölkerung nur selten auf den Tisch. Brot, Kartoffeln, Getreidebrei, Hülsenfrüchte und Kohl waren Hauptnahrungsmittel sowohl ländlicher Unterschichten als auch der Industriearbeiter in den Städten. → ERNÄHRUNG IM 19. JAHRHUNDERT

ARMELEUTE-SPARGEL Weil der echte Spargel bis heute als ein recht exklusives Gemüse gilt, hat sich für die preisgünstigeren Alternativen schnell der Begriff »Armeleute-Spargel« eingebürgert. Meist ist damit die → SCHWARZWURZEL gemeint, gelegentlich auch → MANGOLD (die Stiele können ähnlich zubereitet werden wie Spargel). In Wassenberg wird Porree/Lauch als Armeleute-Spargel bezeichnet.

ARMER RITTER Eine einfache Süßspeise, für die Weißbrot- oder Zwiebackscheiben in Milch eingeweicht, paniert und in Fett gebraten und manchmal auch noch mit Zimt und/oder Zucker bestreut werden.

ASBERGER SCHINKEN Aus Rheinhausen-Hochemmerich ist bekannt, dass Männer im Schichtdienst Asberger Schinken als Pausenmahlzeit mitbrachten. So hieß mit → RÜBENKRAUT bestrichenes Brot.

ASCHENKONSERVIERUNG → KONSERVIERUNG, FLEISCH

ASCHERMITTWOCH → FASTENSPEISEN, ASCHERMITTWOCH

AUGUSTEIER *Eier wurden im August (vor der Mauser) in Kalklösung eingelegt oder einzeln in Zeitungspapier gewickelt* (Eschweiler), in Willich-Schiefbahn und Gey/Dürener Land ebenso, in Mengerschied/Hunsrück mit dem Zusatz »Sie hielten sich bis zur Weihnachtsbäckerei« (RhWb). Das Einlegen war nötig, weil Hühner während der Mauser im Herbst, wenn sie ihr Federkleid wechseln, keine Eier legen.

B

BABBELKEN »(Plural: Babbelkes) Bonbon … Diese Sorte Bonbons lutscht man am Niederrhein und in Teilen des Ruhrgebiets« (MmWb).

BACHEMER BUTTER → RÜBENKRAUT. In Bachem nahe Bonn gab es früher mehrere Fabriken, die diesen Brotaufstrich herstellten.

BACKEMÜES In Aachen-Land und im Niederbergischen *gedörrte Birnen- und Apfelschnitzel*. Im Aachener Stadtteil Krauthausen bekannt als *»Spiess« aus getrockneten Birnen = »Backemües« mit getr. Äpfel u. Pflaumen*. In Aachen-Kornelimünster bedeutet der Ausdruck lediglich »süsse Äpfel« (RhWb).

BACKTAG → EINKAUF UND SELBSTVERSORGUNG, BACKTAG UND BROT, BÄCKEREIEN

BÄCKER/BÄCKEREI → EINKAUF UND SELBSTVERSORGUNG, BACKTAG UND BROT, BÄCKEREIEN

BALKENBREI Am linken unteren Niederrhein »ein aus Wurstbrühe u. Mehl, meist Buchweizenmehl, gekochter steifer Brei. Das Wasser, in dem die edlen Eingeweide, später Würste gekocht sind u. das bei dem Springen mancher Würste vielfach Wurstteig enthält, wird mit Buchweizenmehl so lange aufgekocht, bis die Masse ganz steif ist. Dieser Brei wird kalt gestellt und nachher in der Pfanne gebraten; es können auch Speckgrieben, Blut, Fleischreste hinzugetan werden. Hat die Mutter B. gekocht, so gibt sie wohl den Kindern ein Stück auf den Teller, meist in der Mitte ein Külke, füllt dieses mit Butter u. dann kann das Kind Stückchen abstechen u. diese in Butter stippen. Die Mutter sagt: Stipp int Külke!« (RhWb) → PANHAS

BAUMBUTTER Apfelmus (Hürth und Üxheim/Eifel). → PRÜP

BEAMTENSTIP Beamtenstip wurde früher in Köln von den preußischen Beamten gegessen, wenn das Geld am Ende des Monats knapp wurde. Dieses einfache und preiswerte Gericht auf der Basis von Hackfleisch und Gewürzgurken wurde meist zu Kartoffeln gegessen. Es schmeckt aber auch mit Nudeln oder herzhaften Körnerbrötchen, denn durch das Schmoren entsteht ein würziger Bratenfond.

BEEREFLAARE »Hefekuchen mit einem Musbelag aus getrockneten Birnen« (Mengerschied/Hunsrück). Im RhWb findet man unter »Beerenfladen«: »Hunsrück … mit B. schmier belegter Fladen«.

BEES Ein am Niederrhein verbreiteter Likör/Aufgesetzter. Aus Rees ist die Zubereitung überliefert: *Von schwarzen Beeren, auch von anderen Früchten, gab es Liköre oder Bees. Die Früchte legte man in einen Krug, Zucker dazu, mit Korn begießen. Nach 1/4 Jahr war es ein schönes Getränk! Bis zur neuen Ernte!* In Xanten wurden »Kirschen mit Kornbranntwein, echter Vanille, Kandiszucker zu Likör aufgesetzt, genannt Bees«.

BELSTER In Aachen-Kornelimünster wurde eine luftgetrocknete Wurst aus Speck, Magerfleisch und Rindfleisch Belster genannt. Belegt ist für Eupen, Aachen und Düren der Name Bälster für »in den Mast-, Dickdarm gefüllte, geräucherte Schlacht-, Block-, Cervelatwurst« (RhWb).

BEMME Bemme oder auch Bämme/Bamme ist eine von der Köln-Bonner Bucht bis zum linken Niederrhein bekannte Bezeichnung für ein belegtes Brot. Vermutlich ist es eine Verballhornung des niederdeutschen/-ländischen → BOTTERAM FÜR BUTTERBROT (RhWb).

BENNEKESWIES In Emmerich wurde der Fisch bennekeswies (körbchenweise) zu 30 bis 50 Stück versteigert. Eine Benne ist laut Rheinischem Wörterbuch ein »grösserer Korb mit zwei Handhaben, ohne Bügel«.

BERGAMOTTE **1.** Birnensorte: *kleine, rundlich kurze Birne, die beim Kochen fest blieb und nicht zerfiel* (Köln).

2. Citrus bergamia Risso et Poit. Blassgelbe Bitterzitrone, »Kreuzung aus Bitterorangen und Limetten« (Uhlich). Diese Pflanze wird vor allem für Parfüm und Duftöle verwendet, aromatisiert aber auch Biskuits und Tee. Das Bergamotte-Duftöl ist ein wichtiger Bestandteil von Kölnisch Wasser und gibt dem Earl-Grey-Tee sein unverwechselbares Aroma.

BERGISCHE KAFFEETAFEL Von einer Bergischen Kaffeetafel steht wohl niemand hungrig auf. Heute wird sie kommerziell in vielen Cafés und Restaurants des Bergischen Landes im Rahmen der »Regionalen Küche« angeboten. Eine Änderung findet man dabei häufig: Die Waffeln werden nicht mehr wie früher mit Milchreis serviert, sondern mit heißen Kirschen, in der Luxusvariante mit Kirschen, einer Kugel Vanilleeis und Sahne, was bei den Kunden so gut ankommt, dass sich dies als »typische« Zusammensetzung der Bergischen Kaffeetafel durchzusetzen scheint.

So reichhaltig wurde der Tisch früher zu Hause natürlich nicht jeden Tag gedeckt. Nur zu besonderen Anlässen wie Familientreffen, Jahresfesten und natürlich auch zur Kirmes gehörte die Bergische Kaffeetafel dazu. In einer Beschreibung, die aus Kreckersweg bei Wermelskirchen kommt, wird deutlich, dass es sich um eine üppige Festtafel handelte:

Die gab es, wenn größeres Familientreffen war und die Verwandten »aus der Stadt« kamen. Das wurde bei uns so gehandhabt: Am Vortage wurde Reisbrei gekocht, der stundenlang gerührt werden musste; der wurde dann in Schüsseln gefüllt u. erkaltet mit Zimt und Zucker bestreut; einige Zeit vor dem Eintreffen der Gäste wurde schon der Waffelteig zubereitet, dann wurde das Herdfeuer hochgeheizt u. d. Waffeleisen vorgewärmt, aber mit dem Backen der Waffeln wurde erst begonnen, wenn der Besuch am Ende der Straße in Sicht war (vom Beobachtungsposten am Fenster ging der Ruf in die Küche: »do kummen se!«). – Die Kaffeetafel wurde traditionsgemäß immer mit Brezeln und Zwiebäcken, die in Kaffee »gezoppt« wurden, eröffnet. – Inzwischen waren dann nämlich einige Runden Waffeln fertig geworden, sodass einige Gäste mit dem Waffelessen beginnen konnten. Die nächsten bekamen dann nach und nach den frischen Nachschub aus der Küche. Die Waffeln wurden mit Reisbrei belegt u. mit Zimt und Zucker bestreut. – Auf der »Bergischen Kaffeetafel« standen noch verschiedene Brotsorten (Rosinenstuten, Schwarzbrot) und selbstgemachte Käsesorten (Klatschkäs, Kochkäs, Eierkäs).

Ob es sich immer schon um ein eigenständiges Gericht gehandelt hat oder eher um eine wechselnde Zusammenstellung von Einzelgerichten, deren Zahl und Art abhängig war von der Finanzkraft des Gastgebers, bleibt fraglich.

BERGLEUTE, ERNÄHRUNG Das Ruhrgebiet, dessen Westen zum Rheinland gehört, ist zum Teil bis heute geprägt vom Bergbau und der Schwerindustrie. Im späten 18. Jahrhundert begann vor allem hier die Industrialisierung in Deutschland. Erste Zentren der Frühindustrialisierung entstanden außerdem im Bergischen Land, so etwa 1784 in Ratingen die erste mechanische Baumwollspinnerei. Die Dampfmaschine und weitere nun verfügbare Techniken machten ab der Mitte des 19. Jahrhunderts die Entwässerung von Gruben unter der Grundwasserlinie möglich. Erste Tiefbauzechen entstanden, die Nachfrage nach Arbeitskräften wuchs. Das führte zunächst zu einer Binnenwanderung: Menschen aus der ländlichen Umgebung wanderten in die Industrieregionen. Ab der Mitte des 19. Jahrhunderts reichten die Arbeitskräfte aus der Umgebung nicht mehr aus. Nun kamen vermehrt Migranten aus den östlichen Provinzen Preußens (Schlesien, Masuren, Ostpreußen) ins Ruhrgebiet. All dies führte auch zu Veränderungen in der Nahrungskultur, denn die Migranten brachten ihre eigenen Traditionen und Vorlieben mit.

Die Industrialisierung und der Zuzug in städtische Ballungsräume hatten soziale und kulturelle Konsequenzen. Die Industriearbeiter waren überwiegend arm, die Frauen mussten oft mitarbeiten.

Das Leben in der Stadt bot außerdem kaum Möglichkeiten der Selbstversorgung. Die harte Arbeit in den Industriebetrieben oder auf den Zechen und die schlechte Ernährung der Arbeiter führten zu Protesten und Widerstand und daraufhin zu sozialpolitischen Maßnahmen, etwa der Gesetzgebung zur Kranken- und Sozialversicherung, und zu Arbeitszeitregelungen. Auch der damalige »soziale Wohnungsbau«, vor allem die Zechensiedlungen, hatte das Ziel, die Lage der Arbeiter zu verbessern. Zu jeder Wohnung gab es dort ein Gartengrundstück zum Anbau von Gemüse und für die Haltung von Hühnern und einer Ziege (»Bergmannskuh«). Damit eröffnete sich den Familien eine Chance zu mehr Selbstversorgung, die eine abwechslungsreichere und gesündere Ernährung ermöglichte.

Die Esskultur der Arbeiter war geprägt durch den hohen Kalorienbedarf aufgrund der schweren körperlichen Arbeit. Es verwundert daher nicht, dass noch heute die »typische« Ruhrgebietsküche viele Eintopfgerichte enthält und außerdem relativ fleischlastig ist. Neben den stillgelegten Zechen, Halden, Siedlungen zeugt damit auch die Küche von der industriellen Vergangenheit der Region. Manche Wirte beweisen in diesem Zusammenhang übrigens großen Erfindungsreichtum. In den Gaststätten finden sich zahlreiche »typische« und »regionalspezifische« Gerichte. Hier eine Auswahl:

- »Bergmannspfanne« (große Schweinshaxe mit Biersoße, Weinsauerkraut, Senf und Kartoffelknödeln)
- »Grubengoldsoße« (Soße auf der Basis von → GRUBENGOLD, einem naturtrüben → PILS mit einem Alkoholgehalt von 4,6 % Vol. aus Mülheim an der Ruhr)
- »Knappenteller« (Riesenfrikadelle mit Kartoffelsalat)
- »Kumpel Anton's Lieblingspfanne« (knuspriges Schweineschnitzel mit Rahmchampignons, buntem Gemüse und Röstkartoffeln)
- »Püttmannsteak« (saftiges Schweinenackensteak [250 g] vom Grill mit Kräuterbutter, geschmorten Pfefferzwiebeln, Pommes frites und Krautsalat)

Nicht fehlen darf natürlich »Unser Omma ihr Wurstsalat«, pikantscharf angemachte Fleischwurstwürfel mit Ei, Gewürzgurke und Bratkartoffeln, ebenso wenig die verschiedenen Brauhausgerichte: »Brauerschmaus« (Haxenfleisch, Rostbratwürstchen, → PANHAS und Leberkäse mit Grubengoldsoße auf Sauerkraut und Kartoffelpüree), »Brauhaus-Vesper« (Brauhausbrot, Butter, roher Schinken, Zwiebelschmalz, Mettwurst und Gouda) oder auch der »Brauhauswecken« (Baguettebrötchen mit kaltem Schweinebraten und Remoulade, dazu Salatgarnitur). »Panhas am Schwenkmast« ist knusprig gebratener Panhas mit Schmorzwiebeln, Kartoffelpüree und Apfelkompott; und als »Fuhrmannsteak« bezeichnet man ein Rumpsteak (ca. 220 g Rohgewicht) vom Grill mit Pfefferrahmsoße, Folienkartoffel mit Kräuterquark und einem gemischten Salat. Geradezu Kultstatus hat die → CURRYWURST, die vermutlich gar nicht aus dem Ruhrgebiet stammt.

BESCHOAT Muskat. Eigentlich »beschoete Blume« für Muskatblüte und -nuss (RhWb). → BLOMM

BESCHÜTT Von frz. biscuit: *geröstete Weißbrotstückchen (selbstgebacken)* (Haldern/Rees) und *(Biskuit) Zwieback, der auch beim Bäcker hergestellt wurde* (Roetgen bei Aachen). Am linken unteren Niederrhein und auch in der Monschauer Gegend war Beschütt Zwieback, der oft mit flüssigem Zucker begossen wurde und an Namenstagen den Gästen, die am Vormittag zum Gratulieren kamen, mit einem süßen Schnaps angeboten wurde. Mit → ANIS gewürzt, wurde er Wöchnerinnen und zur Taufe gereicht. Kinder bekamen Beschütt mit Milch oder Kaffee begossen oder auch zum Aufweichen in Rindfleischsuppe (RhWb).

BIER Bier wird bekanntlich, wenn das Reinheitsgebot von 1516 beachtet wird, nur aus Wasser, Gerstenmalz und Hopfen gebraut. Das entspricht aber in den meisten Fällen weder den historischen noch den heutigen Tatsachen. Es wurden früher ebenso wie heute zahlreiche weitere Zutaten (andere Malzarten, Zucker, Farbstoffe) erlaubterweise verwendet, mittlerweile geregelt durch eine eigene Verordnung über die Zulassung von Zusatzstoffen in Lebensmitteln.

Was den Pro-Kopf-Konsum von Bier angeht, müssen sich die Deutschen weltweit nur den Tschechen geschlagen geben. Und Deutschland ist das Land mit den weltweit bei weitem meisten Brauereien und Biersorten. Laut Wikipedia trank jeder Deutsche 2008 fast 116 Liter, und von den 2800 Brauereien in Europa hatten 1247 ihren Sitz hierzulande. Viele von ihnen (mehr als 900) sind klein und brauen weniger als 5000 Hektoliter pro Jahr, dafür aber häufig besondere Bierspezialitäten. Zum Vergleich: Die größte Kölsch-Brauerei produziert jährlich ca. 500.000, die größte deutsche Brauerei durchschnittlich mehr als 2,6 Millionen Hektoliter.

Es gibt zwei unterschiedliche Brauweisen, die ober- und die untergärige, für die heute jeweils besondere sogenannte Reinzuchthefen verwendet werden. Obergäriges Bier wird bei etwa 15 bis 20 °C gebraut, und die Brauhefe setzt sich im Laufe des Brauvorgangs an der Oberfläche des Suds ab, daher der Ausdruck obergärig. Beim untergärigen Bier setzt sich folglich die Hefe am Boden des Kessels ab. Hier läuft der Brauvorgang bei sehr viel niedrigeren Temperaturen ab: 4 bis 9 °C.

Im Mittelalter und der frühen Neuzeit war Bier wegen seines relativen hohen Kalorien- und im Vergleich zu heute deutlich geringeren Alkoholgehalts ein wichtiges Lebensmittel – auch für Kinder. Es wurde überall nach der »alten« (daher etwa der Name → ALTBIER), nämlich obergärigen Brauweise gebraut, die keine Kühlung erforderte, und meist sofort getrunken.

So war es auch im Rheinland: *Vater machte im August Bier selbst, aus Malz, Hopfen, Kandiszucker und Hefe. Die Flaschen mussten einige Zeit lagern und wurden am Kirmessonntag probiert,* erinnert sich eine Frau aus Straß/Dürener Land. Viele haben auch noch den Krug vor Augen, mit dem sie zur Kneipe gingen und für den Vater frisch gezapftes Bier holten.

Neben dem untergärigen → PILS trinkt man heute im Rheinland bevorzugt die obergärigen Sorten → KÖLSCH und → ALTBIER. Dazu kommt in den letzten Jahren wieder verstärkt das untergärige → EXPORT (vor allem aus Dortmund), das weniger stark gehopft ist als Pils. → GETRÄNKE IM 19. JAHRHUNDERT

BIERSUPPE Weit verbreitet waren bis ins 20. Jahrhundert die Biersuppen. Bereits im »Niederrheinischen Kochbuch« von 1777 werden zwei verschiedene Grundrezepte präsentiert:

»Halb Bier und halb Milch von jedem 1 Maaß, darein wird ein Viertelpfund fein Mehl geruehrt, und dann auf das Feuer gethan, und gekocht; während dem immer geruehrt, bis sie gahr ist, dann mit Muskatenblum und etwas Zucker angerichtet. – Die andere Manier ist dies: Zu einer Maaß Bier werden 4 Eyer gerechnet; wann das Bier kocht, so werden die Eyer mit ein wenig Mehl darein geruehrt, etwas Zucker, und Citronschalen etwas Butter darzu gethan; dann wird beym Anrichten wuerftlicht geschnitten Weißbrod in die Schuessel gelegt, und die Suppe darueber angerichtet.« Diese beiden Grundrezepte waren im gesamten Rheinland bekannt und hielten sich in allen Bevölkerungskreisen bis nach dem Zweiten Weltkrieg.

Häufig bereitete man Biersuppe aus dem »Dröppelbier« oder »Sturzbier«, jenem Bier also, das beim Zapfen in der Wanne unter dem Zapfhahn aufgefangen und gegen kleines Geld an die Kunden abgegeben wurde.

BIESTMILCH Erste Milch der Kühe nach dem Kalben. Sie enthält besonders hohe Anteile an Eiweiß, Fett, Abwehr- und Mineralstoffen. Für Menschen ist Biestmilch in ungekochtem Zustand ungenießbar, sie wurde allerdings zur Herstellung von Käse verwendet: *Die erste Milch von frischgekalbten Kühen wurde mit Salz und Kümmel gewürzt und im Wasserbad bis zum Festwerden gekocht* (Puffendorf/Selfkant). Auch aus Hartefeld/Niederrhein ist ein käseähnlicher

Brotbelag bekannt, in Roetgen bei Aachen wurde die Biestmilch »durch Erwärmen angedickt und mit Zimt und Zucker zu Schwarzbrot verzehrt« (RhWb). → KOCHKÄSE → EIERKÄSE

BIRK Bezeichnung für ein Stück vom Schwein am Übergang vom Hals zu den Rippen (RhWb).

BIRNE Das Rheinland zählt nach Baden-Württemberg zu den wichtigsten deutschen Birnenanbaugebieten. Zwar sind in Deutschland rund 700 Sorten bekannt, doch nur eine Handvoll kommen heute in den Handel: Alexander Lukas, Gute Luise, Conference, Abate Fetel und für Obstbrände Williams Christ. Neu in Mode gekommen sind die japanischen Nashi-Birnen, wohingegen eine Sorte wie → CLAPPS LIEBLING offensichtlich nicht mehr so gefragt ist. Obwohl delikat, hat die Birne in puncto Beliebtheit gegen den → APFEL keine Chance, der dreimal so häufig gekauft wird.

BIRNENKRAUT → KONSERVIERUNG, BROTAUFSTRICHE

BLINDER FISCH Ein »Blinder Fisch« ist kein Wasserbewohner mit Handicap. Er hat mit Fischen überhaupt nichts zu tun. Am südlichen Niederrhein und in Duisburg werden »Bratkartoffeln aus rohen Kartoffeln« (MmWb) so genannt. Im Münsterland kennt man unter diesem Namen *Weißbrotscheiben, in geschlagenes Ei getaucht und gebraten,* also eine Variante des → ARMEN RITTERS.

»Blind« wird in diesem Sinne etwas genannt, das zwar aussieht wie ein bestimmter Gegenstand oder ein Gericht, dem aber das Wesentliche dazu (etwa das Fleisch) fehlt (RhWb).

BLINDER HASE Auch der »blinde Hase« ist eine Bezeichnung, die in die Irre führt. Es handelt sich um einen Kloß aus Hackfleisch, Eiern und eingeweichtem altem Brot (Wrede). Je mehr Fleisch durch Brot ersetzt wird, desto blinder ist dieser »Hase«.

BLINDES HUHN »Ein blindes Huhn findet auch mal ein Korn« ist ein bekanntes Sprichwort. Da-

neben kennen Menschen aus der Gegend um Mettmann das Blinde Huhn als einen Eintopf aus »Möhren u. Kartoffeln durcheinander gekocht« (RhWb). Das »Blinde Huhn« kann in derselben Gegend sogar ein → BUNTES HUHN werden – wenn es mit Bohnen angereichert wird (RhWb).

● Rezept **Blindes Huhn**

Bohnen (1 Teil getrocknete weiße, 2 Teile frische Stangenbohnen), ein Stück geräucherter durchwachsener Speck, Kartoffeln, je zwei säuerliche Äpfel und Zwiebeln, Möhren, Bohnenkraut, 1 Stich Butter oder Margarine.

Die weißen Bohnen waschen und in reichlich kaltem Wasser über Nacht quellen lassen. Mit dem Speck eine gute Stunde kochen, bis die Bohnen fast gar sind. Die Äpfel und das andere Gemüse außer den Zwiebeln geputzt und zerkleinert hinzugeben, garkochen lassen, mit Bohnenkraut, Salz und Pfeffer abschmecken. Die Zwiebeln kleingeschnitten rösten und über den Eintopf geben.

BLOMM In Mönchengladbach-Neuwerk Bezeichnung für Muskatblüte in der Rindfleischsuppe → BESCHOAT. In Köln als »Blom« mit gleicher Bedeutung seit dem 14./15. Jahrhundert belegt (Wrede).

BLOOM In Breyell/Niederrhein für »gemahlene Nelken«.

BLÜMCHENKAFFEE Blümchenkaffee kann zwei unterschiedliche Dinge bezeichnen und klingt zwar niedlich, ist aber in beiden Fällen ironisch gemeint. Zum einen heißt an der Nahe, dem Mittelrhein und in Köln Kaffee-Ersatz aus Zichorien oder Gerste »Blümchenkaffee« (RhWb). In Millingen bei Rees sagt man allgemein *Butterbrot mit Blümchenkaffee* zum ersten und zweiten Frühstück. Die zweite Bedeutung bezieht sich auf die Zubereitungsart von → KAFFEE: Der Ausdruck stammt aus einer Zeit, in der Kaffee ein Luxusgut und entsprechend teuer war. Die kostbaren Bohnen wurden also möglichst sparsam dosiert. Serviert wurde der Kaffee allerdings seinem hohen Status angemessen in den früher ebenfalls teuren Porzellantassen, deren Dekor im Extremfall durch die dünne Brühe sichtbar war: »So dünn, dass man die Blümchen des Tassendekors innen sehen kann; ein überraschend altes Wort (um 1700 bereits belegt). Die Steigerung ist der Schwerterkaffee, weil man durch ihn das Firmenlogo der Porzellanmanufaktur [auf der Unterseite] sehen kann« (MmWb).

BLUTWURST → FLÖNZ

BOCKERTSKOOK »Der geht auf wie ne Bockelskuk« – so kommentieren ältere Niederrheiner eine deutlich sichtbare Gewichtszunahme. Mit diesem Bockelskuk oder Bockertskook ist am Niederrhein mundartlich der Buchweizenpfannkuchen gemeint (RhWb).

BÖCKEM In Köln für gebratene Bücklinge (RhWb). Wrede schreibt genauer: »der zu bestimmter Zeit gefangene und durch Heißräucherei geräucherte Hering, gebraten früher eine besonders in der Fastenzeit beliebte u. nahrhafte Speise«.

BÖKEL Salzlake. Brühe (Salzwasser) zum Einmachen von Fisch und Fleisch, auch Pickel, Salzbiggel, → SOLPER genannt. Die Bezeichnung leitet sich vermutlich vom Namen Willem Beukelsz ab: »Bökel (richtiger Beukelsz), Willem, ein Fischer zu Biervliet im holländischen Flandern, verbesserte das Einsalzen der Heringe und starb wahrscheinlich 1397 in seinem Geburtsort. Von seinem Namen leiten manche das Wort bökeln oder pökeln her« (MKL).

BOLLEBÄUSKES Bollebäuskes gehören zu den typischen krapfenartigen Gebäcken, die Neujahr oder Karfreitag zubereitet und gegessen wurden. In Rees waren die Bollebäuskes aus süßem Hefeteig, angereichert mit Rosinen und in heißem Fett ausgebacken. In Xanten genoss man sie an Neujahr, in Wesel unter dem Namen Ballebäutzkes am Silvesterabend: *tennisballgroße Bällchen aus süßem Mehlteig (mit Backpulver) in heißem Fett – meist Palmin – knusprig braun gebacken. Dazu gab es Grog oder für die Kinder dünnen schwarzen Tee.* In Dabringhausen wurden Ballbäuschen, vgl. auch Bollenbäuschen (RhWb), für Neujahr und Karfreitag gebacken. Für die Zubereitung gab es in manchen Familien eine besondere Pfanne. Honnen beschreibt Bollebäuskes als »runde kleine Kuchen, in Öl oder Schmalz gebacken, Krapfen, Mutzen … am Niederrhein und im Bergischen Land bevorzugt zu Ostern und Neujahr gegessen« (Honnen).

BOMBÖSJER Enge Verwandte der → BOLLEBÄUSKES sind im Bergischen Land die Bombösjer. Zu Karneval wird in Hutsherweg bei Kürten *ein Hefeteig mit mehreren Eiern in der Bombösjespann gebacken.* In Lindlar heißt dieses auf jeden Fall kugelförmige Gebäckstück Bomböschen (RhWb).

BONNER ADVENT → MAIWIRSING

BOTTERAM In den letzten Jahren allgemein für Butterbrot, kommt vermutlich vom niederländischen »boterham« → MITNAHME.

Unter diesem Namen wurde übrigens bis zum Jahr 2001 (zuletzt als »Botterramm«) eine Margarine verkauft, die ursprünglich von der Firma Benedikt Klein in Köln produziert wurde und für die kein Geringerer als Willi Millowitsch TV-Werbung gemacht hat. Nach der Übernahme der Firma durch den Lebensmittel-Multi Unilever wurde die Produktion zuerst verlagert und im Zuge der Markenstrategie des Konzerns schließlich eingestellt.

BRANNTWEIN-PEST IM 19. JAHRHUNDERT An eine Seuche erinnerte viele Beobachter die rapide Ausbreitung des Branntweinkonsums im 19. Jahrhundert. Die Kunst, aus schwachalkoholischen Getränken oder anderen Rohstoffen Hochprozentiges zu destillieren, ist den Arabern ebenso zu verdanken wie die Bezeichnung »Alkohol«. Aus dem 11. Jahrhundert datieren die frühesten Nachrichten über die Schnapsbrennerei in Europa, und um 1400 begann in Deutschland die Herstellung von Branntwein aus gekeimtem Getreide. Mit dem großflächigen Anbau von Kartoffeln im Rheinland seit den 1760er-Jahren stand ein Rohstoff zur Verfügung, der ergiebig, lager- und transportfähig sowie relativ anspruchslos und resistent war. Da sich daraus trefflich Alkohol herstellen ließ, entstanden die ersten Kartoffelschnapsbrennereien.

Die Qualität des Branntweins im 19. Jahrhundert war durchwachsen, und Verfälschungen waren nicht ungewöhnlich. Gebräuchlich war das heute verbotene Schärfen des Branntweins: Um einen höheren Alkoholgehalt vorzutäuschen, setzte man dem Getränk zum Beispiel gemahlenen Pfeffer zu. Um 1825 wurde in Gummersbach dem Kartoffelschnaps zur Verstärkung häufig Schwefelsäure beigemischt. Eine eher zufällige Verfälschung entstand durch den Gebrauch von unreinen kupfernen Behältnissen, was zur Beimischung von Grünspan führte, der bekanntlich gesundheitsschädlich ist.

Schnaps wurde in den Städten und auf dem Land, in frühindustriellen Manufakturen ebenso wie in den Torfgruben am Vorgebirge getrunken. Wenn man den Berichten Glauben schenken kann, gehörten vor allem Gesinde und Landarbeiter, Tagelöhner, Bauern, Fabrikarbeiter, Arme und Bettler zu den Konsumenten. Das bedeutet keineswegs, dass Branntwein ausschließlich ein Getränk der männlichen Bevölkerung war. Aus dem Kreis Bergheim wird 1825 berichtet: »So genießen auch unsere Bauernweiber bey Kirchweihen, Namensfesten und Taufegelagen häufig Brantwein und Honigkuchen, wobei das edle Getränk diesen oft einen Rausch anhängt.« (HSTAD)

Die Insassen der Arbeitsanstalt Brauweiler erhielten damals, sofern sie anstrengende Arbeiten verrichteten, sozusagen auf obrigkeitliche Anordnung hin 1/16 Quart Branntwein pro Tag (1 Quart = 1,15 l, 1/16 Quart also etwa 0,07 l). Auch die männlichen Gefängnisinsassen im Regierungsbezirk Trier erhielten 1818 jeden Morgen ein Glas Branntwein.

Ähnlich sah es in den Fabriken aus. Die Arbeiter erhielten kostenlose Schnapsrationen zur Erhaltung der Arbeitskraft, in den Kruppschen Gussstahlfabriken zum Beispiel bis 1865, ebenso im Rahmen des sogenannten → TRUCK-SYSTEMS, also der unbaren Entlohnung in Form von Waren in meist fabrikeigenen Geschäften. Doch im Lauf der Zeit gingen die Arbeitgeber immer mehr auf Distanz zum Alkoholkonsum am Arbeitsplatz. Zum einen waren die gesundheitlich schädlichen Folgen unübersehbar,

und zum anderen erforderten die immer komplexeren Maschinen eine deutlich höhere Aufmerksamkeit und auch ein verstärktes Gefahrenbewusstsein. Mehr und mehr war auf den Zechen und in den Fabriken Branntwein bei hohen Geldstrafen untersagt, und die Betriebe boten als Alternativen kostenlos leichte Biere in beschränkter Menge, Kaffee, Bittertropfen als Zusatz zum Trinkwasser oder kochendes Wasser für die Eigenbereitung an (HSTAD). Einige Konsumenten griffen daraufhin zur »Selbsthilfe«. So berichtet der Oberbürgermeister von Hamborn 1914 an den Regierungspräsidenten, dass »sich vielfach sogenannte Schnapskameradschaften bildeten, die den Branntwein gemeinschaftlich in größeren Gebinden beziehen und unter sich vertreiben. Ein besonders krasser Fall dieser Art ereignete sich hier im Jahre 1912. Der Bergmann Paul Nagel von hier bezog innerhalb 11 Monaten 2000 Liter Schnaps für seinen eigenen Bedarf sowohl als auch für Bekannte und Arbeitskollegen. Die Bestellung und Abnahme des Branntweins erfolgte in der Wohnung des Nagel, der den Branntwein mit einem Preisaufschlag von 3 Pfennig pro Liter an die Besteller abgab«. (HSTAD)

Der Pro-Kopf-Verbrauch an reinem Alkohol stieg von sieben Litern im Jahre 1850 auf rund zehn Liter in den 1880er-Jahren. Während davon um 1850 fast zwei Drittel auf Branntwein entfielen und nur ein Viertel auf Bier, machte der Branntwein zu Beginn des 20. Jahrhunderts nur noch ein Drittel aus, das Bier mehr als die Hälfte.

In diesem Zusammenhang ein Wort zum Verhältnis der Löhne zu den Lebenshaltungskosten: Reichten die Löhne bis zur Jahrhundertmitte nur knapp oder überhaupt nicht zur Deckung der täglichen bzw. monatlichen Kosten, so änderte sich dies im ausgehenden 19. Jahrhundert: Zwischen 1840 und 1914 verdoppelten sich die Lebenshaltungskosten, während die Reallöhne um das Dreifache stiegen. Damit stand Geld zur Verfügung, das einen Konsum über das Lebensnotwendige hinaus und allgemein einen höheren Lebensstandard ermöglichte.

Als Reaktion auf die »Branntwein-Pest« entstanden bereits in den 1830er-Jahren in Preußen die ersten Mäßigkeitsvereine, zunächst aber mit geringem Erfolg. Ein anderer Versuch, die Trunksucht einzudämmen, bestand in der Einrichtung von Milchhäuschen und seit der Mitte des 19. Jahrhunderts von Trinkhallen (→ BÜDCHEN), die zunächst ausschließlich alkoholfreie Getränke im Sortiment hatten. Das erste »Trinkerasyl« (= Trinkerheilanstalt) im Rheinland wurde 1851 in Lintorf bei Düsseldorf gegründet, und zwar als Rettungshaus für entlassene männliche Sträflinge. Interessanterweise wurde die Anstalt 1879 durch ein Asyl für Trinker aus gebildeten Ständen erweitert – ein Indiz dafür, dass Alkoholismus in allen sozialen Schichten vorkam. → GASTSTÄTTEN → GETRÄNKE IM 19. JAHRHUNDERT

BREI Allgemeine Bezeichnung für eine dickflüssige Speise. Breinahrung war früher weit verbreitet. Hafermehlbrei oder Milchsuppe mit eingebrocktem Brot war in vielen Regionen eine typische Morgenmahlzeit (Wrede). → TAGESMAHLZEITEN, DIENSTBOTEN

BRENNNESSEL → SAMMELN IN FELD UND WALD, GEMÜSE/BLÄTTER

BRESSEM In Xanten ein Fisch, der auf dem Markt gekauft wurde. Eigentlich Brässem = »flacher, breiter Weissfisch, Brasse, mit sehr vielen Gräten« (RhWb).

BRINGDIENSTE Mitte der 1980er-Jahre begann sich ein Dienstleistungszweig zu entwickeln, der mit seinen Produkten eine Zwitterstellung zwischen Gaststättenessen und häuslichem Speisetisch einnimmt: die Bringdienste, zunächst vor allem als Pizza-Taxi. Die ersten Anbieter in Deutschland waren zu dieser Zeit fast alle direkt oder indirekt abhängig vom internationalen Marktführer: dem US-Konzern Domino's. Im Rheinland gibt es heute sowohl Einzelkämpfer als auch Ketten, die hier eine

Marktnische erkannt und genutzt haben und meist mit Erfolg agieren. Die Angebotspalette ist breitgefächert; alkoholische und nichtalkoholische Getränke werden ebenso angeliefert wie Nachspeisen. Die Auswahl umfasst mittlerweile unter anderem mexikanische oder indische Spezialitäten, häufig auch recht abenteuerliche Kombinationen nach dem Motto: Geliefert wird, was gefällt. Wichtigster Bestandteil des Angebots ist und bleibt aber unangefochten die Pizza.

Was bei dieser mobilen Gastronomieform fehlt, die Kommunikation mit anderen und der gewollte Ortswechsel, also die Kennzeichen einer »echten« Kneipe, ist zugleich ihr Vorteil. Man kann zwanglos und bequem von zu Hause bestellen und ebenso zwanglos seine Mahlzeit einnehmen.

Die Bringdienste sind inzwischen eine ernstzunehmende Konkurrenz für die Restaurants und ein nicht zu unterschätzender Wirtschaftsfaktor. Viele konventionelle Restaurants haben deshalb reagiert: Auf Wunsch bringen vor allem chinesische und italienische Speisegaststätten ihre Gerichte ins Haus oder bereiten sie als Take-away-Food zum Mitnehmen zu.

BROCH »Suppe, bestehend aus dicker (saurer) Milch (auch wohl Buttermilch) mit eingebrocktem Brot (oft mit Zucker u. Zimt), ein Lieblingsgericht zur Sommerzeit in der Eifel; an der Saar dicke Milch, saure Milch, auch ohne die Beziehung zur Suppe.« (RhWb) Allgemein geronnene Milch.

BROCK **1.** Bonbon. »Die Zusammensetzung Zuckerbrock ›Karamelle‹ erinnert noch an den Ursprung des Bonbons als Brocken karamelisierten Zuckers. Das RhWb verzeichnet Brock als Bonbon für den Niederrhein und weite Teile des zentralen Rheinlands.« (Honnen, Kappes)

2. Bezeichnet ursprünglich ein abgebrochenes oder abgeschnittenes Stück Brot, das in die Suppe kommt → BROCKENPAPP.

BROCKELBOHNE In Schweppenhausen/Hunsrück *geschnittene Bohnen mit Kartoffeln*. Laut RhWb auf dem Hunsrück »Bohnensuppe aus gewürfelten Stangenbohnen …«, oft mit Fleisch (Mett) angereichert.

● Rezept **Brockelbohne**

Schweinemett in Öl anbraten. Stangenbohnen waschen, die Fäden ziehen und in schräge Stücke (ca. 2 cm) schneiden. Kartoffeln schälen und in Würfel schneiden. Bohnen und Kartoffeln zum Fleisch geben, kurz mitbraten, dann mit Brühe angießen. Bohnenkraut hinzugeben. Ca. 20 Min. garköcheln lassen. Mit Salz und Pfeffer abschmecken, wenn gewünscht, etwas eindicken.

BROCKENKRAUT **1.** → KRAUT als Notspeise aus Zuckerrübenspitzen, Möhren und Birnen (Alfter bei

Bonn). Ähnlich in Buschdorf bei Bonn: Rübenkraut und Möhren, auch kleingeschnittene Birnen, Äpfel und Pflaumen – *Abfallobst, das nicht verkauft werden konnte.*

2. »Birnenlatwerge mit hingebrockten Birnen« (RhWb). Latwerge ist ein stark eingekochtes (Frucht-)Mus.

BROCKENPAPP Milchsuppe mit Brotstückchen (Emmerich und Haffen-Mehr bei Rees). Laut RhWb für das Kleverland »Brotsuppe«. In Lank bei Meerbusch Brockensuppe mit Sirup. → BREI → BROCH

BROT → EINKAUF UND SELBSTVERSORGUNG, BACKTAG UND BROT, BÄCKEREIEN → TISCHSITTEN, ANSCHNEIDEN VON BROT UND FLEISCH

Brot ist eines der grundlegenden Nahrungsmittel. Es wird heute in Mitteleuropa in zunehmendem Maß industriell hergestellt, ob in regelrechten Brotfabriken oder von großen Bäckereiketten. Dennoch gibt es bei uns die weltweit größte Vielfalt an Brotsorten.

Brot hatte wegen seines Charakters als absolutes Grundnahrungsmittel immer schon große symbolische und spirituelle Bedeutung auch bei religiösen oder traditionellen Feiern (man denke an seine zentrale Rolle im Christentum), und der Brotpreis war sogar oft ein echtes Politikum.

Brot wird vor allem aus Weizen und Roggen gebacken. Daneben gibt es Sorten mit Dinkel und anderen selteneren Getreidearten. Daraus und mithilfe eines Triebmittels (Sauerteig oder Hefe) und eventuell mit weiteren Zutaten (etwa Sonnenblumenkerne, aber auch Kartoffeln) und Wasser entsteht der Brotteig.

In Notzeiten wurden dem Teig noch andere Zusätze beigegeben, um ihn zu strecken. Welche Qualität zum Beispiel das im vorigen Jahrhundert wohl am häufigsten verzehrte Roggenbrot gehabt haben mag, lässt sich heute nur schwer nachvollziehen. Es enthielt zahlreiche, nicht immer gesundheitsförderliche Zusätze bis hin zu Gips – die Möglichkeiten, die hierbei genutzt wurden, macht ein Bericht des Kreisphysikus aus dem Siegkreis aus dem Jahr 1830 deutlich: »Häufig werden dem Korne Gerste, Erbsen, Bohnen und Hafer und diesem Gemische noch häufiger Erdäpfel zugesetzt und hieraus dann Brod gebacken. Die Erdäpfel werden auf verschiedene Weise zugesetzt, entweder getrocknet nachher im Backofen gedörrt und nun mit dem Korn gemahlen oder sie werden auf Reibeeisen gerieben und mit dem Mehl roh der Gärung unterworfen oder sie werden gesotten, zerstampft und nun zugemengt. Mäßig zu dem Brod gesetzt ist gar nicht unangenehm, das Brod wird sanfter und wohlschmeckender. In zu großer Menge zugesetzt, trocknet es schnell aus und wird rauh und grellschmeckend.« (HSTAD)

BROTFISCH → AAL → MAIFISCH → SALM

BROTKRÜCKE Armstütze bzw. gebogenes Eisen mit Halterung und Schlitz zum Einsetzen des Brotmessers (Kerken/Niederrhein), »eiserne Armschiene, Halter zum Brotschneiden (veralt.)«, »→ KRÜCKE« = »um den Oberarm gespanntes Krummeisen, als Hilfsinstrument beim Schwarzbrotschneiden« (RhWb).

Manchmal benutzte der Bäcker eine Brotkrücke, um die Glut aus dem Backofen herauszuholen. Dann wischte er mit einem feuchten Tuch nach, und der so entstandene Wasserdampf sorgte für eine besonders knackige Brotkruste.

BUBBEL *Tresterwein* (Traben-Trarbach), allgemein an der Mosel »leichter Tresterwein; an der unteren Mosel Flubbes; bes. für die Weinbergarbeiter« (RhWb). Tresterwein wird aus Trester, den Resten der Weinpressung, gemacht, indem man diese Reste wässert, nochmals presst und gären lässt.

BUBENSCHENKEL *Gebäck aus mürbem Hefeteig ... gabs bei Schulfesten und Begräbnissen für die Kinder* (Schweppenhausen/Hunsrück). Im Raum Kreuznach, Koblenz und Westerwald wurden »Bubenschenkel ... Gebäck, Spaltbildbrot in Schenkelform, zu Kaisers Geburtstag (vor 1919) an die Schüler verteilt« (RhWb).

BUCHECKERN Die Früchte der Buche, in rohem Zustand schwach giftig, sind ein wichtiges Wildfutter und wurden früher zur Ölherstellung gesammelt. Das daraus gewonnene Öl war allerdings geschmacklich sehr gewöhnungsbedürftig. Es wurde sowohl zum Kochen als auch für Öllampen verwendet. Geröstet und gemahlen dienten Bucheckern auch zur Herstellung von Kaffeeersatz. → SAMMELN IN FELD UND WALD, ÖL / NÜSSE / KASTANIEN

BÜCKING Auch → BÜCKLING. »Grüner (frischer), leichtgesalzener, heißgeräucherter Hering« (Gorys). → MONNICKENDAMER BRATBÜCKING

BÜCKINGSKERL Bückingskerl oder auch Böckemskäl nannte man in Köln den Verkäufer von Heringen (→ BÜCKING, BÜCKLING). Der Bücking wurde überwiegend im Straßenverkauf vertrieben. Unter dem Ruf »hollandsche Bücking« zogen die Straßenhändler mit einer Schubkarre mit zwei bis drei mit Heringen gefüllten Körben durch die Viertel. Die Heringe wurden stückweise verkauft. Um 1905–1910 verschwanden diese Straßenhändler aus Köln (Wrede, Sprachschatz).

BÜCKLING »Pöckling. Aus grünen, nicht ausgenommenen Heringen durch kurzes Einlegen in Salzwasser, Trocknen und heißes Räuchern hergestellt.« (Uhlich)

Im Bitburger Raum allgemeine Bezeichnung für »getrockneten Fisch« (RhWb). »Leicht gesalzener, dann mit Buchen-, Eichen- oder Erlenholz geräucherter Hering. Die meisten Bücklinge liefern Holland, Schweden, Mecklenburg, die Ostküste Holsteins …, von wo sie, in Kisten verpackt, in den Handel kommen.« (MKL)

BÜDCHEN Das Büdchen, auch Bud, Bude, Trinkhalle oder Kiosk genannt, ist in vielen Regionen des Rheinlands eine Institution. »Am Büdchen krichse alles« – vom Bier über Süßigkeiten und Zeitschriften bis zu Kaffee, oft auch Kleinigkeiten für den Nachbarschaftseinkauf und natürlich Neuigkeiten.

Als Reaktion auf die → BRANNTWEIN-PEST entstanden im 19. Jahrhundert u. a. die Milchhäuschen und für den Ausschank weiterer alkoholfreier Getränke eben die Büdchen. Die Prototypen dieser Selterswasserbuden standen Ende der 1830er-Jahre in Hamburg und verbreiteten sich von dort aus auch ins Ruhrgebiet.

Die Gewerbeordnung von 1869 schuf die Grundlagen für die Konzessionierung, die Büdchen waren gesetzlich verankert, der Boom konnte seinen Lauf nehmen. Immer mehr Trinkhallen entstanden seit Beginn des 20. Jahrhunderts an verkehrsreichen Kreuzungen, belebten Straßen, Haltestellen, in der Nähe von Bahnhöfen, Märkten und Schrebergärten und natürlich vor Zechen und Fabrikanlagen.

Wie schon vor dem Zweiten Weltkrieg spielten in den Jahren danach bei der Konzessionserteilung auch soziale Gesichtspunkte eine wichtige Rolle: »Der Gesuchsteller ist Berginvalide und hat nur eine monatliche Rente von 60,– DM, wovon er seine Familie nicht ernähren kann.«

Das zugelassene Sortiment zählt eine amtliche Bekanntmachung aus Duisburg vom Februar 1922 auf: »Es wird verboten, ausser kohlensauren Getränken, Kaffee, Tee und ähnlichen Sachen, Schokolade, Bonbons, Konfekt, Kuchen, Obst in kleinen Mengen, belegte Schnittchen, Zigarren und Zigaretten, andere Gegenstände des täglichen Bedarfs zu verkaufen. Die zugelassenen Verkaufsgegenstände dürfen nur in Mengen zum sofortigen Genuss auf der Stelle abgegeben werden. Es ist daher unzulässig, mehr als eine Zigarre oder Zigarette zu verabreichen.«

Das Warenangebot und die Öffnungszeiten waren ständige Streitpunkte. Betrachtet man den heutigen Streit um den »Warenhauscharakter« zum Beispiel von Tankstellen, so drängt sich der Eindruck auf, dass alles schon einmal dagewesen ist.

Trinkhallen haben jedenfalls offensichtlich Bestand, auch wenn die Zahlen der amtlichen Statistiken das Gegenteil zu beweisen scheinen: 1984 gab es in Nordrhein-Westfalen noch mindestens 4000 Trinkhallen, 1993 offiziell noch 62. Dies liegt jedoch daran, dass die Trinkhallen nach ihren Angaben zum eigenen Sortiment klassifiziert und danach fast ausnahmslos den Einzelhandelsunternehmen zugeordnet werden. 2010 tauchen »Büdchen«, wie auch immer benannt, in den Statistiken gar nicht mehr auf, da dieses NRW-spezifische Phänomen keinen Eingang in die bundeseinheitliche Nomenklatur gefunden hat.

Gleich geblieben ist jedenfalls das Publikum – das Viertel, die Nachbarschaft –, für das die Trinkhalle mehr ist als nur eine Verkaufsstelle: häufig einziger Kontakt zur Umwelt, Klön-Ecke und Info-Börse, Zeitvertreib, Treffpunkt und schier unerschütterlicher Fels in der Brandung unruhiger Zeiten.

BUGGEMANN Weckmann zu Nikolaus, 12 bis 30 cm groß (Mönchengladbach-Neuwerk). Laut RhWb als Bucksemann »Gebildbrot in der Form eines Mannes zu Nikolaus« (Bitburg-Niederweis). »Buckmann auch Buggemann Weckmann, bekannt im Raum Viersen-Heinsberg; das Wort entstammt dem Dialekt und setzt sich zusammen aus Buck ›Bauch‹ und Mann« (Cornelissen, Weckmann).

BULLRICH-SALZ Natriumbikarbonat wird gegen Sodbrennen bzw. bei Kater mit Wasser eingenommen. Zu verdanken ist dieses Magenmittel dem Apotheker August Wilhelm Bullrich, der ab 1835 das Pulver in Tütchen füllte und unter seinem Namen verkaufte. Es gibt heute auch Bullrich-Salz-Tabletten.

BUNTE KUH Name für ein »buntes« Butterbrot aus Schwarzbrot, Butter, Klatschkäse und Rübenkraut (Wassenberg). In Aachen-Kornelimünster bezeichnet es eine Scheibe Schwarzbrot mit Quark und eine Scheibe Weißbrot mit Rübenkraut, die dann beide zusammengeklappt werden. → DUBBELE

BUNTES BUTTERBROT Bezeichnet in Hürth *Schwarz- und Graubrot mit Butter (»Bongte Bröch« = Buntes Butterbrot), belegt mit Marmelade, Schmalz und Quark, oft auch mit Wurst oder Speck oder Eiern (Rühreier)*. → BUNTE KUH → DUBBELE → BOTTERAM

BUNTES HUHN *Bohnen-Möhrensuppe* (Aachen-Kornelimünster). → BLINDES HUHN

BURGER BREZEL Eine süße Brezel aus Burg an der Wupper (bei Wermelskirchen). Das Rezept wurde angeblich 1795 von einem verwundeten französischen Soldaten an eine Bäckerfamilie weitergegeben. Im 19. Jahrhundert verkauften Kiepenkerle die Brezeln, die sie in ihrer Kiepe auf dem Rücken mit sich trugen.

Seit 1989 steht in Burg das Brezelbäckerdenkmal, und der Rundwanderweg um den Ort heißt denn auch Brezelwanderweg. Ausflugsgaststätten bieten Burger Brezeln zum Kauf oder auch als Bestandteil der → BERGISCHEN KAFFEETAFEL an.

BUSSEM In Neukirchen-Vluyn ist das ein *Hohlraum über dem Herd für geräuchertes Fleisch*, allgemein auch Busem: der »sich nach unten erweiternde Schornstein, meist in die Küche hineinragend; trichterförmiger, mit Lehm oder Brettern umschlossener Mantel über dem Herd, mit dem der Kamin in alten Bauernhäusern beginnt, heute meist beseitigt, früher Aufbewahrungsort für zu räucherndes u. geräuchertes Fleisch.« (RhWb)

BUTTER/BUTTERN → EINKAUF UND SELBSTVERSORGUNG, BUTTER/BÄUERLICHE BETRIEBE

BUTTERMILCH-BOHNEN-SUPPE Ein kräftiger Eintopf aus Kartoffeln, grünen Bohnen (Richtung Niederrhein offensichtlich auch weiße Bohnen) und Buttermilch. Das Slow-Food-Convivium Bonn, die Bonner Dependance der weltweit organisierten → SLOW-FOOD-BEWEGUNG, hat sich 2006 dieser rheinischen Spezialität angenommen, um den Eintopf nach alten Rezepten zu propagieren und ihn in die »Arche des Geschmacks« aufzunehmen.

BUTTERPROBE Vor dem Ersten Weltkrieg war es in Wesel beim Einkauf auf dem Markt üblich, dass die *Butter, die in ca. 10 cm dicken Walzen (ca. 30 cm lang) dalag, von den Hausfrauen erst probiert wurde. (Sie hatten ein Teelöffelchen für diesen Zweck im Marktkorb)*. In Korschenbroich bei Mönchengladbach probierten bis in die 1930er-Jahre die Hausfrauen die Butter mit einem Fünfpfennigstück. → EINKAUF UND SELBSTVERSORGUNG, BUTTER

C

CLAPPS LIEBLING Dicke, sehr saftige Birne, die, so erzählt eine Kölnerin aus den 1930er-Jahren, nicht im Garten gezogen, sondern auf dem Markt gekauft wurde. Ihren Namen hat sie von ihrem Züchter: Aus einem Sämling der Holzfarbigen Butterbirne wurde sie um 1860 in den USA von Thaddeus Clapp in Dorchester/Massachusetts gezogen.

CURRYWURST Kultstatus genießt im Ruhrgebiet die Currywurst. Sogar eine eigene Hymne rühmt diese in Stücke geschnittene und in mit Curry bestreuter Ketchupsauce ertränkte Grillwurst. Der Text stammt von – nein, nicht Herbert Grönemeyer, sondern von einem gebürtigen Essener, dem im Jahr 2000 verstorbenen Schauspieler Diether Krebs zusammen mit Horst-Herbert Krause. Der bekennende Bochumer Grönemeyer hat das Lied auf dem 1982 erschienenen Album »Total egal« aber richtig bekannt gemacht:

Gehse inne Stadt
Wat macht dich da satt
Ne Currywurst
Kommse vonne Schicht
Wat schönret gibt et nich
Als wie Currywurst
Mit Pommes dabei
Ach, dann gebense gleich zweimal Currywurst

Auch wenn Currywurst und Ruhrgebiet heute symbiotisch zusammengehören – erfunden wurde sie nicht hier, sondern in Berlin oder Hamburg. Beide Städte streiten um die erste Currywurst, die in der direkten Nachkriegszeit – so viel jedenfalls ist wohl gesichert – erstmals angerichtet wurde. Der Entstehungsgeschichte wurde übrigens in einem Roman von Uwe Timm (Die Erfindung der Currywurst) ein literarisches Denkmal gesetzt.

D

DÄNZKE In Mönchengladbach-Neuwerk für → JÖBBELCHEN.

DARMWURST → ANDULSCH

DATSCHER Ein Datscher ist ein geflochtenes Gebäckstück. In Schweppenhausen/Hunsrück handelt es sich um eine *Kuchenflechte, mit Mohn bestreut*, in Kreuznach um ein »zopfartiges Weissgebäck« (RhWb).

DEISEM Das Rheinische Wörterbuch kennt Deisem als Name für »→ SAUERTEIG für Schwarz- und Mischbrot«. »Der Deisem wird in einem Steintopf angesetzt; es ist Teig vom letzten Backen, der mit etwas Salz überstreut ist und ziemlich warm steht« (RhWb).

DEPPEDOTZ Das Lahnsteiner Nationalgericht besteht aus rohen geriebenen Kartoffeln, Milch, Brötchen, Gewürzen, Speck, Mettwürstchen und Fleischwurst: Die Zutaten im Bräter schichten und zwei Stunden backen. Vergleichbar dem → KESSELKUCHEN und → PUTTES.

DICKKOPF »Süßwasserfisch bis zu 80 cm lang und 8 kg schwer. … Fleisch schmackhaft, aber grätenreich« (Uhlich). Der Dickkopf wird auch Alang genannt und gehört zur Familie der → KARPFEN.

DIDDELDÄNZKE → JÖBBELCHEN (Mönchengladbach)

DIELSKNALL Aus Uckerath/Sieg wird berichtet, dass nach dem Backen im noch heißen Ofen Dielsknall zubereitet wurde, *geformt aus geriebenen Kartoffeln mit Speckstücken und Rosinen oder getrockneten Pflaumen*. Der Name leitet sich wohl von seiner Herstellung im Zusammenhang mit dem Brotbacken ab, denn als Diel bezeichnete man das »Brett, auf dem die Brote zum Backofen getragen wurden« (RhWb), mit Knall ist ein »dickes Butterbrot« gemeint (RhWb).

Dieses beliebte Kartoffelgericht wurde in Niederdollendorf/Siebengebirge an Sankt Martin gegessen, in Königswinter hieß es → KESSELSBRÜTCHER, vergleiche auch → DÖBBEKOCHEN.

DIENSTBOTEN → TAGESMAHLZEITEN, DIENSTBOTEN IM 19. JAHRHUNDERT

DIPPES *Heringssoße aus Sahne, Zwiebeln und Äpfeln … Dippes heißt dieser Hering nach Hausfrauenart*

im südlichen Rheinland (MmWb). Als »Tippsoße« in Remscheid/Elberfeld »Heringstunke zu Pellkartoffeln« (RhWb).

DITZ So heißt der → WECKMANN in Eifel und Westerwald. Dieses → GEBILDBROT wurde vor allem zu Nikolaus (Nikolausditz, z. B. in Lahnstein) den Kindern geschenkt.

DÖBBEKOCHEN Kartoffelkuchen, in Mendig/Eifel auch → DÜPPEKUCHEN und im Oberbergischen → DOPPKUCHEN. Eine Art Kartoffelpfannkuchen, wobei der Teig aus geriebenen Kartoffeln mit Weizenmehl, Milch und Hefe angereichert und in einer Blechform oder Kasserole im Ofen gebacken (und nicht in heißem Fett ausgebacken) wird. Regional unterschiedlich wird der Döbbekochen ergänzt mit Dörrfleisch, Speck oder Mettwürstchen (Aachen, Döbbekooche) oder auch mit Stärke, Eiern und Rosinen oder Pflaumen (Döppekoche, ebenfalls rund um Aachen). Diese Art von Kartoffelkuchen ist in vielen Regionen eine typische Speise an Sankt Martin und wird sogar »Martinsgans des kleinen Mannes« genannt (RhWb).

DÖNBERGER PLATZ Im Bergischen Land wird so ein kuchenartiges Weißbrot genannt. → DREI HÜSER → PLATZ

DOPPKUCHEN → DÖBBEKOCHEN

DREIBLATT Sammelbezeichnung für einige kaliumreiche europäische Wildgemüse. Dazu gehören – je nach Gegend – Bitterklee, Kerbel, Klee und → GIERSCH. In Roetgen bei Aachen Bestandteil des → KLATSCHMUS.

In Hürtgenwald bei Düren (und einigen anderen Orten) wurde Dreiblatt in Notzeiten als Spinatersatz verwendet (RhWb).

DREI HÜSER → DÖNBERGER PLATZ mit Butter, Quark und → APFELKRAUT.

DREIKÖNIG Der 6. Januar ist ein wichtiger Termin im Weihnachtsfestkreis. Das kirchliche Fest Epiphanias (Erscheinung des Herrn) wird im alltäglichen Sprachgebrauch Dreikönigsfest oder Heilige Drei Könige genannt, was sich auf die biblische Erzählung der Anbetung Jesu durch Caspar, Melchior und Balthasar, die Weisen (oder Könige) aus dem Morgenland (Mt. 2,1-12), bezieht. Schon seit dem Mittelalter werden diese drei Heiligen verehrt, vor allem in Köln, wo sich um den Dreikönigenschrein im Dom eine der großen europäischen Wallfahrten entwickelte. Derart wichtige Heilige spielen natürlich auch im Brauchleben und beim Essen eine Rolle.

Dreikönig war früher Tag der Bescherung, da schließlich erst die Heiligen Drei Könige die Gaben gebracht hatten. In den orthodoxen Kirchen hat man an diesem Tag als Termin des Weihnachtsfests festgehalten. Aber auch in katholischen und protestantischen Regionen finden sich Erinnerungen an diese Bedeutung. In Breyell/Niederrhein wurden nicht die Kinder beschenkt: *Die verheirateten*

Kinder mussten ihren Eltern einen → PLATZ, *einen süßen runden Rosinenstuten, bringen.*

Das Sternsingen ist heute ein kirchlicher Brauch der Solidarität. Die gespendeten Geldbeträge werden an Entwicklungshilfeprojekte, vor allem für Kinder, übergeben. Dass es sich um eine Neubelebung eines alten Heischebrauchs handelt, ist weitgehend vergessen. Für die arme Bevölkerung der Vormoderne war das Sternsingen eine wichtige Möglichkeit, das Überleben im Winter zu sichern. Kinder und Jugendliche zogen von Haus zu Haus, sangen und baten um eine Gabe. Die so »erheischten« Lebensmittel (Dörrobst, gelagerte Äpfel, Mehl, Wurst, Speck und Brot) sowie kleinere Geldbeträge wurden nach Hause gebracht und mit der ganzen Familie verzehrt. Noch im frühen 20. Jahrhundert war das Sternsingen im Rheinland bekannt. In Fußhollen an der Sieg wurde noch in den 1930er-Jahren vom »Freudenetzenessen« erzählt, für das die Kinder die Zutaten Erbsen (Etzen), Bohnen, Speck und Kartoffeln beim Dreikönigssingen sammelten. Zum gemeinsamen Essen der Erbsensuppe kamen alle Kinder und Jugendlichen des Dorfs zusammen (Döring).

Eine andere mittelalterliche Tradition ist das Bohnenkönigsfest, bei dem an Dreikönig durch eine in einen Kuchen eingebackene Bohne der »König« ermittelt wird. Dieser → KÖNIGSKUCHEN hat allerdings weniger mit der Dreikönigenverehrung zu tun, dafür mehr mit mittelalterlichen Narrenfesten, die auf den bevorstehenden → KARNEVAL hinweisen.

DRELLEN In Emmerich müssen von einem Schinkenbrot »die Drellen« herunterhängen. Das heißt, die Schinkenscheibe muss größer als die Scheibe Brot sein.

DRESCHMASCHINENTAAT Ein Apfelkuchen *mit Rosinen, Zimt und Zucker.* Er *wurde Dreschmaschinentaat genannt, weil* [er während der Kornernte] *leicht zur Dreschmaschine aufs Feld transportiert werden konnte* (Gey/Dürener Land).

DRICKES IM SACK Mehl- bzw. → FASTENSPEISE. In Votzhöfe bei Willich wird so ein großer Hefekloß bezeichnet, der über Dampf in einem großen Topf gegart und mit Kompott gereicht wurde (Honnen). → DUDDES

DRÖPPELMINNA Die Dröppelminna ist eine Institution des Bergischen Landes. Es ist eine »dreifüßige Kaffeekanne mit einem Kranausguss, aus dem es häufig dröppelt (also tropft)« (MmWb).

Technisch handelt es sich um eine Kranenkanne. Sie ist dickbauchig und meist aus Zinn. Unter der Kanne steht zum Warmhalten ein Stövchen. Die Dröppelminna gehört zur → BERGISCHEN KAFFEETAFEL. Der → KAFFEE wird in einem anderen Gefäß gekocht und zum Servieren in die Dröppelminna umgefüllt. Auch wenn zwischen Gummersbach und Bergisch Gladbach betont wird: »Auf die Dröppelminna hat man im Bergischen Land ein Monopol«, so ist diese Kranenkanne weder hier erfunden worden noch ausschließlich hier heimisch. Die Dröppelminna gelangte vermutlich im 18. Jahrhundert über die Niederlande nach Norddeutschland – und auch ins Bergische Land. Der Kaffee, der in dieser Zeit zu einem Modegetränk wurde, sorgte für Neuerungen in der Mahlzeitenfolge und der Tischausrüstung – die Kaffeekanne wurde zum Zentrum der Kaffeetafel. In ganz Norddeutschland kennt man die Kranenkanne als Dröppelminna, in Saterland (Kreis Cloppenburg) heißt sie Dreckpott. Der Name ergibt sich aus einem

Grundproblem des frühen Kaffeekonsums: Da Kaffeefilter noch unbekannt waren, blieb der Kaffeesatz in der Kanne und verstopfte nach und nach den Ausguss – bei der vierten und fünften Tasse

»dröppelte« es nur noch, und der Zapfhahn musste gereinigt werden. Ab der Mitte des 19. Jahrhunderts wurde die Dröppelminna zunehmend durch praktischere Kannen ersetzt, sie blieb aber in vielen Familien ein attraktives Schaustück in der Wohnzimmervitrine oder gelangte ins Heimatmuseum. Mit dem Revival der Bergischen Kaffeetafel kommt die Dröppelminna auch in der regionalen Gastronomie wieder zu neuen Ehren.

DUBBELE So heißt ein doppeltes Butterbrot aus Weiß- und Schwarzbrot mit verschiedenem Belag: *Käse, Quark,* → *RÜBENKRAUT,* → *APFELKRAUT* (Vorst zwischen Viersen und Krefeld), auch *Räucherspeck oder Quark mit Rübenkraut* (Myhl bei Wassenberg), in Weisweiler ein Schulbrot aus zwei Scheiben Brot mit Margarine und → KRAUT, im Raum Geilenkirchen nachmittags zur Feldarbeit ein *Schwarzbrot mit Weißbrot mit Butter, Kraut (Apfel oder Rüben), Quark oder ger. Speck.* → BUNTE KUH

DUDDES *Teigartige Kost aus Mehl u. Wasser, die man lappenweise in Butter tunkt, auch »Hannes in de Sack«* (für Geldern und Uedem bei Goch, RhWb). → DRICKES IM SACK

DÜPPEKUCHEN → DÖBBEKOCHEN

DUFFES Ein Buchweizenbrei, der in Aldekerk/Niederrhein bekannt ist: In kochendes Wasser mit etwas Fett wird Buchweizenmehl gerührt, wieder zum Kochen gebracht, mit Salz und Rübenkraut vermengt und dann auf dem Teller serviert.

DUNG Das Rheinische Wörterbuch kennt das Wort Dung als Bezeichnung für ein geschmiertes Butterbrot, das Mitmachwörterbuch die Verkleinerungsform »Düngelchen« als Name für ein Butterbrot im Rheinisch-Bergischen Kreis und an der Sieg.

DUPP In der Gegend von Üxheim/Eifel serviert man Pellkartoffeln mit einer säuerlichen Rahm-Buttermilch-Specksoße als Dupp, in Altenkirchen werden beim Duppen die Quellkartoffeln in die Dupp, ein Gemisch aus Essig, Öl, Salz, Pfeffer und Zwiebeln, getunkt (RhWb).

E

EFF Auch äff, effen, ist im zentralen Rheinland, im Bergischen Land und am Niederrhein verbreitet und bedeutet, etwas ist ohne Füllung oder Belag, etwa Streuselkuchen oder einfaches Weißbrot ohne Rosinen (Honnen).

EIERKÄSE **1.** In der Eifel, im Westerwald und im Bergischen Land ist Eierkäse ein in der Pfanne gebackener Brei aus Eiern, Milch und Mehl, der als Brotaufstrich gegessen wird, ähnlich → EIERSCHMIER.

2. Eierkäse kann aber auch aus der zweiten oder dritten Milch einer Kuh, die gekalbt hat (→ BIESTMILCH), hergestellt werden. Die Milch wird noch warm durchgesiebt, in einen Steintopf gefüllt und im Wasserbad langsam dick eingekocht, bis ein Strohhalm darin stehen bleibt. Nach dem Abkühlen kann die obere gelbliche Schicht abgenommen und in Scheiben geschnitten werden.

In Lindlar kannte man den Brauch, dass ein Teil dieses Eierkäses einer armen Familie gebracht wurde. Diese Gabe, oft noch ergänzt durch ein Pfund Butter und eine Münze, sollte den Dank dafür ausdrücken, dass Kuh und Kalb gesund waren.

EIERSCHMIER Für Eierschmier wurden in Alfter bei Bonn *Eier in die Pfanne geschlagen, die Pfanne wurde erhitzt, Mehl, Wasser und Speckgrieven zugesetzt und als Brotaufstrich verwendet, sehr schmackhaft.* Der Wanderverein Hübingen-Windhausen e.V. (im Hunsrück nahe Boppard) veranstaltet alle zwei Jahre das »Eierschmierfest« als besondere Attraktion des Vereinslebens. → EIERKÄSE → REGIONALE SPEISEN, SPEZIALITÄTEN-FESTE

● Rezept **Hübinger Eierschmier**

Zutaten (für zwei Personen):
4 Eier,
4 Teelöffel Mehl,
ein guter Eßlöffel voll Griebenschmalz (ersatzweise kann auch Öl genommen werden),
Schnittlauch (nach Bedarf),
Salz.

Es besteht im wesentlichen aus Rührei, ›verlängert‹ mit Mehl und Wasser, versetzt mit einer exakten Abstimmung von Zutaten wie Schnittlauch und Salz und vermengt durch Anwendung einer speziellen, durch die Jahrhunderte hindurch gepflegten Rührtechnik. Gebacken in Griebenschmalz, entsteht so echtes Hübinger Eierschmier mit seinen von Kennern geschätzten geschmacklichen Vorzügen. Zu-

sammen mit echtem Backesbrot aus einem Dorfbackhaus ist es ein wahrer Leckerbissen. Für den interessierten Laien hier die allgemeine Variante, die auch von Leuten mit bescheidener Küchenerfahrung zubereitet werden kann und die auch noch ausgezeichnet mundet. Statt Backesbrot nimmt man dann ein gutes Roggenmischbrot.

(www.wanderclubhw.de/rezepte.htm)

EIERPISCH In Warmroth bei Bingen für Löwenzahn. Laut RhWb Eierpusch = »Löwenzahnbüschel, solange er noch gelb u. als Salat verwendbar ist«. → KETTENSALAT

EINKAUF UND SELBSTVERSORGUNG, KOLONIALWARENLADEN, LEBENSMITTELEINZELHANDEL
Wer heute Lebensmittel braucht, kauft sie ein, ob auf dem Markt, im kleinen Laden um die Ecke, im Supermarkt oder im Bioladen. So gut wie alle Produkte sind zu jeder (Jahres-)Zeit verfügbar, meist je nach Bedarf in verschiedenen Endverbrauchergrößen und -mengen vorbereitet und abgepackt und häufig bereits komplett küchenfertig zubereitet.

Noch zur Zeit unserer Großeltern war es dagegen selbstverständlich, möglichst wenig zu kaufen, denn Bargeld war sowohl auf dem Land als auch in den städtischen Arbeiterfamilien knapp, Selbstversorgung also lebensnotwendig. Viele Lebensmittel waren noch »roh«, etwa Rohmilch (nicht pasteurisierte Milch) direkt vom Erzeuger, viele auch nicht abgepackt und nur in großen Mengen gelagert, etwa Zucker, Mehl oder Fisch in Fässern und Tonnen, und wer Fleisch essen wollte, hielt meist selbst Tiere, schlachtete selbst und kümmerte sich um die Haltbarmachung. So bestimmten feste Termine wie Schlachttag und Erntezeiten, aber auch die Haltbarkeit beziehungsweise Verderblichkeit einzelner Lebensmittel viel stärker als heute den täglichen Speiseplan.

Bis zum Zweiten Weltkrieg gab es prinzipiell drei Konsumentengruppen: zunächst einmal die eigentlichen Selbstversorger, die Bauern. Sie waren weitgehend autark und mussten nur wenige Nahrungsmittel kaufen. Zweitens die teilweisen Selbstversorger, die in Stadt und Land über einen kleineren oder größeren Garten verfügten und dort vorwiegend Gemüse und Obst anbauten, ihn aber auch zur Kleinviehhaltung nutzten. Und drittens die »landlosen« Industriearbeiter, aber auch die wachsende Zahl der Angestellten von Behörden und Gewerbebetrieben in den Städten, die vollständig auf den Kauf von Nahrungsmitteln angewiesen waren.

Eine frühe Form des Lebensmittelhandels entstand mit den Kolonialwarenläden vor allem Ende des 19. Jahrhunderts. Kolonialwaren hießen »die aus den Tropen, besonders den europäischen Kolonien eingeführten Waren, wie

Zucker (zum Unterschied vom Rübenzucker auch Kolonialzucker genannt), Kaffee, Thee, Kakao, Gewürze, Reis, bisweilen auch Rohstoffe der Industrie«. (MKL)

Neben den »Kolonialwarenläden« oder mancherorts → »WENKEL« gab es die werkseigenen Konsumgesellschaften (Kruppscher Konsum in Duisburg) für die Werksangehörigen oder freie Konsumgenossenschaften (Roetgen bei Aachen). Den größten Teil an Geschäften machten jedoch bald private Händler aus. Ein Bericht aus einem Düsseldorfer Haushalt des ersten Viertels des letzten Jahrhunderts – der Vater Fabrikarbeiter aus bäuerlichen Kreisen in Ostpreußen, die Mutter aus der niederländischen Provinz Limburg – verdeutlicht die vielfältigen Verbindungen und sozialen Zusammenhänge:

In Düsseldorf wurde meist von diesen Fabrikarbeiter-Familien in kleinen Läden eingekauft, wie sie heute als »Tante-Emma-Läden« bezeichnet werden. Man kannte sich gegenseitig, man konnte anschreiben lassen. Das war wichtig, z.B. bei Notzeiten, Krankheit des Vaters, denn eine Lohnfortzahlung im heutigen Sinne, gab es um diese Zeit noch nicht. Das bedeutete also, immer in Vorsorge leben!

Freitags war üblicherweise Lohntag. Die Frauen standen dann meist an den Fabriktoren und warteten auf die Männer mit den Lohntüten. Dann gings zum Einkaufen. Es wurde meistens pfundweise eingekauft, da für eine größere Menge an Lebensmitteln kein Platz vorhanden war. Die Wohnungen bestanden aus zwei oder drei Zimmern mit einem Kellerraum. Aufbewahrt wurden die Vorräte für den täglichen Gebrauch im Küchenschrank und einer Anrichte. Eisschränke gab es noch nicht. Erbsen, Bohnen, Linsen, Reis, Sajo, Mehl, Zucker, Salz in Tüten abgewogen, Oel und Essig in Flaschen abgefüllt, Gemüse und Obst oft einfach in die Tasche geschüttet, so spielte sich der Einkauf ab. Beim Metzger wurde Bauchfleisch (heute oft falsches Kottelet genannt), durchwachsenen Speck, fetten Speck, Suppenfleisch, gemischter Gulasch, Blut- oder Leberwurst, seltener Hartwurst gekauft. An anstehenden Fest- oder Feiertagen auch mal Braten. Der Milchmann fuhr mit seinem Wagen von Haus zu Haus und bimmelte die Hausfrauen an den Wagen. Ein oder zwei Liter Milch wurden in Kannen abgefüllt. Ein Einkauf auf dem Markt geschah nur selten, da zu weit weg.

Ein anderer Bericht, diesmal aus Alfter bei Bonn, schildert ebenfalls sehr anschaulich Lohn- und Einkaufstag, wie er zu der damaligen Zeit (etwa ab 1905) üblich war:
Wir hatten ein paar kleine Stückchen Land (ca. 5 ar). Mein Vater war Arbeiter. Samstags kam er am Abend mit 18,– M nach Hause. Dann konnte meine Mutter erst zum Einkaufen gehen. Sie kaufte nur das

Allernötigste, was wir zum Leben brauchten, z.B. 1 Stollen für 0,50 M, (süßes Weißbrot), 1 Pfund Zucker, Mehl, Petroleum, das Liter für 0,15 M. Wir hatten noch kein Elektrisch. Mein Vater bekam 1 Päckchen Tabak für 15 Pf, ein Paar Zigarren, das Stück für 5 Pf und wir Kinder bekamen ein paar »Knöpplätzche«, das sind kinderhandgroße ovale flache Plätzchen mit grobem Zucker überstreut.

Der Vater arbeitete als Hausknecht in einem Bonner Kaufmannshaus, die Mutter als Wäscherin bei verschiedenen Familien, u.a. in der Metzgerei eines Juden.

EINKAUF UND SELBSTVERSORGUNG, **AMBULANTER HANDEL**

Auch im Rheinland weit verbreitet war der ambulante Handel, vor allem in den eher ländlichen Gebieten. Im Pferdewagen, später im Auto boten die fahrenden Händler ein breites Sortiment: *Je nach Bedarf Reis, Gries, Malzkaffee, Bohnenkaffee (nur in geringen Mengen), Salz, Zucker, Gewürze, Buchweizenmehl und Heringe.* Selbst recht große Höfe wie in Nieukerk/Niederrhein, ein Rinderzuchtbetrieb mit 36 Hektar, 16 bis 18 Milchkühen und sechs Pferden, waren bei manchen Produkten auf den Zukauf angewiesen. Und was die Händler nicht mit sich führten, konnte man bei ihnen bestellen, zum Beispiel auch Textilien und Haushaltswaren vom Nähzeug über Geschirr bis zur Möbelpolitur. Auch Backpulver, Petroleum, Speiseöl oder gar Scheuersand *für die Küche ... und zum Verzieren um und auf dem Herd ...* (Kerken/Niederrhein, Willich-Schiefbahn) gehörten dazu. Senf brachte der *Senfmann* (Simmerath – dort ist es der »Mostert Breuersche« aus der Senfmühle in Monschau; Kerken/Niederrhein). In Körrenzig/Jülicher Land fuhren die Essigfrau bis etwa 1930 und der Gewürzmann bis etwa 1955 ihre Runde. Nicht zuletzt brachte der Milchmann seine Erzeugnisse bis in den Haushalt. Aus Simme-

rath ist für die 1920er-Jahre schließlich noch überliefert: *Einzelne Familien fuhren mit Handwagen von Tür zu Tür: Sie verkauften z.B. Salzheringe, Bücklinge, Sprotten und Ölsardinen. Zucker wurde in 2 1/2-Kilo-Platten gekauft, andere Vorräte ... z. T. gemeinsam mit Nachbarn angeschafft und auf dem Speicher gelagert: z.B. Reis, Haferflocken, 2–3 Liter Öl und Essig.* Interessant sind in diesem Bericht aus der Zeit während und nach dem Ersten Weltkrieg die familiären Verhältnisse: Der Vater war Postangestellter, die Mutter hatte neben sieben Kindern noch eine Kolonialwarenhandlung zu betreuen.

EINKAUF UND SELBSTVERSORGUNG, **BACKTAG UND BROT, BÄCKEREIEN** → BROT war und ist neben (selbst angebautem) Gemüse und Kartoffeln (seit dem späten 18. Jahrhundert) eines der wichtigsten Grundnahrungsmittel. Auf dem Land wurde früher meist selbst gebacken. Einen Backtag gab es, je nach Bedarf, alle ein bis drei Wochen. Eine Bauersfrau aus Aachen-Kornelimünster, 1905 geboren, beschreibt den Backtag auf einem großen Gutshof:

Der Hof besaß einen eigenen Steinbackofen. Dieser wurde mit Holz vorgeheizt, sodann von der Glut und Asche gereinigt und das Brot eingelegt. Dieses waren ca. 3 bis 3,5 Pfund schwere längliche Vollkornbrotlaibe. Im Herbst wurden, nachdem das Brot fertig gebacken und herausgenommen worden war, in den noch warmen Backofen Äpfel, Birnen und Pflaumen zum Dörren eingelegt. Dieses Dörrobst wurde danach auf Holzregalen in einem kühlen und trockenen Raum gelagert. Backtag war alle drei Wochen.

In Breitenbenden/Eifel stand der Vater, ein Hochofenarbeiter im Bleibergwerk, *schon um 3 morgens auf, um den Teig vorzubereiten, für die Mutter zu schwer. Aus dieser Menge wurden 15 Brote gemacht à 5 Pfund. Auf dem letzten Brot wurde vor dem Backen ein Kreuz eingedrückt, das »Krützbrot«. Dieses Brot wurde zuletzt gegessen. Wenn dies angeschnitten wurde, musste ein neuer Teig angesetzt werden.*

Im Schnitt kamen zwischen 12 und 15 Brote in den Ofen, die manchmal bis zu acht Pfund wogen. Die als letzte – manchmal erst drei Wochen später – angeschnittenen Brote eines Backtags waren natürlich schon sehr hart. Daher war das Brotschneiden bis weit in das 20. Jahrhundert hinein meist Aufgabe des Hausherrn oder einer anderen männlichen Person. Einige Familien hatten schon nach dem Ersten Weltkrieg *eine eigene Brotschneidemaschine mit Handbetrieb für Schwarzbrot, das 7 Pfund wog* (Xanten, Moers).

Gab es im Dorf einen gemeinsamen Backofen, wurde die Reihenfolge beim Backen ausgelost, denn der Erste musste den Ofen ansto-

chen (anheizen), was sehr aufwendig war, während derjenige, der als Letzter backen durfte, einen gut durchgeheizten Ofen vorfand – der schließlich auch noch heiß genug war für das Dörren von Obst und das Backen von Kuchen, die keine starke Hitze vertragen.

Obwohl das Bäckerhandwerk eine bis ins frühe Mittelalter zurückreichende Tradition hatte, gab es regelrechte Bäckereien vor 1900 fast ausschließlich in größeren Orten (und zum Beispiel in Klöstern) beziehungsweise dort, wo es genug Kunden gab, die ihr Brot nicht selbst backten, sondern kauften. Viele Bäcker lieferten ihre Backwaren auch selbst aus, um ihren Kundenkreis weiter zu vergrößern. Bis 1914 fuhr etwa der Bäcker in Haldern bei Rees einmal pro Woche das Schwarzbrot aus. In Groß Klev/Bergisches Land lieferte *Bäcker Otto Rau von Halzenberg* (zwischen Wermelskirchen und Kürten) *ab etwa 1920 zweimal wöchentlich – Rau kam dienstags und freitags mit Pferd und vierräderigem Kastenwagen, der mit Segeltuch bespannt war – Schwarzbrot, Graubrot, Mischbrot, Stuten, Rosinenbrot und Teilchen. Früher wurde das Brot in Clevermühle geholt gegen Lieferung von Getreide und Zahlung von Backlohn. Dieser Bäcker backte nur Schwarz-, Grau- und Weißbrot.* In Köln-Zollstock kam täglich das *Pferdefuhrwerk der Fa. Herrmanns-Brot über die Landstraße am Rand der Siedlung – es wurde laut gerufen oder mit einer Schelle auf sich aufmerksam gemacht* ... Spezialität waren → MARSCHALLTÖRTCHEN, die die Mutter allerdings nur an bestimmten Festtagen bestellte. Bäckerverkaufswagen sind in ländlichen Gebieten heute wieder häufiger zu sehen. So kommen in Mörschbach bei Simmern, einer Ortschaft mit ca. 300 Einwohnern, viermal wöchentlich Bäcker mit ihren Erzeugnissen.

Eine wichtige Rolle spielte früher die Lohnbäckerei, vor allem zum Backen von Weißbrot, das freitags oder samstags, fein säuberlich in ein Tuch gewickelt, zum Dorfbäcker gebracht und später fertig gebacken dort wieder abgeholt wurde. Der Lohn des Bäckers betrug 10 bis 20 Pfennig. So erinnert sich die Witwe (geboren 1892) eines Schmiedemeisters aus Waldfeucht-Haaren bei Heinsberg: *Schon vor 1900 wurde im benachbarten Soperich und Neuhaaren gegen Lohn gebacken. Man brachte den Teig zum Bäcker und ließ dort das Weißbrot backen für 15 Pfennig. Weißbrot gab es nur an Sonn- und Feiertagen. Das* (andere) *Brot buk man selbst bei sich oder in der Nachbarschaft,* also Schwarzbrot – im Sinne von Vollkornbrot – und das später aufkommende Mischbrot, das häufig auch einfach gekauft wurde. In Hürtgenwald bei Düren etwa backten schon um 1890 *mehrere Bauern Brot zum Verkauf.*

Durchaus gebräuchlich war der Tausch Getreide gegen Brot. In Rees waren an einige Kornmühlen Bäckereien angeschlossen. Bei diesem Tausch bekam das *Anschreibbüchelchen* (Weisweiler zwischen Düren und Aachen) fast urkundliche Funktionen. Egal, wie nun gerechnet wurde: *1 Zentner Roggen = 1 Ztr. Brot* (Mönchengladbach-Neuwerk) oder *ein Sack Roggen … eine bestimmte Anzahl von Broten* – stets notierte der Bäcker die verbrauchte Menge an Getreide und die Zahl der dafür abgegebenen Brote (Bornheim-Walberberg).

EINKAUF UND SELBSTVERSORGUNG, **BÄUERLICHE BETRIEBE**

Die bäuerlichen Betriebe erzeugten *alles was im Haushalt … gebraucht wurde außer Rindfleisch* (Kerken/Niederrhein) beziehungsweise *bis auf Kolonialwaren alles* (Myhl bei Wassenberg). Grundsätzlich gilt, was aus Hückeswagen im Bergischen berichtet wird: *Bauern waren und sind noch heute Selbstversorger in allen Grundnahrungsmitteln. Brotbäckerei im Hof- oder Dorfverband ist hier seit ca. 1920 nicht mehr üblich. Außer sämtlichen hier üblichen Feldfrüchten wie Weizen, Hafer, Roggen, Gerste und Raps hatten die Bauern, ob klein oder groß, umfangreiche Obsthöfe und großflächige Gärten. Die eigene, heute nicht mehr zulässige Hausschlachtung sorgte überdies für ausreichend tierische Fette und Fleischprodukte. In die Schlachtung einbezogen wurden Hühner, Enten, Gänse und Puter. Rinder, Kälber und Schweine sorgten hier für den Großteil.* Im Bergischen kam also auch das Rindfleisch aus der eigenen Schlachtung, in anderen Gegenden, etwa der Nordeifel oder dem Hunsrück, waren selbst größere Bauern nicht so gut gestellt wie vergleichsweise kleine in anderen Regionen.

Die örtlichen Gegebenheiten konnten den Zukauf also recht deutlich beeinflussen. *Zugekauft*

E

wurde nicht viel, für Feste wurde auch mal Rindfleisch erworben, »Südfrüchte« waren kaum bekannt. Die Hunsrücker waren immer ein sparsames Volk, bedingt durch die wirtschaftlichen Verhältnisse. Bei den Einwohnern Unzenbergs (bei Simmern) *gab es während der fraglichen Zeit* (es muss sich um die Zeit zwischen den beiden Weltkriegen handeln) *kaum nichtbäuerliche Haushalte, Handwerker betrieben auch Landwirtschaft nebenbei. Andere Einwohner verdingten sich während der Ernte bei Bauern und erhielten als Entlohnung auch landwirtschaftliche Erzeugnisse außer Geld.* In Weeze wiederum holte man hin und wieder eine Schinkenwurst vom Metzger, sozusagen *zur Abwechslung der von der Bäuerin hergestellten Wurst.* Und in Brünen bei Hamminkeln lohnte sich die Eigenproduktion von → RÜBENKRAUT nicht, da es dort eine Krautfabrik gab.

Einige Produkte mussten jedoch überall dazugekauft werden, zum Beispiel Salz, etwa das sehr feinkörnige »Buttersalz« zur Butterherstellung (Groß Klev/Bergisches Land, Kürten). Außerdem mussten alle Haushalte die sogenannten »Kolonialwaren« kaufen, Produkte aus tropischen und subtropischen Ländern (hauptsächlich Gewürze, Kaffee, Tee, Kakao, Reis, Südfrüchte etc.). Eine Liste aus Haldern bei Rees nennt *Zucker, Mehl, Reis, Grießmehl, Graupen, Nudeln, Kaffee, Salz, exotische Gewürze, Zimt, Vanille, Piment u.a.* Gekauft werden mussten auch Waschmittel, Seife, Streichhölzer sowie Essig und Öl, die man portionsweise an der Haustür erwerben konnte. Etwas luxuriöser waren sicherlich schon die Zigarren, die zum Beispiel ein Korschenbroicher Kleinbauer und Markthändler bis 1930 im → WENKEL kaufte.

EINKAUF UND SELBSTVERSORGUNG, **BUTTER** Auf dem Land wurde früher ein- bis zweimal in der Woche gebuttert und Quark zubereitet, in Nieukerk/Niederrhein vor dem Zweiten Weltkrieg sogar dreimal. Vor dem Ersten Weltkrieg musste manchmal gar der Hofhund ins Laufrad und die Zentrifuge antreiben (im nahen Kerken). Die fertigen Butterrollen wurden gekennzeichnet: *Ein senkrechter Strich mit den Messer war 1 (Pfd.), ein Kreuz waren 1 1/2 (Pfd) u. 2 senkrechte Striche 1 Kilo Butter. Wurde auf dem Markt in Moers oder an Privatkunden verkauft.* (Moers) Während des Ersten Weltkriegs wurde auch weiße Ziegenbutter heimlich selbst hergestellt (Wassenberg).

Wie bis zum Zweiten Weltkrieg gebuttert wurde, zeigt eine Schilderung aus Heisterbacherrott/Siebengebirge: *Das Schönste war, wenn das Kaffeewasser aufgesetzt wurde und frische Butter gemacht wurde. Die Sahne wurde 300 mal rund gerührt, dann kochte das Kaffeewasser, dann noch 200 mal gerührt, schließlich musste man die Butter abstreichen, damit die Klumpen zusammenhielten und nochmals etwas langsamer drehen. Die Buttermilch wurde abgeschüttet, der Butterklumpen dreimal gewaschen, gesalzen und ins »Butterdöppen« gefüllt.*

Die städtischen Hausfrauen kauften Butter direkt beim Bauern oder auf dem Wochenmarkt. Aber es gab sie auch im Versandhandel, wie sich die 1907 geborene Tochter eines Schreiners erinnert: *Mitte der Zwanziger-Dreißiger Jahre bezog man die Butter aus Ostpreußen, durch Versand – als Postkolli = 9 (Pfd) – von Ernst Falk aus Kaukehmen. Diese Butter wurde in einer Holzmulde mit Salz mit einem Holzlöffel geknetet, in einen grau-blauen Steinguttopf fest eingefüllt und mit einem in Salzwasser getränkten Leinentuch abgedeckt und im Keller aufbewahrt.* (Wermelskirchen)

Auf dem Kölner Markt benutzten die Bauern Rhabarberblätter zur Aufbewahrung und Frischhaltung der gesalzenen oder ungesalzenen Butter, auf dem Hunsrück Mangoldblätter. Eine schöne Färbung bekam sie durch rohen Möhrensaft. Um Frische und Geschmack der in 10 cm dicken und 30 cm langen Walzen angebotenen Butter probieren zu können, nahmen die Weselerinnen in der Zeit vor dem Ersten Weltkrieg einen Teelöffel mit zum Markt. In Korschenbroich bei Mönchengladbach konnten die Hausfrauen mit einem Fünfpfennigstück probieren.

EINKAUF UND SELBSTVERSORGUNG, **EIGENER GARTEN** Neben den Äckern gehörte früher zu praktisch jedem Bauernhof ein Hausgarten, der meist von der Bauersfrau bearbeitet wurde. Dort zog man Gemüse, Kräuter und Obst.

Diese Gärten leisteten einen wichtigen Beitrag zur bäuerlichen Selbstversorgung.

Mindestens ebenso wichtig für die wenigstens teilweise Selbstversorgung waren die eigenen Gärten der Bergleute und Industriearbeiter des Ruhrgebiets. Sie lieferten Gemüse, Salat, Frühkartoffeln und Hülsenfrüchte, manchmal auch Obst; vor allem aber ermöglichten sie die Haltung von Kleinvieh: Hühner, Kaninchen, Ziegen (auch Bergmannskuh genannt) bis hin zu Enten und Gänsen. Platz dafür fand sich in den Jahren um den Zweiten Weltkrieg in fast allen Arbeitersiedlungen: *Jede Familie in der Siedlung hatte einen Garten von etwa 5 m Breite und 20 m Länge. Dort stand auch meist noch ein Kaninchenstall oder es wurden ein paar Hühner gehalten. Angepflanzt wurden – hauptsächlich zur Vorratshaltung – Bohnen, Kappes, Möhren, Erbsen, Porree, Grünkohl, Rosenkohl und Salat der Jahreszeit* (Duisburg). Wie gesund das Obst tatsächlich war, sei dahingestellt: Die Johannisbeeren in dieser Siedlung jedenfalls waren *vom Staub in der Luft nicht rot, sondern schwarz* (Duisburg).

EINKAUF UND SELBSTVERSORGUNG, **FISCH** Ein Nahrungsmittel, das fast ausschließlich zugekauft werden musste, war der Fisch. So zum Beispiel die → MAIFISCHE, die in Emmerich schubkarrenweise angelandet und auf dem »Alten Markt« *bennekeswies (körbchenweise) zu 30–50 Stück* versteigert wurden.

Auch andere Fische wurden versteigert, zum Beispiel Heringe (→ FASTENSPEISEN, FISCHGERICHTE). Ein Versteigerer erzählt: *Aus einem großen Korb wurde eine Schale (ein Flatje) mit Fisch herausgenommen und angeboten. Anfangsgebot 5 Pfg., Steigerung immer um 5 Pfg.*

Durch den Selfkant fuhren Hausierer mit Pferdewagen und boten Heringe aus der Tonne an, *10, 12, oder 15 Stück für eine Mark* (Waldenrath bei Heinsberg). Durch die Kölner Straßen kamen bis zum Zweiten Weltkrieg donnerstags und freitags die holländischen Heringsverkäufer. Sie boten hauptsächlich → MONNICKENDAMER BRATBÜCKINGE an. Was in Köln nicht abgesetzt werden konnte, wurde am Wochenende in der Eifel verkauft.

EINKAUF UND SELBSTVERSORGUNG, **FLEISCH UND WURST, METZGEREIEN** Heute ist Fleisch in den meisten Haushalten ein (all)täglicher Bestandteil der Ernährung. Das war nicht immer so. Ein Blick zurück ins 19. Jahrhundert zeigt, dass insbesondere Schweinefleisch bei der Mehrheit der Rheinländer nur selten auf den Tisch kam.

Dass gerade Schweinefleisch damals hoch geschätzt wurde, hatte mehrere Gründe: Die Mast war relativ preiswert – oft wurden die Reste der Mahlzeiten (Kartoffelschalen, Gemüsereste) dazu verwendet –, und durch seinen hohen

Fettanteil war das Fleisch sehr kalorienreich, was bei der körperlich schweren Arbeit in der damaligen Landwirtschaft und Industrie sehr erwünscht war. Schweinefleisch war deshalb teilweise erheblich teurer als Rind- oder gar Kalbfleisch. Die meisten – und besten – Stücke der selbst geschlachteten Schweine wurden verkauft – damals für die Bauern eine der wenigen Möglichkeiten, Bargeld einzunehmen. Verwurstet oder in anderer Form im eigenen Haushalt verwendet wurden die Reste, bis hin zu den Innereien und Schwarten. Große Bauernhöfe konnten sich allerdings auch die Konservierung größerer Mengen Fleisch leisten.

Besonders beim Schweinefleisch war seine leichte Verderblichkeit damals ein großes Problem. Es musste schnell gegessen oder haltbar gemacht werden. Aber die damaligen Methoden der → KONSERVIERUNG durch Kochen, Pökeln, Räuchern, Trocknen usw. (→ KONSERVIERUNGSTECHNIKEN) boten nicht unbedingt die Gewähr für einwandfreie Nahrungsmittel. Der Kreisphysikus aus dem Siegkreis etwa stand 1830 der häuslichen Wurstproduktion recht skeptisch gegenüber: »Von dem aufgefangenen Blute dieser Thiere, mit Zumischung von zerschnittenem Fleische, etwas Weisbrod, Salz, Pfeffer und mehreren anderen Gewürzen, als Gewürznägelein, Muskatennuße, Muskatenblüthen, Majoran, Thymian & jenachdem diese die Hausfrau mehr oder weniger liebt, werden Blutwürste gemacht und von der zerstoßenen Leber, einem Zusatze von zerschnittenem Fleische, Schwarten, Speck, geriebenem Weisbrod und einem zusatze von Salz, Pfeffer und der erwähnten Gewürze, so genannte Leberwürste verfertiget. Sie werden meist frisch genoßen und geben häufig zu großen Diätfehlern Veranlassung, und können, wenn sie alt werden oder, was nicht selten geschieht, sauer werden, wegen der sich darin entwickelnden Fettsäure der Gesundheit in einem hohen Grade gefahrdrohend werden ... Diese nemlichen Nachteile und noch wohl in einem höheren Grade haben die hier so beliebten Weißwürste, die von gekochtem Reis, Weisbrod und Fett bereitet werden. Diese gehen sehr schnell in die saure Gährung über und sind dann wirklich im hohen Grade gefährlich.« (HSTAD)

Es war übrigens üblich, auch der Verwandtschaft anlässlich des Schlachttags etwas zu schenken. Am unteren Niederrhein, etwa in Emmerich, schenkte die Tante *Potthaste (Am Schlachttag von allem ein Stückch.)*, in Rees fiel die Gabe etwas üppiger aus: ein → *PRÖLLEWÖRSKE (Probewurst)*, → *HÜTSCHPOTT (so von allerlei etwas), Teutje Woßnatt (Kanne Wurstbrühe zur Herstellung von Balkenbrei* – → *PANHAS)*. Auch in Hückeswagen war es üblich, den Verwandten Kochwurst oder Grütze, *Wurstbrüh-Extrakt mit Buchweizenmehl versetzt und gedickt* zu schenken.

Ein regelrechtes Tauschgeschäft, mit Vorteilen für beide Seiten, lag in der Lieferung von Gemüseabfällen an den Schweinezüchter gegen eine angemessene Beteiligung am Schlachttag: *Bis 1970 war es noch üblich, dass Kartoffel- und Gemüseabfälle einem verwandten Landwirt aus den Haushalten heraus gegeben wurden. Als Gegenleistung erhielt man vom geschlachteten Schwein eine Blut-, eine Leber- und mehrere Bratwürste* (Sinzig, auch Griethausen bei Kleve).

Metzgereien kamen im Vergleich zu Bäckereien erst später auf, da Hausschlachtungen (meist mit der Hilfe eines Metzgers oder einer des Schlachtens kundigen Person) noch bis in die Mitte des 20. Jahrhunderts verbreitet waren. Häufig betrieben Juden die Metzgereien (HSTAD; Brünen bei Hamminkeln, Gey/Dürener Land). Unterschieden wurde bis Ende der 1920er-Jahre zwischen Schweine- und Ochsenmetzgerei (Köln), die jeweils die Wurstherstellung mit einschloss. Dazu kamen Hammelschlachtereien und Pferdemetzgereien, die jedoch nur einen kleinen Anteil des Geschäfts ausmachten. Nach dem Ersten Weltkrieg gab es außerdem *in Düren eine Metzgerei in der Weierstraße, in der amerikanisches Gefrierfleisch verkauft wurde. Das Fleisch war billiger, der Speck außergewöhnlich hoch und luftgetrocknet. Die Geyer kauften dort ein. Es wurde Wilson-Fleisch genannt ... Die Geyer Juden verkauften Euterfleisch. Es wurde in Salzwasser abgekocht, dann gebraten. Auch als Brotbelag schmeckte es* (Hürtgenwald bei Düren).

Metzgereigeschäfte hatten zumindest schon Eisschränke, während die Privathaushalte noch lange ohne Kühlmöglichkeiten auskommen mussten. Im eher städtischen Wesel hatten deshalb bis zum Ersten Weltkrieg manche Metzger sonntags kurz vor Mittag, also direkt nach dem Kirchgang, geöffnet, *so dass man den Aufschnitt für den Sonntagabend kaufen konnte.* Häufig genügte es, die Kinder mit einem Zettel ins Geschäft zu schicken: *Man wurde immer reell und gut bedient, damit man »wiederkam«.*

EINKAUF UND SELBSTVERSORGUNG, **MÄRKTE** Auf dem Land gab und gibt es kaum Wochenmärkte. Aber in den Städten war der Einkauf bei den bäuerlichen Lieferanten auf dem Markt gang und gäbe, etwa in Köln: *Übereinstimmend gaben die Damen an, dass in nichtbäuerlichen Haushalten die Nahrungsmittel (Butter, Eier, Gemüse, Salat und Kartoffeln) zweimal in der Woche auf den Wochenmärkten eingekauft wurden. Sie wurden von Bauern mit den eigenen frischen Erzeugnissen beschickt. Die Wochenmärkte waren beliebt, weil die Hausfrauen hier reiche Auswahl hatten.*

In Wesel fand der Wochenmarkt samstags statt. Alle Sorten einheimisches Gemüse und Obst, Käse, Eier, Butter, Fisch wurden verkauft. Das Angebot unterschied sich im ganzen Rheinland nur selten – auf den Ständen lag, was die Bauern der näheren Umgebung produzierten.

Für die Jahrmärkte gilt stellvertretend ein Bericht aus Wassenberg: *Auf Jahrmärkten wurden*

weniger Nahrungsmittel des täglichen Bedarfs als vielmehr Bekleidung und Schuhwerk eingekauft, und zwar dies auch keinesfalls ausschließlich, sondern mehr gelegentlich. Anders in Simmerath bei Monschau: *Zweimal jährlich Jahrmarkt. Dort wurden gekauft Gewürze (z.B. Knoblauch, Pfeffer, etc.), ferner Südfrüchte, Nüsse der verschiedensten Art, Backwaren und Zuckerwerk. Einen Wochenmarkt gab es nicht.*

Der Einkauf auf dem Wochenmarkt ist auch heute (wieder) beliebt und hat trotz vielfältiger anderer Angebote nichts an Attraktivität verloren. Das wichtigste Argument sind Frische und Qualität der Waren, kommen doch viele Selbsterzeuger zum Beispiel vom Niederrhein nach Duisburg, um dort Kartoffeln, Obst, Gemüse und Blumen an die Frau und den Mann zu bringen. Gerade diese Verbundenheit mit der Region ist vielen Kunden ein Garant für einwandfreie Ware. Hinzu kommt in ihren Augen die große Auswahl, wie sie in keinem Supermarkt zu finden sei. Die Kunden wissen dies zu schätzen, kaufen sie doch meist bei »ihrem« Händler ein. Dabei spielt heute die Nationalität weder auf Käufer- noch auf Verkäuferseite eine Rolle.

Aber nicht nur Frische, Qualität und Auswahl machen den Markt so anziehend. Er war immer schon Treffpunkt und Informationsbörse – auch daran hat sich bis heute nichts geändert. Man trifft sich regelmäßig auf dem Markt, kauft ein und unterhält sich. Und wo die Oma schon einkaufte, dort geht auch die Enkelin hin.

Auf vielen Wochenmärkten im Rheinland können die Besucher übrigens neben frischen Produkten wie Fleisch, Wurst, Fisch und Brot auch Textilien und Lederartikel kaufen. Allerdings achten alle Marktämter darauf, dass die Lebensmittel, also der grüne und frische Bereich, deutlich überwiegen.

EINKAUF UND SELBSTVERSORGUNG, MITHILFE BEI DER ERNTE Weit verbreitet war eine weitere Form des Naturalienerwerbs: Für die Mithilfe etwa bei der Kartoffelernte bekamen Verwandte oder Nachbarn Kartoffeln; Wurst und Speck gab es für die Hilfe am Schlachttag.

EISENKUCHEN In der Eifel ist das eine Waffel oder ein flacher Kuchen, oft aus Hafermehl. Gebacken wird der Teig in einer besonderen Form aus Eisen mit langem Stiel. Eisenkuchen ist ein beliebtes Neujahrsgebäck. In Gummersbach, Solingen und Remscheid ist Eisenkuchen »eine Art Fladen« (RhWb). → EISERKUCHEN

EISERKUCHEN Im Eisen (runde Metallplatten mit langen Stielen) gebackene Waffeln, beliebt zu Neujahr, wie ein Bericht aus Speldrop/Niederrhein zeigt: *Neujahr: Neujährchen (Eiserkuchen) im Herd gebacken eine 20 l Milchkanne voll.* → EISENKUCHEN

ELBERFELD-BARMEN In Velbert und Hückeswagen Bezeichnung für den → HENKELMANN. RhWb: »scherzhaft für doppeltes Essgeschirr, den Henkelmann«. – Henkelmänner kamen mit der Industrialisierung in den 1850er-Jahren auf. In Solingen bedeutete der Spruch »Dann mußte mit Elberfeld-Barmen gehn«, dass ein Heimarbeiter seine »Unabhängigkeit« aufgeben und in der Fabrik arbeiten musste. → MITNAHME

ENDENICHER ADVENT → MAIWIRSING

ENGELSVÖTZKES In Lank (Meerbusch) für → PÜFFERKES.

ERNÄHRUNG IM 19. JAHRHUNDERT Das 19. Jahrhundert war eine Zeit der Umbrüche, die bis heute nachwirken. Weite Teile des bis zum ausgehenden 18. Jahrhundert überwiegend landwirtschaftlich geprägten Rheinlands veränderten sich, zunächst noch gemächlich, dann jedoch immer schneller. Im Ruhrgebiet entstand in dieser Zeit das größte deutsche Industriegebiet, geprägt durch Bergbau und Eisen- und Stahlindustrie, mit einer riesigen Nachfrage nach Arbeitskräften. Die Zuwanderung vollzog sich in zwei Hauptphasen: bis etwa 1860/70 als Binnen- oder Nahwanderung aus dem nichtindustriellen Umland und seit den 1870er-Jahren vor allem aus den östlichen Provinzen Preußens: Schlesien, Pommern und Ostpreußen. Alle Zugewanderten brachten natürlich auch ihre überwiegend bäuerlich geprägten Essgewohnheiten und -traditionen mit in die neue Umgebung.

Wie hat nun die Ernährung der breiten Bevölkerung im 19. Jahrhundert ausgesehen? Da der größte Teil des Rheinlands bis in die ersten Jahrzehnte hinein immer noch ländlich geprägt war und auch die Zuwanderer in das Ruhrgebiet aus Agrarregionen kamen, unterschied sich die Ernährung in den urbanen Zentren zunächst kaum von derjenigen in den Kleinstädten oder auf dem Land. Sie war für weite Bevölkerungskreise, größere bzw. reichere Bauernhöfe einmal ausgenommen, relativ einfach, häufig unausgewogen und nahrungsphysiologisch oft unzureichend.

Eine ergiebige Quelle für die Ernährungssituation im frühen 19. Jahrhundert sind die sogenannten → MEDIZINALTOPOGRAPHIEN. So beschrieb der Physikus des Landkreises Köln in den 1820er-Jahren recht allgemein die Ernährung der ländlichen Bevölkerung: »Brod, gewöhnlich Roggenbrod, Gemüse … grüne und getrocknete, Obst, Kartofeln machen die Haupt-Nahrung. Das Brod ist von guter Beschafenheit. – Vorzüglich Schweinefleisch; in der Regel isst der Landmann jedoch kein Fleisch; Selten Rind, Kalb und Schöpfen [Hammel] Fleisch und Fische. Milch, frischer Käse ißt man viel und Butter, diese bringt man doch gern zum Markt nach Cöln.« (HSTAD) Ein ganz anderes Bild zeichnet eine durchaus realistische Schilderung aus dem Gebiet um Düren für 1845/46: »Die gewöhnlichen Nahrungsmittel der Armen sind gewöhnlich schlecht, sonderbar gemischt und unangemessen zubereitet. Abkochungen von Kartoffeln, Kaffeesätze und Kaffeesurrogate, dünne Wassersuppen mit gebrocktem Brode überfüllt, das dazu noch manchmal schlecht gebacken oder zu frisch ist, müßen zu ihrer Sättigung dienen.« (HSTAD)

Von den vegetabilischen Nahrungsmitteln waren → BROT und → KARTOFFELN bei weitem die wichtigsten. Im gesamten Rheinland wurden vor allem drei Brotsorten gebacken: Roggenbrot, Haferbrot und Weißbrot, wobei Letzteres Reichen oder Kranken vorbehalten war. Hauptnahrungsmittel neben Brot waren Kartoffeln. In nahezu allen Haushalten kamen täglich Kartoffeln auf den Tisch, und zwar morgens, mittags und abends. Oft gab es Gemüse und Kartoffeln untereinander, wobei diese steifen Eintöpfe in der Regel »Suppen« genannt wurden.

Die damals verzehrten Gemüse- und Obstsorten waren mehr oder weniger die gleichen wie heute: Kohl, Bohnen, Rüben, Möhren, Erbsen, Spinat, Pastinaken, Kohlrabi etc., dazu Birnen, Äpfel, Pflaumen und Kirschen. Außerdem sammelte man wild wachsende Beeren. Äpfel und Birnen wurden häufig im Backofen getrocknet und als Fleischbeilage gereicht oder zu Kraut verarbeitet, das als Ersatz für Butter galt. Nur Reiche konnten sich den Luxus leisten, Beeren mit Zucker einzumachen – für Kranke oder als Beilage zum Braten (HSTAD).

Der Fleischverbrauch war je nach Bevölkerungsgruppe recht unterschiedlich: Auf größeren Bauernhöfen kam Fleisch häufiger auf den Tisch, bei Tagelöhnern oder städtischen Arbeitern sehr selten. Zwar mästete offenbar jeder nicht ganz Arme ein Schwein, doch wurden nach dem Schlachttag fast alle Teile, bis auf eine Speckseite zum Pfannkuchenbacken und die Eingeweide, verkauft. »Von diesem letzteren macht der arme oder bedürftige Eigenthümer mit Hilfe eines Rindergekröses, kleingemachten gekochten Kartoffeln, Möhren und Mehl, Würste welche er als ein Leckerbissen mit seiner Familie verzehrt.« (HSTAD) Aus dem Blut wurde unter Zumischung von Fleisch, Weißbrot und Gewürzen wie Salz, Pfeffer, Nelken, Muskatnuss, Majoran und Thymian Blutwurst gemacht, aus der zerstoßenen Leber mit ähnlichen Zusätzen Leberwürste. Darüber hinaus bereitete man aus gekochtem Reis – damals eine recht rare und auch teure Delikatesse –, Weißbrot und Fett so genannte Weißwürste, die allerdings sehr gesundheitsschädlich, weil schnell verderblich gewesen sein sollen (HSTAD).

Veränderungen der Ernährungsgewohnheiten im 19. Jahrhundert ergaben sich, wenn auch nur langsam, durch die damals aufkommende Lebensmittelindustrie. Die Produkte fanden nur zögernd ihren Weg auf rheinische Speisezettel. Liebig's Fleischextrakt, seit 1865 im uruguayischen Fray Bentos fabrikmäßig gewonnen, kannte man vielleicht dem Namen nach, und den Trockensuppenkonserven eines Julius Maggi, 1883 erstmals hergestellt und sortimentsmäßig drei Jahre später um seinen Bouillon-Extrakt erweitert, begegnete man zunächst mit Misstrauen. Der Fortschritt war jedoch nicht aufzuhalten. Liebig und Maggi, Gefrieranlagen und Kühlschiffe, Kunsteis und Flaschenbier, und nicht zuletzt die aufkommende Konservenindustrie begannen damals Erzeugung und Verbrauch von Lebensmitteln zu verändern.

ERNTEDANK In wohl allen agrarisch ausgerichteten Kulturen wird die Erntezeit mit Dank- und Festbräuchen aus dem Alltag herausgehoben. Das Erntedankfest, wie wir es kennen, hat sich seit dem 18. Jahrhundert entwickelt. 1773 legte der preußische König den Termin auf den ersten Sonntag nach Michaelis (29. September). Politisch instrumentalisiert wurde der Erntedank im Nationalsozialismus. In der NS-Ideologie wurden die Bauern als Ernährer des Volkes verklärt und mit dem Reichserntefest, das zentral in Bückeburg inszeniert wurde, die christlichen Wurzeln des Festes umgedeutet. Die katholische Bischofskonferenz empfahl 1972 die Feier des Erntedanks am ersten Sonntag im Oktober.

Aus dem 19. und frühen 20. Jahrhundert sind Beschreibungen von Erntefesten überliefert. Neben dem Dank für die Ernte und der Präsentation und Segnung der Feldfrüchte in der Kirche gehörte ein Festmahl dazu. Spiele wie das Hahnfangen, bei dem ein Hahn im letzten noch zu mähenden Kornfeld ausgesetzt wurde und von den Erntearbeitern wieder eingefangen werden musste, waren am Niederrhein und in der Westeifel bekannt. Der gefangene Hahn wurde beim Erntefest als Festmahl serviert. In Moers-Kapellen wurden *der älteste und überzählige große Hahn und ein fettes Huhn* geschlachtet.

Neben dem eigentlichen Erntedank nahm man im ländlich-bäuerlichen Bereich weitere Erntetermine zum Anlass, besondere Gerichte zu servieren. Bei der Kartoffelernte bzw. danach, zur so genannten »Ärpelszech«, gab es in Aldekerk/Niederrhein Eierpfannkuchen, in Heisterbacherrott/Siebengebirge → KESSELSBRÜTCHER *mit einem Kranz Bratwurst oder Speck,* im nahe gelegenen Königswinter nach der Weinlese *Most und frische Walnüsse.*

ERNTEHILFE → EINKAUF UND SELBSTVERSORGUNG, MITHILFE BEI DER ERNTE

ERSATZKAFFEE »Kaffee« wurde besonders in Notzeiten, etwa nach dem Zweiten Weltkrieg, aus Ersatzstoffen wie Getreide (Gerste, Roggen, Hafer, Weizen, Mais), → EICHELN, → BUCHECKERN, Malz (meist Gerste), → ZICHORIE (Wurzel), Löwenzahn (Wurzel) oder Lupinen hergestellt. → NOTZEITEN, KAFFEE

ESELSOHREN In der Eifel fanden sich Eselsohren auf dem Weihnachtsteller. Es handelt sich um ein Hefeteilchen mit Rosinen, das aus zwei zusammengebackenen kleinen Rosinenschnecken bestand und damit achtförmig war (Strempt bei Mechernich). In Remscheid ist allgemein »Backwerk« gemeint (RhWb). Heute gibt es viele Rezepte für »Eselsohren« als Variante der → ARMEN RITTER.

EWIGER KOHL Nach einem handschriftlichen Kochbuch von ca. 1918: »Der Kohl wird verlesen, gewaschen, geschnitten, in Salzwasser gar gekocht und dann wie Spinat fertig gemacht.« Laut RhWb Grünkohl.

F

FASTEN Fasten bedeutet Verzicht, zum einen auf Nahrung allgemein (oft gibt es nur eine Mahlzeit am Tag), zum anderen auf bestimmte Lebensmittel, vor allem Fleisch und alle tierischen Fette. Daneben kann es sich auf weitere Lebensbereiche erstrecken, ob es besondere Genussmittel sind, etwa Tabak, Alkohol und Süßigkeiten, oder andere Freuden und Annehmlichkeiten des täglichen Lebens, deren man sich enthalten soll, etwa Kino oder Tanzen.

Fasten dient in vielen Religionen der Vorbereitung auf besondere Feste, aber auch der Konzentration auf das Spirituelle, und es wird als Buße oder Opfer angesehen. Im Islam etwa ist es zentraler Bestandteil der religiösen Vorschriften des Koran, und der Ramadan, der Fastenmonat, ist bis heute für viele Muslime auch hierzulande eine ganz besondere Zeit.

Fastenzeiten gelten für die katholische Bevölkerung bis heute, vornehmlich in der 40-tägigen österlichen Buß- oder Fastenzeit, die am Aschermittwoch beginnt und an Karsamstag endet. Diese Fastenzeit ist Vorbereitung auf das höchste christliche Fest und hielt sich länger im Alltagsleben als etwa das Fasten vor Weihnachten.

Luther stand den allgemeinen Fastengeboten der (katholischen) Kirche wegen ihres stark formellen und äußerlichen Charakters eher kritisch gegenüber. Fasten oder Nicht-Fasten war in den konfessionellen Konflikten der frühen Neuzeit überhaupt ein hochsensibler Streitpunkt.

FASTENSPEISEN Die oft komplexen Fastenver- und -gebote führten dazu, dass sich in vielen Gegenden typische Fastenspeisen ausbildeten, durch die man die Vorschriften einfacher einhalten konnte.

Erlaubt waren nach Aufhebung des Laktizinienverbots 1486 (Laktizinien = aus Milch hergestellte Nahrungsmittel) neben Fisch vornehmlich Quark, Käse, Eierspeisen (etwa als *verlorene Eier in Senfsoße* in Aachen-Schleckheim, als gebackene, aber nicht als Spiegeleier in Alfter bei Bonn), verschiedene Suppen (Milch, Buttermilch, Brot), Pfannkuchen, Reibekuchen, Breie, Mehlknödel (mit ausgelassener Butter in Willich), → SCHNIBBELSKUCHEN mit süß-sauren Zwetschgen in Bonn-Beuel, Kartoffelsalat, → PANHAS und besonders auf dem Hunsrück Nudeln. Auch in Bonn-Beuel kamen Nudeln auf den Tisch ebenso wie in Willich, dort *mit*

Kompott aus getrockneten Pflaumen, Birnen, Äpfeln. In der Kempen-Krefelder Gegend gab es → DRICKES IM SACK: einen *großen Hefekloß, über Dampf in einem großen Topf gegart,* in Uckerath/Sieg je nach Jahreszeit unterschiedliche Fastenspeisen: im Sommer Nudeln mit Dörrobst und Kartoffelklöße mit Specksoße, im Winter Dampfnudeln mit Pflaumen und Vanillesoße sowie Kochfisch mit Salzkartoffeln.

Eine Weselerin, 1903 geboren und in einem Militärbeamtenhaushalt aufgewachsen, breitet eine ganze Palette von Freitags- und Fastenspeisen aus:

- *Fisch: Kabeljau oder Schellfisch (selten ein anderer Fisch), mit Kartoffeln, Buttersoße*
- *oder Reibekuchen mit Gries- und Reisbrei*
- *Pfannkuchen mit Kompott*
- *Pfannkuchen mit Kopfsalat*
- *Salat, Kartoffeln, Spiegelei*
- *Nudeln mit Dörrpflaumen*
- *Mehlklöße mit Dörrpflaumen*
- *Reis mit Apfelkompott*
- *Hering mit Pellkartoffeln*

Eine ausführliche Schilderung mit Rezept stammt aus Nettersheim in der Eifel: → KNUDELN *als Freitagsessen: Dieses Gericht hatte* die Ehefrau *in der Familie ihres Mannes kennengelernt und in ihren Speiseplan übernommen.*

In katholischen Familien kam früher freitags kein Fleisch auf den Tisch. Bis zum 2. Weltkrieg wurde dieses Gebot teils mehr teils weniger streng eingehalten. In der Kriegs- und Nachkriegszeit wurde diese Vorschrift aufgehoben, geriet später mehr und mehr in Vergessenheit und wird heute kaum noch beachtet.

Herstellung: Altbackenes Weißbrot wurde mit warmer Milch übergossen und eingeweicht, dann etwas ausgedrückt und in der Schüssel in der Mitte ein bißchen vertieft. Mit der ausgedrückten Milch rührte man das Hefestück an und goß es zum Gehen in die Vertiefung. Der aufgegangene Teig wurde mit 3 Eiern durchgeknetet. Auf dem Herd wurden 2 Töpfe zum Kochen aufgestellt. In dem einen kochten kleingewürfelte Kartoffeln, in dem anderen Salzwasser. Von dem Weißbrotteig stach man mit einem Löffel Teile ab, formte sie zu Klößen und brachte diese in das kochende Salzwasser. Die hochkochenden, garen Klöße schöpfte man mit dem Schaumlöffel heraus. In eine große Schüssel schichtete man eine Lage Klöße, als zweite Lage gekochte Kartoffelwürfel und als dritte Lage ausgelassene Speckwürfel. Diese drei Schichten wiederholte man noch zweimal. Damit war der Knudel fertig und wurde in der Schüssel aufgetragen. Mit einem Löffel stach sich jeder von der Mischung seinen Teil ab und füllte damit seinen Teller. Dazu aß man gekochtes Dörrobst, z.B. Pflaumen. Das Gericht erfreute sich bei allen Familien in Nettersheim großer Beliebtheit.

FASTENSPEISEN, **FISCHGERICHTE**
Für die Fischgerichte nahm man früher frischen Rheinfisch, Seefisch oder konservierten Fisch. Die Rheinfischer fingen Rotaugen, Hechte, Zander, seltener Forellen; dazu Aale, die zum Beispiel in Aspik gegessen wurden wie in Xanten. Seefische waren → HERING, Kabeljau oder Schellfisch (gebraten oder gekocht und mit Buttersoße), der deutlich teurer als Kabeljau war. Dazu kamen die haltbar gemachten Fische: → MONNICKENDAMER BRATBÜCKINGE, → STOCKFISCH (meist mit in Rüböl gebratenen Zwiebeln), Klippfisch (eine Art gesalzener Stockfisch), Kieler Sprotten, → ROHESSER und → MUSCHELN.

Über den → HERING, der als → ARMELEUTE-ESSEN betrachtet wurde, schreibt eine Hausfrau (Jahrgang 1913) aus Strempt bei Mechernich: *Wohl gab es freitags schon mal Fisch und zwar immer dann, wenn der »Holländer« mit seiner Karre dagewesen war und Heringe zum Kauf angeboten hatte. Diese holländischen Heringsverkäufer, die in Köln donnerstags und freitags durch die Straßen mit ihren Kastenhandwagen fuhren und durch Ausrufen zum Kauf aufforderten, kannte man auch in den kleinen Eifeldörfern. Sie kamen von Köln mit der Eisenbahn, die früher auch Wagen »zum Transport für Reisende mit Lasten« angehängt hatte, stiegen z.B. an der Bahnstation Mechernich aus und gingen mit ihrem Handwagen von Dorf zu Dorf. Überall waren sie mit ihrem Ausruf: »Hollandsche Haring« bekannt. Die preiswerten grünen und die gesalzenen Heringe wurden gerne gekauft und waren eine willkommene Abwechslung auf dem Kostplan. Die frischen grünen Heringe kamen gebraten auf den Tisch und die Salzheringe wurden gewässert und dann in eine Würzsoße aus Sahne, verdünntem Essig, mit viel Zwiebelscheiben und Gewürzen eingelegt, dazu aß man Pellkartoffeln.* Über zwei Zubereitungsweisen berichtet eine Katholikin (Jahrgang 1927) aus Aachen: *Hering eingelegt mit Zwiebeln, Äpfeln, Rosinen, Lorbeerblatt (Salzheringe wurden dazu gewässert; aus dem »Milchner« die obige Sauce bereitet mit Sahne dazu) – »grüne Heringe«: in der Pfanne gebratene Heringe, oft paniert; Stockfisch: wurde einige Tage in Wasser eingeweicht und dann gekocht. Angerichtet in heißem Öl gewendet, dazu ganz kleine (ausgesuchte) Salzkartoffeln.*

Gebratene → MONNICKENDAMER BRATBÜCKINGE im Rühreimantel und Kettensalat waren eine verbreitete Kölner Spezialität, auch das so genannte → »KUSCHELEMUSCH«: *Reste vom Stockfisch ergaben für den nächsten Tag eine Mahlzeit, die man »Kuschelemusch« nannte. Dazu wurden die Stockfischreste mit gekochten Kartoffelscheiben vermischt und in einer Auflaufform im Herd überbacken* (Köln). Neben Hering, von dem die Kinder je ein Drittel bekamen, der Vater einen ganzen, zählten in Hückeswagen Stockfisch und Scholle zu den »billigen« Fischen für die ärmere Bevölkerung, Kabeljau und Dorsch zu den besseren Arten. In Heisterbacherrott/Siebengebirge kam *ein Fischmann ... schon mal durch das Dorf und brachte geräucherte Aale von der Sieg, die jedoch relativ teuer waren.*

FASTENSPEISEN, **ASCHERMITTWOCH** Schon im Mittelalter markierte der Aschermittwoch den Übergang: von sündiger Fleischeslust zur Besinnung auf ein gottgefälliges Leben, von der Fastnacht zur Fastenzeit. Dieser erste Fastentag wurde mit vielen Bräuchen besonders gestaltet. Gerade das Essen an diesem Tag brachte dies zum Ausdruck. An Aschermittwoch waren und sind oft auch heute noch die Speisen recht mager: *absolut fleischlos und alle Gerichte frei von tierischen Fetten* (Hartefeld/Niederrhein). Das hieß in erster Linie: Es gab Fisch, wenn verfügbar, ansonsten die für das Rheinland übliche Palette an → FASTENSPEISEN. Man sollte dabei übrigens bedenken, dass »Fasten« früher oft recht einfach war: Das Fleisch wegzulassen war für viele kein wirklich großer Verzicht – das gab es ohnehin selten.

Auch heute wirkt der Aschermittwoch als Fastentag noch lebendig, wenn viele Menschen ihren Willen zu Umkehr und Besinnung zu beweisen scheinen, indem sie sich mit einem Fisch(-essen) nach durchzechter, durchtanzter und manchmal auch durchliebter Fastnachtszeit das Symbol des christlichen Glaubens einverleiben, denn der Fisch ist ein antikes Zeichen für Christus. Die Anfangsbuchstaben der griechischen Übersetzung von »Jesus Christus, Gottes Sohn und Retter« ergeben zusammen das griechische Wort »Ichthys«, also »Fisch«. Er ist also mehr als nur Ersatz für das nach der Fastenordnung verbotene Fleisch, das Fischessen hat christlichen Symbolcharakter.

Der Brauch des Fischessens wird bis heute auch im Rheinland praktiziert. Jedoch zeigt ein Blick auf die Speisekarten der Restaurants, dass Fischgerichte sich von der Fastenspeise zum Festmahl entwickelt haben. Statt Stockfisch reicht das Angebot für den verfeinerten Gaumen von den »Klassikern« Rotbarsch, Seelachs und Kabeljau, die bei den Fischhändlern Jahr für Jahr ganz oben auf der »In-Liste« stehen, über Zander und Lachs bis hin zu Garnelen oder einem ausgefallenen Fischfondue. Neuester Trend: Fastenknödel aus Fisch, dazu Salat der Saison.

Damit gerät das frühere Fastenessen zu einem geselligen Schmaus, dem auch viele Karnevalsgesellschaften frönen. Dieser Aschermittwochsbrauch gehört so zu den zahlreichen Bräuchen, deren ursprüngliche Funktion zugunsten einer neuen langsam in Vergessenheit gerät.

FASTENSPEISEN, **GRÜNDONNERSTAG** Gründonnerstag war der Tag der »grünen« Speisen. Neben dem Spinat bildete in Geilenkirchen-Süggerath das *Jrönjemös* eine Besonderheit: *Grüne Suppe, hergestellt aus sieben verschiedenen Gemüse- bzw. Kräuterarten, als da wären Spinat, Brennnessel, Sauerampfer, Petersilie, Porree, Sellerie, Löwenzahn. Diese Kräuter wurden vormittags frisch gesucht und dann zu einer Eintopfsuppe mit Kartoffeln verarbeitet.* In Möchengladbach-Neuwerk ergänzten *junge Hainbuchenblätter, Jier, etwas Grünkohl, Feldsalat und Suppengrün* diesen Eintopf. Zur Herkunft des Brauchs bzw. seiner Tradierung erzählt eine 1909 geborene Hausfrau, die aus einer Kommunalbeamtenfamilie mit zehn Kindern stammt:

Das Gemüse an Gründonnerstag bestand in der Hauptsache aus Spinat. Dem wurden sechs grüne Kräuter oder junge Blättchen in kleinen Mengen beigegeben, so dass es insgesamt sieben Pflanzen waren. Diese erinnerten an die sieben Sakramente, wovon eins an Gründonnerstag eingesetzt worden ist. Diesen Brauch habe ich von meiner Mutter übernommen. Sie hatte ihn von ihrer Mutter, meiner Großmutter, mit der ich als Kind noch die Kräuter gesammelt habe. Meine Großmutter hat diesen Brauch nach ihrer Heirat um 1850 eingeführt. Ich pflege ihn heute noch. Meine verheirateten Kinder haben ihn auch übernommen.

In Heisterbacherrott/Siebengebirge glaubten die Einwohner, wer an Gründonnerstag grünes Gemüse esse, werde im Sommer weniger unter der Mückenplage zu leiden haben. Deshalb aßen sie Krauskohl, *dazu durchwachsenen Speck ausgelassen, der aber wieder entfernt wurde (nur, damit der Geschmack dran war)*. In Köln gab es ebenfalls Grünkohl, mit und ohne Grieben. Konnte aber der Spinat schon geerntet werden, gab es Spinat mit Spiegelei. Wie immer donnerstags gab es auch Mettwurst zu grünen Bohnen, Grünkohl oder auch Rübstiel: Sei es nun in Nieukerk/Niederrhein, Köln (Speck), Heiligenhaus, Willich-Schiefbahn oder Moers. Weiter nördlich, am unteren Niederrhein, kamen Spinat mit Eiern, Ölgebäck und gelegentlich Fisch auf den Tisch, so zum Beispiel in Speldrop/Niederrhein *Kabeljau mit Buttersauce, Salzkartoffeln u. Salat*, oder in Kerken/Niederrhein Stockfisch.

Über die Zubereitung von grünem Blattgemüse im Allgemeinen

erzählt eine Kölnerin aus dem großelterlichen Haushalt der Jahre 1900 bis 1940 Folgendes: *Alle grünen Blattgemüse wurden sorgfältig verlesen, gründlich in kaltem Wasser gewaschen und in kochendem Wasser, dem eine Messerspitze Natron zugefügt war, gargekocht. Wenn die abgekochten Gemüseblätter in einem Sieb abgetropft waren, hackte sie meine Großmutter auf einem Holzbrett mit einem großen Messer ganz fein. Gemüse, die zu einem Eintopfgericht zubereitet werden sollten, kamen so feingehackt in den Kartoffelbrei und wurden untergemischt und -gerührt, z.B. Grünkohl. Sonst wurde eine Mehleinbrenne gemacht, die mit Milch oder Fleischbrühe aufgefüllt wurde, bis es eine gebundene Mehlsoße war, die mit Salz, Pfeffer, wenig Muskat und einigen Tropfen Maggi gewürzt wurde. Unter diese Mehlsoße zog man dann die ganz feingehackten Gemüseblätter. So wurden z.B. Spinat, Rübstielchen, Mangold, Weißkohl und Wirsingkohl angerichtet, auch grüne Bohnen kamen in eine solche Milchmehlsoße.*

FASTENSPEISEN, KARFREITAG Karfreitag war »richtiger« Fasttag. Auf einem großen Nieukerkener Bauernhof fasteten alle Bewohner streng nach Vorschrift: *Morgens gab es nur eine Scheibe trockenes Brot mit Kraut, mittags nur eine dünne Milchsuppe, Hering oder Stockfisch mit Pellkartoffeln, abends trockenes Brot mit frischem Käse. Die passenden Gewürze zu den verschiedenen Gerichten: Salz, Pfeffer, Muskat, Bohnenkraut, Petersilie.*

Typische Gerichte waren gekochter Schellfisch mit Buttersauce und Salzkartoffeln, → MONNICKENDAMER BRATBÜCKINGE oder Aal: *Vor Karfreitag ging der Vater nach Stürzelberg* (zwischen Dormagen und Neuss) *am Rhein, dort waren die Aalfischer. Da holte er 2 Aale* (Düsseldorf-Holthausen). Dazu kam die schon genannte Palette an Nichtfischspeisen, → FASTENSPEISEN. Ob Fisch auf den Tisch kam, hing natürlich auch davon ab, ob Gewässer in der Nähe waren bzw. ob Fisch überhaupt im Handel vor Ort angeboten wurde. Das galt etwa für Kreckersweg bei Wermelskirchen im Bergischen: *Das war der einzige Tag im Jahr, an dem es Fisch gab, vermutlich weil nur am Gründonnerstag ein Fischverkäufer mit einem Dreirad-Auto über Land kam u. es in der übrigen Zeit kaum frischen Fisch zu kaufen gab.* Die Erzählerin, Jahrgang 1929 und evangelisch, stammt väterlicherseits aus kleinbäuerlichen Verhältnissen, während die Mutter aus einem städtischen Haushalt in Langenberg kam und das Kochen in einem Wermelskirchener Restaurant gelernt hatte.

Im Bergischen Much kochte die Hausfrau von Gründonnerstag bis Karsamstag *Nudeln mit eingemachten Pflaumen oder Eintopfsuppen – wie weiße Bohnen – Zuckererbsen mit Milch und Hafer zubereitet – dazu selbst gebackenen Platz.*

Wichtig war: *keine Bratkartoffel, kein Fleisch, keine Gemüse mit Fett zubereitet*. Auf dem Hunsrück gab es wieder Nudeln, häufig selbst gemacht, und in Unzenberg mit gerösteten Brotstückchen serviert.

FASTENSPEISEN, KARSAMSTAG
Ab Karsamstagmittag lockerten sich die strengen Fastengebote etwas, das Essen blieb aber immer noch karg: *Kartoffeln mit einer Mehlsoße mit geröstetem Speck und Zwiebeln; dazu gab es manchmal Essiggürkchen und gebackene Eier* (Alfter bei Bonn). In diesem Fall ist jedoch nicht ganz auszuschließen, dass die knappe Mahlzeit ganz einfach auf die wirtschaftlichen Verhältnisse zurückzuführen war: Der Vater war Hausknecht, die Mutter arbeitete als Wäscherin u.a. in der Metzgerei eines Juden. Weiter heißt es aus der Karwoche: *Vom benachbarten Juden (Metzger) gab es für die Kinder am »Schabbes« (Sabat) so genannte »Matzen« (Gebäck aus Mehl, Wasser und Salz)*, also die dünnen, ungesäuerten Brote für das Passah-Fest. Aus Bonn-Beuel wird für Ostern Ähnliches berichtet und ausdrücklich betont: *Juden ... waren sehr freigiebig*.

FASTENSPEISEN, HEILIGABEND
Früher war Heiligabend, der Vigiltag (= der Tag vor einem Festtag) vor → WEIHNACHTEN und damit eigentlich Fasttag, *am Niederrhein, zumindest als Fest, unbekannt* (Straelen). In Waldenrath bei Heinsberg gab es *kein besonderes Essen*, in Düsseldorf galt *bis Mitternacht strikt fleischlos*. Aber auch in den Haushalten, in denen »normal« gegessen wurde, zeigte das Fastengebot Wirkung. Verbreitet war im ganzen Rheinland vom Hunsrück bis zum Niederrhein Heringssalat, nicht selten auch einfacher Kartoffelsalat, zum Teil mit Bratwurst (Stromberg im Hunsrück), oder Grünkohl mit Bratwurst (Hückeswagen). Große Gerichte blieben die Ausnahme:

in Rees gab es *gespickten Hasen mit Salzkartoffeln und Apfelkompott,* in Nieukerk / Niederrhein *Hasenbraten zu Weißbrot mit Butter,* in Köln und Bitburg sogar Gänsebraten. Allerdings ist gerade hier der Unterschied zwischen Heiligabend und Weihnachten nicht deutlich.

FAUSTKÄSCHEN *Kleingeformte, luftgetrocknete Quarkkäschen* (Uckerath / Sieg). In Koblenz, Cochem und Köln ist der »Faustkäse … Käse, mit der Faust in große, runde, nach oben etwas spitz zulaufende Klumpen geformt, auf dem Fensterbrett getrocknet« (RhWb). In Alf / Mosel wurden *die »Foustekäsja«in Steintöpfe eingelegt und zur Geschmacksverfeinerung mit Wein begossen.*

FEDER 1. »Das Fett in den Seiten der Schweine, Lünte, Flomen« (RhWb). In Aachen-Haaren *Bauchfett, wurde aufgerollt und über dem Ofen getrocknet.*

2. *Nierenfett vom Rind* (Nohn / Eifel).

FESTESSEN → ADVENTSZEIT → BERGISCHE KAFFEETAFEL → DREIKÖNIG → ERNTEDANK → FRONLEICHNAM → HEILIGABEND → HOCHZEIT → KARNEVAL → KIRMESESSEN → KONFIRMATION → NEUJAHR → NIKOLAUS → OSTERFEST → PFINGSTEN → SANKT MARTIN → SCHLACHTTAG → SILVESTER → SONNTAG → TAUFE → TOTENMAHL → WEIHNACHTEN → WEISSER SONNTAG

FETTLÖMMELE In Aachen-Kornelimünster ist das ein in heißem Fett gebackenes Fastnachtsgebäck. Im benachbarten belgischen Eupen heißt es »Fettlümmel« (RhWb).
→ OHLIGSLÖMMELE

FINZEL Ausdruck aus dem Hunsrück, auch Füllsel genannt, bezeichnet »mit dem Wiegmesser (Jickmesser) gehacktes Fleisch zum Wurstfüllen, Wurstfüllsel« (RhWb). In Dickenschied sowohl Wurstmasse als auch Essen am Schlachttag. Wurde als Wurstfinzel auch in Gläser eingeweckt (Schöneberg bei Bad Kreuznach).

FISCH → AAL → ALSE → BÜCKING → FASTENSPEISEN, FISCHGERICHTE → HERING → MAIFISCH → MONNICKENDAMER BÜCKING → SALM → STOCKFISCH

FISTERNÖLLEKEN Schnaps mit Zucker (Niederrhein). Laut RhWb »kleiner Kornschnaps mit Zucker, besonders auf Neujahr [in] Mörs, Dinslaken, Duisburg«. »Am Niederrhein ist ein Fisternölleken oder Fisternölleke eine seltsame Form von Schnaps: ein Klarer (Korn oder Doppelkorn) mit einem Zuckerstückchen« (MmWb), auch mit Zucker und einer Rosine. Nicht zu verwechseln mit dem kölschen Ausdruck »Fisternöll«, der Bastelei, Tüftelei, aber auch Umständlichkeit oder gar eine heimliche Liebelei bedeuten kann (Wrede, Sprachschatz).

FITSCHBUHNE, FITSCHBOHNEN »Auch Fitzebohnen und Fitzeböhnkes sind … Schnibbelsbohnen, also klein geschnittene Bohnen, der dazu passende Eintopf heißt Fitschbuhnezupp (im zentralen und südlichen Rheinland, die nördliche

Entsprechung ist die Schnibbelsbohnensuppe)« (MmWb), in Radevormwald als Fizzebohnen für Stangenbohnen, auch Schnibbelbohnen (Schnippelbohnen) genannt. Das Abziehen der fadenartigen Fasern an den Kanten von Stangenbohnen mit einem kleinen Messer (→ KONSERVIERUNG, OBST UND GEMÜSE) heißt »fitschen«.

FLAA Mit Flaa oder Flaar (= Fladen) ist im Rheinland ein Blechkuchen gemeint: »Kreisrunder Kuchen, eine Art Torte, zollhoch mit einem Kompott ... meist aus getrocknetem Obst oder mit Gries, Reis belegt, ohne Deckel und Verzierung, mit erhöhtem Rand« (RhWb). Diese Fladen kommen im nördlichen Rheinland vor allem im Raum Geilenkirchen-Heinsberg bis hinein in den Selfkant, westlich von Aachen sowie südwestlich von Euskirchen vor. Der Teig wird mit einem Mus aus getrockneten Früchten oder mit Milchreis belegt, woraus sich zwei Unterscheidungen nach der Farbe ergeben: »Der rheinische Fladen, oft als *schwarzer Fladen* bezeichnet, ist ebenfalls ein Blechkuchen, der aber einen ›nassen‹ Belag hat, nämlich einen Fruchtmusüberzug, meist aus gedörrten Äpfeln, Birnen oder Pflaumen« (ADV). Die Herstellung auf der Basis von getrockneten Früchten, die nach dem Backen in der ausgehenden Hitze des Backofens gedörrt worden sind, ist einfach: *Diese gerösteten Birnen werden vor dem Gebrauch durchgequetscht; die durchgequetschte schwarze Masse wird auf die Fladenböden aufgetragen* (Frilinghoven bei Heinsberg). Ähnliches gilt für den »Spiesflah«: Es handelt sich hierbei um eine Torte mit Marmelade aus getrockneten Äpfeln (Langbroich bei Heinsberg). Der weiße Fladen mit einem Belag aus Milchreis ist vor allem im Aachener Raum sowie im Osten Belgiens bekannt. Verbreitete Varianten sind Prummeflaa (Pflaumenkuchen), Zuckerflaa, Kirscheflaa usw. (MmWb).

FLADEN → FLAA

FLAMMKUCHEN Flammkuchen gilt heute allgemein als Elsässer Spezialität mit Crème fraîche, geriebenem Käse, Eigelb, Speck und Zwiebeln. In vielen Regionen des Rheinlands verstand man unter Flammkuchen etwas anderes. Aus Stromberg (Hunsrück) heißt es: Flammkuchen ist *ausgedrückter Brotteig, der im Backofen beim Brotbacken gebacken und zum schnellen Verzehr geeignet war.* Auch an Mosel, Nahe und Saar, in Trier und Bitburg formte man beim Brotbacken neben den großen Laiben flache Brote, oft aus den Teigresten, die in einem Kuchenblech gebacken wurden. Das Blech wurde vorne im Backofen platziert, »damit es zuerst herausgenommen werden konnte und nach kurzer Abkühlung frisch als Notbrot diente; das hausgebackene Brot durfte in frischem Zustande nicht gegessen werden; deshalb buk man den Flammkuchen, der

sich rasch abkühlte und somit gleich genießbar war« (RhWb). Zum Essen des Flammkuchens wurden Stücke abgebrochen. Die Kruste war sehr hart; »er knuppte gehörig zwischen den Zähnen«. Wer keinen eigenen Backofen hatte und in fremden Öfen sein Brot backte, gab für diesen Dienst dem Ofenbesitzer einen Flammkuchen.
→ EINKAUF UND SELBSTVERSORGUNG, BACKTAG UND BROT, BÄCKEREIEN

FLATJE Ein Flatje ist ein Maß für eine bestimmte Menge Fisch. In Emmerich war es ein Grundmaß bei der Fischversteigerung: *Aus einem großen Korb wurde eine Schale (ein Flatje) mit Fisch herausgenommen und angeboten. Anfangsgebot 5 Pfg. Steigerung immer um 5 Pfg!* Der Name leitet sich eventuell ab von Flot = kleiner Kübel.
→ FLUET

FLÖNZ Die einfache Kölner Blutwurst gehört mit dem berühmten → HALVEN HAHN zu den Standards einer Kölschkneipe. Die Flönz ist ein schönes Beispiel dafür, wie aus einem einfachen, preiswerten und weit verbreiteten Lebensmittel vor allem durch tatkräftiges Marketing eine lokale Spezialität werden kann. Noch das rheinische Wörterbuch notiert unter dem Stichwort Flunz »geringe Blutwurst«. »Das Wort gehört wohl zur süddeutschen Plunze, womit Blutwurst und essbare Innereien gemeint sind«, weiß Peter Honnen.

Im 19. Jahrhundert war »Flönz« die allgemeine Bezeichnung für Wurstenden, die als Reste preiswert in Metzgereien verkauft wurden – auch als Hundefutter. Die einfachste und billigste Wurst war die Blutwurst. Möglicherweise hat sie deshalb den Namen übernommen, als in den wirtschaftlichen Notzeiten während und nach dem Ersten Weltkrieg diese Blutwurst den größten Anteil an Wurstwaren überhaupt ausmachte. Ab den 1920er-Jahren ist Flönz als Blutwurst in der Kölner Gastronomie belegt und trat ihren Siegeszug als rheinische Spezialität an. Flönz wird auch Kölsch Kaviar genannt und häufig mit rohen Zwiebelscheiben (»mit Musik«) serviert. Und bei → HIMMEL UN ÄÄD dürfen gebratene Blutwurstscheiben nicht fehlen, das betonen viele Rheinländer: »Bei Himmel un Erde muss Flönz dabei sein« (MmWb).

Jedes Jahr wird in Köln seit 1991 der »Flönz-Pokal« vergeben: Die Fleischer-Innung Köln zeichnet in diesem bundesweiten Wettbewerb die besten Blutwürste aus.

FLÖTEKÄS Quark (Willich-Votzhöfe) → FLÖTERT. MmWb: »Flötekies eigentlich Quark, Weichkäse (in dieser Bedeutung nur noch selten in der Umgangssprache).«

FLÖTERT Im Selfkant und in Eupen »Quarkkäse« (RhWb). Am linken Niederrhein → FLÖTEKÄS

FLÖTSCH Buttermilchsuppe (Korschenbroich bei Mönchengladbach).

FLUBBES *Wein, den der Winzer zum eigenen Gebrauch nimmt* (Alf/Mosel und ähnlich Traben-Trarbach). Allgemein ist an der Mosel »Fluppes ein Tresterwein, Haustrunk der Winzer« (RhWb) → BUBBEL. Bezeichnet heute an der Mosel allgemein minderwertigen Wein. »Flubbes am Mittelrhein die Bezeichnung für einen leichten, dünnen Wein.« (MmWb)

FLÜKSCHEN »Bezeichnet in Hückeswagen ein kleines Schälmesser, wie es beispielsweise zum Schälen von Kartoffeln verwendet wird« (MmWb), laut RhWb im Oberbergischen ein »kleines Messer zum Kartoffelschälen; Küchenmesser«.

FLUET Am Niederrhein kannte man Fluet oder auch Flot als hölzernes Gefäß, das beim Schlachten zum Einsatz kam. Ein Kerkener beschreibt es so: *Es gab auch ein kleines Handkübel aus Holz mit zwei Handgriffen, in dem Fleisch aufbewahrt wurde. Genannt wurde es »et Fluet oder auch Floot«.* Benutzt wurde der niedrige, flache Kübel auch zum Auffangen des Bluts, zum Mischen des Wurstteigs, zum Einsalzen des Fleisches und zum Aufbewahren des → PANHAS (RhWb).

FLUTSCHMOPPEN Mit diesem schönen Wort wird die rheinische Variante der Muffins bezeichnet.

FRÄNZKES Sind ein Nikolausgebäck aus Weißbrotteig, in Mönchengladbach etwa 12 bis 14 cm groß. Dort und in Viersen-Süchteln waren die Fränzkes S-förmig. Der Name leitet sich ab vom Franzosenbrot, da es aus hellem Teig gebacken wurde, im Gegensatz zum heimischen Schwarzbrot (Siemes).

FRAUENBRÖTCHEN *Ein halbes Brötchen und eine Scheibe Schwarzbrot* (Aachen-Kornelimünster) zusammen heißen so *nach dem schwarz-weißen Habit der »Brüder*

unserer lieben Frau«. Vgl. auch RhWb: »Frauenbrüder«.

FRAUENTROST Scherzhafter Name für einen Leiterwagen. In Bochum und Lüdenscheid im Westfälischen ein »mittelgrosser, vierrädriger Leiterwagen, grösser als ein Kinderwagen und kleiner als ein Eselswagen, leicht von einer Frau zu ziehen« (RhWb).

FREITAG → FASTENSPEISEN, KARFREITAG

FRONLEICHNAM Zu diesem katholischen Feiertag gab es im Rheinland keine besonderen Gerichte, lediglich in Euskirchen-Nettersheim wurde ein spezielles Essen zubereitet: *Griesbrei als Fronleichnamsessen.* Auf einem *großen Bauernhof in Nettersheim ... mit viel Land, viel Vieh, vielen Helfern und einer großen Familie mussten am Fronleichnamstag alle in der Fronleichnamsprozession mitgehen. Das bedeutete für die Hausfrau, dass sie in allem vorplanen musste. Am Vorabend des Fronleichnamstages kochte sie von der zuletzt am Abend gemolkenen Milch einen großen Griesbrei. Wenn am nächsten Tag alle von der Prozession heimkehrten, kam mittags die vorbereitete Griesbreispeise auf den Tisch. Griesbrei war auch in anderen Familien in Nettersheim das herkömmliche Gericht am Fronleichnamstag.*

FRÜHSTÜCK → TAGESMAHLZEITEN, FRÜHSTÜCK

FURNÖS Ofen, Kochherd, von frz. le fourneau = Ofen oder Kochherd. »Eiserner, schwarz lackierter, blank gescheuerter Kochofen mit drei oder zwei Löchern und Backofen mit zwei seitlichen Türen, nicht in die Wand eingebaut, sondern freistehend, meist nicht quadratisch oder rechteckig, die Zwischenstufe zwischen dem gemauerten Herd und dem [damals] modernen, emaillierten Herd bildend« (RhWb); sie wurden in Kerken/Niederrhein »Fanüsse« (Öfen) genannt: *kleinere runde Kochöfen (...) mit 3 runden Löchern als Kochstellen und einer kleinen Trockenvorrichtung.*

FUSEL »Billiger, minderwertiger Schnaps« (MmWb). Der Ausdruck stammt vom Lateinischen *fusum* = »eingegossen«. Davon ist auch der Begriff Fuselöle abgeleitet, der bestimmte Alkoholarten bezeichnet, die in größeren Mengen vor allem in minderwertigen oder nicht fachgerecht destillierten alkoholischen Getränken vorkommen und zu schweren Gesundheitsschäden führen können. Laut Wrede (Sprachschatz) ist der Ausdruck seit der ersten Hälfte des 18. Jahrhunderts in Nordwestdeutschland belegt, in Köln als Bezeichnung für Kartoffelschnaps seit 1810.

G

GÄNSEWEIN (Trink- oder Mineral-)Wasser, beispielsweise in Velbert belegt. Aus dem niedersächsischen Osnabrück wird im Mitmachwörterbuch Folgendes berichtet: »Als Coca Cola und ähnliche Getränke noch völlig unbekannt waren, bekamen Kinder, wenn sie Durst hatten, Gänsewein, sprich Leitungswasser, vorgesetzt. Gänsewein zu trinken fanden wir damals, vor etwa 60 Jahren, sehr interessant« (MmWb).

GARANTOL *Garantol war ein Pulver, das man in der Drogerie kaufen konnte und das speziell zum Aufbewahren von Eiern diente* (Krefeld). Es handelt sich um eine Alkalisilikatlösung (Wasserglas) zum Konservieren von Eiern, damals auch bekannt unter dem Markennamen »Eiwol«. Die Eier wurden in einen Keramiktopf gelegt und mit der Lösung übergossen. Die Poren der Eierschalen wurden durch die Silikate verschlossen und die Eier hielten sich bis zu einem halben Jahr (»bis Weihnachten«). Sie konnten ganz normal zum Backen und Kochen, aber nicht mehr wie frische Eier zu Spiegelei oder Ähnlichem verwendet werden.

GARTEN → EINKAUF UND SELBSTVERSORGUNG, EIGENER GARTEN

GASTSTÄTTEN *Arme Leute aßen nie im Wirtshaus,* stellt ein Emmericher kurz und bündig fest. Und deshalb fanden auch Familienfei-

ern nur ausnahmsweise in Gaststätten statt. Es war einfach kein Geld dafür da. Ein anderes Argument nennt ein Winzer (Jahrgang 1892) aus Alf an der Mosel: *Die Familie feierte nicht in Gaststätten. Sie hatte selbst genug Platz und auch reichlich zum Auftischen.* Anders war es zu zwei Anlässen: → HOCHZEIT und Beerdigung (→ TOTENMAHL).

Zum Thema »Hochzeit« meint eine Bäuerin (Jahrgang 1900) aus Straelen: *Familienfeiern in Gaststätten gab es nur bei Hochzeiten. Dabei wurden sämtliche Naturalien angeliefert und die Mädchen aus der Nachbarschaft kochten und servierten.* Bei Beerdigungen kamen in Mönchengladbach-Neuwerk Kaffee, Weck, Schwarzbrot, Schinken, Wurst, Käse, Butter und Brötchen auf den Tisch – *Nachher noch »e jott Dröppke« für die Männer, »on enne Söte«* (ein Likör) *für die Frauen. Dann wurde es meistens lustig.*

Im Arbeitermilieu der Kruppschen Siedlung in Duisburg-Hochemmerich wurde nur selten gefeiert, und die Begründung zeichnet ein typisches Bild der Mentalität in den Jahren 1938/42: *Mal ein Bier mit den Arbeitskollegen. Die Menschen waren vorher so knapp dran gewesen, dass sie gar nicht auf die Idee kamen, jetzt mehr Geld auszugeben, wo etwas mehr davon verdient wurde. Man hatte sich vorgenommen, weiterzukommen, den Kindern Besseres zu ermöglichen. So wurde gespart, wo es nur ging, auch an Möbeln und in eine so spärlich eingerichtete Wohnung lud man auch keine Gäste ein.*

In Köln führte der Spaziergang am Samstag oder Sonntag ans Rheinufer oder durch den Kölner Stadtwald und anschließend eventuell in eine Wirtschaft, in der – je nach Finanzlage – manchmal auch gevespert wurde: *Samstags ging man schon mal mit den Eltern in eine Kölsche Wirtschaft und aß ein Röggelchen mit Holländer Käse* [→ HALVER HAHN]. *Der Vater trank Kölsch und die Kinder und die Mutter tranken Malzbier.*

Besondere Regeln galten für traditionelle Gesellschaftsessen etwa von Vereinen (→ GASTSTÄTTEN, VEREINE) oder im Rahmen von Festen mit eher öffentlichem und repräsentativem Charakter. Sie gehörten zwangsläufig in die Gaststätte.

GASTSTÄTTEN, SPEZIALITÄTEN Typische Wirtshausspezialitäten waren bis vor 40 Jahren, wie aus Hückeswagen für das Bergische berichtet wird, *Soleier aus dem großen Einkochglas. (Hartgekochte Hühnereier wurden in der Mitte aufgeschnitten, der Dotter herausgenommen, Salz, Pfeffer, Öl, Essig und eine Messerspitze Senf beigegeben, der Dotter wieder eingesetzt, die andre harte Eiweißhälfte auch und mit einem Bissen in den Mund genommen). Es gab regelrechte Wettessen.* – Beliebt waren *Frikadellen, geräucherte Bratwürste oder Gabelrollmöpse. In einigen Wirtschaf-*

ten und Schenken gab es *Grünkohl mit Bratwurst oder wieder aufgebratenen Panhas.* Auch ein alter Wassenberger erinnert sich wehmütig an das Glas mit Soleiern auf dem Tresen, eine Spezialität, die damals *fast in keiner Kneipe fehlte und die man heute kaum noch antrifft.*

Vielen Kölnern sind heute noch → »MAIFISCH« und »Wattlers Fischerhaus« ein fester Begriff. Was es damit auf sich hatte, schildert eine Hausfrau für den großelterlichen Haushalt aus der Zeit von 1900 bis etwa 1940: *In der Zeit um die Jahrhundertwende führte mein Großvater seine Frau gerne in ein Kölner Weinrestaurant aus, ins »Vanderstein-Bellen«. Es war ein renommiertes Gasthaus, das in der Mitte des 16. Jahrhunderts an der Ostseite des Heumarktes errichtet worden war. In den Sommermonaten machte die Familie – meine Großeltern hatten sieben Kinder – einen Sonntagsspaziergang am Kölner Rheinufer entlang. An der Rheinuferstraße, ungefähr in der Höhe der heutigen Zoo- und Floragegend, lag eine Gaststätte »Wattlers Fischerhaus«. Hier kehrte man ein und stärkte sich für den Rückweg. Meine Mutter berichtete, dass meine Großmutter dann dort »Maifisch in Gelee« oder ein »Restaurationsschnittchen« aß und die Kinder ein »Apfelblümchen« tranken. An der Nordseite des Heumarktes* [tatsächlich auf der Südseite gelegen] *steht noch heute die Kölsche Wirtschaft »Malzmühle«. Auch dieses Lokal war schon zu Zeiten meiner Großeltern eine beliebte Einkehr. Man ging dorthin, um das süße fast schwarze Malzbier zu trinken und einen »Halwen Hahn«, ein Röggelchen mit einer Scheibe Holländer, dazu zu essen. In dieser Wirtschaft gibt es noch heute das*

Malzbier, doch den Hauptanteil des Ausschanks nimmt das »Kölsch«, das helle obergärige Bier, ein. In Erinnerung habe ich noch eine Zeit, es muss zwischen 1925 und 1930 gewesen sein, in der meine Mutter und ich mit der Großmutter in ein Kölner Café gingen, ins »Café Riese« auf der Kölner Schildergasse, weil es dort auch den bei Großmutter und Mutter so beliebten »Maifisch in Gelee« zu essen gab. Das Café Riese existiert heute noch an der alten Stelle, doch Inhaber und Charakter des Hauses haben sich verändert.

Statt »Wattlers Fischerhaus« konnte es auch »Zum Poller Fischerhaus« sein, wenn die Familie mit der Fähre übergesetzt hatte und über die Poller Wiesen spazieren ging. Wenn man einer anderen Kölnerin Glauben schenken darf, war der Maifisch bei Kindern nicht so sehr beliebt – wegen der vielen Gräten.

Fisch stand auch am unteren Niederrhein auf der Speisekarte der Wirtschaften: In Millingen bei Rees gab es Aal in Gelee, in Xanten *in der Gaststätte »Zur Rheinfähre« und im nahen Fischerdorf Lüttingen ... Aal in Gelee, Salm, Maifische*. Muscheln gab und gibt es in den Monaten mit »r« im Namen – früher allerdings nur im nördlichen Rheinland bis nach Niederdollendorf und Königswinter. Eine ungewöhnliche Variante schließlich stammt aus dem ländlichen Oeverich bei Ahrweiler: *Man aß das, was die Wirtsleute für sich gekocht hatten.*

Heute bieten Brauhäuser und Gaststätten in Köln im Rahmen des Trends zur → REGIONALEN KÜCHE verstärkt eine ganze Reihe von regionalen Spezialitäten an: → HALVEN HAHN → HIMMEL UN ÄÄD → KÖLSCH KAVIAR → HÄMMCHEN

GASTSTÄTTEN, **VEREINE** Vereine und Gruppen, die beispielsweise bei bestimmten Festen und Brauchveranstaltungen zusammenkommen, brauchen diese Rituale der Gemeinschaftsstiftung in regelmäßigen Abständen. Auch das gemeinsame Essen dient diesem Zweck, und deshalb pflegt man es und hat dafür meist feste Termine eingeführt. Die dabei servierten Gerichte haben oft eine besondere Bedeutung für die Gruppe.

In Emmerich lud man am Hubertustag oder nach Jagden zum leider nicht näher beschriebenen Jagdessen. In Mendig/Eifel bestand dieses Jagdessen aus Hasenpfeffer. Der Reeser Verkehrs- und Verschönerungsverein veranstaltete ein *Mus-enn-Mettpott*-Essen, bei dem Grünkohl, Kartoffeln und Mettwurst in einem Topf gegart und dann gemeinschaftlich gegessen wurden. In Straelen lud die Molkereigenossenschaft alle Mitglieder zum »Molkerei-Kaffee« ein, ebenso trafen sich die Mitglieder der »Pferde- und Ziegenzuchtversicherung« dort einmal jährlich zum Essen. Im alten Kerken/Niederrhein (vor 1914) gab es bei den

Bruderschaften verschiedene Essen: *Bratwurst mit Grünkohl ..., Schweinekopfessen (Poggekopeete), Spanferkelessen, sowie Schweinefüßchen (Poggepüet);* ab Mitte der 1920er-Jahre waren diese opulenten Mahlzeiten jedoch einfachen Würstchen mit Kartoffelsalat gewichen (Nieukerk). Die Hückeswagener Kolpingfamilie versammelte sich am 11. November, und man aß Heringsdipp mit gekochten Kartoffeln. Dieses Gericht war auch das Adventsessen der Sportangler. Zudem gab es früher *hier eine »Gesellschaft Harmonie«, die von Zeit zu Zeit Eisbein mit Sauerkraut auftischen ließ.* Und wiederum in Emmerich gab es sogar eine Vereinigung, die »importiertes Kulturgut« pflegte: *Bei Zusammenkünften der Marinekameradschaft* aß *man Labskaus (Kartoffeln, rote Beete, Heringe, Zwiebeln, Pökelfleisch werden sehr scharf gewürzt u. untereinander gekocht).* Dabei handelte es sich offenbar um die Hamburger Variante des in ganz Norddeutschland verbreiteten Gerichts, denn in Bremen wird der eingelegte Hering gesondert gereicht.

Manchmal wurden auch bei den zu Brauchterminen üblichen Heischegängen die Zutaten für ein gemeinsames Mahl zusammengetragen: so in Willich-Schiefbahn am Wurstmontag (= Fastnachtsmontag) etliche Würste, die dann gemeinsam verzehrt wurden. Ähnliches gilt für das Pfingsteiersingen im Bergischen oder für das Sammeln von Eiern in der Mainacht, die in der Wirtschaft mit Speck gebacken und von den sammelnden Burschen gegessen wurden (Krauthausen bei Düren).

In Körrenzig/Jülicher Land, einem Ort mit regem gesellschaftlichem Leben, kamen die verschiedenen Vereine zu bestimmten Anlässen zusammen: *Der Schützenkönig gab aus Anlaß seiner Krönung für den Vorstand und für das Offizierskorps ein Festessen (Menü aus mehreren Gängen und Getränke) vor dem Königsball (Kirmesdienstag). Es war zugleich einer der Höhepunkte des Schützenfestes. Die Frauen waren zu diesem Festessen mit eingeladen. Heute hat man diesen Brauch aus Kostengründen abgeschafft. Zum Patronatsfest der Schützenbruderschaft (in Körrenzig 17.1. St. Antonius) gab und gibt die Bruderschaft für ihre Mitglieder belegte Brötchen und Getränkemarken. Seit einigen Jahren gibt es zum Mittag auch noch Erbsensuppe. Das Patronatsfest wurde bis Mitte der 60er Jahre genau auf den Tag gehalten. Heute feiert die Bruderschaft ihr Patronatsfest immer am darauffolgenden Samstag. Der Junggesellenverein hielt und hält am 31.5. seine traditionelle Maizeche. Nach den geltenden Statuten muss der Überschuß aus der Versteigerung der Maibräute bis auf einen Pfennig für die Mitglieder verausgabt werden in Form eines Umtrunks. Seit Ende der 70er Jahre hält die Frauen-*

vereinigung ein so genanntes »Ramenassenessen«. Hier gibt es Rettich und belegte Brötchen.

Der Beueler Schifferverein feierte jedes Jahr im Mai mit einem Maifischessen, *aber auch Fremde gingen in eine Wirtschaft, um Maifisch zu essen (bis Ende des 1. Weltkriegs typisches Gesellschaftsessen).* Die Niederdollendorfer Antoniusbruderschaft hielt es einfacher: Zur Generalversammlung am 17. Januar aßen die Mitglieder Kartoffelsalat mit Würstchen. Den Lahnsteiner → DEPPEDOTZ gab es bevorzugt am Martinstag, die Traben-Trarbacher Jakobskirmes wartete mit Spezialitäten auf: *saurer Moselfisch, geb. Euter (Auder), Ochsenmaulsalat.* Ein Bericht aus Mengerschied bei Simmern schließlich zeigt den Wandel zwischen 1900/30 und heute. Damals gab es *Hammelessen nach dem Hammeltanz an der Kirmes. Heute veranstalten Vereine, Clubs, Vereinigungen, Jahrgänge, Tipp-Gemeinschaften, Nachbarschaften, Freundeskreise zu allen Zeiten des Jahres Essen, im Sommer meist Spieß- oder Schwenkbraten.*

GASTSTÄTTEN IM 19. JAHRHUNDERT Die Vielfalt der Gaststätten damals war groß, es gab etwas für jeden Geschmack und Geldbeutel, und manche ihrer Erscheinungsformen kennen wir heute gar nicht mehr: Speisewirtschaften mit und ohne Ausschank geistiger Getränke, Schankwirtschaften, Tabagien (das waren die Lokale, in denen geraucht werden durfte; das Wort stammt übrigens wie sein Verwandter »Tabak« aus dem Indianischen und ist noch heute in Kanada gebräuchlich), Konditoreien, Kaffee- und Teehäuser, Billardhalter (also Lokale, in denen man Billard spielte), Krüge und Ausspannungen für das Frachtfuhrwesen (an denen die Pferde gewechselt wurden und Rast gemacht werden konnte) sowie Kleinhandlungen mit geistigen Getränken.

Zunächst zu den Schankwirtschaften, die je nach Konzession geistige Getränke inklusive Branntwein – hierzu gehörten auch Konditoreien mit entsprechendem Schnapsangebot – oder Wein und Bier ausschenken durften, also ausschließlich alkoholische Getränke: Sie benötigten eine entsprechende Konzession, die, wie es in der Gewerbeordnung für den Norddeutschen Bund von 1869 hieß, zu versagen war bei fehlendem Bedürfnis, mangelnder Beschaffenheit oder Lage des Lokals sowie im Falle von Personen mit Verdacht auf Völlerei, Hehlerei und Unsittlichkeit.

Viele Schankwirtschaften brauten bis zum letzten Drittel des 19. Jahrhunderts zumindest im ländlichen Bereich und auch im Umfeld größerer Städte häufig ihr eigenes Bier, meist Braun- oder Leichtbier mit einem Alkoholgehalt von ca. 2–3 %. Diese Leichtbiere gab es übrigens bis zur Jahrhundertwende, also bis etwa 1900, auch auf Zechen und in Fabriken in beschränkter Menge kostenlos. Die Schankwirtschaften waren besonders für die wachsende Arbeiterschaft ein wichtiger Mittelpunkt ihres Gemeinwesens – sie boten Erholung und Freizeitunterhaltung, sie fungierten als Arbeitsvermittlung und politisches Forum, und nicht zuletzt konnte man sich dort aufwärmen, ein nicht zu unterschätzender Faktor.

Wein, Brantwein oder anderen geistigen Getränken anzusehen, sobald letztere anders als in hölzernen Gebinden verkauft werden.« Zwei Jahre später wurde der Erlass dahin gehend erläutert, »daß die hölzernen Gebinde mindestens die Größe eines halben Ankers haben müssen«, also etwa 17,2 l (HSTAD). Der Alkoholgehalt des hauptsächlich angebotenen Branntweins lag zwischen 36 und 45 Prozent,

Eine Besonderheit im 19. Jahrhundert waren die zahlreichen Kleinhandlungen für Spirituosen, oft einfach Branntweinverkaufsstellen genannt; im städtischen Bereich waren sie die Hauptabsatzquellen. In einem Erlass der Königlichen Regierung Düsseldorf vom 5.9.1835 hieß es: »Als Kleinhandel mit Getränken ist der Handel /: Kauf zum Wiederverkauf :/ mit

pro Berliner Quart (etwa 1,15 l) kostete der Schnaps im Jahre 1867 etwa sechs Silbergroschen (HSTAD). Bier kam zu diesem Zeitpunkt auf knapp über zwei Silbergroschen pro Berliner Quart. Ein Rausch war folglich mit Schnaps deutlich billiger als mit Bier.

Übrigens musste man ein Lokal nicht betreten, man konnte an einer Durchreiche vom Flur zum

Schankraum seine Bestellung aufgeben: Schnaps oder Bier im Krug für den Konsum zu Hause. Das galt auch für die Branntweinverkaufsstellen: Eine Luke diente dem schnellen Sofortverzehr oder aber als Verkaufstresen.

Eine Sonderform des Gastgewerbes hat sich im frühen 19. Jahrhundert in den sogenannten geschlossenen Gesellschaften bzw. → KASINOS herausgebildet.

→ BRANNTWEIN-PEST IM 19. JAHRHUNDERT → GETRÄNKE

GASTSTÄTTEN IM 21. JAHRHUNDERT Nach wie vor sind Gaststätten wichtige Orte des sozialen Austauschs, lokale Treffpunkte und Stätten mehr oder weniger verfeinerter Esskultur(en). Insgesamt gibt es zurzeit in NRW rund 41.000 Betriebe: Davon gehören etwa zwei Drittel zur Kategorie der »speisengeprägten Gastronomie«, ein Drittel ist »getränkegeprägt«, natürlich mit fließenden Grenzen.

Von den → IMBISSEN, die sich seit den 1960er-Jahren des letzten Jahrhunderts fest etabliert haben und heute ein breites Spektrum an Gerichten bieten, soll an anderer Stelle die Rede sein. Die Landschaft der herkömmlichen Speiserestaurants mit (wechselnder) Menükarte und Service hat in den letzten Jahrzehnten ebenso wie viele andere Lebensbereiche einen starken Wandel erlebt. Zwei Trends lassen sich deutlich erkennen.

Zum einen gibt es im Rheinland wie auch in anderen Gegenden Deutschlands immer mehr Restaurants, die besonderen Wert auf die Qualität ihrer gehobenen Küche legen. Dazu gehört für viele Gastronomen vor allem die (Rück-)Besinnung auf regionale Gerichte, die mit frischen regionalen Zutaten zubereitet werden. Das Ziel ist nicht länger eine mehr oder weniger gesichtslose »internationale« Küche von manchmal zweifelhafter Qualität und mit oft beliebiger Speisenauswahl, sondern die Konzentration auf die Vorzüge und Stärken der eigenen Küchentradition.

Auf der anderen Seite gibt es den auf den ersten Blick genau entgegengesetzten Trend der → INTERNATIONALISIERUNG auch in der Gastronomie. Restaurants mit Spezialitäten aus anderen Ländern machen heute gut ein Viertel aller Gaststätten im Rheinland aus, in Städten mit hohem Ausländeranteil naturgemäß etwas mehr, in ländlich strukturierten Orten etwas bis deutlich weniger. Die Palette ist breit gefächert und zeigt, wie multikulturell das Rheinland sich heute präsentiert: von Australien bis Vietnam, von Böhmen über Bayern bis Schwaben. So bietet etwa die Berger Straße in der Düsseldorfer Altstadt auf engstem Raum eine beeindruckende Vielfalt: Dort findet man den bodenständigen »Uerige« und gegenüber die Schnapspinte »Busch« mit ihrem → »KILLEPITSCH«, die »Fischhalle« (ehemals Carl Maassen), den »Libanon-Express«, das koreanische »Shilla«, spanische oder japanische Spezialitäten und neuerdings den »Schnitzelhuber«, »Le Pain Quotidien« oder »Baan Thai«.

Selbst in kleineren Ortschaften gibt es aber meist ein italienisches oder chinesisches, oft auch ein griechisches Restaurant. Gut die Hälfte aller ausländischen Restaurants bietet italienische Spezialitäten an, auf dem zweiten Platz folgen griechische Lokale, dann die chinesischen. Es fehlen die skandinavischen Länder, Belgien, die Niederlande und England, aber auch Österreich, ganz abgesehen von den östlichen Nachbarn. Dies mag bei Ersteren daran liegen, dass die jeweiligen Landesküchen beim hiesigen Konsumenten nicht so bekannt sind bzw. keinen besonderen Ruf genießen. Ginge es jedoch nur um die Bekanntheit, müssten die traditionsreichen und ausgezeichneten Landesküchen der beliebtesten Urlaubsländer Österreich und Spanien, Türkei und Italien unangefochten an der Spitze liegen. Die rheinische Realität aber zeichnet ein anderes Bild. Spanische und türkische Küche sind (mal abgesehen vom großen Erfolg der Dönerbuden) nur wenigen wirklich bekannt. Und Österreich, nach wie vor eines der Hauptreiseziele deutscher Urlauber, ist hierzulande kulinarisch so gut wie gar nicht vertreten.

Neben dieser Vielfalt an Speiserestaurants gibt es natürlich immer noch die Kneipen, in denen man sich einfach auf ein Bier trifft, sich unterhält und den Tag Revue passieren lässt. Die Auswahl reicht vom traditionsreichen Brauhaus – heute oft mit recht anspruchsvoller regionaler Küche – über die Kneipe an der Ecke bis zum Dorf-

gasthof. Immer wieder gibt es auch neue Konzepte, etwa eine weltweit erfolgreiche amerikanische Kaffeehauskette in den Großstädten, oder die gelungene Wiederbelebung alter Gaststätten mit neuem Geist, zum Beispiel indem der Wirt wieder eigenes Bier braut.

GEKRÜÜSCH In Harzelt/Selfkant Bezeichnung für → PANHAS, möglicherweise von dem Wort *Kruste* abgeleitet (vgl. RhWb).

GELEE → KONSERVIERUNG, BROTAUFSTRICHE

GELING Sammelbezeichnung für Lunge, Herz und Leber. Entweder zusammen mit Blut zu Wurst und Schwartemagen verarbeitet (Dichtelbach/Rheinböllen im Hunsrück) oder am Schlachttag als Mittagessen in Form von Gulasch aus den genannten Innereien (Pantenburg bei Manderscheid/Eifel). Für die Kirmes in Winterspelt (bei Prüm/Eifel nahe der belgischen Grenze) wurden als »Jelengs« Lunge, Herz und etwas Fleisch ganz fein *gekocht, mit gekochtem Reis u. Backpflaumen gemischt, die Brühe mit Mehl eingedickt u. säuerlich abgeschmeckt. Dann gab es noch gebratene Blutwurst.*

Gelünge oder Geräusch bezeichnet in der Jägersprache Herz, Leber, Lunge und Nieren von Schalenwild.

GEMENGSEL *Sauerkraut mit Kartoffelpüree gemischt* (Schweppenhausen/Hunsrück). Allgemeiner Ausdruck für »Mischmasch, Durcheinander« (RhWb).

GEMÜHRDE *Korn mit Underberg gemischt* (Griethausen bei Kleve). Am Niederrhein ist die Bezeichnung allgemein üblich für dieses Getränk. In Düsseldorf heißt es »Samtkragen«. MmWb: »Schnaps aus einer Flasche Korn mit einem Fläschchen Magenbitter gemischt ... Der Gemürde wird am nördlichen Niederrhein getrunken.«

GERÄTSCHAFTEN Sammelbezeichnung für Kopf, Ohren, Pfoten, Schwänzchen vom Schwein (Geilenkirchen- und Aachen).

GESCHLÖNS Am Niederrhein und im Ruhrgebiet Ausdruck für Eingeweide, Innereien (RhWb). → GELING

GESELCHTES Anderes Wort für eingepökeltes Fleisch. Das gab es zum Beispiel in Uckerath/Sieg in den 1920er-Jahren im Winter jeden Dienstag.

GESS Hefe (Kerken/Niederrhein). Findet sich als »Geste« im RhWb.

GETRÄNKE IM 19. JAHRHUNDERT Was wurde im 19. Jahrhundert eigentlich getrunken? Zunächst einmal natürlich Wasser, und das war in den Ballungsräumen von zweifelhafter Qualität, wenn es überhaupt verfügbar war. Zumindest ließ sich Zichorienkaffee damit aufbrühen, Kaffee-Ersatzstoff und Standardgetränk der meisten Familien. Die ländliche Bevölkerung war wenigstens in dieser Hinsicht besser gestellt, aber auch dort gab es damals Klagen über schlechtes Wasser.

Unbedenklich genießbares Mineralwasser war zwar seit Ende des 18. Jahrhunderts bekannt, aber erst die gelungene Synthese der flüssigen Kohlensäure in den 1830er-Jahren ermöglichte eine Produktion in größerem Rahmen. Propagiert wurden die Mineralwässer natürlich von den damals entstehenden, aber anfänglich recht erfolglosen Mäßigkeitsvereinen, nach und nach auch von der Obrigkeit und den Arbeitgebern, als näm-

lich die negativen Folgen des übermäßigen Branntweinkonsums (→ BRANNTWEIN-PEST IM 19. JAHRHUNDERT) immer klarer hervortraten und man erkannte, dass er die industrielle Produktivität beeinträchtigte.

Andere alkoholische Getränke wie Wein, Liköre (zu denen auch der Cognac gezählt wurde) und exotische Importe wie Rum oder gar Arrak gab es in den meisten Haushalten nicht. Und wenn sie doch getrunken wurden, dann nur von bestimmten Kreisen der damaligen Gesellschaft, wie aus einer Beschreibung der allgemeinen Lebensumstände im Kreis Bergheim in den Jahren 1827/1830 deutlich wird: »Die Beamten, die vermögenden Bürger in den kleinen Städtchen des hiesigen Kreises und reiche Akersleute suchen sich in den Weinschänken auf; die Gesellschaften der übrigen Klassen werden aber bei Brantwein und Bier gehalten.« (HSTAD) Das galt sicher auch für andere Gegenden des Rheinlands.

→ BIER war damals – wie schon seit dem 16./17. Jahrhundert – das Getränk Nummer eins. Aber erst in der zweiten Hälfte des 19. Jahrhunderts, als neue Brau- und Kühltechniken – erinnert sei nur an Lindes Kältemaschine aus den 1870er-Jahren (Kälteführung bei der Gärung: obergärig 15–20 °C, untergärig 4–9 °C) – die massenweise Herstellung des besser haltbaren untergärigen Biers und damit den Verkauf über größere Entfernungen hinweg erlaubten, fanden bestimmte Biersorten über ihren Brauort hinaus weitere Verbreitung, im Ruhrgebiet besonders das helle Exportbier, heute vor allem das im Vergleich zum Export stärker gehopfte Pils. Hinzu kam seit den 1880er-Jahren die Einführung der Bierflaschen, die Trinkverhalten und Konsum nachhaltig und auf Dauer ändern sollten, auch wenn anfänglich bewegt Klage über die zu hohen Preise des Flaschenbiers geführt wurde. Zu Beginn des 20. Jahrhunderts hatte es sich etabliert: Der Hausierhandel von Flaschenbierwagen aus blühte, Flaschenbierhandlungen waren an fast jeder Straßenecke zu finden.

GEWÜRZMANN → EINKAUF UND SELBSTVERSORGUNG, AMBULANTER HANDEL

GIERSCH Aegopodium podagraria, Gewöhnlicher Geisfuß, galt früher als Heilmittel gegen Rheuma und Gicht (Podagra). »Die jungen Blätter werden als Gemüse gekocht, auch mit jungen → BRENNNESSELN gemischt, zu den Neunerlei-Kräutern des Gründonnerstagsgerichtes gehörend.« (RhWb)

MKL schreibt 1894: »Das gewürzige Kraut war sonst gegen Podagra im Gebrauch, die jungen Sprossen geben ein spinatartiges Gemüse.« Heute verwendet man junge Triebe für Kräuterbutter, Salate etc. (Dumont).

GÖBELCHEN In Köln für → JÖBBELCHEN. Ein »altkölnisches Gebäck, länglich gewundene Wecke aus Weizenmehl, mehrere in einer Reihe aneinandergebacken (Reihen- oder Zeilenweck), am oberen Ende eines jeden Weckes ein kleines eingebackenes Tonpfeifchen. Jöbbelcher met Fleutcher.« (Wrede)

Nach Kügler sind die Beigaben der »Jöbbelscher« ca. fünf Zentimeter lange Tonröhrchen, die als Flöten (»met Fleutscher«) verwendet wurden. Flöten dieser Art tauchen in den Katalogen von Tonpfeifenherstellern im Westerwald unter der Bezeichnung »Bäckerflöten« oder »Kölner Flöten« auf; sie wurden noch bis in die 1960er/1970er-Jahre gefertigt.

GOLDENE SCHNITTEN *In Ei und Milch eingeweichter Zwieback, Blatz oder Brötchen, in der Pfanne goldgelb gebacken und mit Zucker und Zimt überstreut,* in Uckerath/Sieg: *jolde Schnedden,* in Königswinter: *Weißbrot oder Platz, mit Ei überbacken,* häufig zum Abendessen. Sie sind eher bekannt als → ARMER RITTER.

GOLD UND SILBER Im Oberbergischen Bezeichnung für »gestampfte Kartoffeln mit Möhren« (RhWb), in Uckerath/Sieg für *weiße Bohnen u. Möhren untereinander als Gemüse,* in Köln für Möhren, Kartoffeln und weiße Bohnen, im Aachener Raum für weiße Bohnen, Möhren, Kartoffeln, Schweinebauch und Gewürze. Das Gericht ist in ähnlicher Form auch in Schwaben bekannt (Dumont).

GRASPRUMMEN *Kleine Pflaumen* (Waldorf bei Bad Neuenahr). Als Graspraume werden in Bad Münstereifel grüne Pflaumen bezeichnet (RhWb).

GRATIAS Ursprünglich bezeichnet Gratias das klösterliche Dankgebet nach Tisch. In Aachen gab es zum Begräbnis Gratias *mit belegten Brötchen, belgischen Reisfladen, Spiess aus getrockneten Birnen, gekochtes Mus auf Hefeteig in Tellerform, Aprikosen- und Äpfelfläden,* ähnlich in Krauthausen bei Aachen. Das Rheinische Wörterbuch verweist unter dem Stichwort Gratias-Trunk ganz allgemein auf den »gemeinsame(n) Trunk nach der Beerdigung; Leichschmaus«.

→ TOTENMAHL

GRAUPEN Graupen sind geschälte polierte Gersten- oder Weizenkörner. Von besonders feiner Qualität sind die rund geschliffenen Perlgraupen.

Graupen gelten als klassische Zutat zu Eintopfgerichten, werden aber auch als Quell- und Füllmaterial für Wurst verwendet. Sie waren als preiswerte Kohlenhydratlieferanten gerade in Notzeiten sehr verbreitet – vielleicht sind sie gerade deswegen seit den 1960er-Jahren nur noch wenig gefragt.

GRAZGRÄTZ Name für eine süße Birnensorte in Aachen-Kornelimünster. Im Gegensatz dazu kennt das Rheinische Wörterbuch die »Gratzbiren« als Bezeichnung für Obst von »wilden, ungepfropften Bäumen« im Sinne von »bitter, herb«.

GRIEBEN Knusprige ausgelassene Speckwürfel, die man gerne über heiße Kartoffeln, in Erbsensuppe oder Erbsenbrei bzw. über Gemüse gab und gibt (Wrede, Sprachschatz). Gewürztes Griebenschmalz wird auch als Brotaufstrich verwendet, Griebenwurst ist eine Blutwurst mit kleinen Speckwürfeln (Dumont).

GRILLAGETORTE Seit Anfang des 20. Jahrhunderts erfreut sich diese Torte am Niederrhein besonderer Beliebtheit, während sie anderswo oft ganz unbekannt ist. (Honnen, Grillage)

Hier das Rezept einer Hauswirtschaftsmeisterin aus Kevelaer (für eine Springform von 28 cm):

● Rezept **Grillagetorte**

Für den Baiserboden und die Brösel:
5 Eiweiß,
200 g Zucker,
100 g gemahlene Walnüsse,
20 g Vanillepuddingpulver.
Für die Füllung:
750 bis 800 g Sahne,
3 bis 4 Päckchen Sahnesteif,
2 Päckchen Vanillezucker,
100 g Zartbitter-Schokolade,
100 g Zucker.
Für die Dekoration:
1 Päckchen Krokant,
2 Esslöffel Schokoraspel.

Für den Baiserboden die gemahlenen Walnüsse mit dem Puddingpulver vermengen. Das Eiweiß steif schlagen, dann den Zucker einrieseln lassen. Die Nuss-Puddingpulver-Mischung mit dem Eischnee vermengen. Den Backofen auf 120 °C Umluft vorheizen. Auf ein Backpapier einen Kreis mit 28 cm Durchmesser zeichnen. Das Backpapier umgedreht auf ein Blech legen und mit der Hälfte der Eischneemasse den Kreis füllen. Die restliche Eischneemasse auf ein anderes Blech mit Backpapier geben und dünn ausstreichen. Etwa 90 Minuten trocknen, aber nicht bräunen. Danach den Boden erkalten lassen und dann vorsichtig das Backpapier abziehen. Den runden Baiserboden auf einen 28 cm großen Springform-

boden legen und den Rand der Form befestigen.

Für die Füllung nun die andere getrocknete Baiserplatte »klein bröseln«, die Zartbitter-Schokolade raspeln, beides mit dem Zucker vermengen. Die Sahne portionsweise mit Vanillezucker und Sahnesteif aufschlagen. Anschließend Brösel, Schokoraspel und Zucker untermengen. Die Masse in die Springform füllen. Die Grillagetorte mit Krokant und Schokoraspel dekorieren. Dann 3 bis 5 Stunden gefrieren lassen. Etwa eine halbe Stunde vor dem Verzehr die Torte aus dem Eisfach nehmen.

GRISELSKUTE Am linken unteren Niederrhein Bezeichnung für den »Rogen beim weiblichen Häring, weiblicher Hering« (RhWb). In Wachtendonk/Niederrhein »Gressels-Kuut«.

GRISSELS »Körnige Bestandteile einer Flüssigkeit, z. B. Sago in einer Suppe; meist jedoch eher unerwünscht … grisselich wenn etwas voller Grissels (Grisel) ist« (MmWb).

GROHÄPPEL *Grauäpfel* (Schweppenhausen / Hunsrück) sind eine Apfelsorte. Laut RhWb »graue Renette«, auch »Graue Französische Renette«.

GRUBENGOLD Name für ein naturtrübes Pils mit einem Alkoholgehalt von 4,6 % Vol., in Mülheim an der Ruhr gebraut. Es ist die Grundlage der »Grubengoldsoße«, einer typischen Soße in der Ruhrgebietsküche (→ BERGLEUTE, ERNÄHRUNG).

GRÜNDONNERSTAG → FASTENSPEISEN, GRÜNDONNERSTAG

GRÜNDONNERSTAGSSUPPE Grüne Suppe aus sieben verschiedenen Kräutern: z. B. Petersilie, Sellerieblätter, Lauch, Porree, Kerbel, Sauerampfer, Basilikum etc., als Gericht an Gründonnerstag allgemein verbreitet. → NEUNERLEIKRÄUTER → FASTENSPEISEN, GRÜNDONNERSTAG

GRÜNES FLEISCH Allgemein für frisches Fleisch bzw. für »Fleisch, ungeräuchert, besonders Rind-, Suppenfleisch« (RhWb).

GRÜNKOHL Brassica oleracea L. var. acephala. Eine winterharte und vitaminreiche Kohlart mit gekräuselten Blättern. Grünkohl bildet anders als Weiß- und Rotkohl oder Wirsing keinen Kopf. Er schmeckt erst richtig gut, wenn er nach dem ersten Frost geerntet wird. Er wird zerkleinert und gekocht; dazu gibt es Kartoffeln und Wurst oder geräuchertes Fleisch. → HOFFMUS → IRKESWURST

GRÜNSCHELE In Bonn für Stachelbeeren (MmWb), auch Grunschel bzw. Groschel (RhWb).

GUTER HEINRICH Chenopodium bonus-henricus. Ein Gänsefußgewächs. Kann als Spinatersatz oder als Beimischung zu anderen Gemüsen verwendet werden.

G

H

HAANÄPPEL In Grevenbroich Bezeichnung für Stachelbeeren (MmWb).

HÄMMCHEN Was in Süddeutschland die Haxe, ist in Köln das Hämmchen: »Eisbein, Vorderhachse des Schweins (im gebratenen oder gekochten Zustand) … Ein kölsches Nationalgericht ist Hämmche met suure Kappes« (MmWb), das noch heute in Kneipen oder auch bei manchen Vereinen zu bestimmten Anlässen gegessen wird. → GASTSTÄTTEN, VEREINE

HÄSCHEN In Rees und Frilinghoven/Waldfeucht bei Heinsberg ist Häschen kein Kosename für die Ehefrau, sondern die Bezeichnung für Schweinefilet, das am Schlachttag verzehrt wurde. Den ausgewachsenen Hasen findet man dementsprechend auch in anderen Regionen des Rheinlands als »langgestrecktes gabelförmiges Fleischstück im Schweine (Kalb), von den beiden Vorderbeinen bis zum Nabel, in die Nierengegend reichend, Lummer, Filet« (RhWb).

HAFERAPFEL Allgemeine Bezeichnung für eine »Apfelsorte, die mit dem Hafer reift« (RhWb). Es handelt sich um eine sehr alte deutsche Sorte, die unter vielen Namen bekannt war, zum Beispiel Ananasapfel, Glockenapfel, Rosenapfel, Katzenkopf.

HAFERBIRNE Eine frühe Birnensorte, die besonders zum Trocknen geeignet war (Kerken/Niederrhein). Die getrockneten Birnen wurden kleingeschnitten als Rosinenersatz in Backwaren und Suppen verwendet.

HALVER HAHN In zahlreichen Kneipen in Köln und dem Kölner Umland gehört der Halve Hahn zum Standardprogramm auf der Speisekarte. Es handelt sich dabei um ein Roggenbrötchen (→ RÖGGELCHEN) »mit mittelaltem Holländer (Käse), Senf und Zwiebelringen« (MmWb). Das Mitmachwörterbuch kennt dasselbe Gericht unter dem Namen »Mainzer Roller« auch aus Düsseldorf. Wer seinen Halven Hahn »mit Kompott« bestellt, erhält scharfen Senf dazu.

Der Name stammt natürlich aus einem Scherz unter Zechbrüdern. Bei Wrede ist die Geschichte nachzulesen: »Die Bezeichnung verdankt ihren Ursprung der humorvollen Täuschung, die ein kölscher Jrielächer (= schmitziger Spötter, Spaßmacher) im 19. Jh. an seinen Freunden in fröhlicher Runde in einer kölschen Weetschaff beging, als er jedem einen knusperig gebratenen halben Hahn zu spendieren verhieß, aber nach Verständigung mit dem Köbes, dem Zapfburschen, je ein Röggelche met Kies den erwartungsvollen, Genüsse erhoffenden Freunden, auftischen ließ.«

HAMM Bauchspeck (Körrenzig/Jülicher Land).

HANDKÄSE Allgemein ein »mit der Hand geformter Käse« (RhWb). In Nieder Kostenz im Hunsrück wurden die Handkäse *auf einem Brett über dem Küchenherd trocknen und reif werden gelassen. Alsdann im irdenen Topf »eingelegt«.* → FAUSTKÄSCHEN → KÄSE, FAULER

HANNES IN DE SACK → DUDDES

HASENBROT Ein Hasenbrot ist ein Brot, das man zur Arbeit, aufs Feld oder auf die Reise mitgenommen, aber nicht gegessen hat. »Hase« ist eine Bezeichnung für ein »grosses Butterbrot des Bergmannes, Waldarbeiters« (RhWb). Was heutzutage oft in den Abfall wandert, war im 19. und frühen 20. Jahrhundert vor allem in den am Existenzminimum lebenden Arbeiterfamilien im Ruhrgebiet eine (seltene) Extraportion für die Kinder. Die bekamen zu dem Brot auch gleich die passende Geschichte erzählt: Das Brot habe man »einem Hasen abgenommen, nachdem man ihm Salz auf den Schwanz gelegt hat« (RhWb). Vgl. Abb. S. 92.

HEETE WEI Eine im Teigmantel gebackene Bratwurst. Das Rheinische Wörterbuch führt zu diesem Stichwort aus: »heiße Weck (Wei) kleines, weiches Weißbrot, Gliederbrot (Reihweck), welches früher am Aschermittwoch … morgens gebacken (eine Wurst oft eingebacken) u. möglichst warm verzehrt wurde« (RhWb). Dass der erste Fastentag Aschermittwoch (→ FASTENSPEISEN, ASCHERMITT-

WOCH) mit einem Wurstbrötchen begonnen wurde, scheint ein Widerspruch. Allerdings war die Wurst ja im Teig eingebacken, also gut versteckt.

HEILIGABEND → FASTENSPEISEN, HEILIGABEND

HEINZELMÄNNCHA An der Mosel, in der Eifel und im Westerwald sind die Heinzelmänncha belegt. Es handelt sich um kleine, kreisförmig gebogene Würste, die am Schlachttag für die Kinder hergestellt wurden. Aus Ahrweiler und Remagen ist dazu ein beliebtes Spiel überliefert: »Beim Wurstmachen gingen die Nachbarskinder ins Haus und liessen sich vom Wurstmacher den Mund von einem Ende zum Anderen messen, indem sie ihn möglichst weit ausdehnten; nach der Grösse ihres Mundes wurden die Heinzelmänncha dann verteilt« (RhWb).

HENKELMANN »Doppelbehälter aus Blech (jetzt meist emailliert) mit Griff zum Tragen; die Arbeiter, die mittags nicht nach Hause zum Essen gehen können, nehmen sich darin ihr Mittagessen mit, das sie nur zu erwärmen brauchen; auch wird ihnen wohl von Hause in diesen Essenträgern das Essen von den Frauen oder Kindern gebracht.« (RhWb) → ELBERFELD-BARMEN → MITNAHME

Das Wort »Henkelmann« ist ins kollektive Gedächtnis eingegangen, auch wenn es heute in seiner ursprünglichen Bedeutung als Name für ein Warmhaltegefäß kaum noch benutzt wird. Alfred Kremer erinnert sich: »In Krefeld gab es einen Wärmwaterparatmaxmester, der morgens in der Werkstatt die Aufgabe hatte, das Warmwasserbad für die Henkelmänner einzurichten.« (MmWb) Im Oberhausener

Knappenviertel wird eine Brücke Henkelmannbrücke genannt, die Lanxessarena in Köln-Deutz heißt wohl wegen der Dachkonstruktion ebenfalls »Henkelmännche«.

HERBSTBROT In Enkirch an der Mosel wurde *zur Traubenlese aus Weissbrotteig und geriebenen Kartoffeln* ein rundes Brot, das Herbstbrot, gebacken. Im nahen Traben-Trarbach nannte man Backwerk aus Teig, in den gekochte Kartoffeln eingearbeitet wurden, Herbstplätzchen (RhWb).

HERING Clupa harengus L., Strömling, ein in großen Schwärmen lebender Salzwasserfisch, ist bis heute einer der wichtigsten Speisefische. Schon im frühen Mittelalter begann der systematische Heringsfang in Europa; ab dem 13. Jahrhundert verbreitete sich die Technik des Einsalzens. In Salzlake eingelegt und haltbar gemacht, wurde der leicht verderbliche Fisch zu einer Handelsware, die sich auch in küstenferne Gebiete transportieren und verkaufen ließ. Er wurde zu einem der wichtigsten Güter des europaweiten Handelsnetzes der Hanse, die den Hering aus der Ostsee bis in die Alpenländer verkaufte. Ab etwa 1500 verringerten sich die Heringsbestände in der Ostsee dramatisch. Anstelle der im Niedergang befindlichen Hanse konnten die Niederländer mit dem Nordseehering den Markt übernehmen.

Hering war begehrter Eiweißlieferant und wichtige → FASTENSPEISE. Als preiswertes Massenprodukt galt er als Speisefisch der Armen (→ ARMELEUTE-ESSEN, FISCH → STREICHHERING). Aus dieser Assoziation entstand wohl auch die im Rheinland verbreitete Bezeichnung »dürrer Hering« für einen sehr schlanken Menschen. Beliebte Gerichte sind Hering mit → QUALLMANN oder → DIPPES.

HIEZEMANN Der »Hiezemann« ist eine Version des → WECKMANNS. Ihn gab es in Königswinter zu

Sankt Martin, als Hirzenmann ist er im Bonner Raum zu Nikolaus bekannt (RhWb). »Früher backte man hier zu Nikolaus Gebildbrote in der Form eines Hirsches; im Dialekt heißt der Hirsch ›Hirz‹ oder ›Hietz‹. Da lag es nahe, das einen Menschen darstellende Gebildbrot [Weckmann], das zusammen mit den ›Hirzen‹ gebacken wurde, ›Hirzemann‹ zu nennen.« (Cornelissen, Weckmann)

HIMMEL ON HELL In Neuss Bezeichnung für *Kohlrabi mit Kartoffeln,* in Mönchengladbach für »Äpfel mit Blutwurst« (RhWb).

HIMMEL UN ÄÄD »Himmel und Erde« ist die Bezeichnung eines im gesamten Rheinland und darüber hinaus verbreiteten Gerichts aus Kartoffelbrei und Apfelmus, das traditionell mit gebratener Blutwurst (→ FLÖNZ) serviert wird (MmWb, RhWb). Eine etwas andere Zubereitungsart ist vom Niederrhein überliefert: »Kartoffelpüree und säuerliches Apfelmus mit gebratenen Speckwürfeln und in Schmalz gerösteten Zwiebelscheiben, dazu meist gebratene Blutwurst, Leberwurst, gekochtes Schweinefleisch« (Dumont).

HIPPEN In Neukirchen-Vluyn Bezeichnung für → EISERKUCHEN.

HOCHZEITSESSEN Das Hochzeitsessen im Rheinland glich lange Zeit dem allgemein üblichen Festessen, dessen Zusammenstellung relativ klar definiert war: »Das traditionelle Hochzeitsessen im Rheinland (bestand) bis in die 1950er-Jahre aus Rindfleischsuppe, durchschnittlich zwei Fleischgängen (Rind und Schwein), Kartoffeln, Sauerkraut und Nachtisch … Regionale Unterschiede zeigten sich in den Beilagen: Meerrettich und / oder ein Erbsen-Sauerkraut-Gemisch auf dem Hunsrück, salzige Reisspeisen sowie Reis als Suppeneinlage südlich der Mosel, Nudeln südlich der Nahe (sonst nur in Einzelbelegen). Süßen Reisbrei als Nachspeise gab es vornehmlich am Niederrhein und im Bergischen Land. Wichtig ist außerdem, dass das Hochzeitsessen häufig gleichbedeutend war mit besserem Sonntags- oder eben dem Kirmesessen.« (Heizmann, Hochzeitsessen)

Eine Ausnahme bei den Reisspeisen gab es in Mönchengladbach-Neuwerk, wo es Hühnersuppe mit Reis gab, die Einlage jedoch einzeln aufgetragen wurde und jeder sich selbst bediente. Dies ist ein Zeichen für den hohen Prestigewert von Reis, der ja erst spät seinen Weg aus den städtischen Oberschichten auf den »einfachen« Tisch und z. B. die → BERGISCHE KAFFEETAFEL gefunden hatte. Erwähnenswert ist auch die Eifeler Fladenhochzeit, bei der die Gastgeber eine Unmenge an Kuchen aus Weizenmehl reichten: »Die so genannte ›Fladen-‹ oder auch ›Kuchenhochzeit‹ war […] in einem recht klar umgrenzten Eifeler Raum üblich. Die Fladen, auch Blechkuchen genannt, konnten mit Birnenkraut (Bunes), Zwetschgen, Äpfeln, Grießmehl, Streuseln oder Zucker belegt sein. Abwandlungen gab es durch → WECK und/oder Kranzstuten, wobei ausdrücklich vermerkt wird, dass es dies bereits zum Mittagessen gegeben habe. Wichtig war immer, dass der Teig aus hellem Mehl (Weizen) hergestellt wurde. Eine interessante Variation berichtet man noch für die Zeit nach dem Zweiten Weltkrieg bis Mitte der 1950er-Jahre aus Antweiler [Kreis Ahrweiler]: Hier kamen die Fladen auch als Kartoffelkuchen (Flübese) auf den Tisch.« (Heizmann, Hochzeitsessen)

Weiter südlich, in Mannebach, spricht man nicht von Fladen-, sondern von Weck-Hochzeiten, bei denen es nur Hefekuchen gegeben habe. Völlig anders zusammengesetzt kam ein Menü in Kürten auf den Tisch: Dort *kochte man gerne Sauerkraut mit weißen Bohnen und Kartoffelpürree mit Milch angerührt, dazu Bratwurst.* Ebenfalls Sauerkraut mit weißen Böhnchen als Beilage zu Eisbein und Schweinebraten gab es in Simmerath/Eifel. Sicherlich nicht die Regel waren Eiercremes aus 25 Eiern (Aachen) oder gar das luxuriöse Essen in Nieukerk/Niederrhein:

Hochzeit wurde stets auf dem Hof groß gefeiert. Verwandte und Nachbarn gehörten dazu. Die Nachbarschaft half beim Kränzen und Ausschmücken eines großen, geeigneten Raumes, wie etwa einer Scheune. Zwei Köchinnen bereiteten das Festmahl zu. Speisefolgen von 1900 bis 1937 liegen als Anhang bei. Vor dem 1. Weltkrieg waren diese geradezu üppig! Pastetchen, Kraftsuppe mit Spargel und Klößchen, Rindfleisch mit russischem Salat und Senfsoßen, Schinken in Burgunder, Sauerkraut und Kartoffelpürree, Kalbsfrikandeau mit Erbsen, Poularden mit verschiedenen Kompotten. Verschiedene Puddings, dann Kaffee, Kuchen und Dessert. Abendessen: Kalbsragout mit Salat, Roastbeef mit Kartoffeln.

Einen Kontrast dazu bildet der Bericht über eine Hochzeit in Gelsenkirchen-Rotthausen im Jahre 1940: »Das Essen, zuhause von einer Köchin, meist eine Bekannte oder Freundin der Familie, am Vorabend bzw. je nach Gang während der Trauung zubereitet, bestand aus einer Rindfleischsuppe, entweder klar oder mit Einlagen aus Markklößchen bzw. Eierstich, sowie einem Bratengang, wobei man bevorzugt Schweine- und Rinderbraten zusammen in einem Topf briet und garte, um eine kräftigere Sauce zu erhalten. Als Beilage dazu servierte man Kartoffeln und Erbsen-Möhren-Gemüse. Zum Nachtisch gab es Vanillepudding mit Himbeersaft, an Getränken Schnaps und Bier, aber kaum Wein. Rodonkuchen, manchmal mit Rosinen, Plattenkuchen mit Äpfeln oder Streuseln sowie Marmorkuchen komplettierten das Speisenangebot. Diese Zusammensetzung – sowohl Mittagessen als auch Kaffee – war typisch für die dreißiger Jahre im Ruhrgebiet.« (Heizmann, Hochzeitsessen)

HÖTKIES Besonderer Käse aus der zweiten ermolkenen Milch einer säugenden Kuh (Gey/Dürener Land). Das RhWb nennt →HOTTE meist im Sinne von gesäuerter bzw. geronnener Milch.

HOFFMUS Grünkohl – Brassica oleracea convar. acephala var. sabellica L. (Kerken und Kapellen sowie allgemein im Raum Kleve/Geldern – RhWb). In Kapellen auch als Heilmittel verwendet: *Großmutter nahm ein Blatt »Hofmus« (Grünkohl) gerieben, mit Öl vermischt u. legte es auf die Wunde bei Ausschlag u. darüber der Verband.*

HOHNERLINGCHER Apfelsorte, bekannter als »Hühnerling Gummersbach-Berghausen … kleine, süsse, frühe Apfelsorte« (RhWb).

HOLZAPFEL Malus sylvestris subsp. sylvestris, die Wildform des →APFELS, wurde »früher vielfach zur Herstellung von Essig verwendet« (RhWb). Holzäpfel haben einen hohen Anteil an Gerbsäure, Frost macht die Früchte aber milder. Für Waldorf bei Bad Neuenahr wird berichtet: *Im Herbst Sammeln von »Holzäpfeln« (von halbwilden Apfelbäumen), Äpfel zerkleinert und in einem Topf beschwert. Nach einiger Zeit wurden die Äpfel in ein Tuch getan und mit einem Holzhammer zerdrückt.* Aus Winterspelt nahe der belgischen Grenze bei Prüm/Eifel wird berichtet, dass Holzäpfel *noch heute als Gelierhilfe mit Holundersaft zu Gelee gekocht* werden.

HOLZBIRNE Pyrus communis subsp. pyraster. Die Wildform der Birne. Holzbirnen *waren so hart, daß sie erst nach Frost und Schnee geerntet werden konnten* (Mennkausen bei Wiehl). Sie wurden als Beimischung in Marmelade, Gelee und Saft verarbeitet.

HOTTE *Quark nach Hausmacher-Art …, oft versetzt mit Kümmel oder Schnittlauch* (Hückeswagen). Allgemein bezeichnet das Wort »die feste Substanz der gesäuerten Milch nach Abseihung der Molken, die sich gewöhnlich beim Kochen verdickt« (RhWb).

HOTTERMÄXCHEN »Butterbrot, geschmiertes Brot, das in mundgerechte Stücke geschnitten wird (meist für Kinder) … Nur am oberen Niederrhein bekannt« (MmWb).

HÜTSCHPOTT 1. Auch im Rheinland finden sich regionale Varianten dieses Eintopfgerichts, das in den Niederlanden als Huspott, in Frankreich als Hochepot bekannt ist. Es wird oft mit Schweineohren oder -füßen zubereitet. Allgemein finden sich in diesem Eintopf kleine Fleischstückchen, Kohl, Rüben und Wurzelgemüse (RhWb). Der ähnliche Scotch Hotchpot ist aus »Hammelfleisch, Mohrrüben, weißen Rüben, Porree, Zwiebeln, Staudensellerie, Schnittbohnen, Blumenkohl, grünen Erbsen usw. bereitet« (Gorys).

2. In der zweiten Bedeutungsvariante bezeichnet der Hütschpott eine Kostprobe vom frisch geschlachteten Schwein, die an Verwandte, Nachbarn, Pfarrer und Lehrer geschickt wurde. Hinein gehörten »Mett-, Blut-, Leberwurst … Rippchen, Häschen, Balkenbrei …, mitunter auch ein Teil der ausgelassenen Flimmen …, in den ein Apfel gelegt wurde« (RhWb). In Moers-Kapellen gab es den Hütschpott in ähnlicher Zusammensetzung für die Frauen, die beim Schlachten halfen, in Nieukerk/Niederrhein für Freunde und arme Leute nach dem Schlachttag, neben Würsten und → PANHAS auch immer mit Kotelett. In Emmerich als Hoetzepott bekannt.

HUFLATTICH Tussilago farfara L. wird als Gemüse verwendet, junge zarte Blätter als Salat. Huflattich wurde auch in der Volksmedizin genutzt. Er wirkt schleimlösend bei Husten, und aus den Blättern wurden Umschläge bei Gicht- und Rheumaschmerzen gemacht.

HUSAPPEL Rote, kleine Apfelsorte. In der Nordeifel und am Niederrhein ist das Wort allgemein gebräuchlich für einen »rotwangigen, glänzenden Zwergapfel, der mit der Schale gekocht wird.« (RhWb)

HUSARENSALAT In Moers-Kapellen ist das ein Kartoffelsalat mit Salz, Pfeffer, Zwiebelwürfeln, Essig, Lorbeerblatt und Nelken, mit Wasser abgelöscht. Im RhWb für Geldern steht der Name »scherzhaft für Scheibenkartoffeln mit Specktunke und Zwiebel«.

I

IMBISS Die erste Würstchenbude gab es schon 1134 in Regensburg. Sie diente der Versorgung von Kirchenbauleuten und kann durchaus als Vorläufer heutiger Werkskantinen gelten. Und Würstchen sind natürlich noch immer im Angebot der zahlreichen Imbissbuden, die spätestens seit den 1960er-Jahren fester Bestandteil auch der rheinischen Esskultur sind.

Doch kann in diesem Zusammenhang von »Esskultur« überhaupt die Rede sein? (Schnell-) Imbiss ist für viele ein Reizwort, vor allem aus der älteren Generation, die die Zeit zwischen den beiden Weltkriegen noch erlebt hat. In dieser Generation hat die Imbiss-Küche einen schlechten Ruf. Ein typischer Kommentar aus Schleckheim bei Aachen: *Grosse Rolle, leider!* Ein Waldenrather (bei Heinsberg) meint: *Entweder haben die Leute zu viel Geld oder die Frau ist zu faul, das Essen selbst herzurichten*, und ein Krefelder mutmaßt, Schnellimbiss sei für *Berufstätige, Kraftfahrer, Ausflügler, Jugendliche und solche, die nicht kochen mögen oder können.*

Ein Weezer sieht das Ganze etwas distanzierter: *Meiner Meinung nach spielt der Schnellimbiß bei jungen Leuten, die sich selbst beköstigen, eine größere Rolle als in Haushalten, in denen die Mutter täglich wenigstens 1 Hauptmahlzeit kocht. Im Schnellimbiß kann schnell und preiswert gegessen werden. Mir persönlich würde vor allen Dingen die geringe Abwechslung nicht zusagen.* Damit sind zwei wichtige Erfolgsfaktoren bereits genannt: In immer weniger Haushalten wird regelmäßig gekocht, und die Konzentration des immer gleichen Angebots auf wenige schnelle Gerichte ist zentraler Bestandteil des Schnellimbiss-Konzepts.

Spätestens seit aus dem »Schnellimbiss« das »Fast-Food-Restaurant« geworden ist, dessen Inbegriff und erfolgreichste Erscheinungsform die amerikanische Hamburger-Restaurantkette McDonald's ist, konzentriert sich die Diskussion meist schnell auf den Begriff »junk food«. Dabei wird dieser Ausdruck zumindest dem Qualitätsstandard des durchschnittlichen amerikanischen Fast Food eigentlich nicht gerecht, denn die transatlantische »fast food happiness« ist eindeutig besser als ihr Ruf in Deutschland. Aber der wird eben von der Kette mit dem großen »M« als Firmenlogo geprägt, die 1999 die tausendste bundesdeutsche Filiale in Berlin eröffnete.

Ray A. Kroc, ein Handlungsreisender in Sachen Pappbecher und Multimixer, lernte 1954 im kalifornischen San Bernadino das Fast-Food-Restaurant der Brüder Maurice und Richard McDonald kennen und offensichtlich auch schätzen – zumindest was Konzept, Wirtschaftlichkeit und Sauberkeit anbelangte: Neben der Filialisierung nach dem Franchise-Prinzip beruhte der Erfolg vor allem auf einer besonders rationellen und standardisierten Methode der Hamburgerzubereitung und der Abschaffung des Tischservice. 1961 zahlte Kroc die namengebenden Brüder mit 2,7 Mio. Dollar aus. Damals verkaufte er bereits 500 Millionen Hamburger im Jahr. Deren Erfinder soll übrigens Gail Borden gewesen sein, ein texanischer Landvermesser, der Anfang der 1850er-Jahre den »Fleisch-Biskuit« kreiert hatte.

Die ungezwungene Atmosphäre und ein dem Publikum entsprechendes Preisniveau sind weitere Erfolgsfaktoren. Vor allem Kinder in Begleitung ihrer Eltern und Jugendliche bilden in Deutschland den Kundenkreis. Mit der kompletten Ausrichtung von Kindergeburtstagen bindet McDonald's zudem schon früh die nachwachsende Kundschaft an sich.

Neben diesem Siegeszug der amerikanischen Restaurantketten seit den frühen 1970er-Jahren lassen sich heute vor allem zwei Trends erkennen.

Zum einen ist der große Erfolg der türkischen Imbissbuden bemerkenswert. Gut ein Viertel der Schnellimbisse in NRW verkauft heute türkische Spezialitäten, vor allem natürlich Döner Kebap in zahlreichen Variationen. Der Döner begann seinen unaufhaltsamen Aufstieg in den 1970er-Jahren in Berlin. Heute werden täglich bundesweit bis zu 300 Tonnen Döner produziert und es gibt mehr als 15.000 Dönerbuden. Wie sehr dieses Gericht und sein Name in Deutschland verankert und auch integriert sind, zeigen zwei Meldungen. In Florida wurden im Jahr 2000 mehrere Restaurants mit deutschen Spezialitäten eröffnet – als Hauptgericht auf der Karte: Döner. Und der Türkische Kulturrat forderte 2001, man solle die türkische Hochkultur nicht als »Döner-Kebap-Folklore« behandeln.

Zum anderen ist das Konzept des schnellen Imbisses für zwischendurch auch in der gehobeneren Gastronomie immer erfolgreicher. Die ersten zarten Pflänzchen dieser auf Erlebnisqualität und gut gefüllten Geldbeutel setzenden Gastronomieform sprossen Anfang der 1980er-Jahre, nachdem sich die Probierecken im Berliner KaDeWe schon seit 1974 als lukrativ erwiesen hatten. 1984 eröffnete der Kölner Kaufhof seine »Degustations-Bars«, das Caarsch-Haus und Carl Maassen in Düsseldorf zogen nach. In letzter Zeit scheinen diese Gourmet-Imbisse allerdings wieder etwas an Boden zu verlieren.

INTERNATIONALISIERUNG In der Zeit nach dem Zweiten Weltkrieg wurden die Grundsteine für die heutige doch sehr differenzierte Esskultur im Rheinland gelegt. Vieles, was heute bei uns zu Hause den Speiseplan bereichert, hat seine Wurzeln in den 1950er- und 1960er-Jahren. Blättert man den »Ratgeber für Haus und Familie« aus dem Jahr 1952 durch, finden sich neben sehr bodenständigen Rezepten, die mit einheimischen Produkten und preiswert hergestellt werden können, bereits einige importierte Gerichte: Schweizer Ofengucker und österreichische Quarkstrudel, schwedische Frikadellen, italienischer Salat, römische Gnocchi und Ravioli. Die Rubrik »Wie benehme ich mich bei Tisch?« gibt Hilfestellung beim Verzehr so komplizierter und damals seltener Speisen wie Artischocken, Spaghetti und Makkaroni sowie Kaviar. 1953 erschienen ein Bericht über den südamerikanischen Mate-Tee sowie Rezepte zu Borschtsch oder brasilianischer und spanischer Bohnensuppe. Das alles mag heute nicht mehr unbedingt als bahnbrechend erscheinen, galt aber zu jener Zeit schon fast als abenteuerlich. Was von diesem Abenteuer übrig geblieben ist, zeigt sich in den Regalen und Tiefkühltruhen unserer Supermärkte. Sie sind bestens sortiert und bieten eine kulinarische Weltreise, und zwar unabhängig von Jahreszeit und Entfernung.

IRKESWURST »Wurst aus Nieren« (RhWb für den Raum Moers-Erkelenz); gab es in Neukirchen-Vluyn als Beilage zu Grünkohl.

ISERLÖHNER »Eine Art Reibekuchen aus frischen, neuen Kartoffeln, mit Eiern« im Raum Gummersbach (RhWb).

ISSELBURGER KAFFEE Kaffee mit dem »geistigen« Isselwasser (Schnaps) im Raum Isselburg-Anholt (Bocholt-Borken).

ISSUMER SPÄTLESE »Scherzhafte Bezeichnung für das Altbier der Diebelsbrauerei aus Issum, zu hören am südlichen Niederrhein« (MmWb).

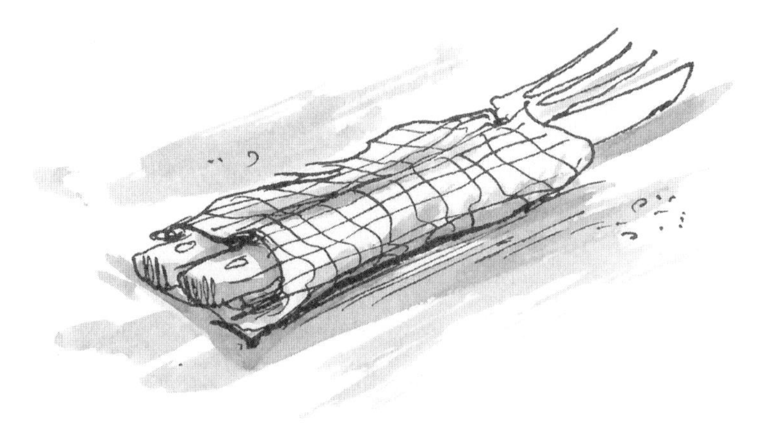

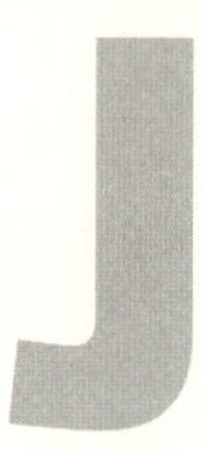

JAARDESCHENKE In Willich ein Gericht aus *Salzkartoffeln und aufgeschnittenen Zwiebeln.*

JÄGERKOHL Eintopf aus Weißkohl, durchwachsenem Bauchspeck, Zwiebeln, Gehacktem und Kartoffeln. In Uckerath/Sieg gab es um 1920 an Wintersamstagen Jägerkohl mit Gulasch. In Aachen-Kornelimünster gab es als Spezialität in Wirtshäusern *Jägerkohl mit Schwellfleisch.*

JAKOB LEBEL Apfelsorte. Sie wurde um 1825 von Jacques Lebel in Amiens/Frankreich gefunden und ab 1849 in den Handel gebracht und ist ein »ausgezeichneter Tafel- und Wirtschaftsapfel, einer der besten Backäpfel.« (www.streuobstsortengarten-rlp.de, 2009-09-11) In den 20er-Jahren des letzten Jahrhunderts war Jakob Lebel eine der drei Apfelsorten, die zu den sogenannten Reichsobstsorten gewählt wurden.

JAN IM (IN DE) SACK *Geschälte Gerste mit getrockneten Pflaumen in ein Tuch eingeschlagen und im Wasserbad gekocht* (Rees), *von 1942–1948 regelmäßig. Heute nicht mehr gebräuchlich* (ebenfalls Rees)

oder *Reis mit Pflaumen* als Abendbrot. In Brünen bei Hamminkeln war das ein Sonntagsessen: *Gerste, getr. Pflaumen mit Mettwurst in Wasser gekocht*. Laut RhWb bekannt in Düsseldorf, an der Ruhr, in Kevelaer und Moers. Nach Dumont in Westfalen beheimatet: »Serviettenknödel aus Graupen, Reis, Dörrpflaumen, Rosinen und Zucker, mit brauner Butter übergossen.«

JELENGS → GELING

JEPIENICHTE Bratkartoffeln aus rohen Kartoffeln (Hückeswagen); so genannt, *weil sie wie gepeinigt in der Pfanne quietschen*.

JÖBBELCHEN Nikolausgebäck, »einzeln und in Reihen aneinandergebackene S-förmige Gebilde« (Siemes). »Göbbel« (RhWb): »Gebäck, Milchbrötchen aus feinem Weizenmehl. a. in Form eines geflochtenen Strickes oder in geschlungener Form …; aus zwei schneckenartig gewundenen Teilen; bes. Kölner Spezialgebäck, eine Reihe kleiner, länglich gewundener Weissbrötchen, an jedem einzelnen Teile ein Tonflöte eingebacken, in früherer Zeit das beliebteste Mitbringsel von denen, die Köln besuchten (Flötengöbbel); auch hatten sie wohl ein Muttergottesbildchen aus Pfeifenerde aufgeklebt, hauptsächlich auf der Severinstrasse gebacken, en kölsch Göbbelche. – b. aus aneinandergefügten Teilen bestehend mit Korinthen, wie beim Reihweck« (Wuppertal, Sieg). »Göbelingchen« (RhWb): »Gebäck in geschlungener, fragezeichenähnlicher Form.« (Schiefbahn bei Willich) → GÖBELCHEN

JOJOWURST »Spöttische Bezeichnung für Rübenkraut als Brotaufstrich … Diese Bezeichnung kennt man wohl nur im Ruhrgebiet. Aber auch am Niederrhein war – zumindest früher – Rübenkraut sehr verbreitet. Eine andere euphemistische Bezeichnung ist ›Essenberger Schinken‹ (heute aber kaum noch zu hören.« (MmWb) → ASBERGER SCHINKEN

JULIMÖLLE Eine längliche, frühe Kartoffelsorte, die heute wohl nicht mehr üblich ist (Radevormwald), in Wipperfürth als Julimöll »Frühnierenkartoffeln« (RhWb). → KARTOFFEL

K

KÄLBERZÄHNE Wenn in Köln Kälberzähne oder Kalbszahn auf den Tisch kommen, ist das eine Graupensuppe (RhWb). Die verwendeten Graupen sind relativ groß, so dass beim Blick auf den Teller die Assoziation mit dem Kauwerkzeug junger Rinder hervorgerufen wurde.

KÄNNEMELK Am unteren Niederrhein allgemein für Buttermilch. → KIRNMILCH

KÄSE, FAULER Fauler Käse klingt nach einem Fall für die Mülltonne. Etwas überraschend also, dass diese Bezeichnung in vielen Regionen des Rheinlands etwas durchaus Essbares meint: *Aus Quark, der nicht ganz verbraucht worden war, wurde sogenannter Fauler Käse hergestellt, fuule Käs genannt. Man bestreute den unangemengten Käse mit Salz und Pfeffer; so konnte er noch eine Weile als Brotbelag dienen* (Uckerath / Sieg). In Mengerschied / Hunsrück ist der Faule Käse als selbstgemachter → HANDKÄSE bekannt, in Pantenburg bei Manderscheid / Eifel wird gekochter Quark mit Kümmel gewürzt.

KÄSSCHMEER Auf dem Hunsrück (z. B. Nieder Kostenz) jede Art von selbstgemachtem Käse als Brotaufstrich. Als »Käseschmiere« »angerührter Weichkäse und das damit bestrichene → BUTTERBROT« (RhWb).

KÄUE Käue oder auch Kade werden in Kerken / Niederrhein die → GRIEBEN genannt, also ausgebratene Speckwürfel. Eng verwandt ist diese Bezeichnung mit dem Niederländischen »kade«, »ka«, »kaain« für Grieben (RhWb).

KAFFEE »Noch'n Tässken Kaffee?« Kaffee gehört heute zu den selbstverständlichen und alltäglichen Genussmitteln. Und natürlich handelt es sich dabei um »echten Bohnenkaffee«, gar keine Frage. Dass Kaffee lange Zeit ein Luxusgut war, eigentlich nur von wohlhabenden Menschen konsumiert wurde und deshalb zu einem wichtigen Statussymbol wurde, ist heute weitgehend vergessen.

Die Heimat des Kaffees liegt in Afrika. In Äthiopien wurden schon im 9. Jahrhundert die Früchte des Kaffeestrauchs – es handelt sich um Steinfrüchte verschiedener Sträucher (vor allem Coffea arabica und Coffea canephora aus der Familie der Rubiaceae) – konsumiert. Über den Sklavenhandel lernten die Araber den Kaffee kennen. Ab dem 15. Jahrhundert wurde er so wie noch heute geröstet, gemahlen und mit heißem Wasser zu einem Getränk zubereitet. Zentrum des arabischen Kaffeehandels war die Stadt Mocha (Mokka), heute al-Mucha im Jemen.

Im 17. Jahrhundert verbreiteten sich der Kaffee und das Kaffeetrinken in Europa. Der Adel fungierte dabei gewissermaßen als Trendsetter: Zwar schmeckte das arabische Getränk den Europäern eigentlich kaum, seine geringe Verfügbarkeit und sein hoher Preis machten ihn dennoch schnell zum begehrten Luxusgut. Als solches verlieh er natürlich auch soziales Prestige. Kaffeetrinken dokumentierte den eigenen gesellschaftlichen Status und diente als Abgrenzungsmerkmal gegenüber unteren sozialen Schichten. Das veränderte sogar die Wahrnehmung des Produkts: Was zunächst nach »Ruß« schmeckte, so die zeitgenössische Kritik am fremdartigen, bitteren Heißgetränk, wurde mit der Zeit immer beliebter. Auch der Geschmack ist eben kulturell erlernt.

Im frühen 18. Jahrhundert verbreitete sich der Kaffee über spezielle Kaffeehäuser in den europäischen Mittel- und Oberschichten. Massentauglich war er jedoch noch lange nicht. Erst im 19. Jahrhundert führte der vermehrte Anbau in den Kolonien nach und nach zu günstigeren Preisen und damit zu wachsendem Konsum. Kaffee wurde zu einem bedeutenden Handelsgut und Wirtschaftsfaktor. Wichtig für seine Verbreitung war aber noch ein anderes Produkt: der Zucker. Erst durch die industrielle Herstellung von Zucker aus Rüben wurde es möglich, den bitteren Kaffee, der wegen seiner belebenden Wirkung auch von den Industriearbeitern geschätzt wurde, preiswert zu süßen und so geschmacklich zu verbessern.

Interessant ist der gesellschaftliche Umgang mit diesem damals neuen Konsumgut. Frauen beispielsweise sollten lieber nicht zu viel Kaffee trinken, das fördere die Geschwätzigkeit, hieß es im 18. Jahrhundert. Der Kaffeekonsum sorgte für die Entstehung einer neuen Mahlzeit, des Nachmittagskaffees (→ TAGESMAHLZEITEN). Und der hohe Prestigewert des »echten Bohnenkaffees« führte zur kreativen Suche nach preiswerten Ersatzstoffen: → MUCKEFUCK, Zichorienkaffee (→ ZICHORIE), → ERSATZKAFFEE, → NOTZEITEN, KAFFEE

KAHMSCHICHT Schaum auf gärendem Sauerkraut (Nieukerk/Niederrhein). Als »Kam« »Schimmelbelag auf Wein, Bier, Essig, Eingemachtem, auf Gärendem« (RhWb).

KAISER WILHELM Apfelsorte. Dieser Apfel wurde als ein so genannter Zufallssämling (eine nicht durch bewusste Züchtung, sondern durch natürliche zufällige Kreuzung entstandene neue Sorte) 1864 im Garten von Haus Bürgel (Monheim) entdeckt – ein echter Rheinländer also. Carl Hesselmann (1830–1902), Volksschullehrer und Pomologe (Obstbaumkundler) aus Witzhelden im Bergischen

Land, taufte ihn nach dem damaligen Staatsoberhaupt. Dieser bekam den neuen Apfel 1875 zum Probieren vorgelegt und genehmigte die Verwendung seines Namens.

Wie die Monarchie, so verschwand auch der Apfel weitgehend. Der Kaiser-Wilhelm-Apfelbaum zeichnet sich durch ein starkes Höhenwachstum aus – unbrauchbar für den systematischen Anbau in Plantagen. Erhalten haben sich Bäume in Gärten und auf einigen Streuobstwiesen. Diese Wiesen erleben seit einigen Jahren im Zuge der Bio- und Slow-Food-Bewegung (→ SLOW FOOD) eine Renaissance. So wurde auch der Kaiser-Wilhelm-Apfel wiederentdeckt, auch als Repräsentant einer regionalen Nahrungskultur.

KALMUS Acorus calamus L. Pflanzliches Magenmittel und Arzneizusatz, stammt aus Asien und wurde Mitte des 16. Jahrhunderts in Mitteleuropa eingeführt. Ganz junge Blatttriebe ergeben einen appetitanregenden Salat. Gerne wird die Wurzel aber für andere Stärkungsmittel genutzt: Kalmus ist Bestandteil vieler Magenbitter. In Eupen, Aachen und am linken unteren Niederrhein wurde Kalmus mit Branntwein aufgesetzt und das entstehende Getränk als magenstärkendes Mittel getrunken. Belegt ist auch die Anwendung von Kalmuswurzeln bei Zahnschmerzen: »Stücke der Wurzel werden in den hohlen Zahn gelegt, oder man kaut diese gegen Zahnschmerzen (gegen üblen Mundgeruch)« (RhWb). Diese volksmedizinische Anwendung beruht auf dem Wirkstoff Asaron, der krampflösend wirkt und eine dem Meskalin ähnliche Struktur hat. Kalmuswurzel wird auch als »deutscher Ingwer« bezeichnet und »in candierter Form von den Kindern beim Konditor gekauft« (MKL).

KAPPES → KOHL → KONSERVIERUNG, OBST UND GEMÜSE

KAPPESMUTSCH In Kaarst für Weißkohleintopf (MmWb), Mutsch sagt man im Rheinland allgemein für eine breiige Masse (RhWb).

KARBUT In Nieukerk/Niederrhein Bezeichnung für → PANHAS. Als »Kerbut« in Elmpt und Leuth bei Nettetal sowie in Straelen belegt (RhWb).

KARNEVAL Karneval oder Fastnacht (Fastelovend in Köln) gilt im Rheinland als »fünfte Jahreszeit«. Die so genannte Session (die Zeit des Karnevals) beginnt jeweils am 11. November (→ SANKT MARTIN). Von Weiberfastnacht (im Alemannischen als Schmutziger Donnerstag der Beginn der Fastnacht) bis

Karnevalsdienstag dauert dann der rheinische Straßenkarneval. Er endet mit dem Aschermittwoch (→ FASTENSPEISEN, ASCHERMITTWOCH), dem Beginn der Fastenzeit.

Was in den folgenden Wochen verboten war, wurde in diesen Tagen noch einmal exzessiv konsumiert: Fleisch, Fett, Alkohol – auch aus pragmatischen Gründen übrigens, handelt es sich doch bei Fleisch und Fett um leicht verderbliche Lebensmittel, die man vor dem Fasten aufbrauchen musste. Daher ergaben sich so typische Speisen wie Ölkrabben, → MUZEN, MUZEMANDELN, allgemein Krapfen in allen möglichen Variationen bis hin zu den Berlinern.

In Moers am linken Niederrhein, einem protestantischen Ort, in dem der katholische Karneval keine große Rolle spielte, gab es zu diesem Anlass zumindest ein besonderes Festessen: *weiße Bohnen mit Sauerkraut u. gekochtem Schinken, Kartoffelbrei, hinterher: dicker Reis oder Grießpudding oder gekochte, getrocknete Pflaumen*. Nicht zu vergessen die *Suppe vorher.*

Die Fastnacht auf dem Lande war bis weit in das 20. Jahrhundert hinein vor allem geprägt von Heischezügen maskierter Kinder und Jugendlicher, die mit einem Pfannkuchenessen oder einem anderen Schmaus endeten – wobei der Heischegang zum regelrechten Bettelgang der armen Leute werden konnte. Im Bereich westlich von Köln sowie am Niederrhein trugen die Kinder dabei den Rummelpott mit, mit dem sie lärmten und ihre Heischelieder begleiteten. Die Gabensammler waren oft mit einer langen Wurststange ausgerüstet oder einem langen, zugespitzten Holz. Daran wurden die Gaben wie Speck und Fladen gesteckt, Mehl oder Eier wurden in Säckchen gesammelt. Zu den Heischegängen der dörflichen oder kleinstädtischen Fastnacht gehören bis heute auch die Umzüge mit dem Strohbären: Ein in Stroh, Sackleinen oder Erbsenstroh gehüllter junger Mann wird als Strohbär oder Erbsenbär an einem Seil oder an einer Kette durch die Straßen geführt. Er muss vor den Haustüren tanzen, während die Bärenführer Speck, Eier und Geld einsammeln. Nach dem Umzug verzehren die jungen Burschen die Gaben bei einem fröhlichen Gelage. Im Bonner Land tanzte um 1900 der Aezebär, wenn die maskierte Jugend beim Heischegang das Liedchen sang: »Huh Fastelovend! / Schnick mir e Stück vom Broode, / Schnick e Stöck vom decke Speck, / Dat ich ens kohre, wie dat schmeck.« (vgl. Döring)

KARPFEN Cyprinus carpio. In Köln gehörte der Karpfen zum traditionellen Essen an Neujahr. Mit den Schuppen dieses Süßwasserfisches hat es etwas Besonderes auf sich: Sie *wurden an die Familienmitglieder verteilt und in die Portemonnaies getan. Eine Schuppe vom*

K

Neujahrskarpfen bedeutete das ganze Jahr Geld im Portemonnaie. Man verschenkte sogar davon an Freunde und Verwandte. Die Vorstellung, dass eine Fischschuppe für ein gut gefülltes Portemonnaie sorgt, gehört in den Bereich der vielen prognostischen und »glücksbringenden« Bräuche und Symbole um den Jahresbeginn. Den gleichen Zweck erfüllen beispielsweise auch Linsen.

KARTOFFEL Hauptnahrungsmittel neben dem Brot war früher nicht nur im Rheinland die ursprünglich in Lateinamerika beheimatete Kartoffel. Spanier und Portugiesen brachten die Pflanze zu Beginn des 16. Jahrhunderts nach Europa. Lange Zeit wurden ihr Nährwert und somit ihre Bedeutung als mögliches Massennahrungsmittel verkannt: Zunächst wurde die Kartoffel als Zierpflanze in Adelsgärten gepflanzt und man hatte schnell erkannt, dass Blüten, Stengel und die oberirdischen Früchte des Nachtschattengewächses Alkaloide enthalten, die auch in den Keimen und in der grünen Schale der Knolle vorhanden sind. Man hielt die Kartoffel deshalb auch für giftig und machte sie verantwortlich für Tuberkulose und Lepra. Ihren Einzug in die deutsche Küche verdankt sie vor allem dem preußischen König Friedrich II. Nachdem einige feuchte und kühle Sommer zu Missernten beim Getreide geführt hatten, befahl er, um eine Hungersnot zu verhindern, in Pommern und Schlesien den Anbau. 1740 wurde die Kartoffel erstmals unter dem Namen »Erdapfel« auf dem Kölner Altermarkt angeboten. Im Rheinland begann der Anbau zwischen 1760 (Köln und Jülich) und etwa 1770 (unterer Niederrhein). Die verschiedenen Sorten trugen Namen wie Wieße, Blaue, Jäle, Niere und waren bis in die Mitte des 20. Jahrhunderts im Rheinland verbreitet (Wrede).

Im letzten Drittel des 18. Jahrhunderts entdeckte man, dass sich aus der Kartoffel, die ergiebig, lager- und transportfähig sowie relativ anspruchslos und resistent war, trefflich Alkohol herstellen ließ, und die ersten Kartoffelschnapsbrennereien entstanden.

In zahlreichen Berichten z. B. aus dem frühen 19. Jahrhundert wurde das Loblied der Kartoffel gesungen: »Sie werden auf die manichfaltigste Weise zubereitet genossen; so z. B. als Suppe, Gemüse, zu Brode gebacken, gebraten, gesotten, als Salat, als Kuchen und als Nudeln kommen sie nicht allein täglich auf den Tischen der Reichen und Armen vor, sondern sie bilden auch einen wichtigen Artikel für Handel und Kunstfleiß. Man verfertigt aus den Kartoffeln alle Arten von Kochnudeln, Makronen, den im Handel vorkommenden so beliebten weißen Sago und das überall so beliebte geistige Getränk, den Brandwein und das Residium wird noch zum Viehmasten benutzt. Wahrlich! es giebt keine Frucht kein Gewächs auf der ganzen Erde, das die Erdäpfel an Nutzbarkeit überträfe.« In nahezu allen Haushalten kamen die Kartoffeln täglich auf den Tisch, und zwar morgens, mittags und abends. Meistens kochte die Hausfrau Gemüse und Kartoffeln untereinander, wobei diese steifen Eintöpfe in der Regel »Suppen« genannt wurden.

Die Kartoffel ist auch ein schönes Beispiel dafür, wie ein ursprünglich zwar überlebensnotwendiges, aber doch recht wenig angesehenes Grundnahrungsmittel (Kartoffel war ein Synonym für tägliche Eintöpfe und damit für die Ernährung unterer sozialer Schichten) in die Hohe Küche Eingang finden und sich dort behaupten kann. Geschätzte Beilagen sind heute zum Beispiel Dauphinekartoffeln, Butter-Sahne-Püree, Kroketten, Herzogin-Kartoffeln bis hin zu Gnocchi oder Pommes frites und Chips. Wie man sieht, ist die Kartoffel in ganz Europa in die Nationalküchen aufgenommen worden, denn mit ihrer Vielseitigkeit kann sie sich an unterschiedlichste Zubereitungsarten und Esstraditionen anpassen. In den letzten Jahren ist sie im Rahmen der Diskussion um gesunde Ernährung (Bio- und Vollwertküche) weiter aufgewertet worden. Sie enthält viele Vitamine und Spurenelemente, hochwertige Kohlenhydrate und kaum Fett.

Dass sie einmal Namensgeber für ein abfällig gemeintes Nationalstereotyp war, ist heute weitgehend vergessen: Als »Kartoffelfresser« wurden die Iren in den USA bezeichnet. Es war aber gerade die Große Hungersnot in Irland in den Jahren 1845–1849, ausgelöst durch mehrere katastrophale Kartoffelmissernten, die die damalige Massenmigration von Iren in die »Neue Welt« ausgelöst hatte.

KASINO Eine Sonderform der → GASTSTÄTTEN hatte sich in den geschlossenen Gesellschaften seit dem frühen 19. Jahrhundert herausgebildet. Sie waren nicht konzessionspflichtig. Ursprünglich handelte es sich um bürgerliche »Clubs«, in denen wie in Bonn »der durch sein Tagesgeschäft ermüdete Beamte sein Glas Wein« trank und, »wenn er keine eigene Haushaltung [hatte], sein kleines Abendmahl« genoss (HSTAD).

Eine völlig anders geartete Erscheinungsform stellten die im letzten Drittel des 19. Jahrhunderts im Ruhrgebiet aufkommenden Gesellschaften dar, nun → KASINOS oder auch direkt Schnapskasinos genannt: Auch sie waren nicht konzessionspflichtig. Der Rechtsform nach handelte es sich um Genossenschaften, die keiner Kontrolle unterlagen. Sie entstanden hauptsächlich im Gefolge des großen Bergarbeiterstreiks von 1889 und verfolgten fast ausschließlich und kaum verhohlen den Zweck, in angemieteten Räumen

K

möglichst billig Alkohol ausschenken zu können und, so zumindest die Statuten, die Geselligkeit zu pflegen. Es gab aber noch andere Gründe: Die Wirte brauchten keine Ausschankkonzession, Mitglieder (fast nur Bergleute) und politisch Gleichgesinnte waren unter sich und die Polizeistunde (22 Uhr) konnte umgangen werden. Nicht zuletzt waren die Kasinos die Existenzgrundlage für Bergleute, die nach dem 1889er-Streik entlassen worden waren und nun solche Kasinos betrieben. Die Unternehmer, zum Beispiel 1884 in Bochum, waren von dieser neuen »Kneipenform« nicht sonderlich angetan und äußerten sich entsetzt über »... den Verkauf von Branntwein schon früh bei Tagesgrauen an die zur Arbeit gehenden Fabrikarbeiter und Bergleute. Betrübend ist zu sehen, wie schon Morgens früh gegen 5 und 6 Uhr, bei Beginn der Tages. Und Beendigung der Nachtschicht ganze Schaaren von Arbeitern in diese Kneipen einkehren, um dort ihren ›Bedarf‹ zu entnehmen, besonders an Montagen und den Tagen nach der Lohnung.« (SDA Bochum)

In Altenessen bestanden bereits seit 1883 elf Kasinos, deren ältestes rund 500 Mitglieder zählte (HSTAD), elf Jahre später gab es vor allem im nördlichen Ruhrgebiet mit den Zentren Dortmund, Recklinghausen und Oberhausen 110 Kasinos mit fast 17.000 Mitgliedern. Ihnen war allerdings keine allzu lange Lebensdauer beschieden. Es wurden sozialdemokratische Umtriebe befürchtet: Es seien »Brutstätten der sozialdemokratischen und aufständischen Bewegungen, in denen die Mitglieder, hauptsächlich Sozialdemokraten, ... ungestört bis tief in die Nacht ... dem Schnapse, der hier billiger als in den öffentlichen Wirtschaften verkauft wird, zusetzen ... und nach Belieben Politik treiben, ohne dass die Polizei eine Kontrolle ausüben konnte, handelte es sich doch um geschlossene Gesellschaften.« (STAM) Deshalb erließ man mancherorts kurzerhand eine Anordnung, wonach pro Mitglied ein halber Quadratmeter Grundfläche zur Verfügung stehen müsse. Das erwähnte Altenessener Schnapskasino hätte danach 250 qm umfassen müssen.

Ende der 1890er-Jahre hatten sich die Kasinos praktisch zwangsweise wieder aufgelöst, und zwar aufgrund der 1896 eingeführten Konzessionierungspflicht. Der Gesetzgeber war damit den Wünschen einer dreifachen Lobby nachgekommen: der Wirte, Unternehmer sowie lokalen Verwaltungen. Für die Wirte entfiel eine lästige Konkurrenz, die Unternehmer hofften auf unverbrauchte Arbeiter und für die Kommunalverwaltungen nahm das sittenlose und verwahrlosende – und vor allem schlecht kontrollierbare – Treiben ein Ende.

→ BRANNTWEIN-PEST IM 19. JAHRHUNDERT → GETRÄNKE

KERNBOHNEN Reife, entschotete weiße Bohnen sind im Raum Kempen/Viersen allgemein als Kernbohnen bekannt (RhWb). Gegessen wurden sie *mit Sauerkraut und Kartoffeln vermengt, dazu durchwachsenem Speck und Kasseler* – so ein Bericht aus Kempen.

KESSELKNELCHE In Königswinter für → KESSELSKNALL. »Rheinische Kartoffelspeise. So wie Reibekuchen im Kessel gebacken zu Sankt Martin. Vorher trifft sich das Dorf zum Schälen, der Bäcker backt es in der Backstube und nach dem Umzug wird es verteilt« (MmWb).

KESSELSBRÜTCHER Hinter Kesselsbrütcher verbirgt sich Ähnliches wie beim → KESSELSKUCHEN. Zum einen ist es in Amern bei Schwalmtal ein »Kuchen aus Weizen- und Roggenmehl, im eisernen Kochkessel auf dem Herde gebacken« (RhWb), zum anderen der dicke, im Tiegel gebackene Kartoffelreibekuchen (auch in Bad Honnef/Königswinter). Im nahen Heisterbacherrott heißt er → DIELSKNALL, in Niederdollendorf/ Siebengebirge kennt man ihn als → KESSELKUCHEN oder auch als → PUTTES.

KESSELSKNALL Wenn der Kessel knallt, ist ein dicker Kartoffelreibekuchen drin. Die rohe Kartoffelmasse wird hierbei in Bonn-Endenich und Rhöndorf nicht in der Pfanne zu Reibekuchen ausgebacken, sondern in einem Tiegel im Backofen (RhWb).

KESSELSKUCHEN **1.** »Dicker, in hoher Pfanne gebackener Weizenmehlkuchen …« (RhWb).

2. »Dicker Kartoffelreibekuchen« zwischen Rheinbach und Ahrweiler (RhWb). In Bonn ist Kesselskuchen die Bezeichnung für einen aufgepeppten → KESSELSKNALL, ergänzt durch Speck und/oder grobe Bratwurst sowie Rosinen. Dieses Kartoffelgericht gilt als → ARME-LEUTE-ESSEN. → KUGEL

KESSELWECK Auch hiermit sind zwei unterschiedliche Backwerke gemeint: Im Raum Geilenkirchen wurde zur Kirmes aus Mehl, Zucker und Hefe ein Teig gerührt und in einem schwarzen Kessel in Öl ausgebacken (RhWb). Er wurde zum nachmittäglichen Kaffeetrinken gereicht (→ KIRMESESSEN, NACHMITTAGSKAFFEE). Im Raum Düren nennt man so den → KESSELSKUCHEN (RhWb).

KETTENSALAT Salat aus (jungen) Löwenzahnblättern. Aus Strempt bei Mechernich berichtet eine Frau, *daß die Kinder früher im Frühjahr, wenn die Kleefelder umgepflügt wurden, über die gepflügten Felder gingen und aus den umgedrehten Erdschollen den gekeimten Löwenzahn herausmachten. An den silberweißen Stielen durften nur gelbe Blättchen sein. Im fortgeschrittenen Keimstadium, wenn die Blättchen schon ans Licht gekommen waren und grün gefärbt waren, schmeckte der Kettensalat bitter. Dann war*

die »Erntezeit« vorbei, denn die Pflanze war zum »Löwenzahngewächs« herangewachsen.

Auch heute wird junger Löwenzahn auf vielen Wochenmärkten oder auch in Delikatessengeschäften wieder als Salat angeboten. Sollte er doch einmal nicht mehr ganz so jung und mild sein, kannten unsere Großmütter einen Trick: In die Salatsauce wird eine gekochte, noch warme Kartoffel eingerührt (heute ist hierfür ein Pürierstab hilfreich), das mildert den herben Geschmack.

In Breitenbenden/Eifel wird übrigens ein Salat aus gelben Wurzeln, mit Kartoffeln und Specksauce gemischt, als Kettensalat bezeichnet.

KIBBEL So heißt ein Blech- oder emailliertes Gefäß zum Transport von Essen. Es konnte mit den Speisen im Wasserbad erhitzt werden. Geschichtet wurde – wenn nicht ohnehin mit Eintopf gefüllt – folgendermaßen: unten Kartoffeln, dann Gemüse, oben Fleisch – so beschreibt ein ehemaliger Kibbelbenutzer aus Körrenzig/Jülicher Land die Technik. → KNIBBEL → HENKELMANN

KIEKÖM Möhrensuppe mit Kartoffelstückchen, Reis, weißen Bohnen und Suppengrün, durch einen Schuss Essig am Ende der Garzeit leicht sauer. Diese Suppe kennt man in der Region um Nettetal-Kaldenkirchen als Kieköm, anderswo auch als → MOHREGUBBEL, → PUSPAS oder → SCHNIEDERS COURAGE.

KIEWEN So heißen die Kinnbacken des Schweins (→ KIFE) in Moers, wo man sie gerne mit Stielmus servierte. In Winterspelt bei Prüm/Eifel kamen sie als »Kiwel« geräuchert und mit gedämpften Kartoffeln und Zwiebeln auf den Tisch.

KIFE Seitenstück vom Kopf des geschlachteten Schweins, Kinnbacken (RhWb), Schweinebacken/Backenfleisch.

KILLEPITSCH Killepitsch ist ein bekannter Düsseldorfer Kräuterschnaps. Zu seinem merkwürdigen Namen gehört eine Anekdote aus der Kriegszeit: »Dä Düsseldorfer Jööthe Hans Müller-Schlösser hat met sinem Freund Willi Busch im Krech em Keller jesesse, als de bomben feele, un hat jesaht: ›Wenn dat so wider jeht, dann donnt'se ons he och noch kille.‹ Worauf de Buschs Willi jeantwortet hat: ›Ech sach dech bloß ens Hans, koome meer he heil erus, dat se ons nit kille, dann brau ech dech ö Schabäuke, do kannste de Zong noh lecke, dann dommer eene pitsche on dä kannste dann von mech us ›Killepitsch‹ nenne!‹« (MmWb) Allerdings kennt das Rheinische Wörterbuch den Ausdruck »Killewitsch« als allgemeine Düsseldorfer Bezeichnung für Schnaps schon länger.

KIRMES Man könnte sagen, die fünfte Jahreszeit im Rheinland sei früher nicht der Karneval, sondern die Kirmes gewesen. Vor allem die dörfliche Kirmes war eine Institution – sie war wichtig zur Pflege sozialer Beziehungen, sei es (Groß-)Familie oder Nachbarschaft, sie bot Erholung und Freizeit (vgl. Döring), und sie war überhaupt das wichtigste Ereignis des Jahres im Ort. Eine Ahnung davon, welche Bedeutung früher die Kirmes hatte, vermittelt ein Schreiben aus dem Jülicher Raum, das 1914 als Stellungnahme an den Aldenhovener Bürgermeister gerichtet war: »Auch haben die Kirmessen ohne Frage eine sociale Bedeutung und tragen dazu bei, dass die alten patriarchalischen Sitten, die mehr und mehr in Wegfall kommen, in den Gemeinden noch in etwa aufrecht erhalten werden. In unserer Zeit, wo die Familien des Erwerbes wegen oft so sehr auseinander gerissen werden, dienen die Kirmessen dazu, das Familienband vor Auflösung zu schützen, weil sie den Familien Gelegenheit zu gegenseitigem Besuchen bieten, wozu sie erfahrungsgemäß noch immer benutzt zu werden pflegen.« (HSTAD)

Diese große Bedeutung kommt auch in vielen anderen Berichten aus früheren Zeiten zum Ausdruck. Entsprechend üppig und vielfältig fiel natürlich das Essen aus, zu dem nicht selten bis zu 30, 40 Gäste kamen. Sogar das *gute Geschirr,* das nur zu besonderen Festtagen auf den Tisch kam, wurde vielerorts nach der Kirmes benannt; so war in der Gegend um Daun *Keermessaache* die übliche Bezeichnung für die wertvollen Teller und Schüsseln.

Eine Hausfrau aus Elten, Jahrgang 1903, zählt auf, was alles auf den Tisch kam: *Rindfleischsuppe mit Markklößchen, Suppenfleisch mit Gürkchen und Zwiebelchen, Braten, Kartoffel und Gemüse. Als Nachtisch gab es Griesmehlpudding mit Rosinen und Himbeersaft. Zum Frühstück gab es an dem Tag selbstgebackenes Weißbrot, Rosinen-*

brot und Schwarzbrot mit Käse oder Mettwurst. Die Suppeneinlagen variierten: Neben den beliebten Markklößchen gab es Eierstich, → BESCHÜTT, Nudeln, Reis oder Gemüse (z. B. Blumenkohl).

Immer war das → KIRMESESSEN etwas Außergewöhnliches, an das sich die Erzählerinnen und Erzähler lebhaft erinnern. Erst nach dem Zweiten Weltkrieg nahm die Bedeutung der Kirmes als Familienfest deutlich ab.

KIRMESESSEN, BRATEN Die alltägliche Nahrung war bis zum Ende des Zweiten Weltkriegs überwiegend fleischlos (→ FLEISCH). Oft wurde für den Geschmack ein Stück geräuchertes Fleisch oder Speck im Eintopf mitgekocht, und Würste waren die häufigste Form des Fleischkonsums. Einen Braten gab es selten, das war ein echtes Festessen. So kam der Braten – ob vom Schwein oder Rind – auch zur Kirmes auf den Tisch, traditionell als dritter Gang nach Suppe und gekochtem Fleisch; als Beilagen gab es Kartoffeln und Gemüse.

KIRMESESSEN, **GEKOCHTES RINDFLEISCH** Der zweite Gang, das gekochte Rindfleisch mit »Zubehör« (eingelegten Gürkchen und Zwiebelchen), wurde auf dem Hunsrück mit Meerrettich angereichert, am Niederrhein hin und wieder mit Kartoffelsalat, konnte unter Umständen aber auch einmal wegfallen.

KIRMESESSEN, **FLEISCH ALLGEMEIN** Neben Schweine- oder Rinderbraten zum Festtag gab es regional auch andere, spezielle Fleischsorten. Zur Dernauer Frühkirmes bei Bad Neuenahr gab es Anfang Mai jungen Spinat und Zicklein – daher auch der Name »Zickelsches Kermes«. Lammfleisch aßen die Kirmesgäste in Uckerath / Sieg und Heisterbacherrott / Siebengebirge, bei der Küdinghovener Frühkirmes in Bonn jedoch → KRAMMETSVÖGEL aus dem Siebengebirge. Im Kölner Raum wurde gelegentlich → SAUERBRATEN serviert, ebenso wie Hasenbraten und Huhn (Kerken / Niederrhein). In Alf an der Mosel wurden vor

der Kirmes die Ochsen durch den Ort getrieben und dabei von den Metzgern begutachtet und anschließend geschlachtet, um sie als Festtagsbraten zu verzehren. Wurstgerichte gab es mancherorts auch: In Winterspelt / Eifel beispielsweise das → JELENGS, anderswo gebratene Blutwurst. Beliebt war auch der Kirmesschinken.

● Rezept **Kirmesschinken**

Schinken vom Schwein, ganz,
Zwiebeln (5–6 große),
Petersilie (ca. 3 Bund),
Salz, Pfeffer.

Aus Kirf bei Saarburg stammt das folgende Rezept: Ein kompletter Schweineschinken wird auf zarter Flamme halbgar gekocht. Jetzt wird die Schwarte abgezogen und der Schinken mit großen Zwiebelscheiben und Petersilie voll belegt und die Schwarte wieder aufgelegt. Der Kräutergeschmack zieht nun in den heißen Schinken ein.

KIRMESESSEN, BEILAGEN Welche Beilagen zum Fleisch gereicht wurden, war natürlich abhängig von der Jahreszeit. Lag die Kirmes sehr früh, kam Sauerkraut, manchmal gemischt mit weißen Bohnen, auf den Tisch. War bereits Frischgemüsezeit, konnte man mit dem Wintergemüse keinen Staat mehr machen. In Breyell/Niederrhein, wo die Kirmes im Juni gefeiert wurde, durfte *das Gemüse aber kein Sauerkraut sein, weil Sauerkraut kein Kirmesessen war.* Gängige Gemüsebeilagen waren → MANGOLD oder → RÜBSTIEL (Aachen), *junge Kartoffeln, Erbsen, Möhren* (Emmerich), → SCHWARZWURZELN (Buschdorf), → SPARGEL in Willich oder später im Jahr Rosen- bzw. Blumenkohl. Fast überall gehörten Kartoffeln zum Festtagsbraten.

KIRMESESSEN, NACHSPEISE Zu einem solchen festlichen Kirmesessen gehörte natürlich auch ein Nachtisch. Heute kommen zu besonderen Anlässen zum Beispiel Tiramisù oder Mousse au chocolat – möglicherweise aus einfach anzurührendem Pulver – auf den Festtagstisch. Früher waren ganz andere Süßspeisen beliebt: Reisbrei mit Dörrobst, Zimt und Zucker, Grießmehlpudding mit Himbeersaft oder eingemachtes Obst. Abwechslung war gar nicht gefragt, so berichtet ein Gewährsmann aus Breyell/Niederrhein aus seiner Kindheit: *Nach dem Essen musste Mutter einen großen Topf mit gekochten Backpflaumen in einer Sauce aus Zuckerwasser, Essig, Zitronen und Zimtstangen bereit haben. Das war lecker. Und ich erinnere mich noch, dass Mutter anstatt der Pflaumen einmal Pudding gemacht hatte, und wie da meine Patentante ganz spitz fragte: »Seid ihr am sparen?«*

KIRMESESSEN, TISCHGETRÄNKE Familie und Gäste tranken, wenn überhaupt ein Getränk auf den Tisch kam, meistens → BIER. In Hunsrück und Eifel wurde → VIEZ (Apfel- bzw. Birnenwein) gereicht; → WEIN kam abseits der Weinbauregionen nur selten auf den Tisch. In Moers wurde zur Kirmes ein kleines Fässchen Bier gekauft, und für Breyell/Niederrhein heißt es lakonisch: *Tischgetränk für Männer: Bier. Für Frauen kein Tischgetränk.* Im nahe gelegenen Aldekerk fragte bis etwa 1914 der Brauer bei den Familien an, ob Bier gewünscht wurde, das dann eigens für die Kirmes gebraut wurde. Auch die Kinder durften von diesem Bier trinken: *Wenn das Fäßchen (Anker) angezapft wurde, bekam auch jedes Kind ein kleines Gläschen Bier mit Zucker versüßt zu trinken. (Das war für die Kinder ein besonderer Festtag).* Wenn Bier vom Kirmessen übrig blieb, wurde an einem der folgenden Tage → BIERSUPPE gekocht.

KIRMESESSEN, NACHMITTAGSKAFFEE Der traditionelle Nachmittagskaffee stand dem Mittagessen an Luxus in nichts nach. Das ging in Walberberg am Vorgebirge sogar so weit, *dass man das Kirmesgebäck sehr reichlich beim Bäcker bestellte, weil jedem Kirmesgast ein Kuchenpaket mit nach Hause gegeben wurde.* Der beim Bäcker gekaufte Kuchen war in der Vergangenheit ein besonderes Statussymbol – im Gegensatz zu heute, wo das Selbstgebackene wieder geschätzt wird. Kuchen in lokal unterschiedlichen Formen gehörte jedenfalls zum Kirmeskaffee dazu. In Aachen wurde zur Sommerkirmes folgende überwältigende Auswahl gereicht: *Hefekuchen,* → *REISFLADEN, Grießmehlkuchen,* → *SPIESSFLADEN,* → *APPELTAAT, Semmel- oder Streußelkuchen.* Auch in Süggerath im Selfkant waren mehrere Kuchen auf der Kaffeetafel: *Buttercremekuchen,* → *PLATZ,* → *KESSELWECK,* → *LEITERFLADEN (Ledere-Fla), belegt mit Apfel, Streusel, Aprikose.*

Im Kempener Land gab es um 1920 zum Nachmittagskaffee zunächst Deftiges, nämlich *Weißbrot und Rosinenbrot mit Schinken und Käse.* Waren die Kirmesbesucher dann immer noch nicht satt, was man sich aus heutiger Sicht eigentlich kaum vorstellen kann, fuhren die Gastgeber *Kuchen und Torten* auf.

KIRMESESSEN, ABENDESSEN Das Abendessen zum Abschluss des Festtags spielt in den Erzählungen der Gewährsleute keine große Rolle – nach dem ausführlichen Mittagessen und Kaffeetrinken kein Wunder. Immerhin wird aus Düsseldorf von Kartoffelsalat berichtet; etwas angereichert wurde dieser in Kerken / Niederrhein: *Schinken, Mettwurst und Kartoffelsalat.*

KIRMESESSEN HEUTE Der Unterschied zwischen dem Kirmesessen bis etwa 1950 und den heutigen Gepflogenheiten ist enorm. Während früher die (Groß-)Familie von nah und fern zusammenkam und gemeinsam ein Festmahl am heimischen Küchentisch einnahm, geht man heute zum Kirmesessen aus. Beim Gang über die Kirmes werden die zahlreichen Essbuden angesteuert: Dabei zählen Bratwürste wie Thüringer und Krakauer neben → CURRYWURST und der milden Bockwurst noch immer zu den Toprennern. Dazu gibt es die obligatorischen Fritten. Im Rheinland nicht fehlen dürfen

→ REIBEKUCHEN mit → APFELMUS oder → RÜBENKRAUT, Backfisch und Schwenkbraten. Seit einigen Jahren hat sich das Angebot erweitert: Chicken Wings, Spareribs, Blumenkohl in Bierteig, Champignon-Ragout oder gefüllte Champignonköpfe, Folienkartoffeln, Pfannen-Geschnetzeltes mit Zwiebeln bis hin zu chinesischen Gerichten (→ INTERNATIONALISIERUNG).

Neue Zeitgeist-Gerichte tauchen auf, andere sind im Laufe der Jahre wieder verschwunden: Die bis in die 1990er-Jahre beliebten → POFFERTJES sind heute kaum noch zu finden, ebensowenig die Pizzastücke vom Blech. Überlebt haben dagegen die Crêpes mit Zucker, Schokosoße oder auch Grand Marnier.

Seit die Kirmes ihre Funktion als Familientreffen eingebüßt hat und man auf der Kirmes selbst das dazu gehörige Essen findet, hat sich dessen Charakter also vom opulenten Festmahl bei Tisch zum schnellen Finger-Food gewandelt. Auf manchen Festen wie Pützchens Markt in Bonn-Beuel ist aber seit einiger Zeit eine noch zaghafte gegenläufige Tendenz zu beobachten – Privatpersonen bieten in Einfahrten oder Garagen recht bodenständige Speisen an: Gulaschsuppe oder Sauerbraten, hausgemacht und fast wie einst bei Muttern während der Kirmes.

KIRNMILCH Buttermilch. Die Herstellung von Butter wird auch als Kirnen bezeichnet, Kirnmilch ist die (Rest-)Flüssigkeit, die beim Buttern entsteht, wenn das Milchfett zu Butter zusammenklumpt (RhWb).

KIWEL → KIEWEN

KLÄTZKÖPP Backwerk, in Millingen bei Rees, Moers und Kleve bekannt als »knuspriges, dunkelbraunes, dünnes, halb durchsichtiges Kirmesgebäck, aus Mehl, Zucker oder Syrup mit Mandeln hergestellt«. Der Name leitet sich vermutlich aus dem Spottnamen »Klatschkopf« oder rheinisch »Kletschkopp« ab (RhWb).

KLAPPERTÜT In Kerken/Niederrhein, in Willich und Krefeld Bezeichnung für → PANHAS.

KLATSCHKÄSE oder auch Klatschkies sagt man im Rheinland zu → QUARK. »Im Dürener Raum wird aus dem Klatschkies eine → SAMETIJE, wenn er aufs Brot kommt und Marmelade drueber, maach mich ens en Sametije, oder er wird zu → MAKEI, wenn er mit Zwiebeln und Pfeffer und Salz angemacht wird und zu Pellkartoffeln gegessen wird, das heisst dann eben → PELLMAENN mit Makei« (MmWB, RhWb, Wrede).

KLATSCHMUS Gemüsegericht, das besonders an → GRÜNDONNERSTAG zubereitet wurde. Verwendet wurde hierfür eigentlich alles, was der Garten in dieser Jahreszeit bietet: die jungen Blätter von → BRENNNESSEL, → SAUERAMPFER, → LÖWENZAHN, Spinat, Sprossen vom Vorjahreskohl, Dreiblatt, → GRÜNKOHL. Das grüne Gemüse

K

wurde oft mit → KARTOFFELN gemischt (RhWb).

KLEBEN Kleben werden die Kanten eines Weißbrots genannt, »erste und letzte Scheibe«, oder auch »die Stelle, wo ein Brot mit einem anderen zusammengebacken ist, das Kopfende des Brotes.« In Hückeswagen wurden die Kleben gerne für → ARME RITTER verwendet (RhWb). → KNÄUSCHEN

KLEENEROGGEN Kastenförmiges Brot (Kürten und Groß Klev/Bergisches Land), meist als Grau- oder Weißbrot. Im Oberbergischen »ein Graubrot, etwa 30 cm lang, mit schrägen Schnitten auf der Oberseite« (RhWb).

KLITSCH Lakritz (Hürtgenwald bei Düren). Auch belegt als Kletsch für Satzvey und als → KULLITSCH (MmWb, RhWb).

KLÖÖSSCHEN Ein Klöößchen ist kein zu klein geratener Kloß, sondern ein Küchenmesser (MmWb, RhWb).

KLÖPPELSBUTTER So wurde in der Gegend um Daun das → APFELMUS genannt.

KLOSSKERL Was anderswo → WECKMANN oder → STUTENKERL heißt, wird im Bergischen Land und am unteren Niederrhein »Kloßkerl« genannt: Backwerk in Menschenform, das zum → NIKOLAUSFEST den Kindern geschenkt wird. Der Kloßkerl (Kloskerl) ist ein Verwandter des »Klosmanns«, der nach dem heiligen Nikolaus so bezeichnet ist, denn dieser wird von Dialektsprechern im Rheinland »Klos«, am unteren Niederrhein auch gern »Sinter Klos« genannt (vgl. Cornelissen, Weckmann).

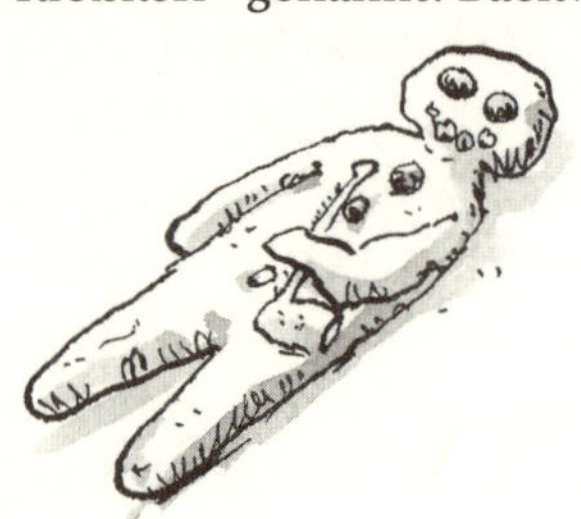

KLOTZEBUTTER In Waldorf bei Blankenheim war Klotzebutter ein Brotaufstrich. Hierfür wurde Speck in einer Pfanne ausgelassen und mit Mehl, Wasser und Salz verrührt. In St. Goar, Mayen und Mülheim-Kärlich nannte man → MARGARINE scherzhaft Klotzbutter (RhWb).

KLÜMPES Im Raum Heinsberg/Kempen für → PANHAS (RhWb).

KLUSER PAPP In Waldfeucht-Haaren bei Heinsberg kam eine spezielle Suppe auf den Tisch: *Früher war für Haaren mit seiner Klus* [Taufkirche St.-Jans-Klus aus dem 8. Jahrhundert] *die »Kluser Papp« die typische Suppe; der Karnevalsverein übernahm daher die Bezeichnung »Kluser Pappmuule«, was früher ein Neckname für die Haarener war.* Es handelt sich um eine einfache Milchspeise – vermutlich Milchsuppe – die es morgens und abends gab.

KLUTTEN Mit Klutten können im Rheinland ganz unterschiedliche Dinge gemeint sein: »ein oval geformter Kloss Butter«, im Bergischen »ein Klumpen Quarkkäse« (RhWb) oder in Hückeswagen *Quark*

nach Hausmacher Art. → HOTTE

KNÄLLCHE Das im ganzen Rheinland verbreitete *Kartoffelgericht mit Speck*, das anderswo → DIELSKNALL heißt, wird in Niederdollendorf/Siebengebirge zu einem Knällche verkleinert.

KNÄUSCHEN Eine schöne Beschreibung für dieses »Brotendstück« (MmWb) liefert das Rheinische Wörterbuch: »Die hervorgequollene, kugelartige knusperige Stelle am Brote, wo es mit einem andern Brot zusammengebacken war; die Endstücke bei Langbroten; ein kurzes, dickes Stück Brot, auch Fleisch«, wird Knäuschen oder Knause genannt. → KLEBEN

KNEIPCHEN Keine kleine Kneipe, sondern ein kleines Küchenmesser findet sich unter dem Namen Kneipchen oder auch → KNIPPCHEN in so mancher rheinischen Küchenschublade (MmWb). Es leitet sich ab vom Wort *Kneip* für Messer (RhWb).

KNIBBEL Knibbel ist eine Art rheinisches Allzweckwort. Im Zusammenhang mit Küche und Essen wurde es im Raum Aachen beispielsweise als Name für den → HENKELMANN genutzt. Auch in Mönchengladbach-Neuwerk war der Knibbel ein Gefäß, um Speisen mitzunehmen (→ KNUUR), zum Beispiel »ein Knibbel mit Kartoffelsalat und hartgekochten Eiern« für den Familienausflug (RhWb).

In Lüttenglehn bei Neuss meint Knibbel eine nudelähnliche Suppeneinlage aus Mehl. Ähnlich klingt die in Köln bekannte → KNUBELE-SUPPE, eine Milchsuppe mit Mehl-Butter-Knubbeln (RhWb). Sind die Teigstückchen hier erwünschte Einlage für die Suppe, war *Knibbel in der Suppe* für die Prümer Hausfrauen ein echter Makel. In dieser Gegend nannte man so die Klümpchen, die entstehen, wenn beim Anrühren von Soßen und Suppen minderwertiges Mehl verwendet oder das Mehl nicht richtig behandelt wurde (RhWb).

KNIFTE So nennt man noch heute am Niederrhein, im Bergischen Land und im Ruhrgebiet »ein Butterbrot, möglichst groß und doppelt belegt« (MmWb). Es kann aber auch »Anschnitt oder Endstück eines Brotes mit der Kruste« gemeint sein (RhWb). → KLEBEN → KNÄUSCHEN

KNIPPCHEN Ein kleines Küchenmesser, auch → KNEIPCHEN. In der Eifel können Knippchen auch »kleine, mundgerechte Stücke Brot sein, die man sich auf dem Teller schneidet« (MmWb).

KNIPPCHER Gestiftelte und gekochte Kohlrabi in weißer Mehlschwitze (Eifel). → KNUPP

KNIPP-PLÄTZCHEN Besonders am Vorgebirge zur Kirmes gebackene Plätzchen aus dünnem Mürbeteig: *kinderhandgroße ovale flache Plätzchen mit grobem Zucker überstreut* (Lessenich, Alfter, Buschdorf bei Bonn). Ein Walberberger erinnert sich, dass von diesen Plätzchen *bis zu 100 Stück und mehr bestellt wurden. Die Plätzchen wurden im Steintopf im Keller aufbewahrt, damit sie weich (mangs) blieben.* → KNÖTSJE

KNOCHENPOTT Ein besonderes Eintopfgericht gab es in Rees zum Jahreswechsel: *Silvester gab es Knochenpott (Schweinepfötchen, Zwiebel, Lorbeerblätter u. Eisbein wurde zusammen in einem Topf langsam gekocht)*. Bekannt war dieses Gericht z. B. auch in Bocholt. Dort kochte man den Knochenpott nicht zu Hause auf dem Herd, sondern brachte den Topf mit den Zutaten zum Bäcker, wo das Gericht im heißen Backofen gebacken wurde. Damit der Dampf nicht entweichen konnte, verschloss der Bäcker den Rand des Topfes mit Brotteig. So erhielt man zum Eintopf eine Art Brotdeckel dazu, der schon leicht mit dem Geschmack vom Knochenpott aromatisiert war (Lindenberg).

KNÖGGEL Ein »gebackenes Stück (Blätter-)Teig, das Gemüse oder Wurst enthält« (MmWb).

KNÖPPELE Im Raum Geilenkirchen gab es Knöppele beim Leichenschmaus. Es handelt sich dabei um *Graubrotstücke, die mit geräucherter Wurst belegt waren.* → TOTENMAHL

KNÖTSCHER Einen Knötscher oder Knätscher braucht man am linken Niederrhein, um etwas zu zerdrücken, z. B. den → ÄRPELKNÖTSCHER, um aus gekochten Kartoffeln Stampfkartoffeln zu machen (MmWb). In den Zeiten vor dem industriell gefertigten Viehfutter wurde mit einem Knötscher, einem Holzstampfer, das selbst gekochte Schweinefutter zerdrückt (RhWb).

KNÖTSJE Meist zur → KIRMES gebackene Plätzchen, oval und mit Hagelzucker bestreut. So heißen die im ganzen Vorgebirge verbreiteten → KNIPP-PLÄTZCHEN in Bornheim, wo sie aus Hefe- oder Mürbeteig hergestellt wurden (RhWb).

KNOLLE Name der → RÜBE im Erftkreis. Ein Bergheimer berichtet von der großen Bedeutung der Rübe für die Region: »›Knollen‹ wurden nicht nur für Schnaps verwendet. Aus Zuckerrüben wird → KROCK (→ RÜBENKRAUT) und Zucker gemacht. Futterknollen sind Viehfutter. Sie wurden über den Winter in einer ›Miete‹ im Feld untergebracht, der ›Patschkuhl‹. ›Knollenbuure‹ (Knollenbauern) gibt es hier, weil in unserem Gebiet der beste Boden für Zuckerrüben ist. ›Mir müssen bahl die Knollen rötschen‹, d. h. die

Rüben mußten im Feld auf den Knien rutschend vereinzelt werden.« (MmWb)

KNUBBELSCHESPAPP Name der → KNÜDELCHESSUPPE im Raum Prüm / Eifel und Kapellen / Moers. → KNIBBEL → KNUD(D)EL

KNUBBELSPAPP Haferschleim, bekannt am Niederrhein (MmWb), in Mönchengladbach Name einer Mehlgraupensuppe (RhWb). → KNIBBEL

KNUBELE-SUPPE Eine Milchsuppe mit Mehl-Butter-Knubbeln (RhWb). → KNIBBEL

KNUD(D)EL Meist als Bezeichnung für Mehlknödel, häufig als Freitags- und Fastenessen, verwendet (z. B. in Willich-Schiefbahn), → FASTENSPEISEN, FREITAG. In Bonn-Lessenich wurden sie mit Pflaumen angereichert. In Neukirchen-Vluyn gab es am *zweiten Weihnachtstag Knudelen (Dampfnudeln) auf gedörrtes Obst aufgelegt, da der Schwaden nicht aus dem Topf kam, legte man noch ein Handtuch – Küchentuch drüber. Das Dörrobst war zugleich auch der Nachtisch.*

Neben Mehl- und Hefeklößen konnten auch Kartoffelklöße oder Klöße aus einer Mischung aus Mehl und Kartoffeln gemeint sein. Aus Heisterbacherrott / Siebengebirge wird berichtet, dass im Winter einmal pro Woche Knudelen auf den Tisch kamen, *dazu gab es Bohnen*, sowie *in der Kartoffelzeit machte Großmutter mittags Knudele (Kartoffelklöße). Sie wurden in einer gußeisernen Pfanne mit Speck und Zwiebeln aufgewärmt.*

KNUDELNBREI Im Bergischen suppenartiger Eintopf aus Schweinefleisch (Kasseler, Eisbein) und kleinen Klößen aus rohen Kartoffeln, zusammen gegart. Knudelnbrei konnte aber auch eine Art Resteverwertung für das Kochwasser sein, in dem Kartoffel- oder Mehlklöße gekocht wurden. Mit Milch angerührt, wurde das eingedickte Kochwasser zu einer breiartigen Suppe (RhWb).

KNÜDELCHESSUPPE Milchsuppe mit kleinen Klößchen aus Mehl und Ei (RhWb). Ein Eifeler aus Breitenbenden erinnert sich an die Zubereitung: *Mehl und Ei wurden in den Händen gerieben und über der kochenden Milch eingestreut. Eines von den Kindern musste dann rühren.* Eine ähnliche Suppe kennt man im Raum Prüm / Eifel und in Moers-Kapellen als → KNUBBELSCHESPAPP. → KNIBBEL → KNUD(D)EL

KNÜDELS Dampfnudeln mit Pflaumen (Lank bei Meerbusch) (RhWb).

KNÜLES In Bonn Bezeichnung für → KESSELKUCHEN.

KNÜRCHEN, KNÜRKEN In Krefeld Traggefäß für Eintopfessen → HENKELMANN → MITNAHME. Das Wort ist die Verkleinerungsform von → KNUUR, »das in den Mundarten zwischen Viersen und Krefeld für den Henkelmann steht« (MmWb).

KNUPP **1.** Kohlrabi (RhWb). **2.** »Dickflüssiges, dunkles, süßes Malzbier; untergäriges Braunbier, scherzhaft Kuletschbier« (Wrede). → BIER

KNUUR In Kerken/Niederrhein → HENKELMANN, einfach oder doppelt (Dobbelknuur). In Krefeld → KNÜRCHEN, am linken unteren Niederrhein verbreitet als Knur, Knures oder Knüres: »das zweiteilige Essgeschirr, der Henkelmann zum Mitnehmen des Essens auf die Arbeitsstätte« (RhWb). → MITNAHME

KOBES, DOLLER Ein doller Kobes oder auch doller Jakob ist ein Eintopfgericht: »Buttermilchsuppe mit Kartoffel-, Möhrenwürfeln und weissen Bohnen«, gelegentlich auch mit Pflaumen (RhWb). Es ist eine von der Voreifel bis nach Mönchengladbach bekannte Variation von → PUSPAS bzw. → MOHREGUBBEL.

KOCHKÄSE Im Rheinland weit verbreiteter Käse, mit weiteren Zutaten wie Milch, Sahne, Butter, Ei, Safran oder auch Anis angereichert → KÄSE, fauler. Aus Groß Klev/Bergisches Land stammt folgendes Rezept:

● Rezept **Kochkäse**

Milch wurde im Separator separiert, d.h. das Fett von der Magermilch getrennt. Die Magermilch wurde hinten auf den Küchenherd gesetzt, wo sie solange stehen blieb, bis sie sauer war. Wenn die Milch dick war, schnitt man mit einem Messer kreuz und quer dadurch, damit sich der »Kästroen« (= Molke) besser von der geronnenen Milch trennte. Bei → KLATSCHKÄSE **konnte die Milch nun aufgeschüttet werden (d.h. sie wurde in ein Kästuch geschüttet, damit sie austropfen konnte). Für den Kochkäse musste die Milch noch 2–3 Tage stehen. Die Temperatur der Milch war warm, aber nie so heiß, dass man sich beim Fingereintauchen verbrannte. Man faßte in die dicke Milch und wenn das geronnene Eiweiß zusammenklebte, wurde sie auf ein Käsetuch geschüttet. Darin blieb sie 2–3 Tage hängen, bis sie ganz trocken war. Wenn der Käse obendrauf etwas ausgeschlagen war – das wurde mit druntergeknetet. Ein gußeiserner Kessel wurde mit Butter ausgepinselt. Da hinein kam nun der ausgetropfte Käse und wurde auf dem Herd geknetet. Auf die Feuerstelle – dann wieder an die Seite wenn's zu heiß wurde. Die sich noch absondernde Flüssigkeit wurde abgeschüttet. Nach**

ca. $^1/_2$ Stunde kneten – wenn sich der Käse zog – kam Salz, Zucker, etwas Milch bis er geschmeidig war, Anis und Safran, der so trocken sein mußte, dass man ihn frimmeln (= zerreiben) konnte, hinein. Zum Verbessern gab man einen Stich Butter dazu. Nach etwa $^1/_4$ Stunde kochen hatte der Käse seine ziehende Eigenschaft verloren und war streichfähig. Man füllte die Masse in mit kaltem Wasser ausgespülte Schüsseln, damit man ihn stürzen konnte. Er wurde auf mit Butter bestrichenen Schwarz- und Weißbrotscheiben (vorwiegend sonntags) gegessen.

(LVR-ILR, Nahrung und Speisen nach 1900)

KOCHKISTE Eine Kochkiste war ein Kochgerät zur Zubereitung von Gerichten, die nur kurz angekocht werden und dann mit geringer Hitze über einen längeren Zeitraum garziehen, etwa Eintöpfe, Reis und manche Kartoffelspeisen. In eine Holzkiste, die mit wattiertem Stoff oder Filz ausgeschlagen war und einen fest schließenden Deckel besaß, wurden im Backofen vorgeheizte Steine gelegt. Der Topf mit den angekochten Speisen wurde in Zeitungspapier eingeschlagen und auf die Steine gestellt. Belegt sind diese Kochkisten seit Ende des 19. Jahrhunderts in größeren Städten; sie wurden manchmal auch »Selbstkocher« genannt. Der Vorteil war, dass die Hausfrau das Essen unbeaufsichtigt über mehrere Stunden fertigziehen lassen konnte. Gerade in den Familien der Industriearbeiter, die auf eine Berufstätigkeit der Frau angewiesen waren, ein guter Grund, eine solche Kücheneinrichtung anzuschaffen. Eine solche Kochkiste gab es auch in Berlin, wo sie in der eingebauten Kücheneinrichtung von Mietwohnungen vorhanden war. *An diese praktische*

Kücheneinrichtung hatte meine Mutter sich sehr gewöhnt und sie später in Köln sehr vermißt.

KÖBES Wer in Köln eines der traditionellen Brauhäuser besucht, bekommt sein → KÖLSCH vom Köbes serviert, zu erkennen an der blauen Schürze und seiner unübertrefflichen Höflichkeit (MmWb, RhWb). Köbes, die Kurzform von Jakob, entwickelte sich zum Gattungsbegriff zunächst für Brauknechte und Zapfjungen, dann für Brauhauskellner.

KÖGSKESZUPP In der Eifel weiße Bohnensuppe mit Kartoffeln und Milch, dazu eingelegte Heringe. Verwendet wurde dafür eine weiße Stangenbohne mit roter Zeichnung, die Kucksbohne (Eifel) oder Koksbohne genannt wird (RhWb).

KÖHSCHÄPELTER In Mönchengladbach für Stachelbeeren (MmWb), Koschapfel = Stachelbeere (RhWb).

KÖLSCH Obergäriges → BIER, das nach der Kölschkonvention nur auf dem Stadtgebiet von Köln gebraut werden darf. Die Hefe steigt bei der Gärung nach oben und wird abgeschöpft. Der Alkoholgehalt liegt wie bei anderen Vollbieren knapp unter fünf Prozent.

KÖLSCH KAVIAR MIT MUSIK Dieses Rezept für ein deftiges Zwischenfrühstück hat weder etwas mit Kaviar noch mit Musik zu tun, sondern es besteht aus schlichter »Blootwoosch« (→ FLÖNZ), und mit »Musik« sind in diesem Fall Zwiebelringe gemeint. In Düsseldorf heißt die gleiche Kombination Flöns met Ölk, im Oberbergischen Näcke Hennes (Nackter Hans).

● Rezept **Kölsch Kaviar mit Musik**

500 g Blutwurst,
2–3 Zwiebeln,
2 Teelöffel Paprika,
Senf,
4 Röggelchen (Roggenbrötchen).

Blutwurst enthäuten und auf vier Teller verteilen, mit Zwiebelringen, Paprika und Senf garnieren und je ein Röggelchen dazulegen. Dazu gibt es Bier.

(www.50plus-treff.de, 2010-08-19)

KÖNIGSKUCHEN Spezieller Kuchen zu → DREIKÖNIG. In den Teig ist eine Bohne eingebacken. Wer diese in seinem Kuchenstück findet, ist König für den Tag. Dieser Brauch ist auch in Frankreich verbreitet. In manchen Gegenden im Moselfränkischen wurden auch zwei Bohnen verwendet: »Wer das Stück mit der schwarzen Bohne erhielt, wurde König, mit der weißen Bohne Königin« (RhWb).

KOGGEL 1. Kartoffelgericht. Der *Name und das Gericht stammt wohl von Juden, die in unserem Ort wohnten. Geriebene Kartoffeln läßt man auf einem Sieb abtropfen. Die Flüssigkeit enthält Kartoffelmehl und wird mit etwas Wasser aufgekocht und mit der festeren Masse vermengt. Ein eiserner Kessel wird mit Fett oder Öl gefettet, die Masse gewürzt in den Kessel gefüllt. Früher im Backofen, heute im Elektroofen gegart. Kann kalt oder warm* *gegessen werden. Die Juden aßen erst eine Rindfleischsuppe, zum Koggel das Rindfleisch und Wald- oder Preiselbeeren.* (Gey/Dürener Land)

2. Im Raum Köln-Frechen als »Kuggel«: »Mehlspeise der Juden mit Stücken von Nierenfett« (RhWb).

KOHL Aus der großen Familie der Brassica oleracea ist im Rheinland natürlich vor allem der Kappes (Weißkohl, Brassica oleracea convar. capitata var. alba) bekannt und beliebt, eine Variante des Kopfkohls, aus dem Sauerkraut gemacht wird. Der Weißkohl hat vor allem im Herbst und Winter Saison und lässt sich hervorragend für deftige Eintöpfe, Kohlrouladen oder Salate verwenden. Verbreitet und beliebt sind auch Rotkohl, Wirsing und Butterkohl.

KOLLEMOLL In Aachen-Kornelimünster »Apfel im Schlafrock, mit der Schale mit Speckscheiben oder Butter und Zucker geschmorte Äpfel.« Auch »Kallemoll« und →KROMMELEMOLL (RhWb).

KOMKOMMERN Gurken werden am Niederrhein so genannt.

KOMPES In der Nordeifel und am linken Niederrhein Bezeichnung für eingemachten Weißkohl. Der Kohl wird in Stücke geschnitten, abgekocht und eingemacht. Statt Weißkohl kann auch Wirsing verwendet werden (RhWb).

KONFIRMATION Die Konfirmation oder Einsegnung der evangelischen Kinder markiert ihren Eintritt ins kirchliche Erwachsenenalter als mündiges Kirchenmitglied. Sie folgt als Abschluss dem kirchlichen Unterricht mit »Lehrbefragung« (Katechismusprüfung) und umfasst die Zulassung zum Abendmahl.

Die Konfirmation gab der evangelischen Bevölkerung Gelegenheit, mit einem ausgedehnten Festessen aufzuwarten. In Wiehl sah ein typisches Konfirmationsessen so aus: *Kartoffelsalat, abends Heringssalat, eingewecktes Schweinefleisch, gekochte Kartoffeln, Möhren, Erbsen. Zum Kaffee gefüllter Streußelkuchen. Als außerordentliches Getränk ein Glas Moselwein.*

In Mengerschied/Hunsrück gab es auch zur Konfirmation das »Nationalgericht«: *Rindfleischsuppe mit Markklößchen und Eieinlage (recht steif), gekochtes Rindfleisch, geräuchertes und gesalzenes Schweinefleisch, selbsteingemachtes Sauerkraut, Meerrettich aus dem Hausgarten (gekocht mit Fleischbrühe oder Milch und roh), weiße gekochte Böhnchen und Salzkartoffeln. Als Nachtisch reichte man Vanillepudding und Schokoladenpudding. Zum Nachmittagskaffee gab es Zimmet(= Sträusel)-kuchen, Obstkuchen mit eingemachten Zwetschen und Äpfeln oder mit Mus aus gedörrten Birnen (Beereflaare), Kranzkuchen (geflochten) und Formkuchen (= Napfkuchen) mit viel Eiern, Fett und Rosinen (letzterer Kuchen war der teuerste und wertvollste). An Torten konnte sich niemand erinnern.*

Getränke waren Bier und Wein vom Fass. Das Abendessen bestand aus Rinder- und Schweinebraten (Schweinefleisch gewöhnlich aus eigener Hausschlachtung. Rindfleisch wurde ausnahmsweise an Festtagen gegessen und beim Metzger gekauft). Dazu gab es Salzkartoffeln, viel Soße und Salat, auf Wunsch Bier. Meist jedoch wurde vom Mittagessen an bis zum Ende der Feier Wein getrunken (vielleicht auch Mineralwasser und Limonade für Kinder).

Die aufwendige und kostspielige Ausgestaltung der Konfirmation mit solchen üppigen Festmahlen zeigt die Bedeutung dieser Zeremonie für die ganze Familie.

KONSERVIERUNG Nahrungsmittel haltbar zu machen war in der Vergangenheit von großer Bedeutung. Schließlich mussten die Lebensmittel den ganzen Winter über verfügbar sein. Denn anders als heute waren nicht sämtliche Obst- und Gemüsesorten, Fleisch und Fisch ständig im Handel erhältlich (→ EINKAUF UND SELBSTVERSORGUNG → INTERNATIONALISIERUNG). Die im Sommer und Herbst geernteten Feld- und Gartenfrüchte mussten so gelagert und konserviert werden, dass sie möglichst lange genießbar waren. Diese Vorratshaltung war vor allem für ärmere Familien überlebenswichtig – und das waren bis nach dem Zweiten Weltkrieg eigentlich die meisten. Auf dem Land ging es vor allem um die Konservierung und Lagerung der eigenen Ernte- und Schlachterzeugnisse, in den Städten versuchten die Hausfrauen durch Konservierung und Vorratshaltung ihre Wirtschaftskosten möglichst niedrig zu halten.

KONSERVIERUNG, BROTAUFSTRICHE Bei den Brotaufstrichen aus Früchten lässt sich grundsätzlich zwischen → KRAUT und Sirup auf der einen und Gelee, Marmelade und Mus auf der anderen Seite unterscheiden. Kraut, sei es nun aus Rüben, Äpfeln, Birnen, Möhren oder Zwetschgen, entsteht durch Eindampfen oder Einkochen des reinen Fruchtsafts, wobei unter bestimmten Umständen – im gewerblichen Bereich – Zucker zugesetzt wird. Auf jeden Fall benötigt das Kraut, wie auch der Sirup, der einen höheren Zuckergehalt aufweist und auch auf kaltem Wege hergestellt werden kann, keine »externen« Geliermittel. Für Gelee, Marmelade und Mus hingegen benötigt man einen Zusatz von nicht im Obst enthaltenen Geliermitteln. Sie werden außerdem aus Fruchtfleisch und nicht aus Saft hergestellt. Eine Ausnahme ist das Gelee.

Ob Rüben- oder Obstkraut auf den Tisch kam, hatte auch eine soziale Symbolwirkung: *Rübenkraut gab's nur in schlechten Zeiten, sonst Apfel- oder Birnenkraut oder gemischt.* So berichtet eine Landwirtin (Jahrgang 1905) aus Busch bei Kürten, die bis 1980 einen im lokalen Vergleich mittelgroßen Hof mit zehn Hektar Land und 23 Stück Vieh bewirtschaftete. Manchmal gab es unter der Woche das preiswertere und daher nicht so prestigeträchtige Rübenkraut, sonn- und feiertags jedoch das höher angesehene Obstkraut. Insgesamt war Kraut (auch → SEEM, → SIEPNAT, → KRÜCKCHE genannt) weniger angesehen: *Obstkraut wurde verzehrt, weil Gelee meistens zu teuer war* (Aphoven bei Heinsberg).

In echten Notzeiten wich man auf Runkelrüben (hauptsächlich auf dem Hunsrück) oder Apfelschalen (Krefeld, Bardenberg) zum Krautmachen aus. Überhaupt wurde selbstverständlich nur das Obst verwendet, das man nicht mehr verkaufen oder auf bessere Art (als Obstkonserve, Marmelade Gelee) konservieren konnte. Der Aufbewahrung von Kraut dienten meist Baaren, also hohe Tongefäße, oder auch, wie in Moers, die Krutstau: ein *Holzfass, nach unten verjüngt mit zwei Griffen, Holzdeckel mit Loch für den Holzlöffel zum Rausnehmen.*

Als Grundlage für Gelee sind, wenn Geliermittel in Form von Zucker oder Saft von ausgekochten Apfelschalen zugesetzt werden, sehr viele Früchte geeignet: Johannisbeeren, Kirschen, Äpfel, Brom-, Him- und Erdbeeren, Rhabarber. Aus Pflaumen machten die Hausfrauen nicht nur → LATWERGE, sondern auch Gelee, ebenso aus Schlehen, Hagebutten, Quitten und Holunder – der Brotaufstrich ist meist in guter Erinnerung.

Die alte Formel »Pfund auf Pfund« galt lange Zeit bei der Herstellung von Gelees und Marmeladen. Der Zucker dient der Gelierung und dem Haltbarmachen. Zur weiteren Konservierung wurden → WEINGEIST (Elten) und → SALIZYL verwendet (heute verboten). Zusätzlich wurden die Gläser mit

Cellophan und darauf gestreutem Salizyl abgedeckt.

Gelee und Marmelade waren als Brotaufstrich hoch angesehen. In manchen Familien kamen sie nur sonntags zum Weißbrot auf den Tisch. Sie wurden auch als Zugabe zu Pudding oder Milchsuppe gereicht.

Pflaumenmus, auch → LATWERGE genannt und im Unterschied zu Marmelade keine erkennbaren Früchte mehr enthaltend, verfeinerten die Hausfrauen mit Sternanis (Lessenich/Eifel) und meist etwas Zucker. Die Herstellung war eine langwierige Angelegenheit. Sie dauerte unter langsamem und ständigem Rühren bis zu sechs Stunden (Korschenbroich bei Mönchengladbach). Das fertige Mus kam in Steinguttöpfe, die mit einem in Korn (Schnaps) getränkten Tuch verschlossen wurden. In Bornheim-Walberberg goss man auf das Mus, das in Steintöpfen aufbewahrt war, eine Schicht geschmolzenes Nierenfett. Dieses schloss nach dem Erkalten das Mus luftdicht ab.

● Rezept **Quittengelee**
(von einer Hausfrau aus Emmerich)
5 kg Quitten,
etwa 4 l Wasser,
etwa 2 1/2 bis 3 kg Zucker.

Die Quitten werden trocken gerieben, um den Flaum zu entfernen, Blüten, Stiele und schlechte Stellen werden herausgeschnitten. Die zerkleinerten Früchte werden mit Wasser bedeckt und weichgekocht. Man filtert den Saft von den Früchten, wiegt ihn und gibt die gleiche Menge Zucker hinzu. Dann bringt man den Saft unter ständigem Umrühren zum Kochen. Das fertige Gelee nimmt man vom Feuer, lässt es einige Minuten stehen, schäumt es ab und füllt es in saubere trockene Gläser.

KONSERVIERUNG, **FLEISCH UND WURST** Von einem großen Hof bei Nieukerk/Niederrhein kommt ein ausführlicher Bericht aus der Zeit zwischen den beiden Weltkriegen. Er bezieht sich zunächst nur auf die Konservierung von Fleisch:

Fleischkonservierung erforderte viel Kenntnis und Aufmerksamkeit. Schweine wurden nur in der Zeit von Ende Oktober bis Anfang März geschlachtet. Dies etwa bis in die Jahre 1935–38. Zerlegt wurde das Schwein in Hinterschinken mit dem Knochen, vom Vorderschinken nur einige feste Stücke – die kleineren Stücke wurden für die Mettwurst gebraucht –; Rippen, Eisbein, fetter und durchwachsener Speck wurden gepökelt. Bauch, Kopf, Leber, Lunge, Herz, Schwarten und Speckwürfel kamen in Leber- und Blutwurst. Sehr wichtig war das Flomenfett, das zu Schmalz ausgelassen wurde. In Notzeiten verarbeitete man auch das Darmfett. Das Fleisch wurde 3–4 Wochen, je nach Gewicht des Schweins, gepökelt, dann über Nacht gewässert und ca. 10 Tage luftgetrocknet. Dann kam es in den großen Rauchfang. Im Abstand von einigen Tagen wurde es je einen Tag lang mit Buchenholz und Sägemehl geräuchert. Wurst wurde nur in Schweinedärme gefüllt. Darin mussten Leber- und Blutwurst sehr

vorsichtig bei 80 bis 90 (Grad) eineinhalb Stunden erhitzt werden. Ab 1934 kamen auch Papierdärme in den Handel. Eine gute Mettwurst wurde vorsichtig durch festes Füllen – es durften sich keine Luftblasen bilden – hauptsächlich in die geraden Mastdärme gefüllt, dann langsam getrocknet, geräuchert und in einem kühlen Raum, der für alle Fleischdauerware separat gehalten wurde, aufbewahrt. Es war die Fleischkammer, die durch Fliegenfenster gegen Ungeziefer geschützt war. Der gut getrocknete Schinken kam trotzdem aus Sicherheitsgründen noch in einen Nesselbeutel.
Als es noch kein Einmachen in Gläser gab, wurde Blutwurst z. T. getrocknet, bei der Leberwurst war aber das Risiko auf längere Zeit hin größer. Vor allem durften bei diesem Verfahren in der Wurstmasse keine Mehlzusätze sein. Bei Bratwurst gab es ein Spezialverfahren: Sie wurde in Dünndärme eingefüllt und gebraten, dann in passende, sterile Gefäße eingerollt und siedendes Schmalz darüber gegossen. Die Wurst war damit luftdicht abgeschlossen und das für mehrere Wochen. Diese Wurst war das Fleischgericht des Sonntagsessen. Mit dem Einwecken, das um 1910 bis 1914 bei uns seinen Einzug hielt, wurde das Mittagessen, aber nur allmählich, vielseitiger gestaltet, vor allem bei den Fleischgerichten. Im Ersten Weltkrieg wurden Bratfleisch, Leber- und Blutwurst schon eingeweckt, aber nur in kleinen Mengen; denn die Gläser waren Mangelware. Das Tiefgefrieren hielt bei uns 1954 seinen Einzug. Zwei Jahre davor war der Kühlschrank da. Unser Keller war so kalt und luftig, dass ein Fliegenschrank genügte.

Hausschlachtungen fanden, wie gesagt, in den Wintermonaten zwischen Oktober und März statt. Im Xantener Raum gab es zwei Termine: nach → ALLERHEILIGEN und nach → WEIHNACHTEN. Seltener geschlachtet wurde im Sommer und nur anlässlich wichtiger Ereignisse wie → KIRMES oder → HOCHZEIT. Geschlachtet wurden überwiegend Schweine, nur ausnahmsweise Rinder, deren Fleisch meist zugekauft wurde.

Die größeren Fleischstücke wie Schinken, Vorderschinken und Speck wurden entweder nur in Pökelsalz ohne Flüssigkeit – die

Wasser entziehenden Eigenschaften von Salz sind bekannt – oder aber direkt in einer Pökellake gepökelt: *13 l Wasser, 5 (Pfd.) Salz, 3/4 (Pfd.) Kandis* (Speldrop/Niederrhein). Um eine schöne rote Färbung des Schinkens zu erreichen, setzte man hin und wieder Salpeter (Nitrat) zu. In Wassenberg-Myhl blieb das Fleisch zunächst eine Woche im Salz liegen und wurde erst dann mit der Pökellake übergossen. In der Regel wirkte die Lake zwischen zwei und vier Wochen ein, abhängig von der Größe der Stücke, manchmal wohl auch von der Qualität des Fleisches. Interessanterweise lagerte in Alf an der Mosel das Fleisch nur in Lake (→ SOLPER) und musste recht schnell verbraucht werden – es hielt sich lediglich einige Wochen. In Hückeswagen wurde mit Natureis gepökelt. Weniger bekannt war die Methode, das Fleisch bis zu vier Wochen in Essig einzulegen (Heiligenhaus, Emmerich).

Aus der Lake genommen, musste das Fleisch wässern, bis zu zehn Tage an der Luft trocknen und dann im Rauchfang mehrere Tage räuchern. Zum Trocknen behalf man sich oft mit dem Ofenrohr oder dem Backofen – nach dem Zweiten Weltkrieg bevorzugt für die gewilderten Hirsche und Wildschweine, wie ein Rentner (Jahrgang 1901), früher Waldarbeiter und Landwirt, aus Oberschömbach in der Eifel berichtet. Das Räuchern war eine komplizierte Angelegenheit, bei der es vor allem auf Erfahrung und Fingerspitzengefühl ankam: *Auf dem Blechboden wurde Ofenglut eingebracht und mit Sägemehl so abgedeckt, dass die Glut nicht mehr zu sehen war, aber auch nicht zu dick, weil sonst das Feuer erstickte. ... Das ganze Räuchern musste ständig kontrolliert werden, manchmal wurde in der Nacht noch Sägemehl zugestreut. In einer Nacht brannte unser Speicher* – so ein Bericht aus Alfter bei Bonn. Als Brennmaterial dienten Sägemehl, Buchenholz, Späne von Eichenholz, Tannennadeln und auch Wacholderzweige, die dem *geräucherten Fleisch den aromatischen Duft eben des Wacholderstrauches verliehen* (Wassenberg). Die fertigen Schinken hingen auf dem Speicher, vorsorglich oft noch in Leinensäcke eingehüllt.

Der Schlachttag war ein Festtag für alle Beteiligten und lange Zeit – zumindest auf dem Land, in der Stadt war Fleisch eher über das Jahr hinweg verfügbar, jedoch nicht unbedingt bezahlbar – die einzige Möglichkeit, frisches Fleisch zu genießen. Ganz wesentlich für die Vorratshaltung war das Wursten: Man machte vor allem Blutwurst mit oder ohne Grieben, Leberwurst, Mettwurst – luftgetrocknet und oft zusätzlich geräuchert. Reichten die Därme des geschlachteten Tieres nicht aus, wurden Rinderdärme zugekauft (Moers) oder aus Nessel genäht (Lindlar). Später kamen künstliche Wurstdärme aus Pergamentpapier hinzu. Bratwurst konnte man durch heißes Fett, das hermetisch abschloss, haltbarer machen (Millingen bei Rees, Nieukerk/Niederrhein), ebenso angebratene Fleischstücke (Lessenich/Eifel), das Zubehör (→ GERÄTSCHAFTEN) des Schweins durch Eingelieren in einem Steintopf.

Einen weiteren Ratschlag zum Thema »Fleischkonservierung« gibt die Wochenbeilage Nr. 50 zum »Rheinischen Merkur/Kölner Landboten« aus dem Jahre 1901: »Um Schinken nach dem Räuchern vor dem Verderben zu schützen, empfiehlt es sich, das zur Aufbewahrung oder Versendung bestimmte Rauchfleisch in Pergamentpapier, das eine Stunde lang in heißen Holzessig gelegt war, einzuwickeln, und dann, in eine Kiste mit verschließbarem Deckel gelegt, reichlich mit Holzasche zu überschütten. So verpackt, wird es gar nicht vorkommen, selbst im Sommer bei großer Hitze, dass das Rauchfleisch verdirbt.«

Zum Thema der Aschenkonservierung berichten ausführlicher mehrere Landwirte aus Üxheim bei Daun/Eifel: *Rindfleisch wurde vielfach im Ofen nach dem Backen getrocknet und zwischendurch an der Luft weitergetrocknet. Danach wurde es in gesiebter Buchenasche in einem festen Behälter aufbewahrt. Der Boden dieser Behälter wurde erst mit Asche bestreut. Es kam Asche zwischen die einzelnen Lagen und alles wurde mit einer dicken Aschenschicht bedeckt. Vorteil: Schutz gegen Mäuse und Fliegen, luftdicht abgesichert. Auch Pökelfleisch, Trockenfleisch und nur angeräuchertes nicht durchgeräuchertes Fleisch kam in diese Aschenbewahrung.*

KONSERVIERUNG, OBST UND GEMÜSE Um Obst und Gemüse einigermaßen unbeschadet durch den Winter zu bringen, verwendeten die Hausfrauen alle möglichen Mittel und Verfahren: Salz, Essig, Alkohol, Kalk bzw. Wasserglas, Senf, Schwefel, sie wurden eingemacht, eingedost oder getrocknet.

Das wichtigste Produkt der Salzkonservierung war das Sauerkraut (Suere Kappes). Der Kohl wurde zwischen September und November geschnitten und anschließend für »de Tonn« zurechtgemacht. Wichtigstes Arbeitsgerät war die »Kappesschaaf«. Es handelt sich um ein etwa 1 m langes und ca. 40 cm breites Holzbrett mit zwei seitlichen Längsschienen. In der Mitte befinden sich ein oder mehrere quer eingelassene Messer. Über die seitlichen Holzschienen wird ein ca. 40 × 40 cm großer und ca. 15 cm hoher, nach unten offener Holzbehälter hin und her geschoben, in dem sich der »Kappes« befindet. Der »Kappes« wird so in Streifen gehobelt (geschabt = jeschaaf) (MmWb). Die »Schaaf« lag auf einer Wanne oder Bütte, in die die abgeschabten Kohlstücke hineinfielen. Meist besaß das ganze

Dorf nur eine »Schaaf«, oft gehörte sie dem Schlosser oder Schmied. Dieser verlieh oder vermietete das Gerät. Der geschnittene Weißkohl kam nun in eine Tonne oder ein Fass (»de Tonn« oder »et Vaet«) mit etwa 60 Litern Fassungsvermögen. Der Kohl wurde lagenweise eingefüllt, jeweils gut mit Salz eingestreut und gut eingestampft. Dies geschah entweder mit den nackten Füßen, mit neuen Holzschuhen an den Füßen oder mit einem Holzstampfer. Abgedeckt wurde das Ganze mit einem Leinentuch und einem runden Holzbrett, auf dem ein dicker Stein zum Andrücken lag. Alle acht bis 14 Tage wurde die Flüssigkeit (Salzwasser) abgeschöpft und die gesäuberte Abdeckung wieder aufgelegt. Bis über die Holzabdeckung wurde frisches Wasser nachgegossen. Nach etwa sechs Wochen konnte mit dem Verzehr des Sauerkrauts begonnen werden. Da naturgemäß bei jedem Arbeits- oder Schabegang kleinere Kohlblätter übrig blieben, kochte man diese am nächsten Tag mit Speck, dazu gab es Salzkartoffeln (Radevormwald). Rezepte, um den eingelegten Kappes geschmacklich zu verfeinern, gab es viele: Verbreitet war die Zugabe von Wacholderbeeren oder Sauerteig und einigen Lagen klein geschnittener Äpfel (Lessenich/Eifel). Man benötigte ein bis eineinhalb Pfund Kochsalz pro Zentner Weißkohl; *der sich bildende Saft musste handbreit über dem Kraut stehen* (Nieukerk/Niederrhein).

Ganz ähnlich wurden auch Stangenbohnen konserviert (saure Bohnen). Geerntet im Juli/August, wurden die Bohnen nicht geschabt, sondern nur von den »Fäden« an den Oberkanten befreit (→ FITSCHELN) und blanchiert. Die Bohnen wurden in Steintöpfe (»Döppe«) eingefüllt. Mit dem Verzehr nach Öffnen des »Döppes« wurde in der Regel im Spätherbst begonnen, wenn Frischgemüse nicht mehr zur Verfügung stand. Und dann konnte man wohl die Nachbarin, die vielleicht den angenehm säuerlichen Geruch in die Nase bekommen hatte, sagen hören: *Tring, eir hat et Döppe op. Gäv e Koake met.*

Die Methode, in die Bohnen Zinkplatten zu legen, *um eine kräftige grüne Farbe zu erhalten,* beschrieben von einem Landwirt (Jahrgang 1923) aus Hartefeld/Niederrhein aus *teils eigene(r) Erfahrung, teils Überlieferung von Eltern und Großeltern,* erinnert fatal an die im 19. Jahrhundert weit verbreitete Unsitte, während des Kochens von Gemüse einen kupfernen Löffel im Topf zu lassen, um ein frischeres Grün zu erreichen.

Neben Kappes und Bohnen wurden auch Stielmus, weiße Rüben, Porree und Erbsen so konserviert. Auch Gurken legte man nicht nur in Essig ein, sondern häufig auch in Salz: *scheibchenweise und in Lagen zwischen das Salz* (Köln) oder gar zusammen mit dem Kappes: *Diese Salzgurken sollen wegen der Säure des Krautes besonders schmackhaft gewesen sein* (Köln).

Die konservierende Wirkung von Essig bzw. einem Sud aus Essig, Wasser und Würzzutaten war schon den alten Ägyptern bekannt. Im Rheinland waren unterschiedliche Rezepte verbreitet: Birnen, Pflaumen mit Kandis, Stangenzimt und Nelken (z. B. Kerken / Niederrhein, Willich) sowie Trauben (Schöneberg bei Bad Kreuznach), wobei die Gläser meist mit Pergamentpapier oder Leinen zugebunden wurden (u. a. Aldekerk / Niederrhein). So konservierte man ganz allgemein Fisch (Griethausen bei Kleve) oder genauer Salzhering (Wittenhorst bei Rees), Brathering (Geldern) oder grünen Hering (Uerdingen) und manche Sorten Fleisch: Einige »Braten legte man in Essig – Sauerbraten, hielten sich im Winter bis zu 3 Wochen« (Rees). Ferner natürlich Gemüse: Tomaten (Niederdollendorf / Siebengebirge), Kürbisse (u. a. Mönchengladbach, Köln), Wirsing (der in der Essigbrühe zu Sauerkraut wurde – Emmerich), häufig auch Rote Bete und Möhren sowie Gurken. Die kamen in einen Sud von *Essig, Dill, Estragon, Lorbeer, Nelken, Zwiebeln* (Königswinter), oft zusammen mit Zwiebelchen – nicht nur in den Wintermonaten ein beliebter Zusatz auf dem Speisezettel.

Ein Bericht aus der Zeit zwischen den Weltkriegen über den Kölner Haushalt eines leitenden Angestellten beschreibt ausführlich die Herstellung: *Wir hatten etwa 2 Dutzend westerwälder Steintöpfe in den verschiedensten Liter-Größen. In diese Gefäße legte meine Mutter in der August-September-Zeit die »Zwiebelchen und Gürkchen« für den Winter ein. Die ersten Gürkchen, die auf dem Markt oder bei dem Gemüsemann angeboten wurden, waren noch klein, etwa 5–6 cm lang. Also machte diese Gurkensorte den Anfang. Sie wurden gewaschen, mit einer weichen Bürste sorgfältig saubergebürstet und 24 Stunden in Salzwasser gelegt. Nach dieser Zeit wurden sie abgetrocknet und in die kleineren Steintöpfe eingeschichtet, mit einer abgekochten Halbessig-Halbwasserlösung übergossen, in der Salizyl aufgelöst worden war, und nach einer Würzzutat, aus Senfsaat, einigen Pfefferkörnern, zwei getrockneten Lorbeerblättern und frischem Dillkraut, mit angefeuchtetem Pergamentpapier zugebunden. Früher gab es das Einmachzellophanpapier noch nicht. Später, im September kamen die etwas größeren Gurken in die Gemüseläden, etwa 10–12 cm lang. Auch diese Gurkenart kam mit den gleichen Zutaten in die Steintöpfe. Auf die selbe Art wurden auch frische, geschälte Zwiebelchen in Essig eingelegt. Außerdem gab es die Variation: Zwiebelchen und Gürkchen in einem Topf zusammen. Zu noch späterer Jahreszeit wurden die reifen, gelben Gurken, die man schälte, das Kerngehäuse auskratzte und in Stücke schnitt, als so genannte Senfgurken auch so in Essig eingelegt. Dieses »Eingemachte« war ein wichtiger Wintervorrat, mit dem man auf vielerlei Art Abwechslung in den Speiseplan bringen konnte. Als Beilage zu dem sonntäglichen Suppenfleischzwischengang, oder zum Wurstbrot am Abend standen immer »Zwiebelchen und Gürkchen« auf dem Tisch. Kleingeschnitten waren sie unentbehrlich im »Fleischsalat«, Heringsalat oder anderen Mayonnaisesalaten. Mit den kleinsten Gürkchen sahen Aufschnittplatten oder Salatschüsseln besonders appetitlich verziert aus.* In Nieukerk/Niederrhein übrigens wurden die Gurkengläser nicht mit Einmachhaut oder Ähnlichem zugebunden, sondern mit Schweinsblasen.

Auch Alkohol konserviert: vor allen Dingen Obst wie *Schattenmorellen und Johannisbeeren, Reineklauden* (Elten), auch Sauerkirschen, Feigen (»in reinem Alkohol« – Köln), Schlehen und Holunder als Aufgesetzter. Am linken unteren Niederrhein war der → BEES (Johannisbeeraufgesetzter mit Korn, echter Vanille und Kandis, manchmal auch mit Kirschen) weit verbreitet, in Köln angeblich schon vor dem Zweiten Weltkrieg der Rumtopf, in einem Geschäftshaushalt in Rees jedenfalls sicher schon in der Zeit vor 1960.

Eine weitere Konservierungsmethode war das Einmachen/Einkochen. Eine Erkratherin (Jahrgang 1910), die nach ihrer Schulzeit zunächst bei den Ursulinerinnen gelernt und später ein Jahr als Haustochter auf einem Hof in Ratingen gearbeitet hatte, erinnert sich an die Zeit zwischen 1938 und 1950: *Durch Leute, die in der Gerresheimer Glashütte ... arbeiteten, bekam man gegen Tausch von Zigaretten Einmachgläser, drin wurde eingekocht: Bohnen, Möhren, Zwiebeln, Gurken, Rot- und Weißkohl, Birnen, Apfelstücke oder -kompott, Pflaumen.* Zu ergänzen sind Kohlrabi, Erbsen, dicke Bohnen, Spargel (besonders in Alfter am Vorgebirge und in Aachen), Tomaten, auch nicht ganz reif gewordene (Niederdollendorf/Siebengebirge), und Blumenkohl, ferner Kirschen, Pfirsiche, Aprikosen (Nirm bei Geilenkirchen) und Mirabellen (Oeverich bei Bad Neuenahr), Erdbeeren und Stachelbeeren (Rees). Eine Bauersfrau in Busch bei Kürten machte regelmäßig 100 bis 120 Gläser mit Gemüse ein.

Aus heutiger Sicht eher kurios, wenn nicht bizarr wirkt folgendes Detail: Hatten Frauen ihre Regel, durften sie nicht beim Einmachen helfen – *es hieß dann, die Einmachgläser halten nicht zu* (Aldekerk/Niederrhein). Ähnliche Berichte gibt es auch aus anderen Regionen, und für einen katholischen Beamtenhaushalt mit sieben Kindern in Holthausen bei Düsseldorf heißt es noch präziser: *Während der Menstruation durften Mädchen keine Salate, Gurken und keine anderen sauren Speisen essen. Auch durften sie während dieser Zeit nicht mithelfen beim Einmachen von Obst u. Gemüse, ganz bes. nicht beim Haltbarmachen von Tonnengemüse.*

KONSERVIERUNG, **SÄFTE UND GETRÄNKE** Zur Herstellung von Säften und sonstigen Getränken wurden alle möglichen Obstsorten verwendet. Himbeeren, rote und schwarze Johannisbeeren, Rhabarber, Stachelbeeren, Erd- und Brombeeren, Kirschen, Äpfel, Birnen und Trauben (Mechernich) bis hin zu Hagebutten (Erkrath) und Holunder. Die Herstellung war einfach: auf kaltem Wege, also ohne Erhitzung, unter Zuhilfenahme von Weinstein- oder Zitronensäure. Ein ganz typisches Rezept verrät uns eine Landwirtin (Jahrgang 1910) aus Baesweiler-Puffendorf:

● Rezept **Himbeersaft**

2 1/2 kg ungewaschene Himbeeren gibt man mit 1 1/2 l kaltem Wasser und 50 gr. Zitronensäure in eine Keramikschüssel, lässt alles einen Tag ziehen, siebt danach den Saft durch ein Leinentuch ab. In etwa 2 1/2 l Saft löst man 2 1/2 kg Zucker und ein Päckchen Einmachhilfe durch Umrühren mit einem Holzlöffel auf und füllt den Saft in Flaschen ab.

Viele erinnern sich an diese Säfte als besondere Delikatesse – meist sonn- oder feiertags – zu Vanille- und Grießpudding oder, mit Wasser verdünnt, als Getränk für Kinder.

K

Manche Hausfrauen verwendeten die Reste noch für Marmelade (Moers). Um die Haltbarkeit der Säfte zu erhöhen, mengten sie hin und wieder → SALIZYL bei. Die Flaschen verkorkte man, umwickelte sie mit Pergament, Cellophan, Ölpapier oder Läppchen, setzte Gummikappen darauf oder dichtete sie ganz einfach mit Schmalz ab (Hürtgenwald bei Düren). Als ab Mitte der 1950er-Jahre eine neue Technik in Gestalt von Dampfentsaftern aufkam, hatte das mühselige Auspressen ein Ende.

Die Vergärung zu Fruchtwein war eine weitere Zubereitungsart für Obst und Beeren: Stachelbeeren, und zwar rote und weiße (Xanten), alle möglichen Wildfrüchte, rote Johannisbeeren, Brombeeren, Kirschen, Trauben (in Nirm bei Geilenkirchen in Holzfässern zu Wein vergoren). Apfelwein und/oder → VIEZ (Apfel/Birnen-Gemisch) gab es in der Eifel und vor allem auf dem Hunsrück. Holunderwein kam ebenfalls auf den Tisch, sogar Holunder-»Sekt« (Stromberg bei Bingen). Über ein anderes alkoholisches Getränk berichtet eine Frau (Jahrgang 1923) aus Straß/Dürener Land: *Butterblumenkorn. In eine große Flasche werden 12 Butterblumen (= Löwenzahn, für jeden Monat eine) gegeben und darauf Korn gefüllt. Die Flasche muss dann drei Wochen stehen bleiben. Bei Bedarf kann der Schnaps auch mit Vanillezucker gesüßt werden. Der Schnaps wurde abends vor dem Schlafengehen getrunken.*

KONSERVIERUNGSTECHNIKEN

Über Jahrhunderte waren die Haupttechniken des Konservierens Einsalzen, Einlegen in Essig und Trocknen. Im 19. Jahrhundert verbreiteten sich Weckgläser und Dosen als bedeutende Neuerungen auf dem Gebiet der Vorratshaltung. Wirklich revolutionär war die Entwicklung der Kühl- und Kältetechnik im 20. Jahrhundert. In der Tat hat keine Erfindung die tägliche Ernährung stärker und umfassender beeinflusst als Kühl- und Gefrierschränke.

Ein kühler oder auch kalter Keller war zwar ein geeigneter Aufbewahrungsort, doch die Nahrungsmittel mussten trotzdem arbeits- und zeitaufwendig vor- bzw. zubereitet werden und hielten unter Umständen dennoch nicht so lange wie gewünscht. Ein Einwohner von Dreisel bei Windeck an der Sieg berichtet über eine etwas ungewöhnliche Kühlanlage: *Der Großvater hatte den Lauf eines Baches, der nahe an seinem Haus vorbeilief, so umgeleitet, dass fließendes Bachwasser an einer Stelle seines Hauses in ein Loch unter dem Keller laufen konnte, dort ein Bassin füllte, und den Überlauf des Wasserbeckens so angebracht, dass das Bachwasser hier wieder nach draußen in den Bach einmünden konnte. In das Bassin wurden hohe Steintöpfe mit Nahrungsvorräten eingestellt, die durch das stän-*

dig fließende Bachwasser gekühlt aufbewahrt werden konnten.

Nach dieser allmählichen Technisierung der Vorratshaltung hat sich seit Beginn der 1970er-Jahre ein weiterer drastischer Wandel vollzogen: Neben Kühlschrank und Gefriertruhe ist die massenweise Produktion von Halbfertig- und Fertiggerichten getreten, zum Teil als Konserven mit mehrjähriger Haltbarkeit. Eine in ganz Deutschland verbreitete Kette vertreibt fast ausschließlich solche Produkte, von denen sie rund 1500 im Sortiment hat. Und wenn sich ein Artikel über längere Zeit nicht verkauft, verschwindet er wieder aus dem Angebot: »Was liegt, fliegt!«. So sind heute über das ganze Jahr hinweg Obst und Gemüse, Fleisch und Wurst, Fisch oder exotische Lebensmittel verfügbar: eingedost, tiefgefroren oder gefriergetrocknet, und das meist zu Preisen, die sich viele noch vor zwanzig Jahren nicht hätten träumen lassen (→ INTERNATIONALISIERUNG).

KONSERVIERUNGSTECHNIKEN, **DOSEN** Ende der 1920er-Jahre bekamen die Weckgläser aus der damals noch jungen Weißblechindustrie eine ernstzunehmende Konkurrenz: *Etwa ab 1930 gab es die Möglichkeit, Wurst und Fleisch in Büchsen zu konservieren. Am Ort war beim Büchsenlieferanten (Haushaltswarengeschäft) eine Maschine, auf der man die gefüllten Büchsen luftdicht verschließen lassen konnte. Danach kamen sie noch in ein Kochbad zum Haltbarmachen.* Die Eltern der Erzählerin (Jahrgang 1915) aus Uckerath/Sieg betrieben eine Landwirtschaft mit 40 Morgen Land sowie acht bis zehn Kühen und beschäftigten einen Knecht und eine Magd – sicherlich eine vergleichsweise bessergestellte Familie, zumal der Vater von einem großen Hof mit Posthalterei kam. Die Mutter hatte als Gastwirtstochter das Kochen in einem Pensionat gelernt.

Alle Nachrichten über Dosen stammen aus der Eifel, dem Hunsrück oder dem Rhein-Sieg-Kreis, wo sie nicht nur zu Kriegszeiten üblich waren. Nach dem Krieg kamen in Sinzig *Dauerbüchsen mit Gummiring und Gummistopfen* auf – leider wird nicht berichtet, wann sie außer Mode kamen, aber vermutlich, als die ersten Tiefkühlgeräte in Betrieb gingen.

Zum Thema »Eindosen« heißt es aus der Zeit um 1940 über die Kruppsche Siedlung in Duisburg-Hochemmerich: *Obst und Gemüseangebote wurden wahrgenommen und die Sachen in Dosen eingeweckt. Wir hatten eine Maschine zum Schneiden der Ränder und zum Zudrehen der Dosen. Eine mühselige Geschichte, dieses Einkochen, aber für die damalige Zeit schon eine große Errungenschaft.*

KONSERVIERUNGSTECHNIKEN, **EISSCHRÄNKE** Eisschränke waren mit Zinkblech ausgeschlagene Behälter, die in der Mitte ein Fach hatten, das mit Natur- oder Kunsteis beschickt wurde; bei anderen Varianten lag das Eis in den Zwischenwänden. Es konnte bis zu einer Woche halten; geliefert wurde es von Brauereien, vom »Eismann« oder es stammte aus hauseigener Produktion – durch das winterliche Eissägen. Nicht nur am Niederrhein gewannen die Menschen die natürliche Kälteenergie, auch die Kölner sägten Eis aus einem toten Rheinarm, um es privat zu verwenden oder aber, im Nebenerwerb, an Brauereien und Weinhandlungen zu verkaufen. Manche Häuser hatten sogar mehr oder weniger große Eiskeller, und in den Gewölben der Bierhersteller hielt sich das Eis bis in die Sommermonate hinein.

KONSERVIERUNGSTECHNIKEN, **GEFRIERTRUHEN** Die Einführung von Gefriertruhen revolutionierte die gesamte Vorratshaltung. Eine ganze Reihe von guten und einleuchtenden Argumenten sprach und spricht noch immer für diese Aufbewahrungsart. Die arbeitsaufwendige Konservierung entfällt; man kann Sonderangebote für eine vielseitigere Speiseplangestaltung über den aktuellen Tag hinaus wahrnehmen und dabei auch noch sparen; damit verbunden ist die Möglichkeit, größere Mengen für mehrere Mahlzeiten zuzubereiten und einzufrieren bzw. Reste besser zu nutzen, die ja nicht mehr am gleichen Tag gegessen werden müssen. Einfrieren ist eine schonende Form der Konservierung mit relativ geringem Verlust an Vitaminen und anderen Wirkstoffen. Schlachttermine können unabhängig von den Jahreszeiten gewählt werden. Es ist also verständlich, dass sich Gefrierschränke oder -truhen ab Mitte der 1950er-Jahre unaufhaltsam auszubreiten begannen.

KONSERVIERUNGSTECHNIKEN, **GEMEINSCHAFTSANLAGEN** Eine interessante Sonderform der Gefrierkonservierung waren die so genannten Gemeinschaftsanlagen, in denen ein ganzes Dorf seine Nahrungsmittel aufbewahrte. Praktisch im gesamten ländlich geprägten Rheinland gab es in den 1950er-Jahren diese Anlagen. In Walberberg bei Bonn hatte jeder Bauer in der Versteigerungshalle sein eigenes Gefrierfach, in Weeze schlossen sich die Landwirte zusammen, in Mechernich-Strempt und Ober Kostenz im Hunsrück hatte jeder Haushalt sein eigenes Fach im gemeinsamen Tiefkühlhaus. Im Hunsrückort Mengerschied wurde diese Stufe allerdings übersprungen: *Einfrieren geschah erst nach Einführung von Gemeinschaftsgefrieranlagen Ende der 50er Jahre. (Mengerschied hatte keine Gemeinschaftsgefrieranlage. Hier kaufte man sofort Gefriertruhen. 1959 gab es 9 Gefriertruhen im Dorf, 1957 5 Kühlschränke).* Heute sind diese Anlagen fast verschwunden, allerdings soll es in Schweppenhausen/Hunsrück 1982 noch eine gegeben haben.

KONSERVIERUNGSTECHNIKEN, KÜHLSCHRÄNKE Die ersten Kühlschränke gab es Anfang der 1930er-Jahre: so etwa in Much (Landwirtschaft), schon 1933 in Weisweiler (Landwirtschaft und Schmiede), 1940 und später in Rees (großer Gutshof mit 150 Hektar) und Emmerich. Ab Anfang der 1950er-Jahre gehörten Kühlschränke mehr und mehr zur Ausstattung eines Haushalts. Aber grundsätzlich war eine Tiefkühltruhe für die Vorratshaltung auf dem Land entschieden wichtiger als ein Kühlschrank, denn kalte Keller gab es damals noch überall. So erinnern sich zwei Bauerntöchter aus Hamminkeln-Brünen: *Ein Kühlschrank galt noch lange als Luxus und wurde grundsätzlich später gekauft.*

Im Großen und Ganzen war für das Rheinland folgende Entwicklung typisch: Eisschränke (mit Kunst- oder Natureis gefüllt) gab es bis zum Zweiten Weltkrieg, Kühlschränke vereinzelt in den 1920er-, verstärkt in den 1930er-Jahren und durchgängig nach 1950, Gefriertruhen/-schränke ebenfalls nach 1950 mit weiter Verbreitung nach 1960.

KONSERVIERUNGSTECHNIKEN, SCHWEFEL Schwefel wurde offensichtlich nur ausnahmsweise zur Haltbarmachung eingesetzt: *Schwefelhölzchen wurden angezündet und auf die Frucht gelegt, Gummi und Deckel auf das Glas gelegt. Wenn das Schwefelhölzchen verbrannt war, hatte sich der Deckel durch das Vakuum zugezogen* (Lessenich/Eifel).

KONSERVIERUNGSTECHNIKEN, TROCKNEN Das Trocknen von Nahrungsmitteln gehört zu den ältesten Methoden der Konservierung. Getrocknet wurden Fleisch, Obst, Gemüse, Kräuter und Pilze.

Bei Äpfeln wurde das Kerngehäuse entfernt und man schnitt sie zu Ringen, reihte sie auf Schnüre und ließ sie an der Luft trocknen, manchmal in der Nähe des Herdes, meist aber auf dem Speicher. Vor dem Essen kamen sie in Wasser und dienten dann als Beilage oder zu Mus zerkocht als Kuchenbelag. Halbierte und entkernte Birnen kamen auf einem Rost in die ausklingende Hitze des Backofens. Wieder aufbereitet, dienten sie, ebenso wie Äpfel, als Kuchenbelag oder für die Zubereitung von Brotaufstrichen. Pflaumen trockneten ebenfalls auf Holzrosten in dem noch warmen Backes, mit den Stielen nach oben, damit sie keinen Saft verloren. Dieses Steinobst musste besonders vorsichtig getrocknet werden, da bei zu großer Hitze die Gefahr bestand, dass die Pflaumen platzten. Eine Frau (Jahrgang 1910) aus Strempt bei Mechernich, deren Vater in der Reparaturwerkstatt für Waggons im Bleibergwerk arbeitete, berichtet aus ihrem elterlichen Haushalt von einer ungewöhnlichen Methode: *Bei der Pflaumen- bzw. Zwetschgenernte hat* [meine]

K

Mutter immer den Ast, der am dichtesten Früchte trug und die auch am gesündesten (ohne Wurmstiche) aussahen, nicht abgeerntet. Später, wenn diese Pflaumen schon schrumpelig wurden, hat sie den ganzen Ast mit den anhängenden Früchten vom Baum abgetrennt und im Haus, in einem kühlen Raum, aufgehängt. So bestand die Möglichkeit ..., dass [wir] *mitunter noch im Dezember frische Pflaumen essen konnten, die zwar nicht mehr fest und prall waren, aber dafür umso süßer schmeckten.*

Getrocknetes Obst, so auch Aprikosen (Niederdollendorf/Siebengebirge) und Mirabellen (Schöneberg bei Bad Kreuznach), war u.a. *als Einlage in Milchsuppen, vornehmlich Buttermilch* (Straelen) geeignet, in Puffendorf bei Aachen auch zusammen mit Graupen.

Suppen erfreuten sich früher großer Beliebtheit. Verständlich also, dass die Hausfrauen durch Trocknen von Suppengemüse (Petersilie, Lauch, Sellerie und Möhren) Vorsorge für den Winter trugen. In Dörrebach bei Bingen salzte man dieses Grün zunächst ein, um es erst dann zu trocknen. Gefragte Würzzutaten waren neben Bohnenkraut und Porreeblättern auch Sellerieblätter *an der Luft getrocknet* (Mendig/Eifel) bzw. gebündelt aufgehängt sowie Zwiebeln: Sie *werden rechtzeitig ausgerupft und auf der Erde etwas getrocknet, dann mit dem Kraut gebündelt und aufgehängt. Nach vollendeter Trocknung werden Kraut und lose Schale entfernt und die Zwiebeln frostsicher aufbewahrt* (Dichtelbach/Hunsrück).

Weitere Trockengemüse waren Mais (Aachen), Erbsen, Stangenbohnen, Strauchbohnen, dicke Bohnen (*Erbsen, Bohnen und ganz früher dicke Bohnen wurden getrocknet mit der Schale und erst im Winter, wenn Zeit dafür war, ausgelesen* – Moers), Spargelschalen für eine Suppe (Aachen) und schließlich Salatsamen als Sägut für das folgende Jahr (Pantenburg bei Manderscheid/Eifel).

Getrocknete Pilze dienten der Verfeinerung von Suppen und/oder Saucen (Schleckheim, Krauthausen bei Aachen). Dafür gibt es jedoch nur wenige Belege, denn Pilzesammeln war im Rheinland nicht sehr verbreitet (→ SAMMELN, PILZE).

KONSERVIERUNGSTECHNIKEN, **WECKGLÄSER** Schon im 18. Jahrhundert war bekannt, dass sich Lebensmittel durch Erhitzen haltbar machen lassen. Milchsäurebakterien, die für die Gärung verantwortlich sind, werden bei Temperaturen um 100 °C abgetötet. Eine praktische Technik brachte ab 1900 die Firma Weck aus dem badischen Öflingen auf den Markt: Gläser mit passenden Glasdeckeln, Gummiringen als Dichtung und Metallspangen als Halterung während des Einkochens. Das Einkochgut wird roh oder bereits vorgekocht in die Gläser gefüllt, hinzu kommt Flüssigkeit (Wasser). Die Gläser werden mit Gummiring und Glasdeckel unter Zuhilfenahme von Metallspangen verschlossen und im Wasserbad erhitzt. Die Hitze muss je nach Einweckgut unterschiedlich lange gehalten werden. Beim Abkühlen zieht sich der erhitzte Inhalt zusammen, so dass im Glas ein Unterdruck entsteht, wodurch der Deckel auf den Gummiring gepresst wird und den Inhalt luftdicht abschließt. Wenn bei der Zubereitung keine Bakterien in die Gläser oder an die Gummiringe gelangt sind, sind Obst, Gemüse oder Fleisch nun über einen recht langen Zeitraum haltbar. Das Einkochen von Fleisch in die Weckgläser scheint allerdings im Rheinland keine allzu große Rolle gespielt zu haben.

Johann Weck (1841–1914) hatte 1893 das Patent für diese Technik von dem Gelsenkirchener Chemiker Rudolf Rempel gekauft. Er verfolgte mit seinem Produkt eine ganz persönliche Mission: Als Vegetarier und Antialkoholiker wollte er eine Technik auf den Markt bringen, bei der auf Alkohol zur Sterilisierung und Haltbarmachung verzichtet werden konnte. Gemeinsam mit dem Kaufmann Georg van Eyck aus dem niederrheinischen Emmerich entwickelte er Produkt und Verkaufsstrategie weiter. Gelohnt hat sich diese Investition allemal. Mit der Verbreitung der Gläser mit dem typischen Namenszug auf dem Deckel und den dazugehörigen Wecktöpfen setzte sich auch der Firmenname als Bezeichnung für diese Konservierungstechnik durch: Das Verb »einwecken« wurde schon 1907 in den Duden aufgenommen. Regional gab es aber zumindest einen weiteren Hersteller, der nach 1918/20 Einmachgläser produzierte: die 1864 gegründete Gerresheimer Glashütte (Düsseldorf).

Einwecken war bis in die 1960er-Jahre enorm verbreitet und populär. Mit dem Aufkommen von Kühltruhen und Fertiggerichten ging die Verwendung dieser Technik jedoch rapide zurück. Die Firma Weck gibt es aber immer noch – sie produziert seit 1950 auch in Bonn.

KORSCH Das ist die »Kruste« vom Brot (RhWb), gemeint ist das Endstück: »Kursch (im zentralen Rheinland) dickes Brotende, Brotkanten, ein kleiner Brotkanten (Knäppchen) ist folgerichtig ein Körschken« (MmWb).

KOTTENBUTTER In Wald (Solingen) Name für »ein belegtes Butterbrot, aus zwei zusammengeklappten Rundschnitten bestehend« (RhWb). Ein Kochbuch zur Bergischen Küche beschreibt es etwas genauer: zwei Schwarzbrotscheiben mit Butter, Mettwurst, Zwiebeln und eventuell Senf.

KOTTENWURST »Geräucherte Mettwurst im Bergischen Land« (MmWb).

mehrere sind in einer langen Reihe zusammengebacken, Reihenweck; um die Wecken leichter zu trennen, ist zwischen je zweien derselben eine Kerbe«.

KRAMMETSVOGEL Wacholderdrossel. Der Ausdruck steht aber auch allgemein für Singvögel, die zum Verzehr gefangen wurden.

KRACHEKRÖTTCHER Stuten aus Hefeteig (Körrenzig/Jülicher Land). Allgemein im Raum Aachen und in der Jülich-Zülpicher Börde als *Krachenkröttchen* ein »kleines, mehr längliches als rundes Weizenbrötchen, ein kleines, wie ein Fragezeichen gewundenes Gebäck« (RhWb). Verbreitet als Nikolausgebäck.

KRÄBBELKES »Im nördlichen Rheinland und am Niederrhein traditionell zu → SILVESTER gebackenes Ölgebäck« (MmWb).

KRÄLCHE Brezelartiger Weck (Hellenthal/Eifel). Im Rheinischen Wörterbuch werden *Krell* oder auch *Krenni* beschrieben als »kleines Weissbrötchen mit Korinthen;

KRANZ »Werkzeug des Köbes oder Kellners in Brauhäusern, Tragegestell für Biergläser. Bei viel Durst und einer großen Runde bestellt man gleich einen ganzen Kranz Kölsch/Alt.« (MmWb)

KRAUFAUS In Heinsberg, Erkelenz und Doveren Bezeichnung für → PANHAS (RhWb).

KRAUT Kraut ist im Rheinland der allgemein gebräuchliche Name für Zuckerrüben-, Apfel- und Birnensirup (→ RÜBENKRAUT, → Apfelkraut, → BIRNENKRAUT). Genutzt wird Kraut vor allem als Brotaufstrich: »Magse lieber Rübenkraut oder Appelkraut aufm Brötchen?« (MmWb), aber auch als Würz- und Süßmittel beim Kochen und

Backen. Beliebt ist die Kombination von → REIBEKUCHEN und Rübenkraut. In ärmeren Familien kam oft das einfache Rübenkraut täglich auf den Tisch, das etwas teurere Apfel- oder Birnenkraut nur am Sonntag. Der Name kann im Kontakt mit Nicht-Rheinländern auch schon mal zu Verwechslungen führen. So erzählt eine Kölnerin, die es in den 1950er-Jahren nach Bremen verschlagen hatte, von ihrem ersten Versuch, in der neuen Heimat Rübenkraut zu kaufen: *Im Laden fragte ich nach »Kraut«, und die Verkäuferin bot mir Sauerkraut an.* Inzwischen ist diese rheinische Spezialität aber fast in ganz Deutschland fester Bestandteil des Angebots der Supermärkte. Die neuerliche Verbreitung hängt auch mit veränderten Ernährungsgewohnheiten, vor allem Bio- und Vollwerternährung, zusammen – ermöglichen die Frucht- und Rübensirupe doch eine Einschränkung des Verbrauchs an Kristallzucker oder gar den Verzicht auf ihn. → ASBERGER SCHINKEN → BACHEMER BUTTER → KONSERVIERUNG, BROTAUFSTRICHE

KREFELDER »Mischung aus Alt- und Malzbier ... In Krefeld selbst heißt das Getränk allerdings ganz klassisch Altschuss. Neuerdings steht Krefelder auch für eine ›modernere‹ Mischung: ›Bestell ich ein Krefelder, gibts Alt mit Cola.‹« (MmWb)

KRENTEBÖLKES Viereckiges Rosinenbrötchen (Aldekerk/Niederrhein). Im Rheinischen Wörterbuch ist es allerdings unter Korinthenböllchen als »rundes Korinthenbrötchen« beschrieben (Krente = Korinthen).

KRENTEWECK Rosinenbrot (Kerken/Niederrhein), allgemein jedoch mehr für Rosinenbrötchen (RhWb). → WECK → PLATZ → STUTEN

KREPPEL Kreppel oder Kräppel nennt man im Hunsrück im Raum Mengerschied, Stromberg und Schöneberg einen in Fett ausgebackenen Krapfen. RhWb: Kräppel.

KRIBBELCHER Auch als Kröbbelchen bekannt. So werden im südlichen Rheinland die → REIBEKUCHEN genannt (MmWb).

KRICHELCHEN Eine Zubereitungform von frischen, ganz kleinen Kartoffeln im Raum Aachen. Die Kartoffeln werden nur teilweise geschält und mit Speck und Zwiebeln gedünstet.

KROCKFLADDEM Fladen (→ FLAA, FLADEN) mit gebackenen Birnen (Gey/Dürener Land). Krock bedeutet → KRAUT, es handelt sich also um einen Krautfladen, einen »runden, dünnen Kuchen, mit gekochtem Mus aus getrockneten Birnen bestrichen und dann gebacken« (RhWb). → BIRNENKRAUT.

KRÖPPELS In Leichlingen für → PANHAS: »Beim Wurstmachen aus gesammelter Brühe, gekochten und feingehackten Fleisch-, Speckstücken, Lunge, Leber, Herz, Magen, mit Gewürz und Roggen- oder Buchweizenmehl in der Brühe zu

K

einem steifen Brei gekocht, nachher in Scheiben gebraten« (RhWb).

KRÖTENSTUHL Am Niederrhein für Pilze: *Pilze aßen nur Leute, die von weither zugezogen waren. Bei uns hießen die Krötenstühle und gehörten zum Unkraut* (Breyell/Niederrhein). → SAMMELN, PILZE

KRÖTSCHEN Kräuterprinten. Krötschen gab es zu Weihnachten (Geilenkirchen-Süggerath und Umgebung). Der Name wird möglicherweise abgeleitet von »kleines (missratenes) Weissbrot (aus Teigresten)« (RhWb).

KROMMELEMOLL In Teig eingepackte Äpfel wurden bis etwa 1945 besonders für Kinder (Brüggelchen) im noch warmen Ofen gebacken (RhWb). → KOLLEMOLL

KROOS Kroos oder Kros nennt man im nördlichen Rheinland das Kerngehäuse des Kernobstes (RhWb), besonders des Apfels: »Kerngehäuse des Apfels: Den Kroos musse nich essen«, so ein Eintrag im Mitmachwörterbuch.

KROOSCHELEWIEN Stachelbeerwein, der zur Erntezeit in Kannen aufs Feld gebracht wurde (Harzelt/Selfkant). Kroschel ist ein verbreiteter Ausdruck für Stachelbeere (RhWb).

KROPNOKI »Graupenwurst, Graupensuppe ... Kropnoki wurde im Ruhrgebiet im Herbst und Winter bei ausgewählten Metzgern gekauft; von polnisch Krupnik ›Kornschnaps, Graupensuppe‹« (MmWb). Dieses Gericht wurde wohl von den Industrie- und Zechenarbeitern, die im 19. Jahrhundert aus den östlichen Gebieten Preußens ins Ruhrgebiet einwanderten, eingeführt. → BERGLEUTE, NAHRUNG

KRÜCKCHE Im Rechtsrheinischen/Bergischen Land vornehmlich für Obstkraut, weniger für Rübenkraut. In Nußbaum bei Bergisch Galdbach-Paffrath heißt das Apfelkraut »Krücksche«.

KRÜMMERÜMMCHEN »Süßes Weckbrötchen in Form eines Doppelkringels; wird heute noch in Bäckereien des Aachener Nordkreises angeboten und verstanden« (MmWb). Als »Krummherümchen« »ein Gebäck in gewundener Spiral-, S-Form« (RhWb).

KRÜÜPELSVOTTE In Harzelt und Frilinghoven (Selfkant) für → MAUZEN/MUZEN, als »Krüppelsfutte« »zu Fastnacht in Öl oder Fett gebackener Krapfen (Muze), in gewundener Form, zu einem Knoten verschlungen« (RhWb).

KRUMEICH'S KRÜGE In Meerbusch-Osterath wurden *Garten-*

früchte ... zuerst in Krumeich's Krügen konserviert. Die Firma Krumeich (Steinzeug- und Tonwarenmanufaktur) in Ransbach (Westerwald) bestand von 1845 bis 1978. Zu ihren speziellen Erzeugnissen gehörten die »Konservenkrüge« sowie Wärmeflaschen und Butterkühler.

KRUTLÖMMEL *Graubrot mit Butter, darauf Apfel- oder Birnenkraut* (Kaldenkirchen).

KRUTSTAU Wie der Name schon sagt, ein Gefäß zum Verstauen von Kraut. Es handelte sich um ein *Holzfass nach unten verjüngt mit zwei Griffen, Holzdeckel mit Loch für den Holzlöffel zum rausnehmen* (Moers).

KRUUTPAASCH Krautpresse (Mönchengladbach-Neuwerk). RhWb: Parsch, Patsche.

KÜHL → GRÜNKOHL (Nordeifel bis Köln). In Hürth mit Kartoffelbrei gestampft, häufig zusammen mit Bratwurst serviert. Spruch für den Kölner Küül: »koote Küül äwer long Brootwoosch«.

KÜLES Küles ist ein Gebäckstück aus Weizenmehl, ein *Backwerk in Form eines Würfels aus Stutenteig mit viel Korinthen, damals (1900–1925) in Düsseldorf von der Jugend gern gegessen*. Ähnlich, allerdings aus Roggenmehl: Käules, » kleines, faustgroßes Roggenbrötchen mit Korinthen und Rosinen in Düsseldorf-Stadt« (RhWb).

KÜPPGEN Kleine Kuppe, die sowohl das Endstück vom Brot als auch die obere, abgeschlagene Spitze vom Frühstücksei meinen kann (MmWb, RhWb).

KÜRBIS Die Familie der Kürbisgewächse ist riesengroß. Zu ihr gehören – natürlich – der Kürbis, Melonen, Gurken, Zucchini und auch Exoten wie Chayote und Dhudi. Während die Melone in unseren Breitengraden seit über 3000 Jahren bekannt ist, kam der Echte Kürbis (Gartenkürbis) erst nach der Entdeckung der Neuen Welt im 15. Jahrhundert zu uns. Seit dem 16. Jahrhundert verbreitete sich der Kürbis rasch in Europa, wenngleich die hiesigen Köche sich zunächst nicht sonderlich begeistert zeigten – ein ähnliches Schicksal hatte ja auch die → KARTOFFEL.

Kürbis wurde als Viehfutter eingesetzt und nur in Notzeiten gegessen. Noch Ende des 19. Jahrhundert ist in Meyers Konversationslexikon zu lesen: »Sie (die Frucht) wird besonders in Südeuropa gegessen, auch als Zusatz zum Brot benutzt und auf Branntwein verarbeitet. Für Schweine gewährt sie treffliches Mastfutter; die Samen sind ölreich und werden als zuverlässiges Bandwurmmittel gerühmt« (1896). In der rheinischen Küche wurde der Kürbis erst Ende des 20. Jahrhunderts wirklich populär, und zwar im Zusammenhang mit der Übernahme des Halloween-Fests aus den USA. Dort gehört der Kürbis zum festen Symbolbestand des Kinderbrauchs. In Deutschland wurden die orangefarbenen Kürbisse allgemein in die jahreszeitliche Küche und Hausdekoration des Herbstes integriert. Die wachsende Nachfrage sorgt heute für ein breites Angebot, inzwischen werden im Rheinland viele Sorten angebaut und vermarktet, darunter »Gelber Zentner«, »Spaghettikürbis« oder eben »Halloween«. Erleichtert wurde die Aufnahme in die heimische Küche durch den guten Ruf, den der Kürbis als nährstoffreiches, fettarmes und gesundes Gemüse hat. Kürbis ist leicht zu verarbeiten und lässt sich in vielen Varianten auf den Tisch bringen – als Gemüse, in Eintöpfen, als Suppe oder in Kuchen- oder Brotform. Der Rezeptvielfalt sind kaum Grenzen gesetzt. So unterschiedlich wie die einzelnen Unterarten der Kürbisgewächse, so weit gefächert sind auch die Zubereitungsmöglichkeiten: Sei es eine traditionelle Speise wie der »Eingelegte Kürbis« oder etwas Neues wie »Kürbis-Gnocchi«. Zum Experimentieren eignen sich besonders noch relativ unbekannte, aber auch im Rheinland angebaute Kürbisarten wie Hokkaido oder Patisson (Bischofsmütze).

● Rezept **Kürbissuppe**
Lecker, leicht und schnell – nicht nur zu Halloween

1,5 Pfd. Kürbis,
2–3 Möhren,
1 Zwiebel,
1 Knoblauchzehe, Salz, Pfeffer,
etwa 1 l Gemüsebrühe.
Nach Gusto 1 Stück Ingwer.

Zubereitung: Zerkleinertes Gemüse in etwas Butter andünsten, Kürbis zugeben. Mit Gemüsebrühe aufgießen und etwa 20 min köcheln lassen. Pürieren und mit Salz und Pfeffer abschmecken.

Tipp: Variation mit Apfel und Sellerie, etwas Currypulver. Je Portion mit etwas saurer Sahne garnieren oder etwas Rucola darüber streuen.

● Rezept **Kürbis süß-sauer**
Altbewährt und gern gegessen – typisch rheinisch?

1 kg Kürbis,
500 g Zucker oder Rohzucker,
125 ml Weinessig und
250 ml Wasser (wahlweise auch
125 ml Rotwein und
200 ml Weinessig),
Saft von einer Zitrone und
abgeriebene Zitronenschale
(evtl. Tütchen),
2 Zimtstangen,
nach Gusto 2–3 Nelken.
Nicht für jeden Geschmack:
1 Stück Ingwerwurzel oder getrockneten Ingwer.

Zubereitung: Kürbis schälen, entkernen und in Würfel schneiden. Essig, Wasser und Zitronensaft zusammen mit den Gewürzen aufkochen, Kürbisstücke dazugeben, ca. 30 min bei kleiner Hitze glasigweich (aber noch mit etwas Biss) kochen. In dem Saft abkühlen lassen.

Tipp: Passt zu Kotelett von Hammel oder Schwein, Schnitzel,

gekochtem Rindfleisch, Roastbeef, zu Sülze, kaltem Braten oder Hackbraten. Auch als Nachtisch nicht zu verachten.

KÜÜTEN Als Fisch- bzw. → FASTENSPEISE in Mönchengladbach-Neuwerk *selbst eingelegte Heringe mit »Küüten un völl Öllek«*. Das Rheinische Wörterbuch weist darauf hin, dass »besonders auch Rogen und Milcher des Fisches, vor allem des Härings« gemeint sind. → KUT

KUGEL **1.** *Kesselkuchen aus geriebenen rohen Kartoffeln mit Speckwürfeln und Backpflaumen gemischt, in gußeisernem Kessel in Öl gebacken* (Bornheim-Walberberg). Der Name bezeichnet ebenfalls im Vorgebirge und der nördlichen Eifel einen »im Tiegel (nicht in der Pfanne) gebackenen dicken Kartoffelreibekuchen« (RhWb). → KESSELSKNALL → KESSELSKUCHEN 2

2. »Mehlkloß, oft mit Nudeln und Obst als schalet zubereitet (jüdische Küche)« (Dumont).

KULETSCHBIER Köln: »Malzbier, wegen seines süßen Geschmacks u. seiner dunkelbraunen Farbe mit Lakritz verglichen« (Wrede). → KNUPP → KULLITSCH

KULETSCHWASSER Köln: »In Wasser aufgelöste → LAKRITZE, früher von Kindern durch Schütteln in einer Flasche bereitet, bei Ausflügen und Spielen in Kölns Umgebung, beim Lagern auf der Wiese getrunken« (Wrede). → KULLITSCH

KULLITSCH »Lakritz; das Wort kennt man in dem Gebiet zwischen Ahr und Krefeld. Man hört es allerdings in der Umgangssprache immer seltener.« »Kulitsche« = → LAKRITZE.

KUSCHELEMUSCH Allgemein Durcheinander von Speisen, meist von Resten. In Köln und anderswo sind das *gekochte Stockfischreste mit gebratenen Kartoffelscheiben in der Bratpfanne untereinandergemischt*, häufig auch im Herd überbacken, als Gewürz dazu viel Senf. Das Rheinische Wörterbuch betont, der Name sei nicht abwertend gemeint: »nicht verächtlich vom Mittagessen übrig gebliebener Stockfisch, mit kleingeschnittenen gekochten Kartoffeln, in Öl gerösteten Zwiebeln und Sahnesauce gemischt (gestovt), als Abendessen« (RhWb). Der Ausdruck kann aber auch bedeuten: »verschiedene gebratene Fleischreste mit Pflaumen (Karken bei Heinsberg); »gekochte Schweinefüsse, Ohren mit Äpfeln, Pflaumen, Rosinen, Zwiebeln, Zucker, Essig« (Bergheim, Bedburg, Jülich) (RhWb).

KUT Am linken Niederrhein und teilweise in der Nordeifel »Eingeweide, Gekröse von … Fischen, besonders auch Rogen und Milchner des Fisches, besonders des Härings« (RhWb). In Wachtendonk/Niederrhein *Melkner-Kuut*. → KÜÜTEN

K

L

LACHS → SALM

LÄHMLÜMMEL In Aachen für »Bückling (geräucherte Makrele)« (MmWb).

LÄMMKESPAPP *Milch mit Weizenmehl gedickt* (Speldrop/Niederrhein). Als Lämmchenspapp wird am linken unteren Niederrhein eine »Suppe aus gewässerter Milch, Mehl u. Brotkrusten« bezeichnet (RhWb).

LAGERUNG Für die Ernährung war früher eine gute Vorratshaltung von entscheidender Bedeutung. Gerade auf dem Land, wo Selbstversorgung überwog, mussten Lebensmittel so gelagert werden, dass sie möglichst lange frisch und genießbar blieben (→ KONSERVIERUNG). Wichtigste Voraussetzung für eine zweckmäßige und lang andauernde Aufbewahrung waren geeignete Räumlichkeiten, die kühl, dunkel und trocken mit etwas Restfeuchte sein sollten, also Keller, Speicher und Dachböden. Auf dem Land gab es solche Räume fast immer, in der Stadt jedoch, etwa in der Kruppsiedlung in Duisburg-Hochemmerich, war Vorratshaltung sehr viel schwieriger: *Dafür waren die Wohnungen zu klein und der Keller zu warm. Die Angebote auf dem Markt und im Konsum verlockten aber auch dazu, keine Vorratshaltung zu betreiben. Die Waren waren dort ja viel frischer.*

LAGERUNG, BACKWAREN Alle Backwaren, Weiß-, Grau- oder Schwarzbrot (→ BROT) sowie Kuchen und Gebäck, lagerten im Keller oder zumindest in einem kühlen Raum. Eine trickreiche Konstruktion sorgte für die mäusesichere Aufbewahrung: Die Bretter mit den Lebensmitteln hingen an Seilen oder Ketten von der Decke herunter, und zwar so, dass von allen Seiten gut Luft an sie herankam: *Lose auf eine Planke* wurden die Brotlaibe in Brünen bei Hamminkeln gelegt. Ebenfalls beliebt

waren einfache Wandbretter oder Holzregale, aber auch Fliegenschränke, die hin und wieder auch im Erdgeschoß standen. Steinguttöpfe, gut geeignet für die Brotlagerung, wurden manchmal bei fahrenden Händlern gekauft: *Händler aus dem Kannebäckerland* (im Westerwald) *kamen nach Düsseldorf und fuhren mit ihren vollbeladenen Wagen voller gebrannter Tonerde durch die Straßen und priesen ihre Waren an* (Düsseldorf). Diese »Döppen« wurden häufig mit Leinentüchern abgedeckt. Das Brot hielt sich bis zu 14 Tage. War es schon etwas älter, legte die Hausfrau speziell das → SCHWARZBROT *in feuchte Tücher, dann schmeckte es wie frisch* (Süggerath bei Geilenkirchen).

Der gute alte Brotkasten, ob aus Holz, Blech oder Emaille, stand in der Küche (Willich) oder eben im Keller. Leinensäckchen dienten ebenso der Aufbewahrung von Brot (Mendig/Eifel) wie die Backmulde. Gab es ein Backhaus, sei es gemeinschaftlich (*Backofen fürs Dorf, Stellage für alle Bewohner beim Backes* – so aus Korschenbroich bei Mönchengladbach berichtet) oder als Hausbackes (Uckerath/Sieg), lagerte dort das Brot. Kleine Holzkisten schließlich dienten in Moers dazu, *in der Form nicht ganz gelungene Brote oder Brot aus Teigresten,* die nach dem Backen im Ofen getrocknet worden waren, für die Brotsuppe aufzubewahren.

LAGERUNG, **FETTE** Fett hielt sich am besten in Steinguttöpfen, die im Keller standen. Sei es nun das *Überschußfett beim weihnachtlichen Geflügelbraten* (Hückeswagen) oder die im Winter besonders geschätzte gesalzene → MAIBUTTER. Aus Köln stammt die Nachricht über ein spezielles Sommerbehältnis, das heute wieder häufiger anzutreffen ist: *Im Sommer kam die Butter in eine so genannte Butterdose. Das war ein Topf aus rotem Ton, der einen Glaseinsatz hatte. Der Tontopf wurde mit kaltem Wasser gefüllt, das oft frisch erneuert wurde, und die Butter stand, eingestrichen in dem Glaseinsatz, in dem kalten Wasser und hielt sich so frisch und fest.* Auch hier handelte es sich um gesalzene Butter; ebenso wurde Margarine, *einmal im Monat von Bremen geschickt,* haltbar gemacht und im Keller aufbewahrt (Lindlar). Hier noch ein Rezept aus Elten für die Zubereitung von haltbarem Bratfett:

● Rezept **Fett-Topp**

Dieser »Fettopp« hielt sich un-begrenzt.

1 Teil Rinderfett,
1 Teil Schmalz,
1 Teil Margarine u. 1 Teil Oel.

LAGERUNG, **FLEISCH** Frisches Fleisch lagerte man im Sommer nur in Ausnahmefällen, und zwar für kurze Zeit in einem Steinguttopf im Keller (Erkrath). Ansonsten musste es, ebenso wie Wurst, haltbar gemacht werden (→ KONSERVIERUNG, FLEISCH). Eine ungewöhnliche Interpretation dieses Themas liefert ein Landwirt-Ehepaar aus Harzelt/Selfkant: *Eine Art Frischhaltung auf Umwegen könnte man sagen, war die Sitte, beim Schlachten die »Nächstnachbarschaft« mit einer Schüssel Pannhas (Gekrüüsch), einer Bratwurst und ein Stück Kotelett (Karmenad) zu beschenken.*

LAGERUNG, **MEHL** Kleinere Mengen Mehl lagerte man auf dem Speicher in einem Steintopf, größere in Mehlsäcken (*besonders fein gewebte Hanfsäcke* – Nieder Kostenz/Hunsrück), deren *Oberkante nach außen aufgerollt war für die Lüftung* (Aldekerk/Niederrhein). Ein Stock, in das Mehl gesteckt und hin und wieder bewegt, sollte vermeiden helfen, dass das Mehl »sticksig« wurde. »Verselbständigte« es sich trotz aller Vorsichtsmaßnahmen, wurden die Mehlwürmer an den Wetterfrosch (Köln) oder die Goldfische (Düsseldorf-Holthausen) verfüttert.

LAGERUNG, **MILCH – MILCHPRODUKTE – EIER** Begrenzt haltbar sind auch Milch, Quark, manche Käse und Eier. Milch fiel auf Höfen mit Milchvieh täglich an und wurde entweder sofort an eine Molkerei geliefert oder kam in den Keller (bzw. wurde in der Kanne an einer Kette in den kalten Brunnen hinabgelassen – Brünen bei Hamminkeln). Gekauft wurde sie im Laden bzw. in der Molkerei. Die bei der Weiterverarbeitung entstehende Buttermilch war Grundlage für Suppe im Haus,

Magermilch wurde ans Vieh verfüttert. Die Hausfrauen legten Eier ein, und zwar hauptsächlich die Augusteier: in Kalk oder → GARANTOL bzw. Wasserglas, in Ausnahmefällen auch in Salizyl (Königswinter) oder einfach in Salzlake (Ellern / Simmern). Eingepackt in Papier, hielten Eier sich vielleicht ein bis zwei Wochen, im Getreide bis in den Winter hinein: im Hafer (Sinzig), Weizen (Kirf bei Saarburg) oder meistens im Roggen (Kreuzrath bei Heinsberg, Wassenberg).

LAGERUNG, **OBST UND GEMÜSE** Obst lagerte, sofern nicht durch Trocknen oder andere Methoden konserviert (→ KONSERVIERUNG), im Keller auf luftigen Gestellen oder manchmal auch »in Roggenkornvorräten auf dem Speicher« (Brünen bei Hamminkeln).

Gemüse hielt sich vor allem an zwei Orten frisch: in einer Miete oder im kalten Keller. Eingemietet wurden *Möhren, Steckrüben, Schwarzwurzeln, Rote Beete … in eine ca. ½ m tief ausgehobene Grube und … dick mit Laub abgedeckt, dann zugegraben* (Griethausen bei Kleve). In Breyell / Niederrhein wurden *Weißkohl, Wirsing und Rotkohl* mit *den Wurzeln nach oben in flache Furchen im Garten gelegt und mit wenig Erde oder Laub abgedeckt. Kohlrabi, Möhren und Futterrüben kamen in eine Grube.* In Lessenich/Eifel kam auf die Miete mit Kohlgemüsen eine Schicht Bohnenlaub.

Sellerie lagerte ebenfalls in der Miete, aber auch in Lehm eingepackt im Keller (Würselen-Bardenberg). Beliebt war die Methode, erntefrische Gemüse – Rote Bete, Möhren, Sellerie, weiße Rüben – in ein Sandbett zu stecken. Manche Kohlsorten hingen an den Strünken im Keller (Heiligenhaus), andere blieben im Freien stehen, so in Oeverich bei Bad Neuenahr:

Wirsing blieb im Garten stehen, mit Erde eingeschlagen, nur Köpfe frei, wenn besonders kalt, dann Säcke drüber. Rotkohl im Keller, ich habe die Köpfe immer auf die Kartoffeln gelegt, Kohlrabi ebenso. Rosenkohl (erst seit 30er Jahren bekannt) ließ und lässt man ebenso wie Krauskohl im Garten stehen.

Der Ort hatte damals, zwischen 1920 und 1950, rund 300 Einwohner, war landwirtschaftlich geprägt und hatte sehr gute Böden. Die unersetzlichen Kartoffeln lagerten in Mieten oder in einem großen Kartoffelkeller, dunkel und kühl, aber frostfrei. Zwiebeln hingen zopfweise im Keller.

LAKRITZE Dieser durch Auskochen von Süßholzwurzeln gewonnene eingedickte Saft wird zu verschiedenen Süßwaren verarbeitet und ist auch bekannt als Bärendreck, Hustekuchen, Lack, Lagores, Teufelsdreck, Zuckerpech u. a. (RhWb). → KULETSCHBIER → KULETSCHWASSER → KULLITSCH

LATTICH Lactuca sativa L., eine artenreiche Korbblütlergattung, verwendet man als Salat. »Die grünen

Außenblätter sind besonders vitaminreich und haben einen angenehm bitteren Geschmack, die gelblichen Innenblätter schmecken milder, oft leicht süß.« (Gorys)

LATWERGE »Südwestdeutsches Pflaumen- oder Birnenmus, ungesüßt, gewürzt mit Sternanis, gemahlenen Nüssen oder Holunderbeeren« (Gorys). In der Eifel Lacksem genannt: »Latwerge, lat. lacturicum; der Saft des Obstes (meist von Birnen, Zwetschen) wird steif gekocht, dann mit gekochten getrockneten Birnenschnitzeln vermengt u. weiter gekocht; der grosse kupferne Kessel zum Latwergkochen wird im Freien an einen Baum oder sonst einer Vorrichtung aufgehängt u. darunter wird das Feuer angelegt; auch gibt es eigene Räume für das Latwergkochen.« (RhWb)

Ursprünglich verstand man unter Latwerge eine »Arzneiform von dickbreiiger, musartiger Beschaffenheit, besteht aus Pulvern, die mit Pflaumenmus, Tamarindenmark, Zuckerlösung oder Honig zu einem dicken Brei angerührt worden sind. ... In Süddeutschland nennt man Latwerge überhaupt musartige Fruchtsachen.« (MKL)
→ KONSERVIERUNG, BROTAUFSTRICHE

LEBER MIT KORN Gekochte Schweineleber, kalt mit Schwarzbrot und Korn serviert, wurde in Süchteln bei Viersen zur Herbstkirmes zubereitet.

LEDDERKESTAAT »Leiterfladen« (RhWb). In Rheydt für → APPELTAAT: »Riemchentorte. Hefeboden mit Obstkompott, darauf ein Netz aus Teig (die ›Leitern‹)« (MmWb).

LEINEWEBER Pfannkuchen aus Kartoffeln (Königswinter), in Hückeswagen mit Rübenkraut. Im Rechtsrheinischen, im Bergischen Land und am unteren linken Niederrhein ist es die allgemeine Bezeichnung für einen »Kartoffelkuchen aus lang geschnittenen Scheiben kalter gekochter Kartoffel oder roher Kartoffel, die vom Mittag übrig geblieben sind, mit Teig darüber, mit oder ohne Ei« (RhWb).

LEITERFLADEN → LEDDERKESTAAT

LETTE-VEREIN Er wurde ursprünglich als »Verein zur Förderung der Erwerbsfähigkeit des weiblichen Geschlechts« 1866 von

Wilhelm Adolf Lette (1799–1868) in Berlin gegründet, seit 1872 »Lette-Verein« genannt. Lette war preußischer Staatsmann, Mitglied der Deutschen Nationalversammlung und später des Reichtags des Norddeutschen Bundes (MKL). Heute ist der Verein eine Stiftung öffentlichen Rechts und Träger von Berufsfachschulen und Lehranstalten. Für Köln heißt es in der Zeit um den Ersten Weltkrieg: *Damals wurde noch eine hauswirtschaftliche Ausbildung für jede Frau als vorrangig angesehen und die Lette-Schule stand in dem Ruf, mit ihren hauswirtschaftlichen Lehrgängen vorbildlich zu sein.*

LIMONADE Ein sommerliches Erfrischungsgetränk bestand aus Wasser mit einem Schuss Essig und einem Löffel Zucker (Breyell / Niederrhein). Folgende hausgemachte »Limonade« war wohl eher eine Ausnahme: »Man füllte Steinkrüge mit Wasser und obendrauf kam ein Schimmelpilz. Nachdem diese Mischung einige Tage gestanden hatte, konnte man dies trinken. Es wurde immer frisches Wasser beigefüllt. Dies Getränk nannten wir Kinder Limonade« (Bardenberg bei Aachen).

LÜNTE »Die Fettschicht beim Schlachttier, meist beim Schweine, worin die Nieren liegen [und] die innen die Bauchwand bekleidet« (RhWb). In Uckerath / Sieg wurden *die fetthaltigen Teile (Lünten usw.) in der Herd-Kasserole ausgelassen und das so gewonnene Schmalz in Töpfen (Döppen) gefüllt.* In Düsseldorf kam dieses Fett als Schmalzersatz aufs Brot.

L

MÄCKES 1. »Eine typische Siegerländer Teekanne« (MmWb), eine »schwere irdene Kaffeekanne mit Metallhenkel« im Siegerland (RhWb).

2. »Schnellrestaurantkette mit dem goldenen M« (MmWb).

MAGNUM BONUM »Vor der Industriekartoffel sehr beliebte Kartoffelsorte (heute nicht mehr verbreitet.)« (RhWb). Vorwiegend festkochend, gelbfleischig.

MAIFISCH Ein beliebtes Gericht in Rheinnähe war bis zum Zweiten Weltkrieg der »Maifisch«. Dieser Name bezeichnet die eng verwandten → ALSEN (Alosa alosa), auch Else oder Elfte genannt, und Finten (Alosa fallax), auch bekannt als Finke oder Dolf. Es handelt sich um Süßwasserheringe, die von Nordeuropa bis zum Mittelmeer vorkommen, im Meer leben und zur Laichzeit im Frühjahr (April bis Ende Mai) in die Flüsse wandern, so auch in den Rhein und seine Nebenflüsse bis hinauf nach Basel.

Die älteste Erwähnung des »meyfisch« stammt von 1720 (Wrede). Ihr massenweises Vorkommen ist seit dem beginnenden 19. Jahrhundert mehrfach belegt. Aber auch schon in mittelalterlichen Siedlungsabfällen in Duisburg sollen Reste von Alsen gefunden worden sein. Zu wirtschaftlicher Bedeutung gelangten die Maifische nach 1800. Sie zählten neben den Salmen (→ SALM) zu den → »BROTFISCHEN«, also zu jenen Fischen, die für die Fischer die Grundlage ihres Broterwerbs bildeten. Nach Beendigung der ersten Phase der Rheinregulierung um 1880 gingen die Fangerträge all-

mählich zurück und der → AAL wurde Anfang des 20. Jahrhunderts zum Brotfisch. Neben der Rheinregulierung gab es weitere Gründe für den Rückgang der Fischpopulationen: Wasserverschmutzung, zusätzliche Wanderhindernisse, Zerstörung der Laichplätze und nicht zuletzt Überfischung. Trotz allem wurden die Maifische noch bis kurz nach dem Zweiten Weltkrieg gefangen: um 1930 noch an der Ahrmündung; 1939 registrierten die Lüttinger Fischer am Niederrhein den letzten nennenswerten Fang, und nach mageren 61,5 kg im Jahre 1949 bleiben Nachrichten über ihren Fang völlig aus. Die Bestände von Maifisch, Salm und Stör waren komplett zusammengebrochen.

Der Maifisch wurde zwar auch zu Hause zubereitet, aber offensichtlich war er vor allem ein beliebtes Gericht in Restaurants (→ GASTSTÄTTEN, Spezialitäten). Rezepte für die häusliche Zubereitung von Maifisch gab es reichlich: gekocht, gebraten, gefüllt oder mit grüner Sauce. Immer jedoch war Schnelligkeit Trumpf – galt der Fisch doch als leicht verderblich. So wurde zum Beispiel der Fang in Emmerich noch am selben Abend unter den Hammer und damit an den Verbraucher gebracht. Darf man den Berichten Glauben schenken, dann war der Maifisch bei Kindern nicht so sehr beliebt – wegen der vielen Gräten. Wahrscheinlich handelte es sich dann um Finten, die grätenreicher sind als Alsen.

Über viele Jahrzehnte hinweg galt der Maifisch im Rheinland als »verschollen«, wenn nicht gar als »ausgestorben«. Zwar erlebt er heute nicht gerade eine Renaissance, aber durch zahlreiche Maßnahmen nicht zuletzt der Internationalen Kommission zum Schutze des Rheins hat sich die Wasserqualität deutlich verbessert. So konnten 2001 im badischen Iffezheim wieder fünf (!) Maifische nachgewiesen werden. 2008 erhielt NRW für das Maifisch-Wiederansiedlungsprogramm den »Champions Award« vom EU-Ausschuss der Regionen. Seit Anfang 2008 waren eine Million Jungfische im Rhein und einigen Nebenflüssen ausgesetzt worden. Noch im Mai 2010 setzte die Stiftung Wasserlauf auf Höhe des Siegwehrs in Sankt Augustin-Buisdorf 600.000 Fischlarven aus.

MAIRÜBCHEN Am Niederrhein für → STIELMUS. »Früheste, essbare Gartenrübe ähnlich der Teltower Rübe« (RhWb).

MAIWIRSING Wirsing, der im August/September gesetzt wird und den Winter über wächst (frostsicher bis –8 °C), kann im April/Mai als erstes frisches Gemüse geerntet werden. Es handelt sich um eine Spezialität aus der Köln-Bonner Bucht bzw. vom Vorgebirge. → BONNER ADVENT → ENDENICHER ADVENT → ADVENTSGEMÜSE

MAKAI 1. In der Eifel und am linken Niederrhein → QUARK (Aachen: *wurde nur im Sommer gemacht und frisch verbraucht*). »Quarkkäse aus entrahmter dicker Milch, Dickmilch mit Süssmilch, Zucker u. Zimmt« (RhWb). In Köln ebenfalls süß angemacht, abends zu Pellkartoffeln und Schwarzbrot. Manchmal auch mit zerriebenem Pumpernickel bestreut. Die weiße Farbe der Kirche St. Fronleichnam in Aachen (1928–30 von Rudolf Schwarz erbaut) erinnert die Aachener anscheinend an Quark, nennen sie diese Kirche doch auch »St. Makei« (MmWb).

Im Raum Düren Name für Quark (→ KLATSCHKIES), der mit Zwiebeln, Pfeffer und Salz pikant angemacht wird. Serviert wird er dort gerne zu Pellkartoffeln (MmWB).

2. Kakaoähnliches Getränk (Düsseldorf, 1900–1925).

MAKEMAU Ein Gericht aus Aachen: »Stockfisch, mit Kartoffeln gemischt« (RhWb). → KUSCHELEMUSCH

MANGOLD Beta vulgaris subsp. vulgaris var. vulgaris. Ein eng mit der Rübe verwandtes Gemüse. Es gibt viele verschiedene Sorten. Besonders bekannt ist der Stiel- oder Rippen-Mangold, der ausgeprägte Mittelrippen der Blätter aufweist. Zubereitet wird er mitsamt den Stielen wie ein spargelartiges Gemüse. Der Schnitt- oder Blattmangold ist dem Spinat ähnlich und wird meist ohne Stiel als Blattgemüse zubereitet.

MANÖVERPLÄTZCHEN → NOTZEITEN, MANÖVERPLÄTZCHEN

MARGARETCHEN Scherzhaft für Margarine (RhWb). *Meistens gab es als Schulbrot eine »Dubbel«, das sind zwei Scheiben Brot mit Margaretchen und Seem eingepackt in Zeitungspapier* (Weisweiler). → SEEM

MARMELADE → KONSERVIERUNG, BROTAUFSTRICHE

MARMITT 1. Fleisch- oder Kochtopf (frz. la marmite = Fleisch-, Kochtopf): »Kochtopf, besonders Suppentopf. Dann auch die Bezeichnung für eine einfache, unpassierte Suppe.« (Gorys)

2. Kochgeschirr bzw. → HENKELMANN. In Alf/Mosel »Mammitsche … Essensbehälter aus Aluminium«. Mittagessen wurde so in den Weinberg gebracht. In Traben-Trarbach Maamütsche. Allgemein ist das ein »zweiteiliges blechernes oder emailliertes Geschirr, in dem man dem draussen Arbeitenden das Essen zur Arbeitsstelle bringt, Henkelmann« (RhWb). → ELBERFELD-BARMEN → KNUUR

MARSCHALLTÖRTCHEN *Feine Biskuittorte mit Buttercreme gefüllt und gerösteten Mandeln bestreut* (Köln). Es kann aber auch eine Art Plätzchen gemeint sein: Mandeln fein gerieben mit Eiweiß und Zucker verrühren. Runde Plätzchen aus Butterteig mit dieser Masse bestreichen, backen. Der Teig sollte blass gelb werden, die Mandeln jedoch eine hellbraune Kruste bilden.

MARTINSTAG → SANKT MARTIN

MASSENVERPFLEGUNG IM 19. JAHRHUNDERT Die Massenverpflegung des frühen 19. Jahrhunderts war – bis zur Durchsetzung neuer nahrungsphysiologischer Erkenntnisse – relativ eintönig. Der Unterschied zur Ernährung der ländlichen Bevölkerung lag darin, dass die Empfänger der Massenverpflegung immerhin einen geregelten und sicheren Mittagstisch hatten. Das ist mehr, als man von weiten Teilen der Bevölkerung im Rheinland des 19. Jahrhunderts behaupten kann. Wie diese Verpflegung aussah, sollen einige Beispiele zeigen.

Das erste schildert die Verpflegung in der 1809 gegründeten Arbeitsanstalt zu Brauweiler im Landkreis Köln (HSTAD). Die dort geernteten Produkte »bestehen hauptsächlich in Weizen, Roggen, Gerste, Hafer, Rübsamen, frischen und trockenen Gemüsen und einigem Obst«. Das damit zubereitete Essen in der Anstalt unterschied sich nur wenig von demjenigen der ländlichen Bevölkerung:

»Die Speisung besteht … für gesunde Detinirte: Morgens und Abends in einer Mehlsuppe mit Wasser, Mehl, Milch und Salz zubereitet; Mittags in 2 Pfund Gemüse, nämlich: Erdäpfel, gelbe oder weiße Rüben, Weiß- oder Braunkohl, Gerstengraupen, Erbsen und Sauerkraut. Diese Gegenstände werden meistentheils zur Hälfte mit Erdäpfeln gekocht und mit Rindsfett, Weizenmehl, Salz und Suppenkräutern zubereitet.

Donnerstags und Sonntags wird Mittags, statt des Gemüses, pro Kopf 1/2 Pfund Rindfleisch und 1 Quart Fleischbrühe mit Weißbrod verabreicht.

Detinirte, welche anstrengende Arbeiten verrichten, erhalten außerdem einen Zusatz von 1 Quart Bier oder 1/16 Quart Brandwein und mitunter auch 1/2 Pfund Schwarzbrod. Maschinen- und Handmühlendreher erhalten, statt obigen Zusatzes, pro Kopf 1/2 Pfund Rindfleisch nebst Bouillon täglich. … Außer dem obengenannten Zusatz trinken die Detinirten Wasser.« (HSTAD) Dazu gab es jeweils Schwarzbrot.

Die Mehlsuppe, früher ein unbedingtes »Muss« auf jedem ländlichen Speisezettel, hielt sich im stadtnahen Landkreis Köln bis zur Mitte des 19. Jahrhunderts, in ausgeprägt agrarischen Gebieten, wie z. B. weiten Teilen des Bergischen Landes, noch bis zum Beginn des 20. Jahrhunderts. Der Mittagseintopf in der Arbeitsanstalt war zumindest von der Quantität her ausreichend, ernährungsphysiologisch jedoch nahezu wertlos. Es kam eben in erster Linie auf Sättigung an.

Kennzeichnend für die Massenverpflegung war die sparsame Verwendung von Fleisch. Schweinefleisch war im 19. Jahrhundert relativ teuer und kostete etwa eineinhalbmal so viel wie Rind- oder gar Kalbfleisch, denn es war wegen seines vergleichsweise hohen Fettanteils kalorienreicher und daher angesichts der körperlich schweren Arbeit besonders begehrt.

Die Verpflegung in den rheinischen Gefängnissen unterschied sich nur unwesentlich von jener in der Arbeitsanstalt Brauweiler: morgens Brot mit Butter und Salz, mittags 1 Maas Suppe (verm. etwa 1,3 kg) und 1,5 Pfund Brot über den Tag verteilt, abends wiederum Brot mit Salz. Mit Ausnahme der einheitlichen Brotportion von 1 1/2 Pfund variierte die Verpflegung jedoch offensichtlich von Gefängnis zu Gefängnis. Die Hauptbestandteile der Suppen wichen oft deutlich voneinander ab: Hirse, Linsen, Reis oder Graupen, dazu Wurzeln, Mohrrüben, Breitlauch und zur Verfeinerung auch Sellerie. Das Gewicht des jeweils ausgegebenen Suppentopfs war unterschiedlich. Für den Regierungsbezirk Düsseldorf veranschlagte man 1817 »3 (Pfd.) mit dem nöthigen Salz versehenen Gemüse, wovon des Mittags 2 pfund frisch gekocht und des Abends l pf warm gemacht verabreicht werden« (HSTAD). Im Liefervertrag für das Arresthaus zu Koblenz war für 1814 die tägliche Menge von einem Liter Suppe vereinbart (LHK).

Der Oberpräsident der Rheinprovinz kritisierte 1818 vor allem die Eintönigkeit der Speisen: »Die Wahl der Supen-Bestandtheile kann … mehr Abwechslung darbieten; ich vermisse namentlich … manche Wurzel-Gewächse – Sauerkohl – Häringe – Essig – geröstete Brodwürfel in Speck gebraten – Knochenbouillon, statt Fett oder Butter – Eier – Salzgurken und dergleichen.« (HSTAD) Insgesamt aber hielt er die Versorgung der Inhaftierten für so gut, dass zum Beispiel Soldaten und Tagelöhner ihnen gegenüber nur den Vorteil der persönlichen Freiheit hätten.

Typische Orte der Massenverpflegung waren auch die Armenspeiseanstalten, deren Ziel es war, »mit verhältnismäßig geringen Mitteln eine gesunde, nahrhafte und wohlfeile Nahrung für Viele« (Armenspeiseanstalt Düren, 1845/1846, HSTAD) zu liefern. Die Speisung bestand durchweg aus Eintöpfen, häufig auch → RUMFORDSUPPE, die z. B. 1833 aus folgenden Zutaten bereitet wurde:

»6 Loth Erbsen / 4 Loth Gerstengrütze / 1/4 Metzen Kartoffeln (= knapp 0,9 Liter) / 3/4 Loth Rindsfett / 1 1/2 Loth Salz / 1/48 Quart Essig (= ca. 0,025 Liter).« (HSTAD; ein Lot hatte zwischen 14 und 18 Gramm, ein Quart 1,2 Liter) Auch die »normalen« Eintöpfe, meist Suppen genannt, enthielten nur wenige, standardisierte Zutaten: Bohnen, Erbsen, Kartoffeln, Gerste, Mehl, geringe Mengen Reis, Butter, Nierenfett, geringe Mengen Speck, Salz, Essig, grüne Gemüse und Suppenkräuter (Amtsblatt Düsseldorf 1831).

Eine recht gute Zusammenfassung der Situation in den Armenspeiseanstalten bietet der Bericht über die Zustände in Bonn im Jahre 1826: »Eine Rumfordische Suppenanstalt befindet sich in dem Pastoratsgebäude zum H. Remigius. Die Speisen werden durch die Dämpfe eines Papinianischen Topfs in drei hölzernen Behältnißen gekocht, und können also nie anbrennen. Zwei Behältniße sind für die Speisen der Gesunden, eins für jene der Kranken bestimmt. Die Speisen der Gesunden, womit an den verschiedenen Wochentagen zweckmäßig gewechselt wird, bestehen: in Erbsen, Linsen, Gerste, Hafergrütze, Hafermehl, Hirse, Kartoffeln, mit Zusätzen von gebeuteltem Roggenbrod, Sellerie, Lauch, Pfeffer, Nägelchen, Fett und Salz. Für die Kranken wird Rindfleischbrühe gekocht. Die Speisen sind so zugerichtet, daß sie jedem an einen guten Tisch gewöhnten Manne schmecken. Alle Tage werden 272 Quart nicht dünner, sondern steifer, sehr nahrhafter Suppen ausgetheilt. Die Portion für ein Individuum beträgt etwas weniger als ein Quart. Auch werden hier alle Durchreisende, mit Polizeischeinen versehene Arme gespeiset.« (HSTAD)

MAUBISCH Birnenmuskuchen in den Gemeinden Lantershofen bei Bad Neuenahr – hier gibt es sogar ein Maubich-Fest (→ REGIONALE SPEISEN, SPEZIALITÄTENFESTE) – und Ringen (Ahrtal). In Ahrweiler ist »Maubich« »Marmelade, Schmier aus getrockneten Birnen, auch zum Auflegen auf → FLADEN« (RhWb).

MAUSOHRSALAT Feldsalat (Traben-Trarbach) (RhWb).

MAUZE »Fastnachtskrappel, süsses Gebäck aus dünngewalztem Zuckerteig, in Schmalz gebacken«. Kann auch Einback oder Zwieback bedeuten (RhWb). → MUZEN, MUZEMANDELN

MAUZEMANDEL »Kleines Backwerk aus Muzenteig in Mandelform, zu Fastnacht« (RhWb). → MUZEN, MUZEMANDELN

MEDIZINALTOPOGRAPHIEN In Preußen, zu dem im 19. Jahrhundert auch der größte Teil des Rheinlands gehörte, wurde die staatliche Gesundheitspolitik vor allem im Sinne des damals gebräuchlichen Begriffs »Gesundheitspolizei« betrieben. Die Kreisphysikusse (= Kreisärzte) waren die mit der Durchführung dieser Politik beauftragten Gesundheitsbeamten der Kreise. Zu ihren Aufgaben gehörte die umfassende Beobachtung der gesundheitlichen Verhältnisse der Bevölkerung in ihrem Zuständigkeitsbereich. Über ihre Erkenntnisse erstatteten sie Bericht in den Medizinaltopographien, die oft auch in Buchform veröffentlicht wurden. Es waren »medizinische Ortsbeschreibungen, ›die eine möglichst geschlossene Darstellung der Gesundheits- und Krankheitsverhältnisse der

Bevölkerung in Verbindung mit der geographischen Umwelt, d.h. der Ortslage, dem Klima, den geologischen und hydrologischen Verhältnissen, sowie mit den sozialen, kulturellen und ethnischen Erscheinungen enthalten‹. Sie machten auf Missstände aufmerksam und formulierten Verbesserungsvorschläge« (Zwingelberg). Für den Regierungsbezirk Köln zum Beispiel sind diese Topographien aus den 1820er-Jahren erhalten und bilden eine schöne Quelle für die damaligen Lebens- und Wohnverhältnisse in Stadt und Land, besonders auch für die Nahrungsforschung.

MEHLBEERE »Frucht des Weißdorns« oder »Hagebutte« (RhWb). In Hückeswagen als Nahrung in Notzeiten, in Ellern/Hunsrück »wurde in schlechten Zeiten Kaffee gebrannt«. Auch verwendet zur Herstellung von Marmelade oder Mus (Uhlich).

MEL In Meerbusch-Osterath für → MANGOLD.

MELDE Es gibt verschiedene Arten der Melde: Atriplex (Gartenmelde), Atriplex patulum (Flodders), Chenopodium album (Beermelde), Kochie (Radmelde) (RhWb). Melden wurden in Salaten verwendet. Seit einigen Jahren findet man sie wieder vermehrt im Angebot der Wochenmärkte.

MEMM Euter (Meerbusch-Osterath), galt zusammen mit Mel (Mangold) als → ARMELEUTE-ESSEN. Als Mämme Bezeichnung für »Kuh-, Ziegeneuter« in RhWb.

MEMMESPECK Bauchspeck (RhWb). In Moers gab es »kurz nach der Schlachtung noch Speck und zwar den sogenannten Memmespeck«.

MEMMESTITZE In Düsseldorf für Rosinen (MmWb).

METESBIRNE Birnenart, nachgewiesen für Klev bei Dabringhausen. Im benachbarten Kreckersweg hießen sie *Meätesbieren* und wurden nur zur Herstellung von → BIRNENKRAUT verwendet.

METZELSUPPE Das ist allgemein im südlichen Rheinland die Brühe, in der die frisch gemachten Würste gekocht wurden. Sie wurde am Schlachttag in Schweppenhausen und Seibersbach im Hunsrück abends gegessen. → WURSTBRÜHE

MIEBACHS SCHINK In Meerbusch-Osterath für → KRAUT, benannt nach der dort ansässigen Krautfabrik.

MILCHSUPPE *Nicht gebundene Suppe nur Weissbrotstückchen eingekocht und mit Salz und Zucker abgeschmeckt* (Neukirchen-Vluyn).

MIT(T) In der nördlichen Eifel und am linken Niederrhein ist das ein Essensbehälter (→ HENKELMANN): *Den Fabrikarbeitern wurde um 12 Uhr der »Mit« gebracht, drei Aluminiumtöpfe, die übereinander gestapelt wurden, für Suppe, Kartoffeln mit Fleisch und Soße, Gemüse* (Eschweiler). *Nach 1900 fanden hier Leute Arbeit bei Glanzstoff in Oberbruch. Sie nahmen das Essen für den ganzen Tag mit, es war die »Mitnahme«, abgekürzt; »dr Mit.«* (Heinsberg-Aphoven). »Mitt ist eine Abkürzung von Marmitt aus französisch marmite ›Kochtopf‹, Marmitt war in den rheinischen Mundarten einmal weit verbreitet« (MmWb). → MARMITT

MITNAHME, ARBEIT ALLGEMEIN Wie die Kinder in die Schule eine Mahlzeit mitnahmen, so hatten die Erwachsenen ihr Essen bei der Arbeit in Feld, Wald, Fabrik, Zeche dabei. Der → HENKELMANN, übliches Gefäß für die Mitnahme des Essens, scheint nicht nur ein städtisches oder industrielles Phänomen gewesen zu sein, auch zur Arbeit

M

in Feld und Wald wurde er mitgenommen. Der Inhalt ähnelte sich überall: Essenreste vom Vortag wie in Rees und Emmerich, Suppe und Durcheinandergekochtes mit etwas Fleisch oder Speck, manchmal auch Gemüse mit Kartoffeln vom Fleisch getrennt.

Im Bergischen Hückeswagen erscheint erstmals der Begriff → ELBERFELD-BARMEN: *Im zweiteiligen Henkelmann (Hier auch Elberfeld-Barmen genannt), Suppe und Untereinandergekochtes. Wurde am Arbeitsplatz nach Möglichkeit aufgewärmt. Bei Schicht-Arbeit ließen sich die Hückeswagener Dammstöcker, Walker, Färber und Dreher, auch die Feilenhauer und Hammerschmiede ein Gröbchen mit »Jepienichten« abends an den Arbeitsplatz bringen (meistens von ihren Frauen). Die Männer durften kurz ans Fabriktor kommen, ohne dass der Stuhl oder die Maschine abgestellt werden durfte. Das mussten dann die Kollegen so einrichten. Man nahm ein »Krükelchen« mit kaltem Kaffee oder irgendwelchen Säften mit zur Arbeit (formschönes Henkelgefäß mit 1/2 l Inhalt, Steingut, salzglasiert) Von der Feldarbeit fuhr man mittags nach Hause. Zum zweiten Frühstück kam die Magd oder Bäuerin mit einem Winkelswarenkorb aufs Feld oder in die Wiese. Es gab Butterbrote, zu Erntezeiten Zuckerstütchen oder Streuselkuchen. Nach den Feldarbeiten Birnenmilchsuppe oder Bratkartoffeln.*

Hatten die Männer morgens den Kaffeebehälter bereits mit, wurde das Essen dennoch häufig nachgebracht. In Köln fuhren Kinder, die ihren Vätern das Essen brachten, verbilligt Straßenbahn: *Sie sagten zum Schaffner: »Ein Essensträger« und zeigten dabei auf den »Henkelmann«, den sie bei sich hatten.* Auf den Zechen im Aachener Revier wie zum Beispiel in Bardenberg gab es spezielle Essenträger, *die das Essen einsammelten und dann zum Arbeitsplatz brachten.* In Mechernich waren es wieder die Kinder, die den Henkelmann zum Tor des Bleibergwerks Spandau brachten, wo ihn der Vater Punkt 12 Uhr abholte.

Wie die »Aufbereitung« des Essens vor sich ging, schildert ein Wassenberger von einer Gleisbaustelle kurz nach dem Ersten Weltkrieg: *Hierzu ist mir noch in der Erinnerung, wie die Streckenarbeiter der Bahn an ihrer jeweiligen Arbeitsstelle am Gleis das mit oder nachgebrachte Essen aufwärmten. Das geschah mittels einer rechteckigen etwa 20 cm hohen Blechwanne, in der Wasser erhitzt wurde. In diese Wanne wurden die »Henkelmänner« mit dem Essen zum Erwärmen hineingestellt. Einer aus der »Rotte« war zur Unterhaltung des offenen Feuers abgestellt, dem dabei die verschiedensten Wohlgerüche um die Nase wehten. Wer einen 2 Topf-Henkelmann ins Wasser stellte, dem wurde ein »Zwei-Ponner« angedichtet. In der Regel war das Essen das gleiche wie das zu Hause für die Familie auch. Es wurde also nicht besonders gekocht.*

Kaffee (oder wohl eher Kaffee aus Ersatzstoffen) war das Getränk, das am häufigsten mitgenommen wurde, außerdem Tee, Milch, einfaches Wasser oder, wie in Langenfeld-Richrath in der Zeit um den Zweiten Weltkrieg, Sprudelwasser, das vom Werk gestellt wurde, wenn man zum Beispiel »Feuerarbeit« verrichtete. Manchmal *brachte Vater eine Flasche von seinem Deputat mit nach Hause, die, gemischt mit Obstsaft, bei Kindern ebenfalls begehrt* war. Das *ebenfalls* bezieht sich auf das → HASENBROT, das gerade bei den Kindern beliebt war. Der Arbeiterhaushalt, von dem hier berichtet wird, hatte wochentags fünf, sonntags meist sechs bis sieben Personen zu verköstigen. Zur Selbstversorgung dienten zwei Nutzgärten: einer direkt am Haus, ein größerer in etwa zwei Kilometern Entfernung.

MITNAHME, FELD- UND WALDARBEIT Bei der Feld- und Waldarbeit, also im bäuerlich-ländlichen Bereich, gehörte die → »MIT« zur Ausrüstung. Ob man mittags auf den Hof zurückkehrte oder nicht, hing von der Entfernung zu den Feldern ab. Ein längerer Bericht aus Alfter bei Bonn gibt Aufschluss über die Gepflogenheiten am Vorgebirge, wie sie auch typisch für weite Teile des Rheinlands zu Beginn des 20. Jahrhunderts waren:

- *Feldarbeit:*

Da die Felder meist weit außerhalb des Dorfes lagen, wurde oft für den ganzen Tag das Essen mit ins Feld genommen oder aber die Kinder brachten nach der Schule das von der Mutter bereitete Essen zum Vater ins Feld und halfen dort mit, vor allem in der Erntezeit (sicher sind deshalb auch die so genannten Kartoffelferien (Herbstferien) in der Haupterntezeit eingerichtet worden).

- *Getränke:*

Kaffee oder Tee gemischt (manchmal schon etwas Bohnen-Kaffee mit Malzkaffee (Mukefuk) gemischt in einer Blechkanne, die zur Isolierung gegen Abkühlen von außen mit einem wollenen Tuch, meist einem Kopftuch, umkleidet wurde und mit einer Kordel befestigt wurde).

- *Mittags:*

Eintopf (Erbsen- oder Bohnensuppe) oder Püree mit Speck, oder Würstchen mit Sauerkraut, manchmal mit Eisbein. Bei uns zu Hause wurde das ganze Essen mit einem Vielierchen, einem dunklen, meist schwarzen, selbstgestrickten wollenen Kopf- und Schultertuch der Großmutter eingepackt …

- *Waldarbeit:*

Hier musste das Essen früh am Morgen schon mitgenommen werden. Die Waldarbeit wurde meist im Herbst oder beginnenden Winter gemacht; entweder fuhr man mit einem »Damenschoner« (Handleiterwagen) oder mit einem oder mehreren anderen Bauern mit dem

Pferdewagen in den Wald. Meist wurden »Schanzen« (Reisigbündel) geholt (daher kam auch die Redewendung: »Ich gon schanze!«)

- *Zum Essen nahm man mit: Schwarzbrot mit selbstgemachtem Schweineschmalz, manchmal ein Stück Speck, Schinken oder vorgebratene Bratwurst, welche dann auf einem kleinen Feuer kurz aufgewärmt wurde, und in einer Blechkanne Tee, der ebenfalls erwärmt wurde. Der »Flachmann« durfte dann natürlich nicht fehlen.*

Im Raum Kerken/Niederrhein bekamen Männer und Frauen vormittags gegen 10.30 Uhr und nachmittags gegen 17.30 Uhr Schnaps – die Männer zwei klare Korn, die Frauen einen mit einem Stückchen Würfelzucker (→ PONTER). Neben den genannten deftigen Speisen gab es häufig auch Butterbrote, gut belegt, gekochte Eier, Kartoffelsalat mit Speck, zum zweiten Frühstück auch selbst gemachten Handkäse (Mengerschied/Hunsrück) oder nachmittags im Herbst *Zwetschenkuchen (manchmal auf Brotteig).*

MITNAHME, HEUERNTE/KARTOFFELERNTE Bei der Heuernte brachten die Kinder sogar eine Nachspeise aufs Feld: dicken Reis mit Zimt und Zucker (Speldrop/Niederrhein). Überhaupt wurden zur Erntezeit wegen der körperlichen Anstrengung kräftige und umfangreiche Mahlzeiten zubereitet. Das galt auch für die Kartoffellese: Es gab Reibekuchen, Topfkuchen (Ober Kostenz/Hunsrück), Waffeln oder Kuchen – typische Speisen für die Nachmittagsmahlzeit gegen 16.00 Uhr. Hier die Schilderung einer Kartoffelernte bei Kerken/Niederrhein:

Morgens 7.00 Uhr begann die Arbeit auf dem Feld Kartoffellesen (Krabbele), die Frauen nannte man Puusfroillüj oder Krabbelsfraues. Zum Kaffee gab es Butterbrote (Bot-

teramme) mit Schinken (Schenk) oder Wurst (Woosch), nicht so gute Bauern (Buure) gaben Quark (Flötekies) auf dem Brot. Mittags gutes Essen mit Suppe (Zupp) Kartoffeln (Ärpele) und Gemüseallerlei (Gemüsdurien), gegessen wurde auf dem Hof, nicht auf dem Feld, alle an einem Tisch in der Küche (Köök) mit den Bauersleuten (Buurelüj). Um 4.00 Uhr 2 dicke Butterbrote (Botteramme) Schwarzbrot mit Weissbrot (Witteweck) selbstgebacken. Belag Fleisch oder Wurst. Der Lohn betrug 25 Pfg. pro Stunde, wenn es weiter war bei der Anfahrt, wurden 20 Pfg. Wegegeld gezahlt (Loopgeld). Ich habe auch beim Kartoffelsetzen hinter dem Hundepflug gearbeitet (Hondsplug). Wir nannten das Kartoffelsetzen (Ärpelsette), man hatte ein blaues Leinentuch um (de Schlubbert), damit trug man die Kartoffeln (Potärpele).

MITNAHME, SCHULE Große Auswahl für das Schulbrot gab es damals nicht, wie die Tochter (Jahrgang 1934) eines Bahnmeisters bei Krupp erzählt: *Als ich zur Schule kam, gingen die alten Traditionen schon flöten, aufs Brot gab es, was zu bekommen war und nicht was man gern gehabt hätte.* (Duisburg-Hochemmerich) Das konnte dann Schmalz sein, Aufschnitt oder Wurst (besonders nach Schlachttagen auf dem Land), manchmal Käse, Eischeiben, häufig auch nur Marmelade oder Kraut, Zucker, oder auch einfach Pfannkuchenecken (Emmerich). Es war zwischen den beiden Weltkriegen meist eine Frage der Finanzen. So mussten in Nieukerk/Niederrhein die begüterten Bauernkinder ihr belegtes Butterbrot *zur Hälfte mit weniger begüterten Kinder teilen, die nur trockenes oder gar kein Brot hatten*. In Willich bestand das Schulbrot früher meistens aus einem trockenen Brötchen, *was von den Kindern ausgehöhlt und an der naheliegenden Dorfpumpe mit Wasser gefüllt wurde, um es aufzuweichen*. Dass die Kinder sich etwas beim Bäcker kauften, war sicherlich die Ausnahme: Fünf Pfennig kostete Anfang der 1920er-Jahre das Rosinenbrötchen in Korschenbroich bei Mönchengladbach, das als Pausenbrot reichen musste (Mönchengladbach-Lüttenglehn).

Im ganzen Rheinland bekannt war das doppelte Brot: eine Scheibe Schwarzbrot mit einer Scheibe Platz, Graubrot oder einem halben Brötchen darauf. Ein Wassenberger schreibt dazu:

Beim Besuch des Gymnasiums in Erkelenz (ab 1920) bekam ich »en Dubbelte« (eine Doppelte) mit, d.h. eine Scheibe Schwarzbrot und eine Scheibe »Weck« mit dazwischen Margarine als Aufstrich und mit fettem Speck aus der Hausschlachtung als Belag. Bruet on Weck ope'n: Dat gäeve stärke Been' so kommentierte Mutter dieses Schulbrot. Das Einwickelpapier musste zur Wiederverwendung

M

schön gefaltet zurückgebracht werden.

Viele erinnern sich auch noch, gerade im städtischen Bereich, an die Quäkerspeisen nach den bei-den Weltkriegen und an die Kakaoausgabe, die eine Kölnerin (Jahrgang 1913), Tochter eines Metzgermeisters, sehr plastisch schildert:

In die Schule bekam man auch ein Butterbrot mit Belag mit und in der großen Pause ging man mit seinem Kakaobecher aus Emaille und seiner Kakaokarte zum Hausmeister, der mit einem großen, dampfenden Kessel am Rande des Schulhofes stand und daraus den warmen Kakao ausschenkte und dabei ein Märkchen von der Kakaokarte abtrennte. Die Kakaokarten konnte man für wenig Geld kaufen. Arme Kinder bekamen sie umsonst. In den katholischen Schulen wurde von den Mitschülern aufmerksam beobachtet, ob man auch am Freitag Käsebelag auf dem Brot hatte. Wenn die Mutter sich schon mal in der Morgeneile geirrt hatte und zur Wurst gegriffen hatte, dann hieß es gleich: Ohweia, dat saren ich der Frolein!

Auf dem Hunsrück bekamen die Schulkinder noch um 1900 kalte Pellkartoffeln eingepackt (Mengerschied), später dann Brote, die nicht selten wie in Dörrebach gut belegt waren: mit Schinken, Schwartenmagen oder Servelatwurst.

MITNAHME, WALLFAHRTEN Die seltenen Ausflüge oder die einmal jährlich stattfindende Wallfahrt waren willkommene Gelegenheiten zur Abwechslung. Beliebte Speisen waren vor allem Kartoffelsalat, manchmal mit Würstchen oder hart gekochten Eiern, selbstverständlich Butterbrote (zum Teil mit Pfannkuchen als Belag – Uckerath/Sieg) und in einem Fall sogar Grießbrei (Krefeld). Die Ausflügler tranken Limonade, Selterswasser, verlängerten Himbeersaft oder Selbsthergestelltes aus Wasser, Natron, Zucker und Essig, manchmal unter Zusatz von echtem Lakritz (Speldrop/Niederrhein). Daneben gab es auch noch → MAKAI, ein kakaoähnliches Getränk. Über die Limonade berichtet ein Düsseldorfer: *Diese war in kleinen Flaschen abgefüllt, welche mit einer Glaskugel verschlossen die Kohlensäure festhielt. Man musste die Glaskugel eindrücken, und hatte die schmackhafte Limonade frei.*

In Schöneberg bei Bad Kreuznach nahmen die Ausflügler einen kleinen Backpulverkuchen mit Rosinen mit, in Winterspelt und Mannebach in der Eifel Waffeln. In Straelen galten dagegen andere Gesetze: *Die Straelener waren bekannt für besonders reichhaltige Verpflegung, wie Brot, Schinken, Eier, Kartoffelsalat, Frikadellen. An Getränken wurden Obstsäfte mitgenommen. Bei der Wallfahrt nach Kevelaer wurde gemahlener Kaffee mitgenommen und in Kevelaer das gekochte Wasser in Gaststätten gekauft.*

Gaststätten waren also fast unerreichbare Luxusorte, die das kochende Wasser verkauften: im Wallfahrtsort Kevelaer vor dem Ersten Weltkrieg für 10 Pfennig (Aldekerk/Niederrhein), in den Zwanziger- und Dreißigerjahren 20 Pfennig (Myhl bei Wassenberg). Ein paar Dörfer weiter nahm der Ophovener Wirt nur 10 Pfennig, und wenn er bis 11 Uhr 60 Mark eingenommen hatte, sprach er von einer guten Oktav. An Gebäcken aßen die Wassenberger *Zockerfla oder Plotz, beides dünne Hefeteiggebäcke mit Zuckerstreusel oder Zuckerguß* oder aber, wenn es nach Toresnet/Belgien ging, den dort typischen Reisfladen. Die Buschdorfer unternahmen zum Wendelinusfest (20. Oktober) eine Wallfahrt nach Bornheim-Sechtem und kauften dort als Mitbringsel die Wendelinus-Brezel. Die Jungen sollen dabei das Ave Maria um die Variante *deine Brezel begehren wir* bereichert haben, nur gemurmelt natürlich.

Aus Sankt Hubert bei Kempen gibt es einen Bericht über eine wallfahrtsähnliche Marienwanderung:

Ich gehöre einem Verein (Gesellschaft) an, dessen Mitglieder jedes Jahr am ersten Sonntag nach dem 1. Mai eine Maiwanderung machen. Dieser Verein heißt »Maigesellschaft 1866« St. Hubert. Der Gesellschaft gehören 30 Männer an. Eine direkte Aufgabe hat die Gesellschaft nicht, außer, dass im April eines jeden Jahres eine Versammlung stattfindet, wobei die Maiwanderung besprochen und der Jahresbeitrag kassiert wird. Ziel der Wanderung ist bereits seit 1866 ein Nachbarort, der nach etwa einer Stunde Fußmarsch durch ein schönes Bruch/Waldgelände zu erreichen ist. Der

Abmarsch erfolgt um 5.00 Uhr und alle Wanderer singen beim Auszug aus dem Dorf »Der Mai ist gekommen ...«. Etwa auf halbem Wege, auf einer kleinen Flußbrücke hält der Präsident der Gesellschaft den Appell ab, ob jeder Maibruder ein Gebetbuch oder Rosenkranz mit hat, für den bevorstehenden Kirchgang. Gegen 6.30 Uhr trifft die Gesellschaft am Ziel, einer Gaststätte, die extra geöffnet hat, ein. Zur Begrüßung gibt es: Klore met Klötschke – Klaren / Korn mit Zuckerwürfel. Während alle Maibrüder die hl. Messe besuchen, die für die Lebenden und Verstorbenen der Gesellschaft gehalten wird, woran sich die Bevölkerung des Ortes rege beteiligt, ist der Oberkoch und zwei Köche vom Kirchgang befreit. Sie müssen für das anschließende Frühstück etwa 170 Eier kochen und zwar »Enteneier«. Zum Frühstück erhält jedes Mitglied 5 Enteneier, der Rest wird amerikanisch versteigert. Wer den Zuschlag erhält, muss den angesteigerten Betrag zahlen und bekommt die vorher vom Versteigerer in einen Hut gelegten Enteneier. Das können zwischen ein bis fünf Stück sein. Gegen 11.00 Uhr wird der Rückzug angetreten, denn laut Statuten muss die Gesellschaft um 12.00 Uhr St. Huberter-Gebiet betreten haben. Mancher Wanderer erreicht trotzdem sein zu Hause erst nach Mitternacht.

Wie ein Winzer (Jahrgang 1892) aus Alf an der Mosel erzählt, wurde auf der Wallfahrt *gefastet. Das heißt, es wurde nicht üppiger als sonst gelebt, sondern man aß sogar bescheidener. Zum Mittagessen nahm man ein Brot mit und bestellte sich dann am Wallfahrtsort (wir gingen zu Fuß nach Klausen) in einem Wirtshaus zu dem Brot eine Boullion oder einen Kaffee.* Eine Küster- und Organistenfamilie aus Meerbusch-Osterath *aß nie auswärts! Nur bei der Prozession nach Kevelaer kehrte man im besten Haus am Platze ein.*

MITTWOCH → FASTENSPEISEN, ASCHERMITTWOCH

MOBBELN In Kreckersweg bei Wermelskirchen für → WOLLBOHNEN.

MOCKENSUPPE *Milchsuppe mit Zwieback oder altback. Weißbrot, mit Zucker und Butter,* hauptsächlich für Heranwachsende (Aachen-Kornelimünster). Allgemein ist eine »Suppe mit eingeweichten Brocken« (RhWb) gemeint, wobei Mock ein »geweichtes Weissbrotstück in der Suppe, Brotende, Stückchen Wurst« (ebda.) bedeutet.

MÖHNEBIER Auch Mühnenbier (RhWb), ein Süßbier. *Damit bezeichnet man im Rheinland das Malzbier, das ja früher als Frauenbier und als ganz besonders gesund für Schwangere galt* (MmWb).

MÖHNEPISS »Dünner, ungenießbarer Kaffee« (MmWb). »Mühnenpiss = verächtlich für fades Getränk, besonders dünner, auf den Satz aufgeschütteter Kaffee« (RhWb).

Möhne ist heute die eigentlich noch gar nicht so alte Bezeichnung für die Karnevalsfrauen. Bis etwa Mitte des 19. Jahrhunderts war »Möhne« die mundartliche Anrede für jede alte, verheiratete Frau über sechzig oder aber die leicht abfällige Bezeichnung für eine unverheiratete alte Jungfer.

MÖHRE Daucus carota subsp. sativus. Sie wird auch Karotte genannt und ist eine alte Nutzpflanze, von der die Wurzel (die bei einigen Sorten bis zu einem Drittel aus dem Boden ragen kann) verwendet wird. Besonders im Rheinland bekannt sind zum Beispiel die seit Ende des 19. Jahrhunderts angebaute gelbe Lobbericher Möhre und die heute als rheinische gelbe Möhre gehandelte Süchtelner Möhre. Sie kommen hauptsächlich als rohe oder gedünstete Gemüsebeilage auf den Tisch, aus ihrem Saft kann man aber auch Möhrenkraut als Brotaufstrich (→ KRAUT) machen.

MÖHRENTORTE → NOTZEITEN, MÖHRENTORTE

MÖPPCHE In Nörvenich feste Suppeneinlage: »Ei, flüssige Butter, Mehl, Salz, eventuell Muskat« (MmWb).

MÖPPCHEZUPP In Nörvenich »Rindfleischsuppe mit einer festen Einlage, den → MÖPPCHEN ... War früher bei den Bauernfamilien fester Bestandteil des Festessens zum Schützenfest und zur Kirmes« (MmWb).

MÖSCHEEIER In Heisterbacherrott/Siebengebirge auch Müscheneier, bezeichnet eine »Reiserbohnensorte mit breiter Schote, mit lilarötlichen und braun punktierten, eiförmigen, etwas platt gedrückten Bohnen, früher beliebt für Bohnensalat und besonders für Bohnensuppe« (Siegerland) (RhWb).

MOHREGUBBEL Möhrengemüse. Als Möhrenjubbel im RhWb: »Fleischbrühe (Buttermilch) mit Kernbohnen, Möhrenwürfeln, meist auch mit Kartoffelwürfeln und Speck«. → KIEKÖM → PUSPAS → SCHNIEDERS COURAGE

● Rezept **Möhrengubbel**
(aus Kaldenkirchen)

Gewürfelte Kartoffeln mit Wasser aufsetzen, 1 Stich Schmalz dazu. Darauf gewürfelte gelbe Feldmöhren, 1 dicke Zwiebel und 1 Stg. Porree zerkleinern. Mit frischem Bauchspeck gut garen und stampfen.

MOHREPUSPAS Weiße Bohnen, Zucker, Butter-Mehl-Schwitze, Möhren und Petersilie durcheinander gekocht, wird nach dem Erkalten puddingähnlich (Lank bei Meerbusch).

MONNICKENDAMER BRATBÜCKINGE Frische, ungesalzene und leicht geräucherte Heringe, die bei Monnickendam an der Zuidersee (heute Ijsselmeer) gefangen wurden. Für Strempt bei Mechernich heißt es: *Frau Strunck häutete die Fische, entgrätete sie und briet sie von beiden Seiten in Butter. Vor dem Auf-*

M

tragen kam geklopftes Ei über die gebratenen Fische. Der Eierteig stockte in der warmen Pfanne, so daß die Bratbückinge darin eingebacken waren. – Man aß Salzkartoffeln und Salat dazu, meist → KETTENSALAT. In Köln kamen Rogner oder Milchner mit in die Pfanne. Der Ausdruck ist z. B. auch in Rees und in der Moerser Gegend bekannt (RhWb).

MOPPEN »Gebäck aus Mehl und Sirup (Honig), in den Kirmesbuden feilgeboten; es besteht aus einzelnen stangenförmigen, gerundeten Bröckchen, die sich leicht abbrechen lassen; Möppke (-chen) kleines rundes oder eckiges Kleingebäck aus Lebkuchenteig in Form der Pfeffernüsse, ebenso in den Kirmesbuden feil geboten, aber auch alltäglich vom Bäcker als Zugabe für die Kinder dargeboten; wer auf der Kirmes das Glücksrad drehte und nichts gewann, erhielt früher ein Möppchen als Entschädigung; das Hochzeitspaar warf früher beim Verlassen der Kirche Möppchen unter die sich herandrängenden Kinder« (RhWb).

MOTTEN Birnensorte (Groß Klev/Bergisches Land). Laut RhWb gleichzusetzen mit Bergamottebirnen. In Nußbaum bei Paffrath → WINTERMOTTEN.

MOULSCHELLE In Alf an der Mosel auf dem Wochenmarkt angebotene Teilchen. Als Maulschelle »Backwerk aus gerolltem, in der Mitte plattgedrücktem Teig in Köln-Mülheim und Bergisch Gladbach« (RhWb). »Maulschelle … kleiner geschälter, ausgestochener und mit gezuckerter Butter gefetteter Apfel, im Ofen in Blätter- oder Mürbeteigtasche überbacken« (Dumont).

MUCKE(N)FUCK »Verächtlich als Kaffeeersatzmittel, wie Cichorie, in Pulverform; sehr dünner Kaffee, besonders der auf schon einmal verwandten Bohnen aufgeschüttet ist« (RhWb). »Ersatzkaffee, Caro-Kaffee … Das schöne Wort geht übrigens nicht auf das berühmte mocca faux aus der Franzosenzeit zurück.« (MmWb).

MÜLL → MELDE

MÜNSTERBIRNE »Birnensorte, anfangs September reifend« (RhWb). Aus Aachen-Kornelimünster heißt es: *Die Münsterbirne wird als kleine, sehr süsse gelbe Birne mit roten Bäckchen beschrieben, die früher in fast jedem Bauerngarten hier an reich tragenden Bäumen wuchs. Zur Zeit der Oktav kauften Frauen des Ortes den Bauern diese Früchte ab und verkauften diese dann weiter an die zahlreichen Pilger, die diese dann meist sofort und mit großem Genuß verzehrten. – Die Zubereitung der Münsterbirnen er-*

folgt, indem sie halbiert werden, und das Kerngehäuse entfernt wird. Schale und Stiel bleiben an den Früchten. Die so vorbereiteten Birnen werden dann entweder mit sehr wenig Wasser und etwas Zimt gegart und als Kompott oder Brotbelag gegessen oder nach dem üblichen Verfahren konserviert. In jeder Zubereitung sollen sie sehr delikat sein.

MÜRBCHEN »In Düsseldorf kleine süße Brötchen« (MmWb), »mürber Milchweck« (RhWb).

MUS Im weitesten Sinne »jedes Blattgemüse« (RhWb). In Elten und Rees → GRÜNKOHL, »auch mit Mettwurst, durcheinander, steif gekocht«: »Bezeichnung für gekochten Grünkohl ... Auch noch in Stielmus ›Rübstiel‹ zu finden ... Das Spruutemus ›Rosenkohl‹ hört man fast nur in mundartlichem Zusammenhang« (MmWb).

MUSBÖCKCHEN Unterlage zum Schneiden von → STIELMUS (Sotterbach bei Wiehl). Als »Musbock« im Bergischen »Holzböckchen mit zwei eisernen Hörnern u. breitem (Messer), zum Schneiden des Rübstiels und Kohlmuses« (RhWb).

MUSCHELN NACH RHEINISCHER ART Das sind Miesmuscheln mit Gemüse in Weißwein gedünstet, verzehrt während der Monate mit einem »r« – also von September bis April. Aus dem Jahre 1825 wird für den Kreis Bonn berichtet:

»Von Muscheln sind die Bonner keine Liebhaber, obschon kein Beispiel einer dadurch geschehenen Vergiftung bekannt ist, wozu diese Speise in den Monaten Mai, Juni, Juli und August Veranlassung geben soll. Nach Hensler benimmt man den Muscheln dadurch den giftigen Stoff, daß man sie abwäscht, in einen Eimer frisches Wasser tut, dem man einige Hände voll Salz zusetzt, und sie eine Stunde darin läßt. Von den Austern gilt dasselbe.« (HSTAD)

MUTT »Der letzte Rest Kaffe in der Kanne, durchsetzt mit Kaffeemehl« (MmWb); »Mudd« = »Bodensatz in einem Eimer, Topf, besonders ... Kaffeesatz« (RhWb).

MUZEN, MUZEMANDELN »Mutzen, Muzen, Mutzenmandeln. Hoch-Zeit der Muzen, auch Muzemändelcher genannt, ist die Karnevalszeit. Und da diese im Rheinland fast das ganze Jahr über ist, kann man die süßen Muzen eigentlich immer essen« (MmWb). Aus Köln und Bonn wird berichtet: Die Mutzen werden in Fett ausgebacken, hinterher in Puderzucker gewälzt und sehen aus wie eine gewellte Teigplatte. Die Mutzemändelcher sehen aus wie ein dicker Teigtropfen, der ausgebacken wird. Beide Gebäcksorten gibt es von Silvester bis Aschermittwoch und nicht das ganze Jahr. → MAUZE

NAGELFLEISCH Rauchfleisch (Rees, Emmerich). *Rauchfleisch = »nagelfleis« wurde gesalzen und an einen Nagel zum Trocknen aufgehängt, dazu wählte man ein besonderes Stück, meist vom Pferd »oelk« genannt. Nagelfleisch galt als Sonderkost* (Rees). Dumont beschreibt es für Westfalen als »luftgetrocknetes, nicht geräuchertes Rindfleisch«.

NECKEN HÄNNES Im Krefelder Platt ein Stück → FLÖNZ ohne Beilage. *Himmel und Erde: Kartoffel und Äpfel zusammengekocht und mit gebratener Blutwurst »Necken Hännes« serviert* (Krefeld). Dagegen beschreibt Exner den »Näcke Hennes« wie folgt: »Er besteht aus enthäuteter Blutwurst, die mit Zwiebeln, Paprika, Senf und wieder dem → RÖGGELCHEN serviert wird.«

NEUJAHR Kranz, Brezel, Krapfen – das sind die traditionellen Gebäcke zu Neujahr, bekannt im gesamten Rheinland. Die Kinder besuchten am Neujahrsmorgen vor allem ihre Paten und erhielten für ihre Glückwünsche zum neuen Jahr Backwerk, häufig Hefekränze, Brezeln oder Gebildbrote in Tiergestalt (in Winningen an der Mosel bekommen noch heute die Jungen ein Hefepferd mit Reiter). Im Familien- oder Freundeskreis war das Neujahranwünschen mit Wettbewerbscharakter beliebt, einer suchte dem anderen mit dem Glückwunsch zuvorzukommen, das brachte einen Neujahrsweck ein. In Bornheim, an der Ahr und im Oberbergischen spielten die Männer schon in der Nacht in den Kneipen Karten um Brezeln und Kränze. »Die Alten spielen in ihrem Stammlokal Karten um Neujahrsbretzeln« (RhWb). Eiserkuchen, auch Hippen genannt, aß man in Neukirchen-Vluyn, in Hellenthal/Eifel einen *Weck in Form eines Menschen (ca. 40 cm lang), daran war eine Brezel gehangen.*

Als → NEUJÄHRCHEN bezeichnete man *feine, knusprige gedrehte Waffeln* (Neujahrsgebäck in Xanten), in Meerbusch-Büderich hießen sie Neujohre; es gab sie *2-, 4- u 6-köpfig*. Zu anderen Formen wie Hafermehlwaffeln, Neujahrsbroten und Neujahrskuchen vgl. Döring, Bräuche; RhWb.

Zu Mittag stand in Wesel Hasenbraten auf dem Tisch, in Dörrebach bei Bad Kreuznach gab es Rippchen mit Sauerkraut. Sauerkraut hatte übrigens nicht nur in Köln besondere Bedeutung – *das traditionelle Neujahrsessen: Sauerkraut. Das musste so sein, denn man glaubte fest daran, dass die langen Sauerkrautfäden für das kommende Jahr »ganz lang Geld im Portemonnai« verursachen würden. In anderen Kölner Haushalten war das Neujahrsessen: Linsensuppe. Dort hoffte man, dass die platten, kreisrunden Linsen im kommenden Jahr die »Pfennige« in den Geldbeutel brachten.*

NEUJÄHRCHEN → NEUJAHR

NEUNAUGEN Lampetra fluriatilis. Die aalähnlichen Speisefische, auch Bricken oder Pricken genannt, wurden auf ihren Laichwanderungen mit Stellnetzen, Hamen oder Reusen gefangen, am Niederrhein mit so genannten Prickenkörben. Sie zählen heute zu den gefährdeten Arten. Der Name ist von den rundlichen Kiemenöffnungen an den Seiten hergeleitet.

»Das Fleisch der Neunaugen ist sehr geschätzt. Sie bilden, besonders mariniert, einen wichtigen Handelsartikel; das Fleisch ist aber schwerverdaulich.« (MKL)

NEUNERLEIKRÄUTER Gründonnerstagsgericht aus verschiedenen frischen Kräutern, u.a. → GIERSCH und → BRENNNESSELN. Als »Neunerlei« im RhWb »Mus aus neun Blattpflanzen auf Gründonnerstag«.

NIEREN Kartoffelsorte. In Aachen-Kornelimünster wurde unterschieden in platte Nieren (Salzkartoffeln) und Blaue Nieren (Kartoffeln für Festtage). Auch im RhWb: »kostbarste Kartoffelsorte in Form einer Niere«. Sie wurden im Raum Geilenkirchen zur Kirmes serviert. In Köln-Zollstock war es der Name für *eine sehr festkochende Kartoffelsorte, wobei die Hausfrau genau nach der Farbe kaufte.* → KARTOFFEL

NIKOLAUS Der Nikolaustag (6. Dezember) war und ist noch immer einer der traditionellen Termine für die → WECKMÄNNER. → MUZEN scheinen hingegen an diesem Tag eher die Ausnahme gewesen zu sein. In Köln und in der westlichen Eifel gab es Gebildwecke in der Gestalt einer Frau.

N

In Mechernich-Strempt gab es für die Mädchen sogenannte Weggefrauen, für die Jungen ein Pferd mit Reiter. Die Figuren waren ca. 40 cm hoch und entsprechend breit und dick. Selbst hier überwog jedoch die Sparsamkeit: *Man aß nicht wahllos davon. Es gab jeden Tag eine Scheibe von dem Nikolausgebäck* – verständlich, war doch der Vater der Erzählerin (Jahrgang 1917) als Bergmann im Bleibergwerk tätig und verdiente sicherlich nicht allzu viel.

NONNEBRÖTCHER Zu Fastnacht *in Öl gebratene Hefeteichküchlein ... mit Puderzucker bestreut* (Kirf im westlichen Hunsrück).

NONNENPFÜRZCHEN »a. schmalz-, ölgebackenes Hefeküchlein, zu Fastnacht ... b. kleines, rundes Lebkuchenplätzchen, Pfeffernuss, Zuckererbse«. Die Lebkuchen und Pfeffernüsse wurden vornehmlich für Weihnachten gebacken (RhWb). Dumont kennt den kleinen Lebkuchen als »Nonnenkräpflein«.

MmWb: »Nonnefürzjer Nonnefürzchen Mutzemandeln, Mutzen (Gebäck zu Karnevalszeit). Diese lustige Bezeichnung ist im linksrheinischen, zentralen Rheinland gebräuchlich.« → MUZEN, MUZEMANDELN. In Köln Gebäck an Weihnachten. Heute eher »luftiger, gezuckerter Krapfen aus Brandmasse, oft mit Creme, Konfitüre usw. gefüllt« (Dumont).

NOTZEITEN Notzeiten machen erfinderisch – auch in der Küche: Gerichte werden »verlängert« und Zutaten geändert und so an die schlechten Zeiten angepasst. Damit sind nicht jene Verfälschungen von Nahrungs- und Genussmitteln gemeint, wie sie teilweise schon im 19. Jahrhundert gang und gäbe waren: bis zu 20% Gips im Weißbrot oder Schwefelsäure im Schnaps, um die Wirkung zu verstärken. Es geht vielmehr um die Kunst und den Erfindungsreichtum, durch die sich auch die Rheinländer mit den von außen aufgezwungenen Umständen wie Kriegs- und Nachkriegszeiten arrangierten.

Einen sehr guten Überblick über die angewandten Techniken gibt der Bericht einer Aachenerin: *Kuchenteig wurde (...) über gängige Zubereitungsarten mit gekochten, durch gepreßten Kartoffeln »gelängt«; geriebene Möhren gaben z.B. Napfkuchen Farbe und »Saft«, man brauchte weniger Eier; Malzkaffee: um Farbe zu geben verwendete man Zichorien mit (Wegwarte) und sparte so Getreide; an Rührei kam mehr Mehl als Ei! Pfannkuchenteig wurde statt mit Eiern mit Mehl und Backpulver gemacht; es gab einen Brotaufstrich aus (wenig) Leberwurst, Backhefe und gekochten Kartoffeln gemischt; man süßte Rhabarber z.B. mit Sirup aus Zuckerrüben; Kohlrabi- oder Möhrengemüse wurde mit Steckrüben gestreckt; »falscher Hase«: wenig Gehacktes mit viel gekochten, geriebenen Kartoffeln, Zwiebeln, Ei und etwas Milch zum Binden zu Teig verarbeitet, in Back- oder Auflauf-*

form gebacken oder im Wasserbad gekocht; helles Brot wurde zweimal gebacken (wie Zwieback) man kaute länger daran. »falsche Koteletts«: dünne Speckscheiben paniert und gebraten; aus Blut und Roggenmehl wurde »fleischlose« Blutwurst gemacht.

Der Vater der Erzählerin (Jahrgang 1927) war Baumeister, die Familie hatte einen Garten, zwei Kühe, vier Schweine, Hühner und Gänse. Dennoch kamen in den Jahren 1905–1925 auch hier Notspeisen auf den Tisch.

In Notzeiten wurde auch vermehrt gesammelt, was Wald und Feld an Essbarem zu bieten hatten, vor allem → BRENNNESSELN, Löwenzahn, Sauerampfer, Breitwegerich, Spitzwegerich, Schlehen, Holunder und → MEHLBEEREN. In krassen Notzeiten, wie im berüchtigten Rübenwinter (1917/18) während des Ersten Weltkriegs, gab es fast nur ein Gemüse, nämlich die → STECKRÜBE: *Schlimmste Notzeit war vor allem von Herbst 1917 bis Frühsommer 1918, wo Steckrüben die Ersatznahrung für Vieles bildeten: Steckrüben täglich mittags zum Gemüse statt Kartoffeln, das davon Übriggebliebene abends als »Bratkartoffeln«. Steckrüben, zu Marmelade verarbeitet, als Brotaufstrich (ohne Butter natürlich). Steckrüben geschnitzelt, gedörrt, gebrannt als Malzkaffeeersatz.* So sah es damals selbst in einem Weseler Beamtenhaushalt aus, der vermutlich vergleichsweise nicht schlecht gestellt war. → STOPPELRÜBEN

Spinat aus Rübenblättern, Kleie zum Backen von Pfannkuchen (Breyell/Niederrhein), Ebereschenbeeren für Marmelade, → WIBBELBOHNEN und in der südlichen Eifel sowie auf dem Hunsrück teilweise Pilze (aber nur in Notzeiten) waren übliche und durchaus gebräuchliche Nahrungsmittel, wenn es *mal knapp wurde.*

Zum Thema Brennnessel heißt es aus Radevormwald: *Als Kinder mussten wir, mit Handschuhen,*

Korb und Schere bewaffnet junge Brennnesseln, höchstens 10 centm. groß, an Hecken und Waldrändern suchen. Man ließ sie kurz aufwallen, damit die Vitamine nicht verloren gingen. Der leicht braune Sud wurde weggeschüttet wegen des strengen Geschmacks. Dann mit Beigaben gekocht wie Spinat oder Mangold. Es hatte den Vorzug, dass man schon Frischgemüse hatte, wenn die Saat ... im Garten noch am keimen war. Manchmal waren uns die Handschuhe lästig beim pflücken. Es juckte ganz schön an den Fingern. Und so stellte ich einmal beim Mittagessen die kindlich-naive Frage: »Moder, worümme brennt dä Brenni'etteln dann nich im Liewe?«

Manchmal entstand aber auch ein völlig falscher Eindruck, wenn Nachbarn oder Dorfbewohner Unbekanntes mit ihren Erfahrungen in Einklang zu bringen versuchten. So in einem Griethausener Lehrerhaushalt angesichts einer Pflanze, die wir noch heute als recht teure Delikatesse betrachten, während Wurzeln damals allgemein als typisches → ARMELEUTE-ESSEN galten: *Mein Vater legte schon früh ein Spargelbeet an. Die Leute, die diese Pflanze nicht kannten, verulkten uns, die wir weiße Wurzeln essen mussten. Auch »waren wir nicht fähig«, den Garten aufzuräumen, da das Spargelkraut noch lange stehen bleiben musste.*

NOTZEITEN, **BRATKARTOFFELN** Viele Hausfrauen erinnern sich noch daran, wie man Bratkartoffeln auch ohne Fett schön knusprig und braun aussehen lassen kann: durch die Verwendung von Kaffeesatz. Wie das schmeckte, darüber schweigen die Quellen allerdings.

NOTZEITEN, **BROTAUFSTRICH/-BELAG** *Botterschmeer* waren mit Butter verknetete Kartoffeln (Moers-Kapellen) → EIERSCHMEER; *Klotzebutter* bestand aus ausgelassenem Speck mit Mehl, Milch und Ei (Waldorf bei Bad Neuenahr), *Streckbutter* aus aufgerührter Butter mit Mehl, Milch und Ei (Lessenich/Eifel) oder *Butter mit Eigelb und Eischnee verlängt* (Geilenkirchen-Süggerath). *Marmelade wurde mit Griesbrei aufgelängt* (Nirm bei Geilenkirchen), und manchmal *wurde das Brot mit einer Hühnerfeder befeuchtet und mit Zucker bestreut* (Mönchengladbach-Neuwerk). Eine noch einfachere Methode kannte man in Niederdollendorf/Siebengebirge: *eingeweichte Brötchen mit Thymian und Majoran.*

NOTZEITEN, BROTTEIG Gängige Zugaben zum Brotteig waren Holzmehl (nach dem Ersten Weltkrieg in Niederdollendorf/Siebengebirge), sehr häufig Mais, gemahlene → BUCHECKERN (Rees), gekochte Kartoffeln für Weiß- oder Schwarzbrot und Gerstenmehl oder auch ausgesiebte Kleie. *Das Brot aus diesem Gemisch* [Roggenmehl mit Gerstenmehl] *hatte einen bitteren Geschmack und war oft mit Rissen durchzogen* (Dichtelbach bei Rheinböllen/Hunsrück).

NOTZEITEN, ERSATZSTOFFE, SONSTIGE Kakaoschalen dienten als Kakaoersatz (Rees), klein geschnittenes Dörrobst (Moers) oder gedörrte Kirschen (Bonn-Beuel u.a.) ersetzten Rosinen, Safran die Eier »zum Färben von Grieß oder Kuchen« (Lessenich/Eifel), Selterswasser oder Natron das Backpulver (Heisterbacherrott/Siebengebirge), und → BUCHECKERN (Geldern), Haferflocken (Stromberg/Hunsrück) oder Kürbiskerne (Königswinter) mussten als Nüsse herhalten. Geröstete Haferflocken ersetzten übrigens in Königswinter auch die Streusel auf dem Kuchen.

NOTZEITEN, FLEISCH UND WURST Fleisch und Wurst kamen selbst in normalen Zeiten nicht sehr oft auf den Tisch. In Notzeiten versuchte man dann oft, dem Essen zumindest etwas mehr schönen Schein zu verleihen: Der panierte Bauchspeck wurde zum *Arbeiterkotelett* (Kerken/Niederrhein), ebenso panierte Sellerieschheiben (Gressenich bei Stolberg). »Frikadellen« bestanden aus Brot, Fleischresten und Schwarten (z.B. Geldern). Blut- oder Leberwurst wurde mit Mehl verlängert. Mit Milch vermengte Leberwurst ließ sich immerhin besser streichen (Krefeld). Aus Winterspelt in der Eifel wird berichtet: *In die Blutwurst kam gekochter Weißkohl od. Kohlrabi, die war dann zum Braten geeignet* (→ WEISSKOHLWURST). Eine andere Form des kleinen Selbstbetrugs erlaubte man sich in Moers: *Die Wurstscheiben wurden an den Rand der Brotscheibe gelegt. Es sah dann so aus, als ob die ganze Scheibe belegt sei.* Eine weitere »Ersatzleberwurst« kannte man in Bergisch Gladbach: *mit ein paar »Pielen« Speck, Mehl, Bouillonwürfel und viel Thymian.*

NOTZEITEN, KAFFEE Für den »Kaffee« mussten viele Körner, Wurzeln etc. herhalten: Roggen, Gerste, Hirse (Hückeswagen), Zichorienwurzel, Eicheln, → MEHLBEEREN, Steckrüben (Wesel) und → BUCHECKERN. In Kerken/Niederrhein machte man den »Kaffee« folgendermaßen: *Gerste gemahlen und gebrannt in gusseisernem Topf (Kasterol) mit etwas Zucker und Fett. Zucker, damit es blinkt ..., genannt Muckefuck.*

NOTZEITEN, KAFFEETORTE *Kaffeetorte ... Die Torte wurde aus Mehl, »Kaffeesatz«, also gemahlenem Bohnenkaffee, aus dem man Kaffee gekocht hatte, Backpulver, etwas Fett, Zucker oder Süßstoff gebacken.*

Die Kaffeetorte schnitt man waagerecht durch und füllte sie mit Marmelade oder einer Creme. (Köln)

NOTZEITEN, **MANÖVERPLÄTZCHEN**
Neben der → KAFFEETORTE nahmen sich die »Manöverplätzchen« aus der Zeit des Ersten Weltkriegs sehr bescheiden aus. Es waren die Zwiebacke aus der eisernen Ration der englischen Soldaten: *etwa 5 cm – quadratische Plätzchen von schneeweißem Mehl. Für die deutschen Kinder war das eine Kostbarkeit.* (Köln)

NOTZEITEN, **MÖHRENTORTE**

● Rezept **Möhrentorte**
(aus Köln)

375 g rohe geriebene Möhren,
1 Ei oder Eiersatzpulver,
150 g Grieß,
200 g Mehl,
150 g Zucker,
1 Backpulver.

Nachdem man Ei und Zucker schaumig gerührt hatte, mischte man die geriebenen Möhren unter und dann die übrigen Zutaten. In einer mit Pergament ausgelegten Tortenform wurde die Torte gebacken. Die Möhrentorte schnitt man waagerecht durch und füllte sie mit Marmelade oder Vanillecreme.

NOTZEITEN, **REIBEKUCHEN** Reibekuchen bestanden in Notzeiten aus gut gewaschenen Kartoffelschalen, die die sparsame Hausfrau durch den Fleischwolf drehte (Düsseldorf, ähnlich in Mechernich). In Mönchengladbach-Neuwerk wurde die Reibekuchenpfanne *mit einem in Lebertran getränkten Korken eingerieben.*

NOTZEITEN, **SÜSSSPEISEN**
Süßspeisen kamen kaum auf den Tisch, einmal abgesehen von dem gekauften oder selbst produzierten Rübenkraut, das noch mit Wasser (Kerken / Niederrhein) oder gar mit Kaffee gestreckt und verdünnt wurde (Körrenzig / Jülicher Land). Aus Kirchberg bei Simmern stammt ein Rezept für Honigersatz: *Buttermilch und Zucker wurde solange gekocht, bis es eine honigähnliche Masse war, wurde dann als Brotaufstrich gegessen.* Einfacher machten es die Krefelder: Man *bestrich* (...) *eine Scheibe Brot mit Margarine, streute Zucker darauf und stellte sie in den heißen Backofen. Der Zucker karamelisierte und man hatte nachher den Geschmack von Honig.* In Krauthausen bei Jülich wurde *Marzipan aus gekochtem Gries mit Zucker und Mandelaroma* gewonnen oder aus gekochten Kartoffeln mit Bittermandelöl und Zucker (Bergisch Gladbach, Hückeswagen), und als Ersatz für Schlagsahne galt *gesüßter Eischnee, eventuell mit etwas Himbeersaft* (Bergisch Gladbach).

O

OBERLÄNDER Säuerliches Weißbrot (Roetgen bei Aachen). Unter »oberländisch« schreibt das Rheinische Wörterbuch: »Brut aus Mischelfrucht, Spelz oder Weizen, im Gegensatz zum Schwarzbrut des Flachlandes«. Heute allgemein als »freigeschobenes, auch angeschobenes Roggen- oder Weizenmischbrot, lang, stark ausgebacken und mit glänzender oder gemehlter Oberfläche« (Dumont).

OBST IM 19. JAHRHUNDERT Obst wurde meistens zur jeweiligen Reifezeit frisch gegessen. Lagerfähig waren damals hauptsächlich → ÄPFEL und → BIRNEN. Für sie musste ein dunkler, kühler Platz im Keller vorhanden sein. Weitaus gebräuchlicher war jedoch das Dörren, also die Herstellung von Trockenobst. Hierzu verwendete man Birnen, Äpfel, → PFLAUMEN und Kirschen. Gedörrt wurde das Obst in der Resthitze des Backofens nach dem Brot- und Kuchenbacken. Das Einmachen mit Zucker war, sicherlich aus Kostengründen, den Reichen vorbehalten, und die so konservierten Früchte wurden als Krankenkost bzw. als besondere Beilage zum Braten gereicht. Am häufigsten jedoch wurde »der Saft aus den Birnen gepreßt und zu Sirupdicke eingekocht, von der arbeitenden Klasse statt Butter auf Brot geschmiert« (HSTAD) → KRAUT. Daneben verwendete man das Obst auch zur Herstellung von Apfelwein, Essig oder Branntwein.

Obst spielte sowohl frisch als auch konserviert eine nicht unerhebliche Rolle in der damaligen Ernährung. In der → MASSENVERPFLEGUNG des frühen 19. Jahrhunderts hingegen – in Gefängnissen, Arbeitsanstalten, Kasernen und Armenspeiseanstalten – tauchen Früchte kaum auf. Lediglich bei der Verproviantierung der Festung Wesel im Jahre 1816 wird in den Listen der leichter verderblichen Lebensmittel Backobst geführt, das aber vornehmlich für Kranke und Verwundete bestimmt war (HSTAD).

Nach den Berichten in den → MEDIZINALTOPOGRAPHIEN der 1820er-Jahre wurde die Obstkultur in größerem Rahmen offensichtlich seit Beginn des 19. Jahrhunderts stärker gepflegt und verbreitet. Kennzeichnend hierfür ist ein Bericht aus dem Kreis Bergheim, der sich in allen wesentlichen Punkten mit den anderen Topographien deckt: »Die Obstkultur ist seit einer Reihe von Jahren im hiesigen Kreise mehr und mehr befördert worden, so daß auch der Arme jetzt Obst genießt, was er früher nicht gekannt hat oder nur höchstens zu sehen bekam. Gezogen wird das Obst in Gemüse- und eigenen Baumgärten. Zuerst reifen die Kirschen, die mit Ende Juni allenthalben genießbar sind, gleichzeitig oder bald nachher werden Erdbeeren, Johannisbeeren, Himbeeren, Stachelbeeren, Waldbeeren und Brombeeren gesammelt. Beide letztere wachsen wild. – Es folgen dann die Sommerbirnen, Abrikosen, die verschiedenen Pflaumen-Sorten u.s.w. Von Kernobst werden alle möglichen Sorten Aepfel und Birnen gezogen und machen diese bei der Mittelklaße den Haupt-Ertrag des Obstes und macht man hiervon, theils frisch, zum Essig, Äpfelwein oder zum Muß, welches die Stelle der Butter vertritt, theils getrocknet zum Kochen im Winter, den mannigfaltigsten Gebrauch. Baum- und Haselnüße und Mispeln werden auch hier im Herbste gesammelt. – Weintrauben kommen nur an Spalieren vor, Kastanien und Mandeln, welche man wohl in Herrschaftlichen Gärten findet, gedeihen selten. In fruchtbaren Jahren wird das Obst feil geboten, nur Überfluß treibt zum Verkauf an, mitunter auch die Not.« (HSTAD)

Für den Siegkreis wurden noch Pfirsiche genannt (HSTAD), für Gummersbach Preiselbeeren (HSTAD) und für den Kreis Geilenkirchen sogar – allerdings in Treibhäusern gezogen und somit der reichen Bevölkerung vorbehalten – Melonen und Ananas (LHA Koblenz).

In der Topographie des Kreises Bonn aus dem Jahre 1825 (HSTAD) finden sich ausführliche Listen u. a. der einzelnen Apfel- und Birnensorten. Danach waren an Äpfeln elf Sorten bekannt, deren Namen heute nur den Fachleuten zumindest teilweise etwas sagen dürften: Kurzstiel (und zwar grau, rot oder weiß), Jungfernapfel, Rötling, süßer Silberling, Sommer- und Winter-Rambour, Weinapfel, Pfaffenapfel, Margretenapfel, gelber Stettiner Apfel, Klöpperapfel und Schlotterapfel. Als die 13 »gemeinsten«, also häufigsten Birnen werden bezeichnet: Weinbergbirne, Eierbirne, Zuckerbirne, Winterbirne, Quittenbirne, Zwiebelbirne, weiße Butterbirne, Schmer- oder Schmalzbirne, Saft- oder zerfließende Birne, Martinsbirne, Margretenbirne, Speckbirne und Rostbirne.

Gehen wir zuletzt einmal zurück ins 18. Jahrhundert und betrachten eine interessante Quelle für die hiesige Küche: das »Niederrheinische Kochbuch«, 1777 in Düsseldorf erschienen. Die Adressaten dieses umfangreichen Werks waren offensichtlich städtische und begüterte Kreise, denn es enthält neben einfacheren Zubereitungsarten für Obst auch Rezepte für exquisite Gerichte wie »Hirsch mit Kirsch- und Zwetschenmus« oder »Lamm mit Stachelbeeren«. Ein Beispiel einer einfachen und doch raffinierten Zubereitung ist die »76. Vorschrift – Aepfel zu bereiten naturell – Hierzu muß man gute Aepfel nehmen, als Reinetten, Calvillen, oder Bosdorfer, diese werden geschält, in vier Theilen geschnitten, die Puzen und Kerne daraus genommen, in ganz wenig Butter gahr geschwitzt, beym Anrichten etwas Zucker und Zimmer übergestreuet, einige thun etwas weißen Wein darzu, dann heissen sie aber nicht mehr naturel. Einige lassen auch die Aepfel ganz, und lassen selbe nur in Butter gahr schwitzen, und richten sie mit übergestreutem Zucker und Zimmet an.«

OCHSENAUGE Diese Bezeichnung für ein Spiegelei, manchmal in einer speziellen Pfanne mit Vertiefungen gebacken, war nach RhWb allgemein in den Städten verbreitet. In der Eifel und Voreifel ist es auch der Name für ein »Backwerk in S-form, die Enden kreisförmig gerollt, Gebildbrot zu Nikolaus und Weihnachten«.

ODENWÄLDER Blaue Kartoffelsorte, die »heute wohl nicht mehr üblich« ist (Radevormwald). Nach www.pflanzen-im-web.de, 2009-09-14 handelt es sich um eine deutsche mittelfrühe, mehlig kochende Sorte, die 1908 zugelassen wurde.

ÖFFELSCHES Kleinere »Hefekuchen aus Buchweizenmehl, namentlich zu Neujahr« (RhWb). In Moers-Kapellen gab es sie meist *Samstags wenn Weissbrot gebacken wurde. Aus dem Hefeteig für das sonntägliche Weissbrot mit Rosinen, wurden kleine Plätzchen in der Pfanne in heissem Schweineschmalz ausgebacken.* In Neukirchen-Vluyn gehörten sie eher zum Abendessen: Als *besonderes gab es Weizen-Öffelsches mit Rosinen mit und ohne Schwarzbrot.*

ÖLLICH Öllich, Öllech, Öllesch, Öllisch, Ullesch, auch Üllisch lauten die vielen unterschiedlichen Mundartvarianten im Rheinland der Namen der Küchenzwiebel. Am Niederrhein kennt man die Zwiebel nur als Lauch, Look (Honnen, Mundartwörter).

In Köln ist der Öllich fast schon geadelt – als Name eines Knubbels (einer Untergruppierung) bei den Kölschen Funken rut-wieß, dem ältesten Traditionskorps des Kölner Karnevals. Das soll an eine angebliche Nebentätigkeit der Kölner Stadtsoldaten im 18. Jahrhundert erinnern: Wegen des miserablen Solds waren sie als Küchenhilfen tätig und mussten Zwiebeln schälen.

OFFELN Waffeln. Sie wurden früher aus Hafermehl gebacken und mit Rüben- oder Apfelkraut gesüßt, heute sind sie aus Weizenmehl mit Zucker (Hückeswagen). »... dünner, die ganze Pfanne einnehmender Hefekuchen aus Buchweizenmehl, namentlich zu Neujahr« (RhWb).

OHLIGSLÖMMELE Schmalzgebäck zu Fastnacht (Aachen-Kornelimünster) → FETTLÖMMELE. Ohligslümmel heißt eine »in Öl gebackene Krabbe, zu Fastnacht« (RhWb).

OLLIGKRABBEN In Öl gebackene Krapfen (Hefeteig mit Rosinen) gab es an Karfreitag (vgl. RhWb) allgemein am linken unteren Niederrhein.

OOFT Aufgeweichtes Dörrobst (Selfkant). Allgemein bezeichnet »Oft« auch » gedörrtes Obst, Äpfel und Birnen, aus denen ein Mus hergestellt wird, das als Aufstrich für die Fladen dient« (RhWb), in Harzelt/Selfkant in Resthitze getrocknete Äpfel und Birnen, in Moers *das gesamte Trockenobst.*

OSTEREI Das Ei ist das Symbol des christlichen Osterfests (→ OSTERN) schlechthin. Um das Ei haben sich im (mittel-)europäischen Raum Bräuche entwickelt, die letztlich Kirchenbrauch (Auferstehungssymbolik und Fastenvorschriften), Rechtsbrauch (Eierabgabe) sowie Schenkbräuche (Liebesgabe) zusammenfassen.

In der frühchristlichen Symbolsprache versinnbildlicht das Ei die Auferstehung und die Hoffnung auf künftiges Leben. Seit dem 12. Jahrhundert ist die österliche Eiersegnung belegt. Sie folgt dem allgemeinen Brauch, an Hochfesten gesegnete Speisen zu sich zu nehmen, findet ihren konkreten Anlass aber auch im offiziellen Ende der → FASTENZEIT, denn Eier gehörten zu den während der vierzigtägigen vorösterlichen Bußzeit verbotenen Speisen und durften erst wieder am Osterfest gegessen werden.

Zu den religiösen Überlieferungen tritt der Brauch der Eiergabe durch die Dorfgemeinschaft und des gegenseitigen Beschenkens mit Eiern hinzu. Das Ei, das, noch verschlossen, Leben in sich birgt, erfüllt damit auch seine Funktion als Liebesgabe.

Der Brauch des Eierfärbens reicht zurück bis ins 12./13. Jahrhundert. Durch ihre rote Farbe verweisen die Eier auf den auferstandenen Christus und das durch ihn vergossene Blut. Das Schmücken der Eier durch Bemalen, Ätzen oder andere Techniken, wie es in osteuropäischen Ländern, aber auch in der sorbischen Lausitz und im hessischen Schwalm-Eder-Kreis üblich ist, wird im Rheinland erst in der Neuzeit populär.

Zur profanen Brauchkultur gehören außerdem das Verstecken und Suchen von Ostereiern, die Ostereierspiele, das Heischen um Eier oder die Gebäcke (z. B. Osternest mit gefärbtem Ei).

OSTERN Nach der langen → FASTENZEIT wurde das Osterfest in vielen Familien sehnlichst erwartet. Zum Festmahl brachte die Hausfrau alles auf den Tisch, was Kammer, Keller und Speicher zu bieten hatten. In der Schilderung einer Bäuerin (Jahrgang 1904) aus Willich-Schiefbahn sind Elemente des Festessens im Rheinland zu erkennen: *Vorspeise: Hühnerragoutfin (Hühnerklein mit Schwitzsauce), Rindfleischsuppe mit Klößen (danach Wein) – 1. Gang:*

Rindfleisch mit Senfsoße, oder Zuckergurken – 2. Gang: Erbsen mit Möhren, besonders kleine ganze Kartoffeln in Butter und Paniermehl, geschwitzt – 3. Gang: Dörrobst mit Schweinebraten – Nachtisch: Pudding (Weincreme) mit Vanillesauce.

Andernorts gab es Kalbsnierenbraten (Rees), Rinderlende mit Spargel (Rees), Geflügelbraten, Kalbsbraten oder Rinderzunge (Kreckersweg bei Wermelskirchen) oder einfach wie in Straelen *Festessen wie zu Kirmes, Hochzeiten oder Taufen*. Lamm oder Zicklein stand in einigen Familien auf dem Speiseplan. Zum Zicklein gab es Kartoffeln, Gemüse und Salat (Stromberg bei Bingen). In Süggerath bei Geilenkirchen servierte die Hausfrau zum Osterlamm eine besondere Beilage: *mit Weißkohlgemüse Kartoffeln Weincreme Nachtisch frische Pflaumen in Steinbaare eingeweckt mit Schmalz wurden die Pflaumen von oben in der Baare abged. Man trank evtl. Wein dazu.*

Am unteren Niederrhein war Ostern der offizielle Termin, den gut abgehangenen Schinken und auch die Mettwürste anzuschneiden (Emmerich und Xanten).

Kein Ostern aber ohne die gefärbten Eier, von denen pro Person drei bis fünf (Nieukerk/Niederrhein), aber häufig auch zwölf (Apostelzahl) gerechnet wurden. Einem anderen Kerkener Bericht zufolge bekam *jeder Angestellte auf dem Hof ... 12 Hühnereier, 2 Enteneier und ein Gänseei, um 12.00 Uhr auf einem Teller – sie waren mit Zwiebelschalen (Lookschale) bunt gefärbt.*

Auch an Ostern gab es natürlich besondere Gebäcke wie Osterbrot, -zopf, -nest mit gefärbtem Ei, Osterhase oder Osterlamm. Im Monschauer und Aachener Land war der → POSCHWECK üblich.

Heute ist in vielen Kirchengemeinden ein besonderes Osterfrühstück verbreitet, das nach dem Ostergottesdienst gemeinsam eingenommen wird. Natürlich mit vielen → OSTEREIERN.

P

PÄPS *An Kirmes besonderes Gericht »Päps« = der aus dem vollen Schinken herausgelöste Knochen mit Fleisch drumherum, gebraten* (Buschdorf). Allgemein ist »Päps(t) = Schulterknochen des Schweines« (RhWb). → PÄZE

PÄZE »›Schulterblatt‹ (flacher Knochen, der an einer Seite eine Gelenkpfanne hat), Schinkenkugelgelenk und Muskel, Vorderschinken, Lendenteil, schildförmiges Bugstück des geschlachteten Schweines« (RhWb).

PALMVOGEL Gebildgebäck, das am Palmsonntag auf den Palmstock gesteckt wird, den vornehmlich am Niederrhein die Kinder zur Segnung in die Kirche tragen. In Brünen bei Hamminkeln war das ein mit *Zucker verbesserter Stutenteig. Er wurde zu »Piepvögels« geformt. Augen aus Rosinen. Geschenk für Kinder. Auch Palmpööskes genannt.*

PANHAS *Beliebte Notspeise war der Panhas, Balkenbrei oder Karbut allerdings auch in guten Zeiten. Seine Herstellung erfolgte nach dem Schlachttag. Die Wurstbrühe aus Schweinskopf, Lunge, Herz, Bauchspeck und Schwarten wurde aufgekocht, in Kriegszeiten mit Wasser verlängert. Dann wurde mit Salz, Pfeffer und Muskat gewürzt und in die kochende Brühe unter ständigem Rühren mit einem Holzstab Buchweizen-, Roggen- und Weizenmehl hinzugegeben. Die Masse mußte ganz steif werden und war erst gut, wenn sie Blasen warf. Nach dem Erkalten wurde* der Panhas *in Schüsseln gefüllt. In Scheiben geschnitten wurde er gebraten. Auf Schwarzbrot mit Rübenkraut oder abends bei Bratkartoffeln schmeckte er ausgezeichnet* (Nieukerk/Niederrhein). In Moers-Kapellen bildete die übrig gebliebene Fleischbrühe die Grundlage, gewürzt wurde zusätzlich mit Nelken und Majoran. »Eigentlich die mit Buchweizenmehl eingedickte Blut- und Wurstbrühe am Schlachttag, heute kaum noch bei Metzgern zu finden« (MmWb). Eine ähnliche Erklärung findet sich im Rheinischen Wörterbuch: »Gericht aus Schweineblut, Wurstbrühe, Buchweizenmehl u. Fleischbrocken, zu dickem Brei gekocht«.

Panhas ist ein typisches Gericht aus Zeiten, in denen die Ernährungslage nicht so sicher und vielseitig war wie heute. Beim Schlachten wurden alle Teile des wertvollen Tiers genutzt, selbst das Wasser, in dem Wurstbrei gekocht worden war, war Grundlage für eine Weiterverwendung. Mit dem Verschwinden der Hausschlachtung und der deutlichen Verbesserung der täglichenVerfügbarkeit von Fleisch sind Gerichte wie Panhas eigentlich vom Aussterben bedroht – allerdings sehen wir gerade bei diesem Beispiel eine ganz andere Entwicklung. Sowohl beim Metzger als auch im Supermarkt ist Panhas im Angebot, und vor allem rheinische Traditionsgaststätten führen Panhas auf ihrer Speisekarte. (Honnen)

Panhas bedeutet nicht »Pfannenhase«, wie oft zu hören ist, sondern ist abgeleitet aus dem westfälischen Begriff Pannharst (= Röstpfanne, gebratenes Fleischstück). → BALKENBREI → SCHLACHTTAG, PANHAS

PANNEKRÜCKJEJEMÖS Schnittlauch, zum Beispiel zum Verfeinern der Suppe: *dicke Kartoffelsuppe mit Schnittlauch (Pannekrückjejemös)* (Kürten). Laut Rheinischem Wörterbuch ist Pfannenkräutchen im Bergischen Land eine Bezeichnung für Schnittlauch.

PANNEKUKÄTEN Pfannkuchenessen, in Brünen bei Hamminkeln der Name für das Frühstück. → TAGESMAHLZEITEN, FRÜHSTÜCK

PANNENSCHIEWE *Eine Pfanne rohe Kartoffeln auf Speck und Zwiebeln gegart* (in Hutsherweg bei Kürten als zweite Mahlzeit). In Mennkausen bei Wiehl wird das Gericht abends serviert. Im Rheinischen Wörterbuch findet sich das Wort Pfannenscheiben als Bezeichnung für »rohe Kartoffeln, in Scheiben geschnitten und in der Pfanne gebraten«.

PAPP *Eine gebundene Milchsuppe in vielen Variationen. Zum Beispiel Weizenmehl, Gries, Haferflocken* (Moers-Kapellen). Laut RhWb ist das eine Bezeichnung für »Mehlsuppe, Weizenmehl in süsser Milch gekocht«, die sich regional nach Zutaten und Mehlsorten unterscheidet. → BREI

PASCHWECK, POSCHWECK Im Gebiet um Aachen »besonders gutes Weissbrot, das der Bäcker Ostern seinen Kunden schenkte (bis 1888)« (RhWb), auch *feines Weißbrot mit eingebackenen Zuckerstückchen, Rosinen, viel Butter; bestreut mit grobem Zucker und Mandelsplittern* (Aachen) oder »rundes oder auch längsovales Ostergebäck mit Rosinen und Zitronat, auf der Oberseite mit Zuckerstückchen dekoriert«, heute wieder sehr beliebt (Döring). Der Aachener Mundartdichter Heinrich Jansen widmete 1897 dem Poschweck, der schon damals kaum noch zu Ostern gebacken wurde, ein eigenes Bühnenstück: »Der Poschwäk«.

PEPSE Sauerbraten aus Schweinefleisch. Aus Friemersheim, einem Stadteil von Duisburg, stammt ein Rezept für 4 Portionen:

● Rezept **Pepse**

1 kg Schweinefleisch (Schulter),
4 EL Schmalz,
1 Möhre würfeln,
1 Zwiebel würfeln,

2 EL Mehl,
2 Sardellenfilets.
Marinade:
1 Zwiebel würfeln,
1/4 l Wasser,
1/4 l Essig,
1 Zitrone,
2 Teel. Salz,
10 Pfefferkörner,
1 Teel. Thymian,
1 Lorbeerblatt.

Aus oben genannten Zutaten eine Marinade kochen. Abkühlen lassen, das Fleisch darin 2 Tage kühl stellen, dabei häufig wenden. Fleisch herausnehmen, abtrocknen, mit Salz und Pfeffer einreiben. Schmalz im Brattopf erhitzen, Fleisch von allen Seiten gut anbraten, Möhren und Zwiebeln mitschmoren lassen. Mit 2 Tassen heißer Marinade ablöschen, Braten zugedeckt bei 180 Grad im Backofen etwa eineinhalb Stunden gar schmoren. Dabei öfter begießen. Fleisch herausnehmen, warm stellen, Bratensatz mit etwas Marinade loskochen, Sauce durchsieben, fein gehackte Sardellenfilets in die Sauce geben. Dazu schmeckt Kartoffelpüree und Broccoli mit in Butter gerösteten Mandeln.

(www.friemersheim.eu, 2010-04-15)

PFANNENBREI In der Pfanne zubereiteter Brotaufstrich, etwa in Dörrenbach bei Wipperfürth: *Manchmal machte Großmutter auch Pannenbräe = Pannenbrei: etwas Fett zerlassen, Milch, Mehl, Zucker anrühren, hineingeben und rühren, bis es steif wird und »flupp« macht.* In Groß Klev/Bergisches Land gab es zum Frühstück am Sonntag Eier, Mehl, Milch, Salz über ausgelassenen Speck und dann steif gerührt. Allgemein bezeichnet der Ausdruck im Oberbergischen »eine Art Rührei; Speck in die Pfanne, dann etwas Weizen- oder Hafermehl mit Wasser und Milch und dazu ein oder mehrere Eier, dann gar gekocht; der Pfannenbrei, über daumendick, kommt mit der Pfanne auf den Tisch; er dient als Brotaufstrich, besonders wenn die Butter selten ist; auch nimmt man ihn mit einem Stück Brot an der Gabel« (RhWb).

PFEFFER Das Wort kann im Rheinland drei verschiedene Dinge bezeichnen: erstens das Gewürz, zweitens allgemein einen Eintopf und drittens laut Rheinischem Wörterbuch eine »stark mit Pfeffer gewürzte Brühe … eine Art Pannas aus Schweineblut, Leber, Mehl und Obstmus«.

PFINGSTEN Dieses christliche Fest bildet den Abschluss des Osterfestkreises. Jugendliche, aber auch Vereine – vor allem im Bergischen Land und an der Sieg – vergnügen sich zu Pfingsten, indem sie von Haus zu Haus ziehen und Pfingsteier sammeln, die anschließend gemeinsam gegessen werden. In Heisterbacherrott/Siebengebirge bekamen dazu auch die Mädchen eine Einladung, im Jahr 2004 führten in Bödingen an der Sieg nur die Mädchen dieses

Pfingsteiersingen durch. In Straelen am linken unteren Niederrhein buk man früher Pfingststütchen, *das waren kleine aneinandergebackene Stütchen.*

PFLAUME Prunus domestica. Es gibt sieben Unterarten der Pflaume, zu denen Zwetschge, Edelpflaume und Mirabelle gehören. Pflaumen sind im Gegensatz zu Zwetschgen eher rundlich und besitzen keine Fruchtnaht. Ihre Verarbeitung ist etwas umständlicher: Sie lösen sich nicht so gut vom Stein. Verwendet werden beide Sorten frisch als Tafelobst oder getrocknet, für Mus oder natürlich für die Prummetaat.

Die Anbaufläche in NRW beträgt nur etwa 160 Hektar und ist damit erheblich kleiner als in den großen Hauptanbauregionen Baden-Württemberg und Rheinland-Pfalz.

PFLAUMENMUS → KONSERVIERUNG, BROTAUFSTRICHE

PIJEBS Flaches Stück vom Schulterblatt (Simmerath/Eifel).

PILLEKUCHEN Eine »Spezialität aus dem Bergischen Land: rohe Kartoffeln in Streifen schneiden, in eine Pfanne schichten, leicht salzen, in Fett einige Minuten dünsten, Eierkuchenteig darübergießen, von beiden Seiten braun und knusprig backen« (Gorys). Belegt für das Bergische Land. Laut RhWb »rohe Kartoffeln, in Streifen geschnitten und darüber Mehlteig (Buchweizenmehlteig), zusammengebacken« → LEINEWEBER.

Laut MmWb: Reibekuchen, Schnibbelskuchen.

PILLER Laut Pottkieker »Vorform« der Pommes frites, laut RhWb: »Bröckchen, Stückchen, Teilchen, Streifen«.

PINGÄPPEL In Grevenbroich ein Ausdruck für Stachelbeeren (MmWb); »Pinapfel« am linken Niederrhein (RhWb).

PINIEMANN → JEPIENICHTE

PINNEKEN »Pinnken, Pinnchen kleines Schnapsglas … Aus dem Pinneken trinkt man am Niederrhein und im Ruhrgebiet, aus dem Pinnchen mehr zwischen Krefeld und Köln« (MmWb). »Kleines Schnäpschen (im Gegensatz zum Doppelkorn)« (RhWb).

PINNEKESKAUKEN Er ähnelt dem → RIEVKOOCHE, hat jedoch eine gröbere »Zahnung« (längere Pinne) und wird als Ganzes in der Pfanne gebraten (Radevormwald). Für das Oberbergische/Bergische als »Pinnenkuchen«, »rohe Kartoffeln in Streifen geschnitten, roh mit Eiermehlteig vermengt und dann gebacken« (RhWb). → PILLEKUCHEN

PIPPERS Kartoffelart mit relativ kleinen Knollen (RhWb). »Die Pippers gibt es nur im Raum Geldern-Kleve« (MmWb).

PITTERMÄNNCHEN »Das kleine Faß bekam den Namen Pittermännchen, weil früher der Vatertag auf den 29. Juni, den Namenstag von Peter = Pitter fiel. Dieses Fass war dann das Pittermännchen, das die Väter mitnahmen, wenn sie ins Grüne zogen. Es hat nichts mit ›petit‹ zu tun!« (MmWb), laut RhWb

ein zehn Liter fassendes kleines Bierfass.

PITTERMESSER Scherzhaft für Küchenmesser, ein »kleines Küchenmesser (für Kartoffeln, Obst oder Gemüse)« (MmWb).

PLATTER KARL »Flachmann, kleine Schnapsflasche … Gibts im Bergischen Land« (MmWb).

PLATZ Der Platz oder Blatz ist immer ein Weißbrot, manchmal mit Rosinen, Mandeln oder anderen Zutaten angereichert. Er ist ein Sonntags- oder Festtagsbrot, das gerne mit süßem Brotbelag gegessen wird. »Ein süßes Weißbrot, meist mit Rosinen; meist als Sonntagsbrot im Bergischen Land« (MmWb). »Aus bestem Weizenmehlteig mit Milch, Zucker (Eiern), Korinthen (Rosinen) gebackenes grosses, rundes Festbrot, dessen Oberfläche (vor dem Einschiessen gesalbt) kreuzweise oben angespaltet ist« (RhWb). Es gibt zahlreiche interessante regionale Varianten bis hin zum Kartoffelkuchen.

PLÖRRE Ausdruck für ein minderwertiges Getränk, allgemeiner auch für jede eklige Flüssigkeit (MmWb). Oft ist damit zu dünn geratener → KAFFEE gemeint, etwa in Stolberg, wo »Plör« solchen Kaffee abwertend bezeichnet (RhWb).

PLÜSCHPRUMME Diese im gesamten Rheinland gebräuchliche Bezeichnung für Pfirsiche (MmWb) charakterisiert treffend die Haut dieser Früchte.

PÖPP Milchsuppe (Waldenrath bei Heinsberg). → PAPP

PÖTTCHE »Altbierglas (eigentlich kleiner Topf) … Aus dem Pöttche trinkt man Alt in Mönchengladbach« (MmWb).

PÖTTCHENSBEUTEL »Reis (Gerste) mit Pflaumen (Rosinen, Mettwurst), in einem Beutel gekocht« (RhWb). → JAN IM SACK

PÖTTCHESKAUKEN → POTTHAST 1

PÖTTSCHESÄPEL Bergisches Gericht aus – getrennt zubereiteten – Kartoffeln, frischen Birnen und Blutwurst.

POFFERT »An der oberen Sieg für Kartoffelbrot, das in einer Springform im Backes gebacken wurde« (MmWb).

PONKBIRNE *Eine ganz dicke Birnensorte* (Groß Klev/Bergisches Land). Als »Pfundbirne« im RhWb: »Birnensorte von besonderer Grösse und Schwere«.

PONTER Dieses Getränk für Frauen wurde um 10.30 Uhr und um 17.30 Uhr bei der Feldarbeit gereicht. Es bestand aus klarem Korn mit Würfelzucker (Kerken/Niederrhein). Der Ausdruck ist eventuell von Pont bei Geldern abgeleitet. »Pönsse Äls Wermut« (RhWb).

POPPESCHAFFÜKE In Düsseldorf für Rosenkohl (MmWb). → PUPPEKÜCHELSCHENSKAPPES

PORSCHELEI → PORTULAK

PORTULAK Portulaca oleracea L. var. sativa. »Gemüse- und Würzpflanze mit gelben, langen, saftigen und fleischigen Stengeln« (Gorys). Der Portulak wird hauptsächlich als Suppenkraut, Salat und Gemüse (RhWb) verwendet, die »Blätterknospen als Kapernersatz« (Uhlich). Für Köln wird außerdem berichtet, dass Portulak *auf gebratene Steaks in Büscheln aufgelegt wurde, natürlich in rohem Zustand, und einen würzigen, leicht pfeffrigen Geschmack hatte.*

Portulak gehört zu den Gemüsen, die seit einigen Jahren wiederentdeckt und inzwischen nicht nur in Bioläden, sondern auch auf vielen Wochenmärkten wieder regelmäßig angeboten werden.

POSTELEIN Montia perfoliata. Auch bekannt als Winterportulak oder Kuba-Spinat. Als Wintersalat milder als → PORTULAK.

POTTGEBÜDELS Bergisches Gericht aus Graupen, Reis, Dörrobst und Rosinen. RhWb: »Pottgebeutels«, ein »Gericht aus Reis oder Gerste mit Apfelschnitzeln und Pflaumen (Rosinen), in einen Beutel gebunden und darin gedämpft (heute veraltet)«, belegt für Elberfeld, Barmen, Mettmann und Aachen.

POTTHAST **1.** Allgemein »Kostprobe vom hausgeschlachteten Schwein, Schlachtschüssel« (RhWb). → HÜTSCHPOTT

2. Für Rees belegt: *Die »Potthaste« (hier haste was für den Pott), wie ein Teil vom Fleisch, von der Wurst und von den Knochen bekam jedes Kind vom Elternhaus nach jedem Schlachttag. Dieses wurde nicht haltbar gemacht, sondern bald verwertet.* Und für Emmerich: *Hoetzepott oder Potthaste (Am Schlachttag von allem ein Stückchen) von der Tante.*
→ HÜTSCHPOTT 2

P

POTTHUCKE Diese Art Reibekuchen ist vor allem im Bergischen Land eine Spezialität:

● Rezept **Potthucke**

250 gr rohe Kartoffeln,
3 El Milch,
3 Eier,
1 TL Salz,
750 gr Pellkartoffeln,
Butter und Öl.

Rohe Kartoffeln schälen, fein reiben, möglichst im Mixer mit Milch, Eiern und Salz vermischen. Pellkartoffeln reiben und unter die rohen mischen. Alles in eine gebutterte Auflaufform – mit Butterflöckchen obenauf – ca. 45 Minuten bei 180 Grad backen. Danach stürzen und nach dem Erkalten in dicke Scheiben schneiden und in heißem Öl braten. Dazu Salat und eventuell Schinken reichen.

(www.herrlichkeit-erpel.de, 2010-04-15)

POTTKUCHEN »1. Kartoffelreibekuchen, zunächst in einer zwei-, dreifingerdicken Schicht in einem Pott (Groppen) gebacken (nicht in der Pfanne); dann wird auf einer Seite eine neue Schicht aufgelegt und weiter gebacken, dann wieder auf der anderen Seite dasselbe, bis schliesslich ein runder Klumpen von ca. 20 und mehr cm Dicke mit dicker brauner Kruste daraus hervorgeht; das Ganze wird in Stücke geschnitten und heiss zu Butterbrot gegessen oder in Scheiben gebraten. 2. Napfkuchen aus Mehl« (RhWb).

POTTWECK Am linken Niederrhein ist das ein »im Eisentopf (Kessel) in Öl gebackener Weck aus feinem Teig, Napfkuchen« (RhWb), in Emmerich in einer Kasserolle gebackenes Brot.

PRÄLATENGEMÜSE Rotkohl mit Äpfeln (Köln).

PRÄTSCH Apfelkompott (Breyell/Niederrhein). → APFELMUS

PRENK In Nettetal-Kaldenkirchen nennt man so eine Buttermilchsuppe: *Schwarzbrot wurde mit Wasser gar gekocht. Die Buttermilch wurde mit etwas Mehl geschlagen und dazu gegeben. Salz und Zucker.* Leicht verändert als Prinke ist das am linken unteren Niederrhein eine »Suppe, gekocht aus Buttermilch, Schwarzbrotbrocken (auch Weissbrot) mit Möhrenkraut; sie hat eine braune Farbe; sie ist das gewöhnliche Abendgericht und wird nach den Kartoffeln aufgetragen« (RhWb). In Mönchengladbach-Neuwerk gab es zum Abendessen Melksprenk

(Milchsuppe), wenn die Essensreste vom Mittag nicht ausreichten.

PRENZ Ausdruck für → PANHAS in Dörrenbach bei Kürten, laut Rheinischem Wörterbuch vor allem im Niederbergischen bekannt.

PRICKEN Im Raum Xanten wurden die → NEUNAUGEN so genannt. Sie wurden aus dem benachbarten Fischerdorf Lüttingen angeliefert.

PRINTE »Hartes Backwerk aus Roggenmehl, Honig und Zuckerkandis, mit eingedrückten Bildern« (RhWb), auch mit weiteren Zutaten, etwa Walnüssen, Haselnüssen, Mandeln, Kandiszucker etc. Eigentlich bedeutet der Ausdruck »Abdruck, Abbild«. Bekannt ist vor allem die Aachener Printe. Dort ist die Bezeichnung erst im 19. Jahrhundert aufgekommen, vorher wurden Printen »Lüverköch«, »Lebkuchen«, genannt.

PRÖLLEWÖRSKE Diese Probewurst bekamen die Verwandten nach dem Schlachttag (Rees). In Moers-Kapellen bekamen *Kinder ... ein »Pröllewürstchen« das war ein kleines Stück Darm prall gefüllt mit Wurstbrei.* → ANIS.

Als Prüllenwurst wird sie im RhWb erklärt: »kleine Wurst, dem Nachbarn beim Schlachten zugeschickt (mit dem Hötzpott); kleine Mehlwurst für die Kinder« (Kleve, Rees).

PROFFKOEK Streuselkuchen. *Beerdigung: Streuselkuchen (Proffkoek) wurde auf großen Blechen beim Bäcker gebacken* (Emmerich). Geschmeckt hat er wohl nicht jedem, wie die folgende Bemerkung aus dem Mitmachwörterbuch belegt: »meist als dröger Pröff, am Niederrhein Proffkuchen trockener Kuchen, den man kaum herunter bekommt«.

PROMMEPRÜPP In Satzvey für Pflaumenmus (MmWb). → PRÜP(P)

PRÜMMKESWECK »Rosinen- oder Korinthenweißbrot« (Mönchengladbach-Neuwerk). → PLATZ

PRÜP(P) In der Kölner Gegend, im Vorgebirge und in der Nordeifel eine Bezeichnung für Mus bzw. Kompott aus Äpfeln und/oder Pflaumen; dort und teilweise auch rechtsrheinisch außerdem ein Ausdruck für »Apfelmus, -kompott, Pflaumenmus ... Apfelkraut« (RhWb). → APFELMUS

PRUMME → PFLAUME

PRUMMETAAT Im gesamten Rheinland die Bezeichnung für Pflaumenkuchen.

PUDDING Neben der herkömmlichen Bedeutung ist das in Königswinter auch eine *Sammelbezeichnung für jeden Nachtisch.*

PÜFFERKES Es gibt viele Namensvarianten, gemeint sind eigentlich immer *kleine Hefeküchlein in Schmalz oder Öl gebacken,* in Willich/Schiefbahn/Vorst: *Fastnachtskrabbe, Hefe-, Schmalzküchlein zu Fastnacht nach Art der* → BALLEBÄUSKES, auch → Puffel, Puffelskuchen (→ PUFFELSKAUKEN), Puffer, Puffert, Puffertkuchen mit verschiedenen Bedeutungen (RhWb). In Uerdingen ist es ein Hefegebäck mit Rosinen zu → SANKT MARTIN, in

P

Straelen an Fastnacht (→ KARNEVAL) oder zu Sankt Martin, in Kerken/Niederrhein sind es an *St. Martin in Öl gebackene Kuchen*. In Kerken gab es an Karfreitag (→ FASTENSPEISEN, KARFREITAG) *Püfferkes (Oliekrabbe), in Öl gebackener Eierteig*, in Heiligenhaus Hefepfannkuchen.

PÜLPE Bei der Zuckerfabrikation anfallendes Mark der Rüben. Früher hieß so »in der Kartoffelstärkefabrikation der ausgewaschene Kartoffelbrei« (MKL). Der Ausdruck Pulpe/Pülpe ist auch gebräuchlich zur Bezeichnung einer zerkleinerten, faserreichen Masse aus Früchten als Vorprodukt zur Konfitürenherstellung, aber auch aus Holz zur Herstellung von Papier.

PUFFEL Schmalzgebäck zu Fastnacht (Aachen). »Fastnachtsgebäck, Hefeküchelchen, nach Art der kleverländischen Bällebäuschen oder Berliner Pfannenkuchen« (RhWb).

PUFFELSKAUKEN **1.** »Hefepfannkuchen aus Buchweizen- oder Weizenmehl« (RhWb), in Hückeswagen mit oder ohne Rosinen/Korinthen, in Sotterbach bei Wiehl als Puffertskoochen *gebratener Weißbrotteig m. Rosinen.*

2. In Radevormwald ist das ein Gericht zur Resteverwertung von Salzkartoffeln. Mit Mehl und Salz geknetet, als Plätzchen oder als Ganzes *zu einem Puffelskauken in der Flachpfanne schön knusperig gebraten*, ähnlich in Groß Klev/Bergisches Land und Kreckersweg, laut Rheinischem Wörterbuch »im Tiegel gebackener, dicker Kartoffelreibekuchen«. → DIELSKNALL → KESSELKUCHEN → PUTTES

PULLFLECK In Alf an der Mosel: Kutteln.

PULLWURST Gekrösewurst (Hückeswagen). Allgemeiner im Bergischen »verächtlich billige Mehlwurst … Probewurst, dem Nachbarn gesandt; Wurst für die Kinder beim Schlachten« (RhWb).

PUPPEKÄPPCHE Sprute, Spruut, in Heisterbacherrott/Siebengebirge: Rosenkohl.

PUPPEKÜCHELSCHENSKAPPES »Scherzhaft für Rosenkohl (Kappes für die Puppenküche). Mundartlich heißt das Gemüse »Poppestuwe Schaffuer« (MmWb).

PUS(S)PAS(S) **1.** Kompott aus Äpfeln, Birnen und Pflaumen: *Dreifrucht. Süße Äpfel, Birnen und entsteinte Pflaumen wurden jede Sorte einzeln mit Stangenzimt … gekocht und dann vermengt* (Mönchengladbach-Neuwerk). Puspas wurde zur Kirmes zubereitet, ähnlich in Korschenbroich bei Mönchengladbach. Laut RhWb: »Gericht aus geschälten Äpfeln, Birnen (diese auch ungeschält) und Zwetschen, dazu einige Löffel Obstkraut, Zimt, Krautnägel, Zucker, im irdenen Topf … und bedeckt mit Kohlblättern im Backofen geschmort, nachdem der Platz gebacken ist, meist zur Herbstkirmes zum Nachtisch gegessen«.

2. *Möhren gewürfelt, Kartoffel gewürfelt, grüne Bohnen geschnib-*

belt, weiße Bohnen, Zwiebel, Salz, Muskat in Wasser gar gekocht, dann Buttermilch mit Mehl verschlagen dazugeben und ziehen lassen. Etwas dickliche Suppe (Meerbusch-Büderich).

PUTTES **1.** »Dicker Reibekuchen aus rohen geriebenen Kartoffeln mit Zwetschen, im Tiegel gebacken« (in den Troisdorfer Ortsteilen Kriegsdorf, Rheidt, Menden, Volmershoven) (RhWb).

2. *Blutwurst der gewöhnlichen Sorte* (Wassenberg), in Aachen-Kornelimünster *Blut mit Nelken, Majoran, Thymian, Muskat, Salz. In Fleischbrühe aufgeweichtes Weißbrot wurden im Kessel unter ständigem Rühren zu fester Masse gekocht. Zum Schlachtfest wurde daraus »Putteszupp« mit Fleischbrühe gekocht, oder »Puttes« in Pfanne mit Äpfeln und Zucker gebraten,* »verächtlich Blutwurst ohne Speck« (RhWb).

3. Laut RhWb auch »Magen, Dickdarm des geschlachteten Schweines (der als Hülle für Wurst dient)«.

4. → PANHAS

PUTTESSUPPE In der Gegend um Aachen Bezeichnung für Schlachtsuppe (→ PUTTES 2). Laut RhWb »Wurstbrühe, Festessen beim Schlachtfest«. In Aachen-Kornelimünster gab es bei einem Schlachtfest um 1905/1915 *»Puttes«-suppe (Blutsuppe; Weißbrot) aus gekochtem Halsstück.*

PYRAMIDENBAUM Pyramidenförmig geschnittener (Obst-)Baum. Ein Kölner aus Müngersdorf erinnert sich: *Als Obst Pyramidenbäume (noch aus dem 19. Jhdt.) mit Flaschenbirnen die angeblich 2 Pfund wogen.*

QUARK → KLATSCHKIES

QUATSCH Limonadengetränk, in Düsseldorf als Wegzehrung bei Ausflügen etc.: *Butterbrote, 10 Pfg für 1 Glas Quatsch (Limo?)*. Der Ausdruck kommt von »Lemon Squash«: »künstliche Limonade, alkoholfreies Getränk, verdünnter Himbeer- oder anderer Fruchtsaft« (RhWb). In Neukirchen-Vluyn wurde *im Sommer bei der Ernte* (...) *in der Gastwirtschaft eine Kanne (Töt) Quatsch (limonadenartiges Getränk) gekauft und den Leuten um 16* [Uhr] *aufs Feld gebracht;* auch in Üxheim/Eifel bekannt.

QUELLFLEISCH »Weiches Fleisch vom Bauch der Schweine, welches eingesalzen gekocht und zu Wurst verwandt wird.« (RhWb). In Wershofen/Ahr kennt man es als *allerlei, was für die Wurstbereitung gekocht worden war, dazu das Herz des Tieres und Kartoffeln, evtl. selbst eingelegte Gurken und Zwiebeln.*

QUELLMANN »Meist im Plural Quallmänner, Quellmänner Pellkartoffeln ... Das Wort ist im zentralen Rheinland verbreitet« (MmWb).

QUITTE → KONSERVIERUNG, BROTAUFSTRICHE

RABAUEN Süße Apfelsorte (Mennkausen bei Wiehl), laut RhWb »grau- und rauhschalige Reinette«.

RAGOUT FIN In Köln früher ein Traditionsfestessen an → HEILIGABEND, das aus klein geschnittenem Suppenfleisch – die Brühe hatte es mittags gegeben – und Champignons in würziger Soße bestand. MKL: »Ragout fin wird aus Kalbsmilch, Kalbsgehirn, Zunge oder auch Fisch, mit Champignons oder Trüffeln bereitet, in Muscheln gefüllt (en coquille), mit Parmesankäse bestreut, mit Krebsbutter beträufelt und dann mit Oberhitze gebacken.«

RAMENASS Laut RhWb »schwarzer Rettich, raphanus sativus«, in Gressenich bei Stolberg und Körrenzig/Jülicher Land Bezeichnung für (schwarzen) → RETTICH; in Körrenzig gibt es seit Ende der 1970er-Jahre das Ramenassenessen der Frauenvereinigung: Rettich und belegte Brötchen.

RAMITTCHEN → MARMITT

RAUTE Ruta graveolens L. Die Raute wird verwendet als Heilpflanze und Küchenkraut für Salat, Soßen, Kräuterbutter, für Hammelbraten und andere Fleischgerichte, besonders zur Erzeugung von Wildgeschmack, und für Fischsud.

REBBELCHER Suppeneinlage aus kleinen Mehlklümpchen (mit Ei, evtentuell Safran, Muskat), die auf der Raspel in die Suppe gerieben werden (Köln). Im RhWb als Ribbel (Riwwelcher): »Einlauf aus ganz kleinen Mehlkügelchen in die Suppe«. → KNIBBEL → KNÜDELCHESSUPPE

REGIONALE KÜCHE Eine grundlegende Erkenntnis zum Thema Regionalität stammt aus Straelen: *Es gibt hier keine typischen Speisen oder Getränke, die es nicht auch anderorts am Niederrhein gäbe.* Dies mag platt und auch verblüffend klingen, ist in dieser Kürze aber sicherlich richtig, denn wie man auch an der Zusammenstellung in diesem Buch erkennen kann, sind die meisten als typisch für die Region empfundenen Gerichte durchaus auch anderswo bekannt – unter Namen, die durch den regionalen Sprachgebrauch und Dialekt etwas anders eingefärbt oder auch ganz verschieden sein können. Begreift man Regionalität in diesem Sinne, ist also zunächst keine Beschränkung damit gemeint, weder was die Herkunft der Zutaten angeht, die auch von weither kommen können, noch was die Verbreitung der Gerichte angeht: Sauerbraten gibt es nicht nur im Rheinland. Ihren regionalen Bezug erhält eine solche Küche durch die (Küchen-)Sprache und die Zusammenstellung der verwendeten Zutaten, vor allem aber eben dadurch, dass sie von den Konsumenten als irgendwie typisch für ihre Region empfunden wird.

Es sind oft Gerichte, die man seit der Kindheit kennt und die mit regionalen Traditionen verbunden sind, etwa mit bestimmten (festlichen) Anlässen: Die → BALLEBÄUSCHEN in Kleve gibt es zur Fastnacht, den → WECKMANN zu Nikolaus, die → PUTTESSUPPE zum Schlachtfest in Aachen-Kornelimünster. Es sind also für viele Menschen ihre Erinnerungen und Lebenszusammenhänge, die die regionale Küche so wertvoll machen: der Name des Lieblingsgerichts in der Sprache der Kindheit, ein Geschmack und Geruch, der mit einem Brauch oder Fest und damit auch mit besonderen Personen verbunden ist, das ist es, was eine als »typisch« empfundene regionale Küche ausmacht.

Die Verbreitung mancher Speisen oder Getränke lässt sich allerdings schon etwas genauer eingrenzen. Das gilt auch für einige Zubereitungsarten wie etwa das am Niederrhein übliche Durcheinanderkochen von Gemüse, Kartoffeln und Fleisch. → BEES, also Johannisbeeraufgesetzter, war und ist ein weit verbreitetes Getränk, wohingegen der Ausdruck → GEMÜHRDE (Korn mit Underberg) nur für Griethausen bei Kleve belegt ist. Typisch für den Niederrhein in diesem Sinne sind auch – sieht man einmal von den Zubereitungsvarianten und ihren Spezialbezeichnungen ab – → GRÜNKOHL mit Mettwurst, → STUHL UND BÄNKE, Stampfkartoffeln mit Salat, für das Aachener Gebiet → FLADEN und besonders → REISFLADEN, ebenso → BESCHÜTT (auch am Niederrhein), allgemein für das nördliche Rheinland Reis mit Zucker und Zimt, Himmel und Erde, belegte Brötchen wie → HALVER HAHN, Milch- und Buttermilchsuppen, für das Vorgebirge Spargel und für die Eifel und den Hunsrück Knödel aus Buchweizen. Die Eifeler → TAATEN waren Hefegebäcke oder Plattenkuchen mit vielfältigen Belägen: Äpfel, Pflaumen, Möhrenbrei, Birnen bis hin zu den schwarzen« Taaten mit gekochten und passierten Backpflaumen.

REGIONALE SPEISEN, SPEZIALITÄTEN-FESTE Regionalität in einem engeren Sinn findet man im Rheinland natürlich auch: Spezialitäten-Feste, bei denen für einen bestimmten Ort oder eine eng begrenzte Gegend typische Gerichte eine besondere Rolle spielen. Beim »Maubich«-Fest in Lantershofen bei Bad Neuenahr (→ MAUBISCH) dreht sich alles um einen Kuchen mit einem Belag aus Birnenmus, in Hübingen nahe Boppard um den → »EIERSCHMIER«, einen Brotaufstrich, der früher als → ARMELEUTEESSEN galt. Alle zwei Jahre feiern die Kottenheimer (bei Mayen) ihr »Kröbbelches-Fest«, dem die heiß begehrten Kartoffelpuffer oder Reibekuchen den Namen gegeben haben. In Süchteln bei Viersen erinnert die Wallfahrtskirmes an die heilige Irmgardis mit dem Markenzeichen der traditionellen *Süchtelner Apeltörtsches*, die dem Fest den Namen »Apeltaate-Kermes« gegeben haben. Und zur → »ZICKELSCHES KERMES« in Dernau an der Ahr gab es früher Anfang Mai jungen Spinat und Zicklein.

REIBEKUCHEN → RIEVKOOCHE → NOTZEITEN, REIBEKUCHEN

REISERBOHNEN *Artverwandt mit Strauch-, Brech-, mundartlich Strunk- oder Briäkboonen, nur hochrankend, gebrauchte man dieselben Reiser. Heute nicht mehr so in Mode* (Radevormwald). »Reiser« ist hier die Bezeichnung für eine Rankhilfe.

REISFLADEN »Mit gekochtem Reis belegter Fladen« (RhWb). Das Gericht stammt ursprünglich aus Belgien und ist besonders bekannt im Vorgebirge, der westlichen Eifel und der Grenzregion zu Belgien und den Niederlanden. In Roisdorf bei Bonn ist es noch heute ein Kirmeskuchen:

● Rezept **Reisfladen**
Hefeteig dünn ausgerollt, Reis gekocht, mit Eigelb angereichert, ergibt eine goldgelbe Farbe wie Reispudding, wird auf die dünne Hefeteigmasse aufgestrichen.

... nicht zur Beerdigung. Für die vielen Trauergäste gab es nur normalen Streuselkuchen. Reis mußte man gegen bares Geld kaufen, und das war auch am Vorgebirge in den meisten Familien knapp. ... In Roisdorf backen heute die jungen Frauen aus Bequemlichkeit häufig nicht mehr selbst, können aber den echten Fladen in einer kleinen Bäckerei auf der Hauptstraße kaufen. Dort wird noch nach altem Rezept gebacken. Noch heute gehören Reisfladen übrigens zur Verpflegung der Radrennfahrer bei der Tour de France. → FLAA

REITERCHEN »In Scheiben geschnittene Schnittchen« (MmWb). Das Rheinische Wörterbuch belegt für die Mosel »Stückchen vom Brot geschnitten«.

REMKESTAAT In Mönchengladbach für → APPELTAAT.

RESTAURATIONSSCHNITTCHEN *Das war eine Scheibe Brot, die mit*

R

verschiedenem Aufschnitt – Bratenscheiben, Wurstscheiben und Käsescheiben – belegt war und rundum mit Kartoffelsalat, Fleisch- und Heringssalat und kleinen Gürkchen dekoriert war. (Köln)

RETTICH Raphanus sativus L. var. vulgaris. Es gibt verschiedene Kulturformen: Schwarzrettich, Monatsrettich, Radieschen etc. mit Unterschieden in der Länge und Farbe der Wurzeln. Rettich wird auch als Heilpflanze verwendet.

REUESSEN Auch Reuzeche. »Bis etwa 1880 allgemein für Leichenschmaus, -kaffee im Hause oder in einer Wirtschaft; es gab Kaffee mit Korinthenweck, Schnaps.« (RhWb; Heizmann, Festspeisen) → TOTENMAHL

RHEINISCHE KAFFEETAFEL Die Krefelder erfreuten sich an einer *Rheinischen Kaffeetafel, die aus Weiß- und Schwarzbrot, Blut- und Leberwurst, Schinken, Butter, Apfelkraut und Kaffee* bestand und manchmal noch mit Holländer Käse auf einer Scheibe Rosinenweißbrot ergänzt wurde. Ähnlich wie die → BERGISCHE KAFFEETAFEL ist es vermutlich vor allem ein gastronomisches Phänomen.

RHEINISCHE SCHAFSNASE → SCHAFSNASE

RIBBEL → REBBELCHER

RIEVKOOCHE »Offensichtlich sind die im Rheinland beliebten Reibekuchen auch in der Umgangssprache häufig in ihrem mundartlichen Gewand anzutreffen … Besonders zu empfehlen Rievkooche met Rövvekruck (Rübenkraut)« (MmWb). »Ein herzhafter Pfannkuchen aus geriebenen Kartoffeln, Zwiebeln, Salz und Pfeffer. (Geschmacksweise auch mit Muskat und Apfelmus dazu)« (MmWb).

RILLES RALLES So heißen im Aachener Raum gebackene Kartoffeln auf dem Backblech: roh in Scheiben geschnitten, mit Speck und Zwiebeln lageweise geschichtet. Laut RhWb bezeichnet im Kreuznacher Raum »Rillesraltes« ein »Gericht aus Kartoffeln mit gerollter Gerste (Reis)«.

RINDFLEISCH MIT ZUBEHÖR Das war traditionell der zweite Gang beim Sonntags- und Festessen (→ SONNTAG, MITTAGESSEN). Es handelt sich dabei um gekochtes Rindfleisch. Als Beilagen (Zubehör) gab es *selbsteingemachte Zwiebelchen und Gürkchen* (Nettetal-Kaldenkirchen), in Rees Senfsoße und Salat. Manchmal gab es Kartoffelsalat dazu (Straelen), und in einem Fall war die Reihenfolge vertauscht: In Geldern kam zuerst das Suppenfleisch mit Gurken und Kartoffeln auf den Tisch und dann die eigentliche Suppe. Nicht überall jedoch konnte die Hausfrau die Tafel üppig mit einem zweiten

Gang besetzen: In Köln ergab das Suppenfleisch ein Montagsessen, und in einem Düsseldorfer Arbeiterhaushalt wurde das gekochte Rindfleisch durchgedreht und mit Brötchen, Ei und Zwiebeln zu Frikadellen verarbeitet – mit dem ausdrücklichen Hinweis, dass es nur selten Braten oder Bratwurst gab.

RINDFLEISCHSUPPE Fast der wichtigste Gang des sonntäglichen Essens (→ SONNTAG, MITTAGESSEN) war die Rindfleischsuppe: *Ein Sonntag ohne Rindfleischsuppe war kein Sonntag. Es wurde noch ein Huhn darin gekocht, und gut war sie, wenn einen Finger dick Fett darauf stand* (Breyell/Niederrhein). Eine besondere Variante der Suppe gab es in einem Kölner Dachdeckerhaushalt zu Beginn des 20. Jahrhunderts, *in der, außer einem großen Stück Rindfleisch und Knochen, auch noch ein kleines Stückchen Rinderlunge mitgekocht wurde. Das gab der Suppe die besondere Note.* Keine Suppe jedoch ohne Einlage: je nach Jahreszeit frisches Gemüse wie Blumenkohl, Porree und/oder Sellerie und dazu häufig Markklößchen/-bällchen, Eierstich, Nudeln, Sago oder gar, eine seltene und kostspielige Ausnahme, Reis. In Langenfeld-Richrath reicherten frische Gemüse aus dem Garten die Suppe an, oder es gab schlicht eine *Einbrenne aus Gries*. Am linken Niederrhein bis in den Aachener Raum verbreitet war der *Beschütt*, hier im Sinne von Suppenzwieback (z. B. Nieukerk/Niederrhein). In einem gutbürgerlichen Xantener Haushalt gab es an *Festtagen … zur Suppe Suppenzwieback oder kleine Suppenbrötchen, zu Kalbs- und Hühnerragout gab es Blätterteiggebäck (Halbmonde).* Hühnersuppe scheint nicht sehr verbreitet gewesen zu sein: Nur wenige Belege wie z. B. aus Haldern bei Rees (Vorsuppe, anschließend gebratenes Hähnchen oder gekochtes Huhn als Hauptgang) geben nähere Auskunft. Wildsuppen im Winter werden nur in einem Bericht genannt: *Im Winter gab es sonntags, da wir Jagd hatten, Wildsuppe, Hasen oder Fasan gebraten* (Nieukerk/Niederrhein).

RIWELKUCHE Streuselkuchen (Schweppenhausen/Hunsrück).

RÖGGELCHEN Dieses »Brötchen aus Roggenmehl« (MmWb) ist besonders wichtig für das Kölner Nationalgericht → HALVER HAHN. Es handelt sich um ein doppeltes Brötchen aus dunklem Roggenteig (mindestens 50 % Roggenmehl), länglich und zu zweit aneinander gebacken. RhWb: »grösseres Brötchen aus demselben Mehl, zu zweien aneinander gebacken mit den Kopfseiten, das Kölner Nationalgebäck«. Früher galt Roggenmehl im Vergleich zum teuren Weizenmehl eher als minderwertig.

RÖMISCHE PASTETE Vorspeise bei Festessen: *Blätterteigpastete wurden bestellt, für die Römische hatte man Förmchen am Stiel, wurden im schwimmend. Fett gebacken,* ge-

R

füllt mit Kalbsfrikassee (Speldrop/Niederrhein).

RÖMISCHER KOHL »Rübenmangold, beta vulg. cicla« (RhWb). → MANGOLD

RÖMISCHER SALAT »(Sommerendivie, Bindesalat, Kochsalat), Abart des Kopfsalates mit spatelförmigen, aufrechten Blättern. Die inneren, zarten Blätter werden roh als Salat oder gekocht als Gemüse geschätzt.« (Gorys) → LATTICH

RÖÖPEMOOS Stielmus (Hellenthal/Eifel). Im RhWb zu finden unter Rübenmus »Niederbergisch: Rübstiel«.

RÖTSCH Bergischer Pfannkuchen aus Buchweizenmehl (Pottkieker). »Rütsch« = »Buchweizen- oder Hafermehlpfannenkuchen« (RhWb).

RÖVVEKRUCK Rübenkraut (MmWb). → KRAUT

ROGNER Weiblicher Hering mit Eiern.

ROHESSER Geräucherter Hering, in Essig eingelegt (Mariaweiler bei Düren), auch in anderen Orten der Gegend, z. B. Gey/Dürener Land, bekannt. Aus Köln heißt es: *Der Vater aß gerne Rohesser. Meist abends zu einer Scheibe Brot.* Rohesser galt in Köln und z. B. auch in Nohn/Eifel als Gericht am Freitagabend. Nach Auskunft eines Profikochs bezeichnete der Begriff in Köln eine »geräucherte Makrele«.

ROHMZAUS Soße aus Sahne mit Pfeffer, Salz, Zwiebel (Groß Klev/Bergisches Land).

ROLLKOOCHE → ZIMTSCHNECKE

RÜBENKRAUT → KRAUT

RÜBÖL Allgemein gebräuchliche Bezeichnung für »aus Raps gewonnenes Öl« (RhWb). Nach Uhlich ist es die »Sammelbezeichnung für die aus den Samen des Rapses (Brassica Napus), des Sommer- und Winterraps sowie des Rübsens (Brassica campestris) gewonnenen Öle«. Für das Ausbacken von Muzen wurde in Ermangelung teuren Salatöls bzw. Butter/Schmalzes das Rüböl *genußfähig gemacht: Die benötigte Menge Rüböl wurde in einen gußeisernen Kessel gegeben und erhitzt. Wenn es ungefähr siedete, gab man die Endkrusten von Schwarzbrot dazu. Jetzt entwich unter Brodeln und Zischen ein unangenehmer Geruch aus dem Öl und es wurde verwendbar, hatte aber nicht die Qualität unseres heutigen Salatöls.* (Gey/Dürener Land)

RÜBSTIEL Auch Rübenstiel, allgemeine Bezeichnung für den Stiel des Rübenblatts, gebräuchlich für Salat »aus Stielen der weissen Rübe und der Runkelrübe, von denen die Oberhaut entfernt ist; die Stiele werden in Streifen geschnitten« (RhWb), und für Gemüse »aus den Stielen der Gartenrübe; auch eingemacht, wobei die Nachbarsfrauen gemeinsam die Blätter von den Stielen abstreifen und die Stiele zerschneiden« (RhWb).

Richtiger ist eigentlich die Verwendung als Name der Brassica rapa var. esculenta, einer nahen Verwandten der Weißen Rübe: »Blattspreiten und -stiele werden in Salzwasser gekocht. Sie zeichnen sich durch einen feinen, säuerlichen Geschmack aus und werden bisweilen gesüßt. Rübstiel wird am besten frisch zubereitet; nur kurzzeitig lager- und tiefkühlfähig« (Steinbach).

Das Gemüse ist vor allem im Rheinland und in Westfalen bekannt. Stiele von jungen Mai- und Herbstrüben werden gehackt, gedünstet, mit Kartoffelpüree oder Stampfkartoffeln vermischt oder auch zu Eintopf verarbeitet.

RUMFORD-SUPPE Große Berühmtheit, aber nicht unbedingt Beliebtheit, erlangte im 19. Jahrhundert die so genannte »Rumford-Suppe«. Sie geht auf den Amerikaner Benjamin Thompson (1753–1814), seit 1791 Graf von Rumford, zurück, der ab 1784 zeitweilig in bayerischen Diensten stand. Ein besonderes Anliegen war ihm die Armenspeisung und damit auch die → MASSENVERPFLEGUNG.

Die Suppe bestand aus Hülsenfrüchten, Graupen, Kartoffeln, eventuell Wurzelwerk und Gewürzen. Als Grundflüssigkeit diente Wasser oder auch saures Bier. In den archivalischen Quellen allerdings taucht die Bierversion seltener auf. Insgesamt soll »die Qualität der ausgegebenen Suppen … von den Armen allgemein als vorzüglich gut anerkannt« (HSTAD) worden sein.

RÜMPCHEN Kleine, etwa fingerlange Karpfenfische (Elritzen), die in den Nebenflüssen des Rheins, besonders in der Ahr, häufig gefangen wurden. RhWb: »Sie kamen abgekocht und in grünen Blättern und Weidenrinden verpackt als Delikatesse in den Handel.« Als Delikatesse von der Ahr galten sie bis etwa um 1900 – heute werden sie kaum noch gegessen.

RUHRGEBIET → BERGLEUTE, ERNÄHRUNG

RUSMUS In Heisterbacherrott/Siebengebirge für Rosenmus/Rosenkohl (RhWb).

S

SALIZYL(SÄURE) Diese organische Säure wurde früher verwendet zum Konservieren von Lebensmitteln; in Köln beim Einlegen von Gurken: *abgekochte(n) Halbessig-Halbwasserlösung ..., in der Salizyl aufgelöst worden war,* ebenso beim Marmeladekochen: *Auf ein Papierchen, das als Abschluß auf die Marmelade gelegt wurde, streute man zur Sicherheit auch noch etwas Salizyl und band dann erst das Glas zu.* Die Verwendung von Salizyl in der Küche ist seit 1959 verboten.

SALM Lachs, Salmo salar. Die Literatur ist sich nicht einig, woher die beiden Bezeichnungen kommen: Entweder dienen sie zur jahreszeitlich bedingten Unterscheidung, abhängig davon, ob der Fisch sich auf seiner Wanderung im Süßwasser (Lachs) oder Salzwasser (Salm) aufhält, oder sie sind altersbedingt (2–5 Jahre alt = Salm). Seit einigen Jahren ist der Lachs in den Rhein zurückgekehrt. Massive Umweltschutzmaßnahmen, Renaturierungen und der Bau so genannter Fischtreppen in den Flüssen haben sich ausgezahlt, zumindest für Fischfreunde, Angler und Umweltschützer – und für so manchen Liebhaber von Fischgerichten, zumindest wenn ihm die preiswerten Lachse aus Aquafarmen suspekt sind. Schon früher wurde der Salm als Edelfisch hoch geschätzt und erzielte auf dem Markt einen guten Preis. Zu den Edelfischen gehörten auch → AAL, → KARPFEN, Hecht und Forelle. Großfischer betrieben Salmräuchereien, in denen sie die leicht verderblichen Fische mit Salz und Rauch haltbarer machten. In manchen Gegenden des Rheinlands, in den Fischerei betreibenden Orten rund um die Sieg beispielsweise, war der Salm noch im frühen 19. Jahrhundert dermaßen verbreitet, dass er fast wöchentlich auf dem Speiseplan stand. Davon sind wir heute natürlich weit entfernt. Der Salm und seine Rückkehr in unsere Flüsse sind aber ein schönes Beispiel dafür, dass Umwelt- und Naturschutzmaßnahmen tatsächlich Erfolg haben können.

SAMETIJE Im Raum Düren Name für ein Butterbrot mit Quark und Marmelade (MmWb).

SAMMELN IN FELD UND WALD Zu einer willkommenen Bereicherung des häufig eher kargen Speisezettels verhalf besonders zwischen und nach den Weltkriegen das Sammeln von Wildfrüchten. Zwar sei es den Städtern unbekannt gewesen, heißt es aus Köln, oder von der einheimischen Bevölkerung kaum oder gar nicht betrieben worden (Emmerich), doch scheint es sich bei diesen Angaben um Ausnahmen zu handeln, oder es sind sogar Anzeichen dafür, dass es sich hierbei um ein Thema handelt, über das man nicht gerne spricht. Viele Berichte sind jedenfalls mehr als ausführlich, stimmen weitgehend überein und wecken Erinnerungen vor allem an die Kindheit.

SAMMELN IN FELD UND WALD, BEEREN Besonders fällt dies bei einer bestimmten Beerensorte auf: Der Waldbeere, häufig auch Blaubeere genannt. Typisch ist hier ein Bericht von zwei Männern und einer Frau aus Wassenberg, die alle kurz vor dem Ersten Weltkrieg geboren sind:

Meine Heimat – der Wassenberger Raum – ist reich an ausgedehnten Wäldern und Heideflächen. So ist es nicht verwunderlich, dass wir Kinder, ob wir wollten oder nicht, in den Wald zum Sammeln von Waldbeeren geschickt wurden. Die schon Größeren brachten es dabei leicht auf 2–3 l an Nachmittagen, wenn schulfrei war. Das Ergebnis wurde in einer »Töet« (meist der »Melkstöet«) nach Hause getragen, wo die Beeren zum Ausreifen meist noch bis zum nächsten Tag stehen blieben. Was am Sonntag nicht als Auflage für »ene Koek« oder »en Taat« verwandt wurde, wurde für den Winter eingeweckt.

Eine Töet ist übrigens eine Metallkanne (laut RhWb ist »Täute« eine »Kanne aus Metall«). Auf Leseschein gesammelt (Griethausen bei Kleve), zu Gelee gekocht, eingeweckt oder im Pfannkuchen verbacken – so sind vielen Rheinländern die Waldbeeren in Erinnerung.

Beeren ganz allgemein wurden zu Gelee oder Marmelade eingekocht bzw. zu Saft verarbeitet, selten jedoch frisch gegessen: Brombeeren (deren Blätter auch für Tee verwendet wurden, Velbert), Walderdbeeren, Preiselbeeren, Stachelbeeren, Himbeeren und schließlich Ebereschenbeeren, die man auch für Nachtisch einkochte (Busch bei Kürten), deren Kompott aber nicht *allgemein üblich* war (Wesel). Süßen Brotaufstrich lieferte die Schlehe, die sich außerdem besonders gut für Likör eignet. *Im Dezember wurden Schlehen gepflückt. 3 kg Schlehen und 3 l Wasser und 400 gr Zucker über Nacht ziehen lassen, in Flaschen gefüllt – für Schlehengrog Saft heiß gemacht evtl. Rum dazu (bes. in der Eifel)* (Straß in der Eifel). Sehr vielseitig war der Holunder: Er lieferte Saft, Gelee und Suppe bis hin zu Tee. Sogar aus Faulbaumblättern wurde Marmelade gekocht, wie eine Bäuerin (Jahrgang 1908) aus Heiligenhaus noch weiß.

SAMMELN IN FELD UND WALD, **GEMÜSE/BLÄTTER** Einfach zu verarbeiten waren viele Wildpflanzen als Gemüseergänzung oder -ersatz: Sellerieblätter (*getrocknet … für die Eintopfsuppe*, Aldekerk/Niederrhein), Brunnenkresse, Sauerampfer, Löwenzahn (der berühmte → KETTENSALAT) oder Knöterich. Aus → BRENNNESSEL machte man Gemüse wie Spinat oder Salat. In Köln-Zollstock pflückte eine Frau *Brennnesseltriebe zur Fütterung der empfindlichen Küken und junger Puter*. Tee aus Brennnesseln hatte eine große Bandbreite von Verwendungen: *zur Blutreinigung, bei Verdauungsschwierigkeiten, belebt die Kopfhaut, wenn als Haarspülung angewandt (bei trockenem Haar), bei Diabetes zur Unterstützung der Medikamente (gut für die Bauchspeicheldrüse)*, so eine Frau aus Straß/Dürener Land (Jahrgang 1924). Sie besuchte 1938 eine Kochschule und bekam vermutlich dort dieses ausführliche Wissen vermittelt.

Blätter fanden auch noch auf andere Weise Verwendung: Mangoldblätter (Stromberg bei Bad Kreuznach) und Rhabarberblätter (Köln) dienten zum Einwickeln von Butter, in Brünen bei Hamminkeln reicherten Weinblätter das Sauerkraut an, und im Garten eines dörflichen Lehrerhaushalts in Griethausen bei Kleve wuchs eine Maulbeerhecke – die Blätter wurden an die Seidenraupen verfüttert.

SAMMELN IN FELD UND WALD, **KRÄUTER** Als Kräuter und Würzzutaten galten Estragon, Meerrettich, Petersilie, Dill, Kümmel, Liebstöckel und Borretsch (zur *Verfeinerung von Salaten, Gemüse und zum Einmachen der Gurken*, Nieukerk/Niederrhein). Wacholderbeeren dienten als Sauerkrautwürze oder zur Schinkenherstellung (Brünen bei Hamminkeln), während die Zweige *zum Räuchern und als Tee zur Blutreinigung* (Schöneberg bei Bad Kreuznach) verwendet wurden. Maikräuter, gemeint ist Waldmeister, wanderten getrocknet in die Bowle oder in den Teetopf, manchmal sogar als Tabakersatz in die Pfeife (Waldorf bei Blankenheim).

Pfefferminze diente nicht nur als Tee, sondern auch als Badezusatz (Myhl bei Wassenberg), ebenso wie Kamille zur Wundreinigung (Emmerich, Myhl). In Xanten wurden die Kamillen *in Säckchen genäht ... erwärmt und aufgelegt bei Zahn- oder Ohrenschmerzen.*

Gesundheitsfördernde oder -erhaltende Tees gewannen die Hausfrauen aus vielen Kräutern, wobei jedes Blättchen seine besondere Wirkung hatte – volksmedizinisches Wissen, das heute mehr und mehr wieder zu Ehren kommt. Gesammelt wurden hauptsächlich Lindenblüten, Schafgarbe, Kalmus, Buschwindröschen, Spitzwegerich, Ackerschachtelhalm (in Korschenbroich bei Mönchengladbach die Wurzeln für Nierentee), Huflattich, Elz bzw. Wermuth (auch für Aufgesetzten), Arnika (getrocknet als *Stachelstee* = Bronchialtee, Waldorf bei Blankenheim), Zinnkraut (auch zum Töpfereinigen), Tausendgüldenkraut, Tormentill, Odermennig, Salbei, Fenchel, Johanniskraut (auch für Öl bei Prellungen etc.), Augentrost, Baldrian, Pimpernell, Stiefmütterchen, Beifuß, Bitterklee, Mädesüß und nicht zuletzt die Hagebutten, die man im November sammelte: *Sie werden im Trockenen gepflückt, getrocknet und verwahrt. Die trockenen Früchte wurden aufgeschnitten und die Kerne entfernt (früher mitgekocht). Früher wurde Hagebutte 12 Stunden eingeweicht, dann erst gekocht, sie musste richtig ausziehen. Sie wurde verwendet als Tee, Marmelade oder Gelee* (Straß / Dürener Land) – eine schier unendliche, sicherlich noch unvollständige Liste.

SAMMELN IN FELD UND WALD, ÖL / NÜSSE / KASTANIEN Öl lieferten vor allem Raps und → BUCHECKERN, beide gleichermaßen von Kindern und Erwachsenen gesammelt. Manchmal tauschte man die Bucheckern auch gegen Margarine (Erkrath). Nüsse waren ein besonders nahrhaftes Sammelobjekt: meist Haselnüsse, in Köln allerdings nur im Zweiten Weltkrieg, aber auch Walnüsse (Korschenbroich). Getrocknete Haselnussblätter ergaben sogar Tee (Mendig / Eifel). Die Kinder am unteren Niederrhein sammelten Kastanien. Noch heute können gesammelte Kastanien in Bonn bei der Firma Haribo abgegeben werden – im Tausch gegen Weingummi.

SAMMELN IN FELD UND WALD, PILZE Ein wichtiges Sammelobjekt, über das sehr unterschiedliche Angaben vorliegen, zum Schluss: die Pilze. Typisch ist der Bericht eines Bergisch Gladbachers (Jahrgang 1932) aus einem Schreinerhaushalt: *Pilzesammeln kannten wir nicht. Erst in meiner Kinderlandverschickung 1939 in den Spreewald lernte ich Pfifferlinge* *und Steinpilze kennen und suchte sie anschließend auch hier (galt als fortschrittlich). Erst nach 1945 lernten wir von den Flüchtlingen den Hallimasch kennen und verwerten.* Die Flüchtlinge aus dem Osten waren auch in Griethausen bei Kleve die Pioniere, und eine einheimische Familie wurde *anfangs ausgelacht, ... als wir körbeweise Champignons von den Weiden holten.* In Roetgen bei Aachen sammelten nur *Förster oder Zugewanderte* Pilze. Sie wurden entweder getrocknet *für den Winter hergerichtet* (Düsseldorf, der Vater war Ostpreuße; Kürten, der Vater war Kleinbauer / Tagelöhner und hatte zwölf Kinder zu ernähren) oder aber ausschließlich frisch gegessen (Busch bei Kürten). In Berichten aus dem Hunsrück tauchen diese heutigen Delikatessen häufiger auf, während in der Gegend um Aachen, wie mehrere Erzähler sich erinnern, *eigenartigerweise ... von den Einheimischen keine Pilze gesammelt (wurden), deshalb dafür auch keine Mundartausdrücke, allgemein heißen Pilze »Jüddefleäsch«, derselbe Ausdruck wie für Sehnenbündel im Kalbfleisch, als auch für Fingerhut (digitalis)!* Dazu passt im Gegensatz zu anderen Hunsrücker Belegen eine Erinnerung aus Ellern: *Gemieden wurden alle Pilze, da diese meistens unbekannt waren. Diese wurden von allen Personen im Haushalt gemieden.*

SAMSTAG → TAGESMAHLZEITEN, MITTAGESSEN – SAMSTAG

SAMTKRAGEN In Düsseldorf ein Korn mit Underberg: »Alkoholisches Getränk aus Edelkorn mit einer dünnen Schicht Boonekamp oben drauf. Wird aus einem → PINNEKEN getrunken (Düsseldorfer Spezialität)« (MmWb). → GEMÜHRDE

SANKT MARTIN Sankt Martin ist im Rheinland ein wichtiger Heiliger, sein Gedenktag, der 11. November, ist mit einer Reihe unterschiedlicher Bräuche verbunden und hatte schon immer etwas mit Essen zu tun. Die Martinsgans beispielsweise geht auf die früheren Zahlungen in Naturalien zurück, die um den 11. November fällig waren: Mit dem Ende der Erntezeit wechselte das Gesinde und wurde bezahlt, gleichzeitig waren die Abgaben an den Landesherrn, an Pfarrer und Lehrer fällig. Eine Gans als Festtagsschmaus gehörte vielerorts dazu.

Der Martinstag war aber auch der Vorabend vor Beginn des Adventsfastens. Ganz ähnlich wie zur Fastnacht (→ KARNEVAL) im Frühjahr wurde also im Herbst nochmal richtig gefeiert. Daher sind auch Schmalz- und Fettgebäcke vielerorts verbreitet, am unteren Niederrhein zum Beispiel die Hefekrapfen/Schmalzgebackenes, bekannt als → KRACHEKRÖTTCHER oder → PÜFFERKES. Pfannekuchen aus Buchweizen und Vollmilchsuppe (Haaren bei Heinsberg), Pfannekuchen aus geschlagenem Eiweiß (Frilinghoven bei Heinsberg) oder auch Mutzen (Düsseldorf, → MUZEN, MUZEMANDELN) und → HIEZEMANN (Königswinter) waren weitere Speisen am Martinsabend.

Im Raum Bonn mochte man es deftiger: In Beuel und Königswinter gab es → KESSELSBRÜTCHEN, in Unkelbach und Sinzig → SCHEMMES, in Niederdollendorf → DIELSKNALL als Ersatz für die teurere Martinsgans. Aus der Eifel und dem Hunsrück fehlen Nachrichten über diesen Abend völlig.

Die Martinsumzüge kamen im späten 19. Jahrhundert auf. Ausgehend von Düsseldorf breiteten sich die Laternenzüge der Kinder im ganzen Rheinland aus. Geschenkt bekommen die Kinder dabei oftmals einen → WECKMANN, nach dem Umzug geht es zum so genannten »Schnörzen«. Dabei handelt es sich um einen Heischebrauch: Die Kinder ziehen in kleinen Gruppen von Haus zu Haus, klingeln, singen Martinslieder oder sagen einen Spruch auf und erhalten dafür Obst oder Süßigkeiten (vgl. Döring).

SAUBOHNE Auch Dicke Bohne (Vicia faba) gegannt. Sie gehört zur Familie der Schmetterlingsblütler. Der herbe, leicht bittere Geschmack passt gut zu geräuchertem Speck – *Decke Bunne met Speck* gelten als rheinische Spezialität.

Die Saubohne wird auch als Viehfutter verwendet. Als Nahrungsmittel gehört sie in die Kategorie der Not- und Armenspeisen, was sie zu einem Symbol für Armut und mangelde Bildung machte. Das hat sich auch in Sprichwörtern niedergeschlagen: Etwas ist »nicht die Bohne wert« oder jemand ist »dumm wie Bohnenstroh«. Die getrockneten Saubohnenranken – das Bohnenstroh – wurden früher in armen Familien als Schlafunterlage benutzt. Seit dem 19. Jahrhundert wird der Ausdruck auf Menschen angewendet, die man als besonders dumm kennzeichnen möchte.

SAUERAMPES »Ein sehr saurer, durchgegorener Wein« (MmWb).

SAUERBRATEN Sauerbraten gilt als rheinisches Nationalgericht und heißt in der in dieser Region beliebten Variante »rheinischer Sauerbraten«. Wie er vor- und zubereitet wurde, beschreibt ausführlich eine Kölner Hausfrau aus dem großelterlichen Haushalt der Jahre 1900–1930:

Eine Kochspezialität meiner Großmutter war: Sauerbraten, in Köln »Suurbroode«. Dieses Gericht war in ihrem Familien- und Freundeskreis so anerkannt und beliebt, dass es zum Festtagsessen und besonderen Sonntagsessen erkoren war. Das Fleischstück wurde zwei Tage in eine verdünnte Essiglösung, der geschnittene Zwiebelscheiben, Lorbeerblätter, Nelken und Pfefferkörner zugefügt waren, eingelegt. Meine Großmutter wählte dazu ein gutes Stück Rindfleisch aus, doch meist und erst recht zu besonderen Anlässen legte sie Schweinefleisch für ihren Sauerbraten ein. An die Sauerbratensoße kamen, kurz vorm Anrichten, viele Rosinen. Die Soße wurde mit Mehl gebunden und mit Maggi abgeschmeckt. Als Beilage zu dem Braten gab es Kartoffelklöße von rohen Kartoffeln.

→ SONNTAG, MITTAGESSEN → SONNTAGSBRATEN

SAUERTEIG Das Backen mit Sauerteig ist eine alte Kulturtechnik. Der Teig wird mithilfe von Milch- oder Essigsäure produzierenden Bakterien zur Gärung gebracht. Die bei diesem Prozess entstehende Kohlensäure lässt den Teig aufgehen und macht das Brot locker und haltbar. Ist Sauerteig einmal vorhanden, wird er bei jedem Backen dem frischen Teig zugesetzt, und von dem aufgegangenen Teig wird dann wieder ein kleiner Teil zurückbehalten und als Grundlage für den nächsten Backtag aufbewahrt.

SAURE ROLLE Bis etwa 1945 gab es in Rees *in Schwarte eingewickeltes Schweinefleisch im Essigsud.* Hier ein Rezept aus dem dortigen Stadtteil Speldrop für Rindfleischrollen: *Dafür wurden Abfallstücke vom Rindfleisch genommen, in kleine Streifen geschnitten, mit Salz, Pfeffer und Nelken gewürzt. Von dem Panzen wurden längliche, viereckige Lappen geschnitten und zugenäht. Darin wurde das Fleisch gefüllt, die Öffnung zugenäht und gar gekocht. Erkaltet wurden diese Rollen in einen Steintopf gelegt in ein Gemisch von Essig und Brühe, dann mit einer dicken Schicht voll heißem Nierenfett zugeschmolzen. Für Gäste zum Abendbrot wurden die Rollen in dicke Scheiben geschnitten, in Butter gebraten und mit gebratenen Apfelscheiben belegt. Das war eine Delikatesse. Ebenso gut waren die sauren Röllchen von Schweinefleisch in Gelee, die auch nur für Gäste serviert wurden.*

SAVOYEN Wirsing, auch Savoyer Kohl, Savojen, Safoj(en) genannt (RhWb).

SCHABAU »Steht im zentralen Rheinland für – meist billigen – Schnaps … Könnte man auch Gabiko oder Jabiko nennen: Ganz/janz billiger Korn. Soll aus dem Lateinischen kommen: vinum sabaudum = Savoyer Wein« (MmWb).

SCHABEFLEISCH In Köln und in Niederdollendorf/Siebengebirge gab es *Mittwochs … (für arme Leute) Schabefleisch beim Metzger.* Die Art ist nicht genau festlegbar, gemeint ist aber sicher nicht fett- und sehnenfreies Rindfleisch (Tatar) im heutigen Sinne.

SCHACHTHAUERKOTLETT »Kleiner Rollmops (aus der Bergmannssprache im Ruhrgebiet), heute veraltet. Schachthauerkotlett hat mein Vater früher eimerweise vom Pütt mitgebracht« (MmWb). → BERGLEUTE, ERNÄHRUNG

SCHÄFCHEN-BOHNEN In Hückeswagen für → WOLLBOHNEN.

SCHÄLRIPPCHEN »Rippenstück des geschlachteten Schweines, aus der Lake genommen und gekocht bei der Erbsensuppe, beim Sauerkraut; Kotelettstück« (RhWb) (Warmsroth bei Bad Kreuznach).

SCHAFSNASE Diese süße Apfelsorte war früher in Mennkausen bei Wiehl und allgemein im Bergischen verbreitet und gehörte zur Klasse der Schotteräpfel. Sie wird heute nicht mehr angebaut. Laut RhWb: »längliche, spitzzulaufende, süsse Apfelart«, auch bekannt als Rheinische Schafsnase.

SCHAFUR Allgemein im Rheinland für → KOHL/KRAUT. → SCHAWU

SCHALERT → SCHARLETT

SCHALES So heißen in Traben-Trarbach entweder in der Schale gebackene Kartoffeln oder Pellkartoffeln. An der Nahe, im Hunsrück und an der Mosel nannte man so einen »Kartoffelkuchen der Juden; dann auch bei den Christen. Kuchen aus roh geriebenen und gepressten Kartoffeln mit Speckscheiben, Mehl, eingeweichten Brötchen, Eiern, Gewürz, im Tiegel im Backofen des Herdes in Fett gebacken.« (RhWb) Ähnlich bei Exner erwähnt als »Eifeler Scholes«. → SCHARLETT → DIELSKNALL → KESSELSKNALL → PUTTES

SCHARLETT Kartoffelkuchen (Dörrebach bei Bad Kreuznach). Im nahen Schweppenhausen bekannt als Schalet, im RhWb unter »Schalert«: »ein in Öl im Tiegel (nicht in der Pfanne) gebackener dicker Kartoffelreibekuchen, dem geweichter Wasserweck und Rinderfett zugesetzt sind«. → SCHALES

SCHAWU **1.** »Choucroute savoyer = Sauerkraut«, Köln.

2. Wirsing (RhWb). → SAVOYEN

3. *Schawu = Schnüss un Ühren in Sülze mit Bratkartoffen und Remoulade* (Köln), also ein Gericht aus Schweineschnauze und -ohren mit Bratkartoffeln und Remoulade.

SCHEMMES Im Raum Unkelbach und Sinzig für → DIELSKNALL, → KESSELSKUCHEN und → PUTTES.

SCHIPATI »Ein Brötchen mit Pommes drauf, wahlweise mit Majo oder Ketschup. Diese kulinarische Besonderheit wird wahrscheinlich nur in den Pommesbuden in Weeze am Niederrhein verkauft« (MmWb).

SCHLABBERKAPPES Auch Weißkohldurcheinander genannt. *Schon wieder Schlabberkappes, gibt et denn nich ma wat anderes?*

Am Niederrhein und im Ruhrgebiet waren (und sind) Eintopfgerichte sehr beliebt. Dabei werden Kartoffeln, Gemüse (alle Kohlsorten, Sauerkraut, Möhren, Spinat) und etwas Fett zusammen gekocht und zu einem Brei vermengt, der mit Mettwürstchen, ausgelassenem Speck oder Frikadellen serviert wird. Der Schlabberkappes eignete sich auch sehr gut für den → HENKELMANN, weil er das Aufwärmen im Wasserbad ohne »Konsistenzverlust« (weil eh' schon matschig) überstand. Heutigen Essgewohnheiten entspricht dieser meist »totgekochte« Eintopf in der Regel nicht mehr (MmWb). → SCHLODDERKAPPES

SCHLABBESALAT *Ausgelassene Speckstückchen, gedünstete Zwiebelringe, in Wasser sämig gerührtes Mehl. Umrühren, zarter geputzter Löwenzahn dazu. Diese Soße unter Kartoffeln verrührt* (Gey bei Düren). In Hürth bekannt als Schlammsalat: *Kartoffelbrei mit jungem Salat*. Im RhWb findet man unter dem Stichwort »schlabberig« folgende Erklärung: »weiche Salatblätter, mit Rahm, Milch, gedrückten Kartoffeln, die an den Blättern hängen bleiben, angemengt.«

SCHLACHTTAG Neben der Kirmes war der Schlachttag die wichtigste Gelegenheit des Jahres, »grünes«, also frisches Fleisch zu essen. Angesichts der Begeisterung, mit der viele sich an diesen Tag erinnern, könnte man fast von einer sechsten Jahreszeit sprechen, die sich von November bis Februar/März hinzog. In diese Zeit fiel gewöhnlich der Schlachttag, denn das Wetter musste möglichst kalt sein, damit das Fleisch während des Ausblutens und bis zur Weiterverarbeitung am nächsten Tag nicht verderben konnte. Ein gutes Beispiel für den Ablauf des Tages und die Gerichte stammt von einem Bauernhof in Nieukerk/Niederrhein: *Am Schlachttag wurde üppig gelebt. Nach Herzenslust durften zu Graubrot Wellfleisch, Zunge, Niere, Gehacktes und Wurst gegessen werden. Nach dem Schlachttag wurden Freunde und arme Leute mit einem »Hötschpot« bedacht. Dieser bestand in der Regel aus Leberwurst, Blut- und Mettwurst, Rippen und einem großen Stück Panhas.*

Das Essen an diesem Tag war eine willkommene Abwechslung vom sonstigen eintönigen Alltagsessen, und frisches Fleisch wurde in unglaublich großen Mengen gegessen. Nach dem Schlachten wurde der → HÜTSCHPOTT verteilt. Das war am gesamten unteren Niederrhein üblich, ebenso wie die → PRÖLLEWÖRSKE für die Kinder: einfache Mehlwürste mit Korinthen. Offenbar größter Beliebtheit erfreuten sich außerdem die Schmalzäpfel: süße Äpfel, die in frischem Schmalz mit Grieben gedünstet und heiß gegessen wurden. In Kerken/Niederrhein war sogar der Zeitpunkt festgelegt: 16 Uhr.

SCHLACHTTAG, **PANHAS** → PANHAS, andernorts → KLAPPERTÜT oder → BALKENBREI genannt, war ein unverzichtbarer Bestandteil des Schlachttags. Eine Bauersfrau (Jahrgang 1911) aus Moers erinnert sich: *Abends. Panhas kam in der Schüssel warm auf den Tisch, in der Mitte eine Kuhle reingemacht, dies mit Rübenkraut gefüllt und jeder nahm aus dieser Schüssel (Kraut-*

bahn von Schüssel bis zum Teilnehmer). Die Grundlage für Panhas, nämlich die → WURSTBRÜHE, besaß einen besonderen Stellenwert und konnte je nach Umständen – wie in Puffendorf bei Aachen – auch noch variiert werden: *Am Schlachttag wurde aus der Brühe, die beim Wurstkochen entstand, eine kräftige Suppe zubereitet; beim Kochen der Würste gelangten durch die nicht ganz dichten Naturdärme Bestandteile der Wurst in die Kochbrühe, manchmal platzte eine Blutwurst. Aus der sehr kräftigen Brühe wurde mit Porree, Sellerie und Kartoffelwürfeln die »Blootwuschsupp« zubereitet, Schweinshirn wurde zubereitet und zum Mittagessen gab es frische Rippchen gebraten.*

Ähnlich war es in Gey/Dürener Land: In der Brühe kochten zusätzlich Schweinskopf, Lunge und Leber. Im weiter westlich gelegenen Aachen sah in der Zeit bis zum Ersten Weltkrieg die Speisefolge so aus: *1) »Puttes«-suppe (Blutsuppe; Weißbrot) aus gekochtem »Halsstück« – 2) Halsstück aufgeschnitten mit Kartoffeln und Grünkohl, Senf – 3) Bratwurst und Rippchen gebraten mit Kartoffeln und »gestuften Äpfeln« (Äpfel m. Schale in Butter geschmort) – 4) Vanille- oder Grießpudding.*

Je nach Gegend gab es am Schlachttag außerdem besondere Spezialitäten: So wird vereinzelt am Niederrhein das → HÄSCHEN (heute Filet) erwähnt. Hirn und sonstige Innereien kamen in Hückeswagen auf den Tisch, dazu Wurstbrocken, → WELLFLEISCH, fette Fleischsuppen mit Brot und Panhas. Weiter südlich, in Eifel und Hunsrück, hieß die Wurstbrühe → METZELSUPPE. In Pantenburg bei Wittlich servierte man zum Mittagessen → GELING, ein Gulasch aus Innereien, in Seibersbach bei Bad Kreuznach die bereits genannte → METZELSUPPE und in Alf an der Mosel frische Blut- oder Leberwurst, → WURSTBRÜHE, → WELLFLEISCH und für die Kinder → HEINZELMÄNNCHA.

SCHLODDERKAPPES Eintopf aus sauer eingelegten, ganzen Kohlblättern (Weißkohl), Fleisch und Kartoffeln, geschichtet und gegart, ohne umzurühren.

SCHLUCH »Süssigkeit, etwas zum Naschen … Schluch liebt man besonders an der Sieg und in Teilen des zentralen Rheinlands« (MmWb). Laut RhWb bedeutet »Schlauch« »Naschwerk, Süssigkeiten«.

SCHLUCHPLÄTZCHEN *Gekochte Kartoffeln mit Mehl und Eiern verrührt und gebraten* (Mennkausen bei Wiehl, ähnlich in Sotterbach bei Reichshof). Laut RhWb ist »Schlauchkuchen« ein »Kuchen aus Mehl, kalt gestampften Kartoffeln, Milch und Eiern«.

SCHMÄRPULLSSUPP Bergische Linsensuppe mit Kartoffeln und Speck.

SCHMALZAPFEL In frischem Schmalz geschmorte süße Äpfel waren am unteren Niederrhein eine Spezialität am Schlachttag: *oder Kotelett mit Schmalzäpfeln* (Xanten). In Kerken / Niederrhein wurden sie um 16 Uhr gereicht, in Speldrop / Niederrhein zum Kaffee heiß auf Brot.

SCHMALZBLÄTTCHEN Salatpflanze mit kleinen runden, sattgrünen Blättern (Radevormwald), die an lichten Stellen im Hochwald wächst. Eine genauere Identifizierung ist nicht bekannt, evtl. Schmalzkraut (Feldsalat, Fetthenne) oder Schmalzblume.

SCHMANDHUCKE *Es galt schon als Feinschmecker, wer sich einen Rollmops in Majonaese einverleibte. Bei uns in Radevormwald früher »Schmandhucke« genannt.* (Radevormwald)

SCHMIER Damit ist allgemein jede Art von Brotaufstrich gemeint, ob süß, neutral oder salzig, im Rheinland häufig ein Ersatzbrotaufstrich aus Mehl und Eiern, Salz, evtl. mit Speck und / oder Zwiebeln. → EIERKÄSE → EIERSCHMIER

SCHMÖRKES »Junge, ungeschälte Kartoffeln in der Pfanne gebraten … am rechten Niederrhein« (MmWb). RhWb: »kleine Kartoffeln, gebratene Schmorkartoffeln« (Kleve).

SCHNECKHÄUSCHEN Totengebäck in Hückeswagen. → TOTENMAHL

SCHNIBBELSKUCHEN *Schnibbelskuchen aus Kartoffeln* gab es in Willich zum Abendessen, allgemein bekannt im Bergischen Land, in der Nordeifel und am linken Niederrhein als Schnippelkuchen: »in Fett gebratener Kuchen, auf einer Seite mit Kartoffelstreifen belegt« (RhWb).

SCHNIEDERS COURAGE Im Ruhrgebiet für → MOHREGUBBEL, → KIEKÖM etc. »Schneiderkurasch« RhWb.

SCHNITTKOHL Brassica napus var. arvensis Lam. f. biennis, gehört zu den Gartenkohlsorten. Stiele und Blattflächen werden als Gemüse wie Spinat verwendet.

SCHÖÄPKES *Die unteren getrockneten Bohnen der Fizzebohnen … Nachdem sie schon an der Stange bis in den Herbst hinein relativ getrocknet waren, schnürte … man sie zum Schluß in Bündeln auf und hängte sie zum Resttrocknen über den Küchenherd* (Radevormwald).

SCHÖSSJE In Königswinter ein Brötchen von besonderer Form zum Frühstück. »Schösschen« bezeichnet im Gebiet südlich von Köln eine »Semmel aus gebeuteltem Roggenmehl, dessen Teig statt mit Milch mit Wasser und Salz angerührt ist, zwei nebeneinander gebacken, 10–15 cm lang, 5 cm breit und dick« (RhWb).

Nach einer anderen Definition ist das Schösschen eine Variante des → RÖGGELCHEN, das rund ausgeformt ist und ebenfalls als Doppelbrötchen angeboten wird. Diese Variante entspricht einer Berliner Schrippenart, die auch dem Röggelchen ähnelt, aber weniger deftig schmeckt.

S

SCHÖTTLING Kleines, bis sechs Wochen altes Schwein (Kerken/Niederrhein). Laut RhWb »heranwachsendes Schwein«.

SCHOTTELBRETT Brett im Keller zum Aufbewahren von Brot, Butter, Schmalz und Milch (Hürth), abgeleitet von »Schüssel«.

SCHRAPP *Abgeschabter roher oder gekochter Speck* zum Frühstück, Abendessen oder als Zwischenmahlzeit (Lessenich/Eifel).

SCHRAPPPLÄTZKEN »Essensrest ... Schrapplätzken lässt man am südlichen linken Niederrhein übrig; das Wort scheint nicht Dialekt basiert zu sein« (MmWb).

SCHRATTELEN In der Nähe von Mendig/Eifel Bezeichnung für ein Kartoffelgericht, zwischen Zell an der Mosel und Koblenz bekannt als Schrattel: »gekochte, flach geschnittene Kartoffeln mit Milchtunke« (RhWb), manchmal auch mit Specksoße und Lorbeerblatt.

SCHRÖDDELSUPPE »Ein Eintopf, in den alles kommt, was man gerade so im Haus hat (im Ruhrgebiet auch Bahndamm-rauf-und-runter genannt)« (MmWb).

SCHÜTZENIERE Im Ahrtal Bezeichnung für → SCHWARZWURZEL, Verballhornung ihres italienischen Namens Scorzonere.

SCHUSTERSCHNITTCHEN *Schwarzbrot – Butter – kalte gekochte Kartoffeln*, als → ARMELEUTE-ESSEN bezeichnet (Düsseldorf-Holthausen), ähnlich in Hückeswagen als *Kartoffelbötter*.

SCHWARTENMAGEN »Kochwurst aus Schwarte, Kochfleisch und Speck, pikant gewürzt« (Gorys). Ausführlicher ist ein Rezept aus Emmerich:

● Rezept **Schwartenmagen**

Die Schwarten, die dicken Rippen, die Öhrchen, gepellte Zwiebeln und einige Gewürze wie Pfeffer, Muskat, Nelken und Lorbeer werden knapp mit Wasser bedeckt und müssen 2 bis 3 Stunden garen. Dann werden das Fleisch und die Schwarten kleingeschnitten und mit der schon leicht gelierten Brühe in den vorher gereinigten Magen gefüllt. Der Magen wird sorgfältig verschlossen und noch einmal 1 Stunde bei milder Hitze in Salzwasser gekocht.

In Xanten wurde der Schwartenmagen zum ersten Mal an Weihnachten angeschnitten.

SCHWARZWURZEL Scorzonera hispan., stammt aus Südosteuropa. Seit der Mitte des 17. Jahrhunderts wurde sie in Italien verwendet, ab 1770 auch in Deutschland. Sie galt lange Zeit als Armeleute- oder Arbeiterspargel und erlebt heute eine Renaissance.

SCHWAZE FRÄNZ In Aachen-Kornelimünster Bezeichnung für → PUTTES, in Köln auch für Blutwurst (Exner).

SCHWEDE In Wassenberg Ausdruck für → STECKRÜBE.

SCHWEINEBIER »Mischung aus Altbier und Cola. Nur am rechten Niederrhein verbreitet« (MmWb).

SCHWEIZER »Knecht zur Pflege und Weide von Milchkühen und zum Melken und zur Besorgung von Molkereiarbeiten, auf größeren Bauernhöfen; unter dem Schw. steht als Gehilfe der Ognerscher« (RhWb). Der Schweizer galt auf dem Hof als Spezialkraft, *der über dem anderen Personal stand und auch als solcher herausgestellt wurde. Übrigens gab es den Schweizer nur auf großen Höfen (ab etwa 15–20 Stück Milchvieh), was für damalige Verhältnisse hier in unserer Gegend schon sehr viel war* (Straelen). Das zeigte sich auch beim Essen: Der Schweizer saß an einem gesonderten Platz, dem Schweizer-Tischchen (Straelen) und bekam eine spezielle Bedienung: *Nur der Melker wurde bevorzugt, aß separat und bekam ausgesuchte Sachen, wie den feinsten Schinken, statt einem stets zwei Eier und viel Butter zum Weißbrot* (Nieukerk/Niederrhein). Etwas später wird die Erzählerin noch sehr viel deutlicher:

Der Melker wurde immer bevorzugt. Er aß nur Schinken, getrocknete Mettwurst und Eier zum Brot. Mittags gar nur mageres Fleisch. Er aß an einem separaten Tisch; etwa bis in das Jahr 1948 wurde diese Tischsitte eingehalten. Den Bohnenkaffee gab es allerdings nie pur, sondern immer mit Zichorien gemischt. 1948 wurde für unseren Melker eine Melkerwohnung gebaut und dessen Frau musste ihn nun versorgen. Für die Bäuerin war das eine große Erleichterung. Denn Melker waren oft sehr unzufriedene Menschen, oder besser gesagt nur schwer zufrieden zu stellen.

SCHWELLMÄNNCHEN »Ganz fein geraspelte Kartoffelscheiben, die in der Eifel und im westlichen Rheinland mit Speck und Zwiebeln gebraten werden« (MmWb). Laut RhWb: »mit der Schale gekochte Kartoffel«.

SCHWEMMKLES *Klöße, die im Wasser schwimmen, wenn sie gekocht werden* (Schweppenhausen / Hunsrück). Laut RhWb sind diese Klöße aus Mehl.

SEEM In der Eifel wohl eher eine Bezeichnung für Gelee, in der Nordeifel und teilweise rechtsrheinisch für → KRAUT.

SELBSTVERSORGUNG → EINKAUF UND SELBSTVERSORGUNG

SIEPNAT Im Selfkant und am linken unteren Niederrhein Bezeichnung für Obst- oder Rübenkraut. → KRAUT

SILBER UND GOLD »Gemisch von weißen Bohnen und Möhren« (RhWb).

SILVESTER Silvester stand zunächst einmal der Brezeleinkauf bzw. das Backen für den folgenden Neujahrstag auf dem Programm. In Wesel wurden → BALLEBÄUTZKES gebacken: *»tennisballgroße Bällchen aus süßem Mehlteig (mit Backpulver) … in heißem Fett – meist Palmin – knusprig braun … Dazu gab es Grog oder für die Kinder dünnen schwarzen Tee.* Eine Spezialität gab es in Rees: → KNOCHENPOTT *(Schweinepfötchen, Zwiebel, Lorbeerblätter und Eisbein wurde zusammen in einem Topf langsam gekocht)* – und zwar so lange, bis die Knöchelchen blank und weiß strahlten und für das Würfelspiel verwendet werden konnten.

SIRUP In der Eifel häufig für Obst- oder Rübenkraut. → KRAUT

SIRZ »Ältere Bezeichnung für Limonade am nördlichen Niederrhein (kommt vom alten kleverländischen Verb sirzen ›spritzen‹)« (MmWb).

SKORZONERE Scorzonera hispanica. → SCHWARZWURZEL

SLOW FOOD So nennt sich eine weltweite Non-Profit-Organisation von bewussten Genießern und mündigen Konsumenten, die es sich zur Aufgabe gemacht haben, die Kultur des Essens und Trinkens zu pflegen und lebendig zu halten. Sie fördert eine verantwortliche Landwirtschaft und Fischerei, eine artgerechte Viehzucht, das traditionelle Lebensmittelhandwerk und die Bewahrung der regionalen Geschmacksvielfalt, bringt Produzenten, Händler und Verbraucher miteinander in Kontakt, vermittelt Wissen über die Qualität von Nahrungsmitteln und macht so den Ernährungsmarkt transparent (www.slowfood.de/wirueberuns/).

In ihr »virtuelles Rettungsschiff« nimmt Slow Food »Nutzpflanzen, Nutztiere, Lebensmittelprodukte und Speisen auf, die vom Aussterben bedroht sind. Beispiele in Deutschland sind der ›Angeliter Tannenzapfen‹, eine seltene Kartoffel, der Weinbergpfirsich und die ›Ahle Wurscht‹ aus Nordhessen« (Hörig).

SOLEIER Früher gab es sie in praktisch allen Wirtshäusern als kleinen Imbiss. In Wassenberg bis Anfang der 1950er-Jahre, in Hückeswagen bis Anfang der 1960er-Jahre. Auch in Nieukerk/Niederrhein waren sie früher verbreitet.

● Rezept **Soleier**

Eier werden hart gekocht, die Schale dann etwas angeschlagen. Die so vorbereiteten Eier werden in einer Salzlösung eingelegt.

Gegessen werden die Eier so: Ei schälen und längs halbieren. Das Eigelb herausnehmen. In die so entstandene Aushöhlung wird Essig, Öl, Salz, Pfeffer und Senf gegeben. Das Eigelb wie einen Deckel darauf legen und das halbe Ei essen (am besten komplett in den Mund stecken).

SOLPER Salzlake zum Pökeln (→ BÖKEL). In Alf/Mosel gab es »Solperfleisch (Fleisch aus dem Holzzuwwer, gesalzen und gewürzt«. Nach Gorys bezeichnet Solberfleisch lediglich die Schweinsknöchel.

SONDERERNÄHRUNG, KINDER UND JUGENDLICHE Die bis um 1900 in ganz Deutschland alltägliche hohe Kindersterblichkeit war nicht zuletzt auf die weit verbreitete Fehlernährung der Säuglinge zurückzuführen. Statt Säuglinge zu stillen, was im 19. Jahrhundert verpönt war, fütterte man Kinder schon in den ersten Lebensmonaten mit Brei aus verdünnter Milch. Brühe aus Kalbsknochen galt für Kinder als besonders stärkend, vor allem für den Knochenbau bei Kleinkindern (Süggerath bei Geilenkirchen). Erst im 20. Jahrhundert veränderte sich die Kost für Kinder. Natürlich gehörte dazu der Lebertran, ein wichtiger Lieferant von Vitamin D, auch noch für die Heranwachsenden, wie eine Auflistung aus Aachen zeigt: *Heranwachsende: Lebertran, gebratene Leber mit Äpfeln und Zwiebeln; Milch (mit Reis, Grieß, Graupen oder Mehl zu Suppe gekocht, darin oft Rosinen oder Trockenpflaumen; »Mockensuppe«: Milchsuppe mit Zwieback oder altbackenem Weißbrot, mit Zucker und Butter, viel gekochtes Fleisch und größere Fischportionen; viel grünes Gemüse: Spinat, Mangold, Grünkohl, Rosenkohl, Salat.* Manchmal, aber wohl selten, gab es ein Zuckerei – *das war ein rohes Ei mit Zucker verquirlt* (Köln). Eier waren ansonsten fast verpönt, eher bekamen die Kinder *immer gute Butter und viel Milch* (Winterspelt/Eifel).

SONDERERNÄHRUNG, MÄNNER UND ÄLTERE MENSCHEN Männer erhielten kräftige Kost, größere Portionen und mehr Fleisch. In Meer-

S

busch-Büderich bekam der Vater *morgens ein rohes Ei und Zucker in den Kaffee geschlagen*. Dieses kräftigende Getränk gab es auch für ältere Menschen (Emmerich, Speldrop/Niederrhein), außerdem vor allem Milchsuppen mit und ohne Zwieback, Weinsuppen (Speldrop) und, wie in Lessenich/Eifel, eine besondere Buttersuppe:

● Rezept **Buttersuppe**

1 dünne Scheibe Weißbrot, 1 Scheibe Schwarzbrot kleinbröckeln, etwas Salz, 1 guten Stich Butter und kochendes Wasser dazugeben, gut anrühren, dass alles schön weich ist.

(LVR-ILR, Nahrung und Speisen nach 1900)

Das Einweichen von Nahrung war für die oft zahnlosen alten Menschen wichtig. Zahnersatz und die heute normale Zahnpflege, durch die die eigenen Zähne lange erhalten bleiben, waren bis weit über die Mitte des 20. Jahrhunderts eher unbekannt.

SONDERERNÄHRUNG, WÖCHNERIN Auch eine Wöchnerin brauchte stärkende Speisen, von denen die Rheinländer recht fest umrissene Vorstellungen hatten: Suppen von Taube oder Rebhuhn, Rindfleisch, Kalbsknochen oder Huhn. Hühnerbrühe war angeblich auch wirksam gegen Brustentzündung (Süggerath bei Geilenkirchen) oder trug zu einer schnellen Heilung bei (Oeverich bei Bad Neuenahr). Das gekochte Fleisch, vornehmlich von Taube und Huhn, aß die Wöchnerin anschließend, zusammen mit Gemüse, Kartoffeln und Salat. In der Eifel und auf dem Hunsrück bekam sie oft eine

Schmandsuppe: *Rahmsuppe mit Haferflocken mit 1 Ei, dazu Weißbrot* (Mendig/Eifel). Haferflocken scheinen überhaupt in dieser Gegend verbreitet gewesen zu sein – in Milch gekocht als Suppe oder

steifer als Brei. Als Spezialitäten galten weiterhin Kalbsragout und Kalbfleisch, auf dem Hunsrück teilweise mit Kartoffelbrei (Stromberg bei Bad Kreuznach), außerdem, wie schon erwähnt, Nudeln, mit oder ohne Dörrobst.

In Kreckersweg bei Wermelskirchen aß die Wöchnerin eine besondere *Kengerbett-Suppe: Milchsuppe mit Safran und Rosinen angerührt mit Eigelb, darüber Schnee.* Stärkende Getränke waren ganz allgemein Bohnenkaffee mit Ei, Rotwein mit Ei oder Branntwein und Malzbier. Guter Kaffee mit Zucker und Milch förderte die Brustmilch (Aldekerk/Niederrhein). Gemieden wurden säuerliche Getränke und darüber hinaus Obst, Hülsenfrüchte und sämtliche Kohlarten.

Die Wöchnerinnen bekamen von der Patin *1. Pfd. Kaffee, 2 Pfd. Würfelzucker, 1 Pfd. getrocknete Pflaumen (zur besseren Verdauung) und 1 Pfd. Zwieback geschenkt* (Emmerich). Trockenpflaumen und Kandiszucker gab es in Hartefeld/Niederrhein, Pfefferkuchen im nahen Kerken und in Mönchengladbach-Neuwerk – ebenfalls der besseren Verdauung wegen. In den ländlichen Gebieten um Moers schließlich geriet der Besuch zum sozialen Ereignis: *Nachbarn brachten der Wöchnerin Würfelzucker (und) Kaffee: 1/4 (Pfd.). Der Kaffee wurde aufgegossen und die Frauen tranken alle Kaffee und Zucker.*

SONNTAG, FRÜHSTÜCK Das sonntägliche Frühstück fiel meist üppiger und feiner als unter der Woche aus, zum Beispiel in der Aachener Gegend: *zum Sonntagsfrühstück mit »Speck und Ei«.*

● Rezept **Sonntagsfrühstück**

Pro Kopf ein Ei,
schlagen (bei 5 Eiern 2 Essl. Mehl),
2 Tassen Milch,
1 Tasse Wasser,
1 Prise Salz.

Durchwachsenen Speck in der Pfanne auslassen, darüber die geschlagene Masse geben und dauernd rühren.

SONNTAG, **MITTAGESSEN** Eine im ganzen Rheinland übliche Zusammenstellung der Hauptmahlzeit, also des Mittagessens, bestand aus → RINDFLEISCHSUPPE, gekochtem → RINDFLEISCH mit »Zubehör« (sauer eingelegte Zwiebeln und Gürkchen), Braten mit Gemüse und Kartoffeln (→ SONNTAGSBRATEN) sowie Grießmehlpudding mit Himbeersaft oder Reis mit Zimt als Nachtisch. Von dieser grundsätzlichen Menüfolge gab es allerdings mannigfache Varianten. Das zeigt ein Beispiel aus Korschenbroich bei Mönchengladbach, das nicht nur für die hier geschilderten Jahre 1910–1930 gilt:

- *Bratwurstsuppe, kleingeschnitten mit Porree, Sellerie, Reis und Graupen, Gemüse, Kartoffeln, Bratwurst oder Carbonade, Vanillepudding mit Himbeersaft*
- *Schlachttag Winter und Herbst: Panhas warm, Kinder der Nach-*

barschaft kamen mit Löffeln zum Panhasschrappen, evtl. aus Wurstbrühe Suppe

- *Kirmes-September: Rindfleischsuppe, Kappes mit Bohnen (Kirmesätte?) Pudding oder Puspas (Apfel-Birnen-Pflaumenkompott, lange gekocht, in Steinguttöpfen 4–5 Wochen verwahrt), Appeltaat, Prumetaat, Streuselkuchen, gekochter Schinken mit Brot*
- *Gründonnerstag: Spinat, Grünkohl oder Rübengemüse mit Eiern*
- *Karfreitag: Fastentag bis Karsamstag: Fisch*
- *Ostern: Osterkranz aus Hefeteig, gekochte gefärbte Eier, Hühnersuppe*
- *Heiligabend: bis Mittag Fasten, abends Kartoffelsalat mit Brat-, Blut- oder Leberwurst*
- *Weihnachten: Rindfleischsuppe, Kartoffeln, Gemüse, Schweine- oder Rindfleisch, Pudding, Kaffee mit Kuchen*
- *Hochzeit: ebenso, abends Kartoffelsalat*
- *Taufe oder Begräbnis: Kaffee mit Kuchen-Streuselkuchen, selten Reiskuchen, Weck mit Butter und Apfelkraut.*

Wie beständig – bei allen Veränderungen – dieses Schema war (und noch ist), zeigt das Beispiel aus dem Haushalt eines Aachener Baumeisters zu Beginn der 1960er-Jahre: *klare Rindfleischsuppe mit Markklößchen – Rinder- oder Schweinebraten (od. Wild / Geflügel) mit Sauce, Kartoffel oder »Spätzle« – »feines« Gemüse (Spargel, Schwarzwurzeln, Erbsen und Möhren, gelbe Brechbohnen …) und Salat (grüner Gurken- und / oder Tomatensalat) – Vanille- (oder Grieß-, Reis-)Pudding mit Vanillesauce oder Quarkspeise mit gezuckerten Früchten wie Erdbeeren / Himbeeren etc.*

SONNTAG, **MITTAGESSEN – NACHSPEISEN** Die typischen Nachspeisen zum sonn- oder festtäglichen Essen waren Grießmehlpudding mit Himbeersaft (der in Düsseldorf viertelliterweise beim Kolonialwarenhändler gekauft wurde), frisches oder gedörrtes Obst, steifer / dicker Reis mit Zimt und Zucker.

SONNTAG, **ABENDESSEN** Auch am Sonntagabend gab es noch einmal etwas Besonderes. In Nettetal-Kaldenkirchen *stand für jeden ein Teller voll Milch-Reisbrei mit Zimt und Zucker bestreut auf dem Tisch.*

SONNTAG, **TISCHGETRÄNKE** Tischgetränke waren normalerweise nicht üblich und selbst an Feiertagen außergewöhnlich: *für den Vater ein wenig helles Bier, das im Syphon geholt wurde, für Kinder Saft, für die Damen dunkles Bier oder ein Glas Wein, evtl. auch Brombeer- oder Himbeerwein, im Sommer ab Mai vielfach Bowle* (Köln). In einem städtischen Arbeiterhaushalt in Düsseldorf mussten die Kinder aus der Wirtschaft eine Kanne Bier und auch einen gut gekühlten Klaren holen. Aus dem eher ländlichen Osterath bei Meerbusch berichtet die Tochter (Jahrgang 1897) des Organisten und Küsters für die Zeit nach 1905:

Der Küster kaufte jedes Jahr 1–2 Fäßchen Wein aus Langenlonsheim am Rhein. Davon verkaufte er flaschenweise für 1,20 RM–1,50 RM Wein an Leute, die Kranke zu Hause hatten. Diese Flaschen wurden im Keller abgezapft. Die Leute kamen und fragten: »Köster, en Flesch Wiien!« Der Küster selbst trank selten. Nie wurde Bier getrunken, es gab keine Biergläser im Haus. Wein wurde angeboten bei besonderen Gelegenheiten, z.B. am Geburts- oder Namenstag, wenn der Pastor zum Gratulieren kam.

SONNTAG, HAUSFRAU ALS KÖCHIN Grundsätzlich verantwortlich für das Essen war die Hausfrau – sie traf alle Vorbereitungen und sie kochte selbst. Dies galt auch für den Sonntag, nicht jedoch für Festtage, insbesondere dann, wenn es sich um ein wichtiges Fest im Leben eines Familienmitglieds handelte. Bei solchen Anlässen, zum Beispiel Hochzeit, Kommunion und Beerdigung, halfen Frauen aus der Nachbar- oder Verwandtschaft. Die »Kochfrau« war dann nicht unbedingt eine ausgebildete Köchin, aber jemand, der bekanntermaßen gut kochte. Entweder arbeitete sie unentgeltlich im Rahmen der Nachbarschafts- oder Verwandtschaftshilfe auf Gegenseitigkeit, oder die Kochfrau *wurde vom Gastgeber entlohnt. Nach dem Abendessen dankte einer der Gäste der Köchin, ließ sich einen Schöpflöffel geben und sammelte darin*

Trinkgeld (das wurde beim Lohn berücksichtigt). Dieser Bericht stammt aus einem mittelständischen Handwerkerhaushalt in Bonn-Beuel. Die Mutter (Jahrgang 1905) des Erzählers bügelte für größere Wäschereien Hemden im Stücklohn. Viele Gerichte konnte die Hausfrau natürlich am Vortag vorbereiten, während am eigentlichen Festtag *die Kocharbeiten in der Küche (von) Frauen aus der Verwandtschaft erledigt wurden* (Köln). → TRAITEURE sind nur im Bericht aus einem Kölner Architektenhaushalt erwähnt – ihre große Zeit war nach dem Ersten Weltkrieg offenbar schon vorüber. In jedem Fall war die Beschäftigung einer Lohnkochfrau oder eines Traiteurs aber eine Frage der Finanzen. Eine Frau aus Alfter betont denn auch, dass selbst bei größeren Festen nie eine Köchin genommen wurde, *weil uns das Geld dafür fehlte*.

SONNTAGSBRATEN Den Hauptgang des Sonntagsmenüs bildete der Braten. Seine Hochschätzung mag vor allem auch daher rühren, dass früher Fleisch wegen der damaligen Konservierungsmethoden und der fehlenden Aufbewahrungsmöglichkeiten für Frischfleisch fast ausnahmslos gekocht wurde. Da war gebratenes Fleisch etwas Besonderes.

Die Beilagen, sei es nun zu Sauer- oder einfachem Braten (Schwein), waren vielfältig: im Winter eingemachtes Gemüse wie verschiedene Kohlsorten, im Sommer alle verfügbaren frischen Gemüse aus dem eigenen Garten. Aus einem kleinbäuerlichen Betrieb mit sieben Hektar eigenem und etwa 1,5 Hektar dazugepachtetem Kirchenland in Kapellen bei Moers stammt folgende Beschreibung einer speziellen Beilage zu Sonntags- und Festessen aus den 1920er-Jahren:

Igemakte Kappes met witte Boonen und Scheenk. Das Sauerkraut wurde über Nacht gewässert. Am nächsten Tag mehrmals gewaschen, so dass die Säure nicht mehr vorschmeckte. Nun gut ausgedrückt wurde es in die Fleischbrühe des gekochten Knochenschinkenstücks gegart, bis die Brühe verkocht war. Dann die garen weissen Bohnen untergehoben. »Dä Kappes mot fan de Gaffel reisen un gut gläänzen«, das heißt er muss vor Fett glänzen und notfalls noch mit einem Eßlöffel voll Schweineschmalz nachgefettet werden und leicht mit Muskat nachgewürzt. Zu diesem Gericht werden keine Kartoffeln gereicht, nur das Kappes-Boonen-Gemisch und gekochter Schinken.

Dieser Schinken, gekocht statt gebraten, leitet über zu den Ausnahmen von der Regel. Gebratenes kann auch Bratwurst bedeuten, Kaninchen, Huhn *und bei armen Familien auch nur eine Blutwurst, dazu Kartoffeln mit Gemüse, Salat oder Obst* (Simmerath / Eifel), schließlich auch noch gebratene Rippchen mit Sauerkraut und Kartoffelpüree (Nettetal-Kaldenkirchen). Das Hunsrücker »Nationalgericht« bestand zunächst aus Suppe (häufig) mit Reis, dann *gekochtes Rindfleisch mit Meerrettich (eventuell als Vorspeise), gepökeltes und geräuchertes Schweinefleisch, gek. Rindfleisch, Sauerkraut, weiße Böhnchen und Kartoffeln, gek. Meerrettich* (Mengerschied). Im nahen Kirchberg wurde manchmal auch Rauchfleisch als Hauptgang serviert.

SPANISCHER LAUCH Porree.

SPANISCHER SPINAT → GARTENMELDE → MELDE

SPARGEL Hochburg des rheinischen Spargelanbaus neben dem Vorgebirge ist Walbeck am Niederrhein. In den 1920er-Jahren begann hier die gewerbsmäßige Kultivierung. Aber Spargel war offenbar früher im Rheinland nicht überall bekannt, siehe den Bericht unter dem Stichwort → NOTZEITEN. Überhaupt galt Spargel immer als besondere, den großen Menüs an Festtagen vorbehaltene Delikatesse. In der traditionellen, »einfachen« Küche des Rheinlands hat er daher keine große Rolle gespielt.

Bevor das delikate Gemüse heutzutage auf den Tisch kommt, hat es einen langen und kostspieligen Weg hinter sich. Ausgangspunkt ist das »schwarze Gold«, wie die Fachleute den Samen nennen. Asparagus BV im niederländischen Horst beherbergt die Nationale Prüfstation für Spargel. Hier wird das Saatgut gezüchtet und erzeugt. Ein Kilo Samen, das sind elektronisch gezählte 40.000 Stück, kostet rund 4600 Euro. Die daraus gezogenen Setzlinge werden an die Spargelbauern verkauft, die also gar kein eigenes Saatgut mehr besitzen.

Sind die Wurzeln gesetzt, kann der Spargelbauer im Idealfall bereits im nächsten Jahr den ersten Spargel stechen, bei anderen Sorten erst drei Jahre später, und dann etwa sieben bis zehn Jahre lang. Heute ist es üblich, die für Spargelfelder typischen Erdwälle mit Folie abzudecken: Durch diesen »Wärmefang« kann die Ernte etwa zwei Wochen früher beginnen. Zu Geschichte und Entwicklung des Spargels bietet übrigens die Spargelabteilung des Museums »De Locht« im niederländischen Horst-Meldersloo nördlich von Venlo viel Sehenswertes.

SPECKKAAS Sie diente zur Aufbewahrung beispielsweise von Fett: *in der sogenannten Speckkaas, etwas weiter weg vom Herd möglicherweise in einem Verschlag, der sich durch die Treppenführung in der Nähe der Küche ergab.* Im RhWb als Speckkammer.

SPIES **1.** Gebäck/Fladen in Tellerform, mit Mus aus gedörrtem Obst (hier Birnen) belegt, aus der Aachener Gegend bzw. dem Grenzbereich zu Belgien (→ BACKEMÜES), allgemeiner im RhWb: »Obst-, Apfel-, Pflaumenmus, das über die Fladen gestrichen wird«, auch mit → APFELKRAUT als Belag (Exner).

2. Am Niederrhein Püree mit untergemischtem Endiviensalat.

SPILLEN **1.** *Wurst in Därmen wurde an Spillen an der Decke aufgehängt* (Emmerich). Hier sind also Holzstangen gemeint, meist im Rauchfang, »woran Fleisch, die Würste zum Räuchern aufgehängt werden« (RhWb). Aus Elten ist überliefert: *Danach kamen die Schinken in Leinensäckchen und wurden an Spillen aufgehängt.* Auch der Stock zum Aufhängen der Würste wurde so genannt (RhWb).

2. Holzstäbchen zum Verschließen der Wurst: *Wurstbrühe wurde gekocht und in Darm, Magen und Blase gefüllt und verschlossen (teilweise mit Wurstspillen, das sind Dornen der Weißdornhecke)* (Emmerich).

SPRÖNGELE *Sprossen vom Vorjahreskohl (Sprröngele)* (Roetgen bei Aachen) als Bestandteil des → KLATSCHMUS.

SPROSSENKOHL Rosenkohl.

SPRÜTCHER Rosenkohl (Köln).

SPRUUT/SPRUTEN Rosenkohl (Köln, Düsseldorf). MmWb: »Das Wort ist aus der regionalen Mundart übernommen und bedeutet eigentlich ›Sprossen‹.«

SPRUTTMUS Die jungen Sprossen des über den Winter stehen gebliebenen Grünkohls. Verwendet werden Blätter und Stengel (Brünen bei Hamminkeln), in Moers-Kapellen vorzugsweise als Gründonnerstagsgericht, in Hürth mit geräucherter Bratwurst. In Moers wird die Bezeichnung für die *letzten Reste vom Grünkohl* verwendet.

SPUNDEKÄS »Mit saurer Sahne und gehackten Zwiebeln glattgerührter Speisequark, oft mit (separat servierten) Gewürzen wie feingehackter Petersilie, Paprikapulver, Kümmel usw., gut zu jungem Wein (Rheinland)« (Dumont).

STAAKEBONNE In Jüchen bei Grevenbroich Bezeichnung für Stangenbohnen (MmWb).

STAMPES Eifeler Eintopf aus Sauerkraut, Kartoffeln und Speck. »Kartoffelbrei, ... und Sauerkraut mit Kartoffelbrei gemischt« (RhWb u.a). »Kartoffelbrei (oder auch gestampftes Gemüse) im südlichen Rheinland« (MmWb).

STAUDENSALAT →LATTICH

STECKRÜBE Brassica napus var. napobrassica, auch Kohlrübe, Bodenrübe, Wrucke, als Ersatz für Kohlrabi verwendet. Der Ausdruck bedeutet allgemein: »Gemüsepflanze mit dicker, fest- und gelbfleischiger Wurzel, die als ›Kriegs- und Nachkriegsgemüse‹ sehr an Beliebtheit verloren hat, obwohl sie – gut zubereitet – ganz ausgezeichnet schmeckt« (Gorys); häufig als →NOTSPEISE bezeichnet.

STIELMUS *Aus den Stengeln des Blattwerks der violett-weißen Futterrübe, die nach der Halmfruchternte ausgesät und im Spätherbst verfüttert wurde. Aus den Stengeln des Blattwerks wurde Suppe gekocht oder Gemüse zubereitet* (Myhl bei Heinsberg). In Sotterbach bei Wiehl wurden Stiele und Blätter *auf dem Musböckchen zu 1–2 mm langen Stücken mit Messer geschnitten.* Stielmus wurde im Frühjahr auch aus jungen Mairüben- oder Mangoldstielen gekocht.

Ganz allgemein bezeichnet der Ausdruck »Blattstielgemüse, →MANGOLD-, Speiserübenstiele, meist in Sauce aus Butter, Mehl, Milch und/oder Sahne, Frühlingszwiebeln, Speck, Muskatnuß und Pfeffer« (Dumont).

Nach einer anderen Version ist Stielmus (Brassica rapa) eine Verwandte der Stoppelrübe und wird vor allem wegen ihrer verdickten Blattstiele angebaut. Durch enges Säen erhält man zartere und längere Blattstiele.

STIPPMILCH »Nachspeise aus Quark, in den Milch und Zucker verrührt ist ... mag man am Niederrhein« (MmWb).

STOCKFÄRV IN ESSIG UND ÖL Dieser Leberwurstsalat ist eine Düsseldorfer Spezialität. Leberwurst wurde an der Düssel einst »Wisser Hännes« genannt, also »Weißer Hans« – wegen der weißen Fettschicht, die die Wurstmasse umgibt. Nach dem Krieg gab es nur fettarme Leberwurst. So wurde sie in »Stockfärv« umgetauft – Fensterkitt.

● Rezept **Stockfärv**

250 g fette Leberwurst,
2 Zwiebeln,
1 Lorbeerblatt,
2 Nelken,
4 Pfefferkörner,
4 Senfkörner,
Essig,
Öl.

Leberwurst enthäuten und in Scheiben schneiden. Zwiebeln schälen und hacken. Leberwurst mit den Zwiebeln und allen Gewürzen mischen und mit Essig und ein Esslöffel Öl übergießen. Über Nacht marinieren. Dazu passen Schwarzbrot und etliche klare Schnäpse.

(www.50plus-treff.de, 2010-08-19)

STOCKFISCH »An der Luft auf Stockgerüsten getrockneter, ungesalzener Seefisch (Kabeljau, Seelachs, Schellfisch). Durch das Trocknen verliert der Fisch erheblich an Geschmack, das Fleisch wird herb und schwer verdaulich. Vor der Zubereitung muß Stockfischfleisch ausgiebig gewässert werden« (Gorys). Gilt als → FASTENSPEISE; »früher war es der einzige Fisch, der im Jahr in der Karwoche auf den Tisch kam« (RhWb).

STÖSSJEN Eigentlich ist ein Stößjen ein kleines Glas (RhWb). Das Wort wird aber auch für den Inhalt benutzt, beispielsweise »ein ganz kleines Bier, 0,1 Liter; Stößjen wird im Kölner Umland auch für 0,1 Liter Asbach-Cola verwendet, auch in geschriebener Form auf Preistafeln. Es findet außerdem Verwendung im Sinne von ›Prost‹ bzw. ›zum Wohl‹« (MmWb).

STOLLEN Am Vorgebirge und in Bonn allgemeiner Ausdruck für süßes Brot, ansonsten »länglicher Gebildweck zu Weihnachten« (RhWb). → ADVENT

STOPPELRÜBEN Belegt für Haldern/Rees. Allgemein die Bezeichnung für »die nach der Roggenernte noch in das Stoppelfeld gesäten Rüben, Brassica rapa« (RhWb).

STRAGEL Astralagus baeticus, Schmetterlingsblütler, Tragant, wurde früher als Kaffee-Ersatz auch in Mitteleuropa angebaut. »Die fast kugeligen, erbsengroßen, braunen Samen wurden während der Kontinentalsperre [1806–1814] als Kaffeesurrogat (schwedischer, Stragelkaffee) benutzt« (MKL).

STREICHHERING Dass die Eifel früher weithin von Armut (→ ARMELEUTE-ESSEN) geprägt war, macht ein Bericht aus Gey/Dürener Land deutlich. Der Erzähler (Jahrgang 1911) beschreibt den so genannten »Streichhering«, ein typisches Essen, sogar bis zum Zweiten Weltkrieg:

Angehörige von drei Familien aus drei verschiedenen Dörfern bestätigten mir, was meine Vorfahren mir berichteten, wie folgt: Bis etwa um 1910 litten die Menschen der Eifel unter großer Not. Wenig Arbeit und wenig Geld führten zu äußerster Sparsamkeit. Wenn eine Fami-

lie sich mal einen oder zwei Heringe erlauben konnte, wurden diese am Kopfende mit einer Schnur verknotet und so an einem Deckenbalken-Nagel befestigt, dass man vom Tisch aus den Schwanz des Herings greifen, und mit der anderen Hand ein Stück Kartoffel oder Brot an dem Hering vorbeistreichen konnte. So schmeckte man eine Zeit lang den Hering. Am Schluß der Mahlzeit wurde der, oder die Heringe verteilt.

STREUKUCHEN Allgemein für Streuselkuchen. In Strempt bei Mechernich ist es ein runder Hefekuchen mit Grießbrei als Auflage und Butter-Mehl-Krümeln. Vgl. RhWb: Streu(sel)kuchen und Streusel, »Zuckerstreusel, eine Mischung von Butter, Zucker, Zimt und Mehl, auf dem Streuselkuchen«.

STRICKE In Krauthausen bei Düren und Gressenich bei Stolberg ein in Fett gebackenes Fastnachtsgebäck, ähnlich in Bardenberg bei Würselen, allgemein von Aachen bis Neuss: »Fastnachtsgebäck, in Öl oder Fett gebacken, in strickartigen Formen« (RhWb).

STÜTCHEN → STUTEN

STUHL UND BANK (BÄNKE) Am linken unteren Niederrhein (Moers, Neukirchen-Vluyn) heißt so ein Eintopfgericht aus Möhren, eventuell Sellerie, (weißen) Bohnen, Kartoffeln, Suppengrün, Fleisch je nach Jahreszeit (Rippchen, Mettwurst o. Ä.) (RhWb), ausführlich als Wintergericht beschrieben für Moers-Kapellen:

Schweinepfötchen, Schwanzstück, Schweineohr oder Rippchen aus dem Salz werden über Nacht gewässert. Als Suppeneinlage zu einer von diesen Fleischsorten kommen Möhren in längere dünne Stücke geschnitzelt, in Wasser über Nacht gequollene weiße Bohnen und Kartoffel in kleine Würfel. Möhren und Bohnen und Kartoffeln dürfen nicht zerkochen, also unterschiedlich ihrer Garzeit in den Topf gegeben werden. Kartoffeln, Zwiebeln und eine Porreestange werden während der letzten halben Stunde an diese Eintopfsuppe gegeben.

STUPPBREI *Mehl mit Milch verquirlen, in kochende Milch laufen lassen, süßen. Gekochte Pflaumen werden dazu gegessen* (Lessenich/Eifel).

STUPPET → ARMELEUTE-ESSEN in Meerbusch-Lank aus Mehl, Milch und Wasser. »Stuppert« (RhWb).

STUTEN »Kastenförmiger Hefekuchen aus Mehl, Milch, Zucker, wenig Fett und Rosinen oder Korinthen« (Gorys). Ein »süßes Weißbrot aus Hefeteig … Zu kleinen süßen Brötchen sagt man im zentralen Rheinland auch Stütchen, die es auch als Rosinenstütchen oder mit Zuckerguss mit Mandeln gibt« (MmWb).

STUTENKERL »Weckmann, Gebildbrot zu St. Martin« (MmWb). Die Bezeichnung Stutenkerl für das Gebäck zu Sankt Martin, Nikolaus oder Weihnachten (→ WECKMANN) ist am rechten unteren Niederrhein, im Ruhrgebiet und im Bergischen Land üblich, vor allem aber in Westfalen.

SÜSSSPEISEN → NOTZEITEN, SÜSSSPEISEN

SUKARDE *Rosinenbrot (Rosinen, Korinthen, Sukarde) mit Butter und Käse belegt* (Rees). Eigentlich Sukkade = kandierte Schale verschiedener Zitrusfrüchte.

SUPPENGEMÜSE → KONSERVIERUNG, TROCKNEN

T

TAGESMAHLZEITEN Sieben, zehn, zwölf, vierzehn, neunzehn – das ist das rheinische Mahlzeitenschema, genauer: Das waren bis zum Zweiten Weltkrieg die Zeiten für Frühstück, zweites Frühstück, Mittagessen, Brotzeit oder Vesper und schließlich Abendessen. Die Zeiten konnten natürlich leicht variieren, manchmal fiel das zweite Frühstück und ganz selten die Vesper aus, je nach Arbeitsbeginn, Schicht, Feld- oder Stallarbeit und Jahreszeit. Heute ist körperliche Schwer- und Schwerstarbeit auf dem Land und in den Fabriken kaum noch anzutreffen, Mechanisierung und Automatisierung haben in weiten Bereichen des täglichen Arbeits- und Freizeitlebens Erleichterungen gebracht, deren Auswirkungen auch unsere Ernährungsweise stark beeinflussen – oder es jedenfalls sollten, denn die Situation hat sich umgekehrt: Früher stand dem hohen Kalorienbedarf durch die schwere körperliche Arbeit ein oft sehr begrenztes Angebot an Nahrung gegenüber, heute ist das Angebot an kalorienreichen Lebensmitteln praktisch unbegrenzt, aber der tatsächliche Bedarf ist wesentlich geringer.

Von einer Bäuerin (Jahrgang 1912) aus Groß Klev/Bergisches Land stammt eine ausführliche Auflistung der fünf Tagesmahlzeiten, in der auch der Unterschied zwischen Sonn- und Werktag sehr schön herausgearbeitet ist. Dass sie so auffallend systematisch ist, mag daher rühren, dass die Bäuerin auf der Landfrauenschule Lennep kochen gelernt hatte:

- *Werktags morgens 7.00–7.30 Uhr, Bratkartoffeln = Brotäepel oder Kartoffelkuchen = Äepelskochen, Muckefuck und Milch, Schwarzbrot = Schwazzbruet, Margarine (die Butter wurde verkauft), Quark = Klatschkäs, Apfelkraut = Appelkruet.*
- *Sonntags ersetzte ein Brei in der Pfanne zubereitet = Pannenbräe – die Kartoffel. Eier, Mehl, Milch, Salz – kein Zucker, und ausgelassener Speck. Die Zutaten wurden angerührt und in die Pfanne mit dem ausgelassenen Speck gegeben. Dann muss solange gerührt werden, bis der Brei steif ist. Manchmal Kakao.*
- *Alle Tage 10.00–10.30 Uhr gab es für jeden eine Meng- oder Graubrotschnitte mit Margarine, mit Wurst, Schinken oder Käse belegt. Sie wurden geschmiert und auf der Faust gegessen – nicht am Tisch.*
- *Werktags mittags 12.00–12.30 Uhr als Vorspeise Milchsuppe angedickt mit Haferflocken, Gries, Monda-*

min, Puddingpulver oder Buttermilch mit Zucker, Zimt und geröstetem Schwarzbrot, Salzkartoffeln oder Pürree, jeden Tag Fleisch vom Geschlachteten eingepökelt, geräuchert oder aus dem Einkochglas. Gemüse dazu Kompott von Äpfeln, Birnen oder Pflaumen. Kein Getränk.

backen, Margarine, selbstgekochte Marmelade. Waffeln, die wurden auch gebacken, wenn in der Woche Besuch kam. Die Kinder erhielten Margarine und Muckefuck. Die Eltern Butter und Bohnenkaffee.

- *Werktags 20.00–20.30 Uhr, Bratkartoffeln oder Äepelskochen, manchmal ein Ei mit Salat, Salz-*

- *Sonntags: Fleischsuppe, Salzkartoffeln, Braten vom Rind oder Schwein, Gemüse oder Salat, Kompott. Zum Nachtisch Pudding ohne Saft oder Sonstiges.*
- *Werktags 16.00 Uhr zweierlei Brot, Margarine, kein Weißbrot, Klatschkäs, Rüben-, Birnen- und Apfelkraut, Muckefuck und Milch.*
- *Sonntags selbstgebackenen Plattenkuchen, z.B. Streusel, Rodonkuchen, Weißbrot und Stuten mit Rosinen/Korinthen vom Bäcker ge-*

kartoffeln mit Zwiebelsoße = Öllichzaus, Pellkartoffeln mit Heringstipp, Salzkartoffeln mit Rohmzaus = Sahne mit Pfeffer, Salz, Zwiebel; Puffelskochen, Pillekochen, Rievkochen.

- *Sonntags Obstpfannekuchen oder Äepelschloet mit Ei und Butterbrot mit Schinken und Wurst, Milch, Muckefuck, Kakao.*

TAGESMAHLZEITEN, **FRÜHSTÜCK**
Das Frühstück zwischen 6.00 und 7.30 Uhr, *für den schwer arbeiten-*

den Menschen die wichtigste Mahlzeit (Rees), bestand häufig aus Bratkartoffeln, denn *das war billiger als Brot* (Kürten). Verwendet wurden dafür die vom Vorabend übrig gebliebenen Kartoffeln. War Fett rar oder zu teuer, erreichte man die Bräunung durch Kaffeemehl. Ebenfalls ein beliebtes Frühstücksgericht war der Pfannkuchen aus Buchweizen- oder sonstigem Mehl, süß mit Pflaumen (nur zur Pflaumenzeit, Neukirchen-Vluyn) oder deftig mit Speck (Haldern bei Rees). Nicht umsonst hieß in Brünen bei Hamminkeln das Frühstück auch *Pannekukäten*. Ein anderer, geläufiger Name für die erste Mahlzeit des Tages, allerdings in der Eifel, war schlicht *de Brei* (Winterspelt) in Anlehnung an die bis ins 20. Jahrhundert weit verbreiteten Breispeisen. Am Niederrhein kamen sie bereits um 1900 aus der Mode. Es gibt jedoch auch Belege dafür, dass die morgendliche Milchsuppe z. B. im Bergischen ebenfalls als *Brei* bezeichnet wurde (Hückeswagen).

Die Morgensuppe mit eingebrocktem trockenem Brot (z. B. Moers) hieß *Brockenpapp* und kam nicht nur zum Frühstück auf den Tisch: *Abends gab es um 19.30 Uhr den Rest vom Morgenmehlpapp (den allerletzten Rest bekam dann der Hund und die Katze durfte den Topf auslecken)*. Dieser Hinweis einer Bäuerin (Jahrgang 1934) aus Moers hat einen interessanten Hintergrund: Sie stammt von einem kleinen Hof, auf dem Essen drei Voraussetzungen erfüllen musste: Es durfte nicht viel kosten, musste schnell gehen und gesund sein, denn *der Vater* (...) *war den Lehren von Kneipp und dem Lehmpastor Felke sehr zugetan*. Leopold Erdmann Emanuel Felke (1856–1926), evangelischer Pastor und Vertreter der Naturheilkunde, entwickelte die »Felke-Kur«, u. a. mit Lehmschlammbädern.

Nach dem Schlachttag gab es in den Wintermonaten → PANHAS *ca. 3 Wochen jeden Morgen frisch gebraten* (Neukirchen-Vluyn, Waldfeucht).

Während fast schon exotisch anmutende Speisen wie Buchweizenknödel und Haferbrei (Winterspelt) auf das südliche Rheinland beschränkt blieben und Ziegenmilch als Morgengetränk offenbar nicht jedermanns Sache war (linker Niederrhein und Bergisches Land, *Haferflocken-Ziegenmilchsuppe* bis 1952 in Bergisch Gladbach), gehörte Brot in allen möglichen Variationen und mit einer Vielzahl von Aufstrichen zum Standardangebot auf dem Frühstückstisch. Interessanterweise betrachtete man es in einem Düsseldorfer Fabrikarbeiterhaushalt als *billiges Nahrungsmittel, das immer auf den Tisch kam*, in Korschenbroich bei Mönchengladbach hingegen gab es nur selten Brot als Hauptspeise – *zu teuer*, so die lapidare Erklärung des Kleinbauern und Markthändlers (Jahrgang 1900).

TAGESMAHLZEITEN, **FRÜHSTÜCK – BROTBELAG** *Im bäuerlichen Haushalt gab es Speck, Schinken, Wurst, Eier oder Quark, aber alles in bescheidenem Maße, denn ein Teil der landwirtschaftlichen Produkte wurde verkauft, um sonstige notwendige Anschaffungen zu tätigen. Bei den Arbeiterfamilien gab es oft nur trockenes Brot oder mit Margarine ganz dünn bestrichen, manchmal auch mit etwas Rübenkraut dazu. Wenn es möglich war, am Sonntag mal etwas Blut- oder Leberwurst, Quark, Schmalz. Trevel* (→ TREVEL) *wurde auch viel aufs Brot getan. Bei armen Leuten bestand dieser aus wenig Eiern und viel Mehl und bei besser gestellten Leuten, die selber Hühner hatten, mehr Eier als Mehl.* (Simmerath)

Vornehmlich gab es also das preisgünstige → KRAUT (Rüben-, Obst- oder Möhrenkraut), Quark mit und ohne Kraut, Wurst und seltener Käse (*nur bei besonderen Anlässen* in Brünen bei Hamminkeln). In der Aachener Gegend beliebt waren die → FRAUENBRÖTCHEN aus einer Scheibe Vollkornbrot und einem halben Brötchen oder einer Scheibe Weißbrot, benannt nach dem schwarz-weißen Habit der Ordensgemeinschaft »Brüder unserer Lieben Frau«. Hauptsächlich im Monschauer Raum gab es → TREVEL, in anderen Landschaften → EIERSCHMIER, Schmier und ähnlich genannt: eine Art weichen Brei aus Mehl, Eiern, Milch, Salz und Grieben bzw. Schmalz. Einen ungewöhnlichen Aufstrich gab es in Kreckersweg bei Wermelskirchen: *gekochte Kartoffeln mit der Gabel zerdrückt (jequetscht) und auf mit Butter oder Birnenkraut bestrichenes Schwarzbrot gelegt.*

TAGESMAHLZEITEN, **FRÜHSTÜCK – GETRÄNKE** An Getränken gab es meist Milch, Tee, bei besonderen Anlässen Kakao (für die Kinder), Buttermilch und Wasser. Bohnenkaffee gab es höchstens sonntags, ansonsten musste man mit Malz- oder Kornkaffee bzw. einem anderen Surrogat vorlieb nehmen (→ KAFFEE). Häufig wurde der »Kaffee« selbst gebrannt und mit etwas Zucker glasiert. Aus dem Erkelenzer Raum stammt eine Schilderung, wie sie bis weit nach dem Zweiten Weltkrieg nicht nur für das Rheinland zutraf:

Dazu diente nun ein Gebräu, das zwar mit dem Namen Kaffee bedacht war; aber diese Bezeichnung wohl kaum für sich in Anspruch nehmen konnte. Denn nur ganz selten – etwa an Sonn- und Feiertagen oder zu Familienfesten – waren dazu einige gemahlene Kaffeebohnen vorhanden. Ansonsten bestand unser Kaffee aus geröstetem Roggenkorn, das gemahlen als Aufguss diente. Es gab damals aber auch schon den »Kathreiners Malzkaffee«, der geröstet und gemahlen als 1/2 Pfund Paket im »Wenkel«, dem einzigen Kaufladen im Dorf, der ansonsten die anspruchsvolle Bezeichung »Kolonialwaren-Handlung«

oder »Gemischtwaren-Handlung« führte, zu erwerben war. Kuh- bzw. bei den kleinen Leuten mehr noch die Ziegenmilch (die Ziege war eben die Kuh des kleinen Mannes) verliehen dem Kaffee dann erst den Geschmack, der ihn zum Genuss geeignet machte. Zucker zum Süßen gab es nicht.

im Bergischen zu: In Lindlar und Kürten brutzelten Kartoffeln in der Pfanne, ähnlich in Moers-Kapellen: *Schwarzbrot und Weißbrot mit Butter + Wurst oder getrocknetem Speck ... In der Zeit, wenn Wurst und Fleisch etwas knapper wurden, hatte man immer noch reichlich Kartoffeln. Aus einem*

TAGESMAHLZEITEN, ZEHNÜHRCHEN Zum zweiten Frühstück um 10 Uhr, verbreitet treffend als *Zehnührchen* bezeichnet, gab es als Getränk ebenfalls → KAFFEE und seine Surrogate. Auf dem Hunsrück ließ man sich → VIEZ schmecken, bei der Feldarbeit am Vorgebirge (Bornheim-Walberberg) tranken die Alten ein Schnäpschen. Generell war das *Zehnührchen* eine ausgesprochene Brotmahlzeit mit ausschließlich deftigem Belag oder Aufstrich: Wurst, manchmal Käse oder Quark. Herzhaft ging es auch *übriggebliebenen festeren Kartoffelbrei vom Vorabend wurde ein zwei fingerbreit dicker Pfannkuchen in der Bratpfanne geformt und von beiden Seiten, durch Wenden mit einem Deckel, goldbraun gebacken. Mit Schwarzbrot und Rübenkraut war das ein schmackhaftes zweites Frühstück. »Dat schtunn in de Rebben.«* [= »Das hält lange vor.« oder »Das macht satt.«] *Zum Braten wurde nur Schweineschmalz genommen.*

Ein *Zehnührchen* hatte auch die Hausfrau, besonders am Waschtag, verdient: Dann *nahm die Mutter mit der Waschfrau, die zur Hilfe dabei war, um 10 Uhr ein zweites Frühstück ein. Das war meist eine Tasse Bohnenkaffee mit einem frischen Brötchen mit einfacher Leberwurst als Belag* (Köln). Auch auf dem Land bedeutete der Waschtag harte Arbeit: In Harzelt/Selfkant bekam deshalb die Magd ausnahmsweise ein Ei oder Wurst. Das Mittagessen war verständlicherweise stets ein Gericht, *was von allein kochte. Das waren meist Eintopfsuppen von Erbsen, Bohnen oder Linsen. Als Einlage war das Fleisch oder die Wurst in kleine Stückchen geschnitten* (Köln). In einem anderen Kölner Haushalt kamen zum Beispiel *Erbsensuppe mit Bröckchen (in Würfeln geschnittenes Brot, hart gebacken) – auch in Bohnensuppe,* natürlich Erbsensuppe pur, ferner *Bohnen oder Linsen mit Würstchen oder Speck* oder gar → *BIERSUPPE aus* → *DRÖPPELBIER* auf den Tisch.

TAGESMAHLZEITEN, **MITTAGESSEN**

Breiten Raum in allen Berichten nimmt das Mittagessen ein. An den Werktagen zeichnete sich ein deutliches Schema ab: Montag wurden die Reste vom Sonntag verwertet, Dienstag bis Donnerstag gab es einfache Küche, Freitag fleischlose Gerichte, Samstag war Eintopftag.

Typisch ist der Bericht eines Ehepaars (er 1917, sie 1925 geboren) aus Krefeld:

- *Montag: Reste vom Sonntagsessen*
- *Dienstag: Bratkartoffeln, Eier, Salat*
- *Mittwoch: Milchsuppe mit Nährmittel*
- *Donnerstag: Gemüseeintopf mit geräuchertem Speck*
- *Freitag: Kartoffeln, Soße mit Zwiebel geröstet, Fisch, eingel. Heringe, Pfann-Reibe-Schnibbelskuchen*
- *Samstag: Suppeneintopf mit Fleischeinlage.*

Sehr ausführlich schildert eine Frau (Jahrgang 1915) aus Ucke-

rath/Sieg den Wochenspeiseplan in einem gutsituierten landwirtschaftlichen Haushalt um 1920, der vor allem auch die jahreszeitlich wechselnde Verfügbarkeit von Nahrungsmitteln verdeutlicht. Der elterliche Hof hatte 40 Morgen und acht bis zehn Kühe, die Mutter hatte das Kochen in einem Pensionat gelernt.

1. *Beispiel Sommer*
- *Montag Suppe, Fleischreste vom Sonntag, Salat, Braten- oder Senfsoße, Salzkartoffeln*
- *Dienstag Eintopf: grüne Bohnensuppe*
- *Mittwoch Suppe, Spinat mit Salzkartoffeln und Spiegeleier oder Pfannkuchen*
- *Donnerstag Suppe, Rindfleisch, Senfsoße, Gurkensalat, Salzkartoffeln*
- *Freitag Suppe, Nudeln mit Dörrobst*
- *Samstag Eintopf, abwechselnd Erbsen-, Bohnen-, Linsensuppe*
- *Sonntag Suppe, Huhn auf Reis, Griesmehlpudding mit Apfelweinschaum*

2. *Beispiel Sommer*
- *Montag Suppe, dicke Bohnen mit durchwachs. Speck, Salzkartoffeln*
- *Dienstag Suppe, Rotkohl mit Apfelkompott, Bratwurst, Salzkartoffeln*
- *Mittwoch Suppe, grüne Bohnen (geschnippelt) mit Rindfleisch und Meerrettigsoße, Salzkartoffeln*
- *Donnerstag Suppe, Königsberger Klopse, Salzkartoffeln*
- *Freitag Suppe, Kartoffelklöße mit Specksoße*
- *Samstag Eintopf: Grüne Bohnensuppe*
- *Sonntag Suppe, Schmorbraten, Erbsen und Möhren, Bratensoße, Schokoladenpudding*

1. *Beispiel Winter*
- *Montag Suppe, Saure Bohnen mit Kartoffeln (untereinander), Panhas (aus eigener Schlachtung)*
- *Dienstag Suppe, Grünkohl-Eintopf mit Mettwurst vom Metzger oder eigener Bratwurst*
- *Mittwoch Suppe, Kartoffelpüree mit Apfelkompott untereinander = Himmel on Äed, Blutwurst gebraten*
- *Donnerstag Weiße Bohnensuppe mit Schweinerippchen*
- *Freitag Suppe, selbst hergestellte Dampfnudeln mit Pflaumen aus dem Glas und Vanillesoße*
- *Samstag Suppe, Sauerkraut + Püree, durchwachs. Speck*
- *Sonntag Suppe, Poularde mit Salatbohnen, Salzkartoffeln, Schmorapfel*

2. *Beispiel Winter*
- *Montag Suppe, Endiviensalat, Fleischreste vom Sonntag, Soße, Salzkartoffeln*
- *Dienstag Gerstensuppe mit Kartoffeln (untereinander) = Jääesch on Äepel, Geselchtes*
- *Mittwoch Suppe, Breitlauchgemüse und Salzkartoffeln, frische Schweinerippe*
- *Donnerstag Suppe, weiße Bohnen und Möhren untereinander als*

T

Gemüse = Jold on Selever (Gold und Silber), Frikadellen
- *Freitag Milch- oder Buttermilchsuppe, Kochfisch, Salzkartoffeln mit ausgelassener Butter oder Senfsoße*
- *Samstag Jägerkohl mit Gulasch*
- *Sonntag Suppe, Schwarzwurzel, Salzkartoffeln, Karamelpudding.*

In vielen Fällen wurde sonntags direkt etwas reichlicher gekocht, um schon für das Mittagessen am Montag vorzusorgen. Solches »Vorkochen« bewährte sich auch vor Waschtagen oder für das Abendessen.

Erkennbar ist beim Sommerplan die häufige Verwendung von frischem Gemüse: Die ersten grünen Blättchen kamen schon in die Gründonnerstagsgerichte, ab Mai waren dann nach und nach immer mehr frische Gemüse verfügbar: Pflücksalat, Spinat, Melde, Sprutenmus, zarte Runkelrübenblätter als Spinat, Kohlrabi, Spitzkohl, Wirsing, Blumenkohl, zeitlich versetzt verschiedene Bohnensorten (Neukirchen-Vluyn). Diese heute kaum noch vorhandene jahreszeitliche Gebundenheit wird in einem Beispiel aus Breyell/Niederrhein aus der Mitte der 1920er-Jahre deutlich. Die siebenköpfige Familie eines Eisenbahnbeamten versorgte sich zu einem Großteil selbst aus ihrem 300 qm großen Gemüsegarten und vom etwa einen halben Morgen großen Acker:

Im Frühjahr gab es Gartenmelde mit Rübstiel und Kartoffeln untereinander mit einem Stück Speck, oder Spinat mit Kartoffeln und einem Ei, oder Kartoffeln mit Specksauce und Salat. Auch schon mal, und das meist Freitags, Kartoffeln mit Zwiebelsauce, Löwenzahnsalat und einem eingelegten Hering. Der Hering wurde so verteilt, dass Vater einen ganzen kriegte, Mutter aß nur einen halben, und wir Kinder mussten uns einen mit drei Mann teilen. Nach Peter und Paul [29. Juni] *wurden etliche Male Kartoffeln mit Dickebohnen, Karotten, Zuckererbsen und Speck durcheinandergekocht. Das war das leckerste Essen des ganzen Jahres. Nach dem Essen gab es gewöhnlich einen Teller Milch- oder Buttermilchsuppe. Es hieß, das wäre nötig, um die Löcher vollaufen zu lassen. Nur wenn es Pfannkuchen gab, aßen wir die Suppe vorher. Das war eine dünne Gemüsesuppe mit Kartoffeln und Graupen, und wenn wir die aufgegessen hatten, drehten wir den Teller auf die verkehrte Seite und legten uns den Kuchen darauf. Kein Mensch brauchte für Suppe und Gemüse besondere Teller. So wurde das ganze Jahr hindurch das gegessen, was im Garten wuchs oder was man günstig kriegen konnte.*

Brot als Beilage zum Mittagessen war nicht überall gebräuchlich. In Erbach bei Sankt Goar wurde *Brot bei uns nur bei Eintopfsuppe mit geräuchertem Fleisch gegessen,* in Winterspelt/Eifel jedoch *bei allen Suppen wo kein Fleisch drin war.* Allgemeiner bekannt war die Zusammenstellung Brot mit kaltem (Hückeswagen) oder warmem (Alf an der Mosel) Suppenfleisch. Auch Speck kam häufig mit Brot auf den Tisch: entweder mit Schwarzbrot bei Eintopf (Aldekerk / Niederrhein) oder in der Mönchengladbacher und Meerbuscher Gegend auf Schwarzbrot zum Sauerkraut. Für hungrige Kinder gab es in Lessenich / Eifel → »SCHRAPP«, also geschabten rohen oder gekochten Speck auf Brot.

Am linken unteren Niederrhein bis in die Monschauer Gegend hinein kannte man das → BESCHÜTT, Zwieback- oder sonstige geröstete Weißbrotstückchen, die man heute als Croutons bezeichnet.

TAGESMAHLZEITEN, MITTAGESSEN – SUPPEN UND EINTÖPFE Der Samstag war Eintopf- und Suppentag. Die Grundlage für die Gerichte bildeten Erbsen, Linsen, Brechbohnen, Bohnen, Graupen, Gemüse – im Sommer frisch, im Winter eingemacht oder getrocknet. Eisbein, Schälrippchen, Kinnbacke und → GERÄTSCHAFTEN (Schweinspfote / -ohr / -rüssel) machten das Essen gehaltvoller und sorgten für die entsprechende Würze.

Penibel wurde in Moers bei Eintopfgerichten auf die Kochfolge geachtet: *Die Reihenfolge der Speisen im Topf wurde streng eingehalten z.B. erst Fleisch* [durchwachsener Speck], *dann Möhren, dann 1 Zwiebel, 1 kleingeschnittener Apfel dann die Kartoffeln mit dem Zusatz gebraten wurde das Fleisch nie.*

Süße Suppen gab es in Kürten nach jedem werktäglichen Mittagessen, ob auch nach der Samstagssuppe, bleibt fraglich. Eine Bäuerin (Jahrgang 1912) aus Nieukerk / Niederrhein berichtet:

Im Sommer gab es bei Hitze Obstsuppe kalt – Rhabarber oder Buttermilch mit getrockneten Birnen auch mit Rosinen. Die Buttermilch musste bis zum Kochen mit dem Schneebesen – (1935), der aus feinen Rutenzweigen gebunden wurde, – geschlagen werden, da sie sonst gerinnt. Dazu gehörte 2/3 Buttermilch und in 1/3 Vollmilch wurde Mehl angerührt und wieder durchgekocht und mit Zucker oder Süßstoff abgeschmeckt.

Eine Besonderheit an der Mosel waren die → DUNG oder Tunken, heute vornehmer Dips genannt. Ein Rezept aus Traben-Trarbach schildert die Herstellung von *Zwiwweldunges*: *einer hellen Sauce aus Schmalz, fein geschnittenen Zwiebeln, Mehl, Wasser, Salz, Essig, Lorbeerblatt.* Gereicht wurde sie hauptsächlich zu Kartoffeln, und sie erinnert an die weiter nördlich verbreitete Zwiebelsoße.

TAGESMAHLZEITEN, MITTAGESSEN – BEILAGEN Einzelne Gemüsesorten waren häufig einem bestimmten Fleischgang zugeordnet. Die Möhren gab es mit gebratener Blutwurst (in Mönchengladbach mittwochs, in Süggerath bei Geilenkirchen donnerstags) oder mit Frikadellen, in Xanten mit *Gulasch von Fleischresten,* mit gebratener Leber in Krefeld.

Stielmus erforderte einen kräftigen Begleiter, z. B. Kinnbacken (Moers), Schinken oder durchwachsenen Speck (Moers), geräucherten Speck (Kreckersweg bei Wermelskirchen) oder deftige Schweinerippchen (Krefeld). Interessant ist auch, was eine Hausfrau (Jahrgang 1906), deren Vater Briefträger war, für die Jahre bis etwa 1935 aus Krefeld berichtet: Dort gab es Stielmus *mit Euter, wobei das Euter vorher in Essig mit Zwiebeln und Gewürzen eingelegt wurde.*

→ GRÜNKOHL, ein typisches Donnerstagsgericht, aß man als Beilage zu Mettwurst, manchmal auch Rauchwurst (Süggerath) genannt, oder geräucherter Bratwurst (Köln, Groß Klev/Bergisches Land). Wichtig ist der Hinweis, dass diese Wurst mitgekocht und nicht gebraten wurde. Ausnahmsweise gab es zum Grünkohl auch → IRKESWURST (Neukirchen-Vluyn), Kochfleisch (Rees, gemeint sind Rippchen und Rückenknochen) sowie Speck und frische Bratwurst in Körrenzig/Jülicher Land.

Rotkohl gab es meist mit frischer Bratwurst zusammen, die im Gegensatz zur Mettwurst auch wirklich gebraten wurde. In Körrenzig wurde Rotkohl mit Speck kombiniert. Weißkohl, als Frischgemüse fast ein Exot im Rheinland, wurde zu Hammelfleisch (Köln) oder Schweinefleisch (Krefeld) gereicht. Der feine und geschätzte Rosenkohl passte am besten zu Braten (Rees) oder Koteletts (Köln). Butterkohl, ein wenig bekannter gelblicher → MANGOLD, *wurde auch mit geräucherter Bratwurst, aber immer allein, gekocht* (Groß Klev/Bergisches Land). Blumenkohl, ebenfalls ein *feineres* Gemüse, kam mit Braten auf den Tisch (Rees) und wurde in Groß Klev ebenfalls *allein gekocht und mit einer hellen Mehlschwitze angemacht mit ausgelassenem Speck und Zwiebel.* Separat gekocht wurde dort auch Wirsing. Ihn reichte man zu Schnitzel (Rees), Speck (Straelen, Süggerath), *Gulasch aus dem Suppenfleisch vom Sonntag* (Breyell/Niederrhein), oder er wurde mit Hackfleisch gefüllt (Xanten). Typisches Gewürz bei der Zubereitung war in Körrenzig nicht wie sonst üblich Kümmel und Wacholderbeeren, sondern Muskat. Die → MELDE, ein spinatähnliches Gemüse, gab es zu Spiegelei, Rührei oder geräucherter Bratwurst (Groß Klev), und sie wurde ähnlich wie Spinat mit Muskat, Pfeffer, Salz, Milch und Mehl zubereitet.

Spinat war ein typisches Freitagsgemüse, zusammen mit Salzkartoffeln und verschiedenen Eiergerichten eine weit verbreitete → FASTENSPEISE. Sehr viel handfester musste es bei den dicken Bohnen sein: Kochfleisch (Rees) oder Speck waren die gängigen, deftigen Begleiter. Kohlrabi gab es zu Frikadellen (Xanten), Schwarzwurzeln zu Braten (Rees). Etwas aus dem Rahmen fällt hier, da nicht gekocht, der Salat, der aber der Vollständigkeit halber erwähnt werden soll: Ihn gab es mit Frikadellen (Xanten), zu Specksoße und Stampfkartoffeln (Krefeld) und schließlich zu Schweinekotelett mit Salzkartoffeln (ebda.).

Bei den eingemachten Gemüsen steht natürlich das → SAUERKRAUT an erster Stelle. Auch hier mussten die Begleiter durchweg deftig sein: Bauchspeck, Kochfleisch, Mettwurst, Geräuchertes oder Frischfleisch, Eisbein, Rippchen, durchwachsener Speck.

Ähnliches galt für die eingemachten Schnittbohnen, oft auch *Bohnen aus der Tonne* genannt. Sie wurden zu Bauchspeck, geräuchertem Speck, Mettwurst und dicker Rippe oder Kinnbacke (Xanten) gereicht. Zu den eingemachten Gemüsen zählte auch die Rote Bete, die in Traben-Trarbach mit Hausmacherwurst serviert wurde.

Zur Gerstensuppe gab es in Körrenzig *Fleischknochen, bzw. fette Rippe oder Bratwurst*. Bohnensuppen verfeinerte mancher Willicher mit Rindfleisch, oder man fügte wie in Groß Klev außer Speck, Hämchen und Füßchen, noch *Porree, Sellerie, Petersilie, ein paar Möhren, Zwiebel, Salz, Pfeffer und Senf* bei. Ähnliches galt für die dortige Erbsensuppe. Aus Nettetal schließlich berichtet eine Bahnbeamtentochter aus der Zeit bis Mitte der 1920er-Jahre über eine ganz anders geartete Beilage: *Bei Bohnensuppe ... stand immer eine große Schüssel mit gekochten Tafelbirnen ungeschält mit Stielchen, die wurden zu der Suppe gegessen.*

Abschließend noch einmal zur Erinnerung: Fleisch war immer rar, und es gab pro Person stets nur ein Stück, Schwerarbeiter einmal ausgenommen.

TAGESMAHLZEITEN, **NACHMITTAGSKAFFEE** Die vierte Mahlzeit im Tageslauf war der Nachmittagskaffee, der in den meisten Fällen um 16 Uhr eingenommen wurde. Es war in Wirklichkeit meist Kaffee-Ersatz (→ ERSATZKAFFEE) und nicht wie heute Bohnenkaffee (→ KAFFEE). Anders als zum zweiten Frühstück gab es nachmittags eher süße Beilagen: Brot mit → RÜBEN- ODER OBSTKRAUT, Marmelade, Gelee, manchmal auch Plätzchen. Im Rheinisch-Bergischen gab es → REIBEKUCHEN oder Waffeln, bei der Feldarbeit auch Apfelpfannkuchen oder Rührei, *wenn man zuwenig Butter hatte*. In der Kruppschen Siedlung in Duisburg-Hochemmerich ging es einfacher zu: *Hatten die Kinder zwischendurch Hunger, dann schallte es über den Hof: »Mamm, schmeiß mich en Butta!« – dann gab es eine Scheibe Brot mit Rübenkraut, wenn die Mutter es erübrigen konnte (oder wollte).*

Dass Arbeitsabläufe und die Art der Arbeit die Nahrungsgewohnheiten beeinflussten, zeigt ein Bericht aus Bonn-Beuel, wo um 1900 etwa 20% der Bevölkerung in Wäschereibetrieben beschäftigt waren: *18.00 in den Wäschereien »Sechsührsch« – 1 Scheibe Brot mit etwas Fettigem belegt; wenn es heiß war, wurde einer zur Wirtschaft geschickt, ein Pott Bier holen.*

TAGESMAHLZEITEN, ABENDESSEN

Das Abendessen fand, außer wenn die Arbeitszeiten dies nicht zuließen, meist um 19 Uhr statt. Die abendlichen Gerichte waren ein Sammelsurium, wie ein für weite Teile des Rheinlands typischer Bericht aus Wesel belegt:

Falls vom Mittag Reste übrig waren, wurden diese aufgewärmt. Fast immer aber gab es zuerst für jeden eine kleine Portion Bratkartoffeln, dann Graubrot mit Wurst oder Käse, für die Kinder Milch, für die Erwachsenen dünnen schwarzen Tee. Oder es gab abends: – Eierpfannkuchen – frisch gekochte Kartoffeln mit Speckzwiebeln-Soße und eingelegter Rote Bete – Milchsuppe (Grieß, Haferflocken) eventuell mit Schuss Himbeersaft und Scheibe Butterbrot ohne Aufschnitt – Bratkartoffeln mit eingemachtem Kürbis – Reisbrei mit Zucker und Zimt – Brotsuppe – Biersuppe mit Scheibe Brot.

Dieser Haushalt eines Weseler Militärbeamten unterschied sich damit nicht wesentlich von ländlichen Haushalten. Die Liste lässt sich aber noch erweitern: Papp mit Often (→ OOFT), Sago oder Reis, *Buttermilchsuppe mit Fliederblüten* (Elten), Eiergerichte, Kartoffelsalat, → JAN IN DE SACK.

Zum Thema »Suppe« hier noch die Erinnerungen einer Bäuerin (Jahrgang 1911) aus Much: *Abends gab es häufig eine gute Milchsuppe – mit getrocknetem Obst – oder Brotsuppe – Gries – Reis und auch Graupensuppe. Graupen wurden auch häufig in Fleischsuppen – wie Gemüse – oder Bohnensuppen verwendet.* War gerade geschlachtet worden, stand → PANHAS auf dem Speiseplan (Kreckersweg bei Wermelskirchen, Rees, Kerken/Niederrhein). Eine Besonderheit am Vorgebirge war, dass es zu Milch- oder Rindfleischsuppen »Stollen« gab, womit ein einfaches süßes Brot gemeint war.

Häufiger Bestandteil des Abendessens war auch der Klatschkäse, über den ein Kölner Amüsantes zu berichten weiß: *Mein Großvater beteiligte sich an dem Kartoffelessen nicht. Sein Abendessen bestand aus Bauernschwarzbrot bestrichen mit gesalzener Bauernbutter, darauf Apfel- oder Rübenkraut und als Schlußlage: »Klatschkiis« = Klatschkäse, so in Köln genannt. Heute sagt man Quark dazu. Die, für seinen Geschmack, erforderliche Höhe der Klatschkäseschicht maß mein Großvater, indem er sich die Brotscheibe in Mundhöhe hielt. Sie war erreicht, wenn ihm der Käse bis an die Nase reichte.*

Zu trinken gab es abends Wasser, Milch und Säfte, den bekannten Kaffee-Ersatz bis hin zum Schnaps (nur für die Männer) und zum Bier für den Vater, *das eines der Kinder in der nahen Wirtschaft im »Siphon« holte* (Königswinter). Das war aber nicht die Regel, denn ebenso wie Kakao war Bier fast ein Luxusgetränk, etwa im Haushalt eines Oberpostmeisters (Jahrgang 1927) (ebda.), dessen beide Elternteile aus sehr einfachen Verhältnissen kamen. Beide Großmütter waren früh verwitwet und *(mussten) sich eine bescheidene Existenz (Wäscherei; Lebensmittelgeschäft) aufbauen.*

TAGESMAHLZEITEN, **DIENSTBOTEN IM 19. JAHRHUNDERT** 1861 beschrieb Bürgermeister Cames stellvertretend für weite Teile des Rheinlands die Verpflegung der Dienstboten in der Region Lank am Niederrhein: »Die Dienstboten erhalten als Beköstigung des Morgens eine Mehlsuppe und dann die bis zur Sättigung nöthigen Butterbrode; des Mittags Suppe, Gemüse und fünf Mal in der Woche 1/4 bis 1/2 (Pfd.) Schweinefleisch; des Abends Suppe und Kartoffeln und zu diesen bei Sommertag als Zugabe Salat. Die Mägde erhalten überdies Nachmittags noch Kaffe mit Butterbroden; die Knechte bekommen solches nur zur Sommerzeit. An Freitag- und Samstag-Mittagen werden dem Gesinde, statt Gemüse mit Fleisch, Kartoffeln oder Buchweizen-Kuchen verabreicht.«

Die erwähnte morgendliche Mehlsuppe, meist »Papp« genannt und im Gegensatz zu einer echten Suppe von eher breiiger Konsistenz, war noch im 19. Jahrhundert eine durchaus übliche Standardspeise, die – regional unterschiedlich – erst um 1900 aus der Mode kam, zunächst in den Städten, dann mehr und mehr auch auf dem Land.

Auf den ersten Blick ist der hohe Fleischanteil bei dem oben angeführten Speiseplan vielleicht erstaunlich. Allerdings handelte es sich bei den im Bericht so genannten »Dienstboten« nicht um Hausangestellte, sondern vielmehr um das Hofgesinde, das traditionell gut verpflegt wurde. Waren Knechte und Mägde nämlich mit dem Essen nicht zufrieden, wechselten sie kurzerhand die Stelle.

TAGESMAHLZEITEN, **DRESCHER** »Er frisst wie ein Scheunendrescher«, sagt man noch heute, meist ohne zu wissen, dass es einmal einen Beruf mit diesem Namen gegeben hat: die Lohndrescher, die jeweils nur wenige Tage auf einem Hof blieben. Ihre schweißtreibende und anstrengende Arbeit wurde mit besonders reichlichem Essen belohnt, und ihr Appetit war sprichwörtlich. Eine ausführliche Beschreibung des während der Zeit des Dreschens gereichten Essens, übrigens als Festtagsessen bezeichnet, stammt aus einem kleinbäuerlichen Betrieb in Moers-Kapellen:

Dort *gab es eine Rindfleischsuppe vorweg, meist von der hohen Rippe oder Bug. »Di Sup mot schtell siin un dech met ein Ouch ut dän Tälder aankiiken.« Mutter machte eine Einlage aus Ei, Mehl, Salz und Muskat. Nach der Suppe wurde das gekochte Rindfleisch mit selbst eingelegten sauren Gurken und Zwiebeln gegessen. Dann zum Hauptgang »Brodem«. Gebratenes Schweinefleisch, Salzkartoffeln, Soße und Gemüse. »Et liffs: fiifunseewenzich Ärpeln un en Ömmerken Tsaus, dat schmiik, un se frooten, bis se an de Böken fingen«. – Braten und Bratensoße gabs ja nur selten. Als Nachspeise waren entweder die Obstsorten aus dem Glas oder »dikke Riis met Often ... Kwätschen af Biireschtökker gekokk. Oder dikk Riis met Tsukker und Knell« (Zucker und Zimt)* → OOFT. Drescher wurden also, ebenso wie die → SCHWEIZER, beim Essen bevorzugt.

Oft kamen die Drescher aber auch mit ihrem → HENKELMANN, brachten also von zu Hause ihr Essen mit. Aus Köln-Müngersdorf zum Beispiel wird aus der Zeit zwischen 1910 und 1920 berichtet: *Die Maschinisten, bspw., die mit der angeheuerten Dreschmaschine auf den Hof kamen, hatten ihr »Henkelmännche« bei sich, das auf dem riesigen, freistehenden Herd der Gutsküche im Wasserbad gewärmt wurde.* Es scheint häufig der Fall gewesen zu sein, dass die Hausfrau das vom Handwerker mitgebrachte Essen aufwärmte.

TAGESMAHLZEITEN, **HANDWERKER** *Handwerker aßen das, was gekocht war, falls sie überhaupt beköstigt wurden, was keine Selbstverständlichkeit war* (Oeverich bei Bad Neuenahr). Eine einheitliche Linie, ob freie Kost oder nicht, lässt sich tatsächlich nicht feststellen. Wenn die Handwerker mit beköstigt wurden, dann im Idealfall besser als die übrigen Familienmitglieder: Da gab es *oft als Zusatz ein größeres Stück »Fleisch« oder ein Ei* (Wittenhorst bei Rees) oder gar Weizenmehlpfannkuchen, während sich die anderen mit Buchweizenpfannkuchen begnügen mussten (Brünen bei Hamminkeln). Vereinzelt fiel die Handwerkerkost so reichlich aus, *dass Kinder dadurch keine Butter für aufs Brot hatten* (Winterspelt/Eifel). Aber auch das Gegenteil konnte der Fall sein: *Brot wurde möglichst lange vorher gebacken, dann war es fest und es wurde nicht soviel gegessen. Ansonsten gab es mittags nichts anderes als sonst, außer des öfteren Eintopf aus Erbsen, Linsen und Bohnen.* (Nieder Kostenz/Hunsrück). In Kirchberg im Hunsrück war es Sitte, dass die Bauhandwerker

jeden Tag in einem anderen Haus bekostigt wurden, das sei für die Bauherren, bis etwa 1935, eine große Hilfe gewesen.

Feine Unterschiede wurden auch zwischen den verschiedenen Gewerken gemacht. Die Hausschneiderin bzw. -näherin aß grundsätzlich mit am Familientisch (Niederdollendorf/Siebengebirge, Willich), die örtlichen Handwerker jedoch nicht (ebda.). Der Metzger für die Hausschlachtung zählte zu den Kostgästen und *nahm an den üblichen Mahlzeiten teil* (Xanten). Der Anstreicher trank Flaschenbier (Königswinter) und aß ebenfalls am Familientisch mit (Köln). Gleiches galt für die Sattler (Neviges), wohingegen die fest angestellte Dienstmagd allein in der Küche essen musste: Allerdings bekam sie das gleiche Essen (Alfter bei Bonn). Dass auch das anders ging, berichtet eine Frau (Jahrgang 1909) aus Neukirchen-Vluyn: *Handwerksbetrieb mit einem Tisch, mit Familie, Gesellen, Lehrlinge und Hausgehilfin gemeinsam gegessen.*

Gute und verbreitete Sitte war es offensichtlich, den Handwerkern Branntwein, Bier oder auch eine »gute« Tasse →KAFFEE anzubieten. Was Handwerker heute dankend ablehnen, galt früher geradezu als obligatorisch: das Gläschen Schnaps zu Beginn der Arbeit (Dichtelbach bei Rheinböllen), während des Vormittags ein oder zwei Körnchen (Elten), präzise um 11 Uhr (Emmerich) oder vor dem Essen (Emmerich). Im südlichen Rheinland tranken die Handwerker eher Wein und Viez.

TAUFE Die Taufe eines Kindes war ein wichtiges Fest in den Familien, das fast überall im Rheinland entsprechend gefeiert wurde.

Allerdings ist ein typisches oder besser: spezielles Taufgericht nicht bekannt. In einigen Orten wie Elten oder Mörschbach / Hunsrück gab es ein Festmahl wie zur → HOCHZEIT. Aus Schweppenhausen / Hunsrück erfahren wir Bemerkenswertes, denn dort heißt es: Bei einer Taufe *wurde nicht gefeiert.*

Interessant sind Taufbräuche wie in Hückeswagen: *Früher bis um 1930 herum gingen Vater, Paten und Täufling in die nächste Wirtschaft und ließen den »Kleinen pinkeln«. Die weiblichen Personen gingen »schon vor« und deckten den bergischen Kaffeetisch mit Schwarzbrot, Stuten, Waffeln, Reis, Zimt (Kneil), Quark und Brezeln.* So war es auch in anderen Orten des Bergischen Landes: Nach der Tauffeier hielt die Taufgesellschaft Einkehr in der nächsten Gaststätte, der Pate lud zu einem Umtrunk ein, um das Kind »zum zweiten Mal zu taufen« oder »pinkeln zu lassen«. Dieser Brauch ist bis heute bekannt und wird an vielen Orten praktiziert, auch wenn er sich mittlerweile oft auf eine Lokalrunde durch den frisch gebackenen Vater oder Großvater beschränkt.

Die Frauen kamen in Nieukerk / Niederrhein auf andere Art und Weise zu ihrem Recht: Die Nachbarsfrauen halfen beim Kochen für die Tauffeier im engsten Kreis der Familie, wurden aber dafür *nach dem ersten Kirchgang der Mutter zum Kaffee eingeladen. Man nannte diese Sitte den »Kinnekeskaffee«, die bis 1939 in unserer Gegend beibehalten worden ist.* Wer von den Geschwisterkindern noch an den Storch glaubte, erhielt mit dem neuen Geschwisterchen ein Anisplätzchen, wie auch der Kuchen beim Kinneskaffee oft mit → ANIS gewürzt wurde.

TEERTICH → TÖRDICH

TIEGELSKNAUEL In Bonn-Beuel Ausdruck für → KESSELSBRÜTCHER 2, also einen dicken Kartoffelreibekuchen, der nicht in der Pfanne, sondern im Tiegel im Backofen gebacken wurde. Er wurde entweder mit Rosinen oder herzhaft mit Speck oder Bratwurst angereichert. Ein Beueler erinnert sich: *Tiegelsknauel gab es nie zum Mittagessen, nur zum Abendessen, da die Zubereitung zu zeitaufwendig war. Mutter begann bereits um 15 Uhr damit.*

TIPKEN »Tipkes gibt es nur am Niederrhein« (MmWb), auf Hochdeutsch: Hühnerküken.

TISCHSITTEN Für die Art und Weise, wie in Gesellschaft gegessen wird, gab es zu allen Zeiten besondere Regeln. Veränderungen dieser Regeln geben wichtige Hinweise auf Wandlungsprozesse in der Gesellschaft. Buchstäblich im Mittelpunkt steht bei diesem Thema jedenfalls der Tisch: Wer sitzt wo, was steht auf dem Tisch, welche Reihenfolgen werden eingehalten? Die transportable Tafel, die die mittelalterlichen Esser »aufheben« konnten, gibt es allerdings schon lange nicht mehr.

Das alltägliche Essen fand aus einigen naheliegenden Gründen in der Küche statt. Hier brannte sowieso das (Herd-)Feuer – im Gegensatz zu allen anderen Räumen – und diente nicht nur zum Kochen, sondern heizte auch den Raum, und kurze Wege ermöglichten einen reibungslosen Ablauf. Kam allerdings Besuch, was meist sonn- oder feiertags der Fall war, wurde die Stube geöffnet, an Festtagen gar die *beste Kammer* (Brünen bei Hamminkeln). Welche Tage im Jahr das waren, darüber hatte man genaue Vorstellungen: Weihnachten, Ostern, Pfingsten und, wie könnte es anders sein, → KIRMES.

Wie die verschiedenen Räume aussehen konnten, beschreibt die Tochter eines Militärbeamten aus Wesel für die Zeit vor dem Ersten Weltkrieg: *Gegessen wurde werktags im »Kinderzimmer« (Tagesraum der Kinder), weil es gleich neben der Küche lag. Ein Zimmer mit einfachen, gestrichenen Möbeln: Sitzbank mit aufklappbaren Kästen für Spielzeug, große Kommode, Ausziehtisch, Stühle, Regal für Schulbücher, ... sonntags im Wohnzimmer mit alten Mahagonimöbeln; Weihnachten, Ostern, Pfingsten im »guten Zimmer«, schwere Eichenmöbel, Stil Gründerzeit: mit Büfett, Eßtisch, hohem Wandspiegel auf niedriger Konsole, Plüschsofa, Paneelbrett, außer den Stühlen noch 2 schwere Plüschsessel, Klavier.*

Welch ein Unterschied zu der einfachen Einrichtung in einem Haus der Kruppschen Siedlung in Duisburg-Hochemmerich: *Alles spielte sich in der Küche ab, auch kleine Feiern, wenn es welche gab (Kollegen etc.). Die Firma Krupp hatte in weiser Voraussicht jeweils in den Küchen einen geräumigen Schrank unter dem Fenster einbauen lassen. So bestand die eigentliche Einrichtung der Familie in der Küche nur aus einem soliden Tisch, 2 Bänken für die Kinder, ein paar Stühlen, dem Herd und einem Wandbord.*

Für die feste Sitzordnung, die an praktisch allen Tischen herrschte, ob Bauern-, Beamten- oder Arbeiterhaushalt, galt in Kerken/Niederrhein das Sprichwort: *gev nie de Plätz in et Bett un an dän Dösch af.*

TISCHSITTEN, ANSCHNEIDEN VON BROT UND FLEISCH Wenn dann alle am Tisch saßen, konnte das eigentliche Essen beginnen. Wer Brot oder Braten anschnitt, war nicht überall gleich geregelt: entweder die Mutter oder der Vater allein, manchmal beide, in einigen Fällen die Mutter das Brot und der Vater das Fleisch, in anderen Fällen genau umgekehrt, und Einigkeit scheint nur in einem Punkt geherrscht zu haben: Geflügel zu tranchieren und Schweinerippchen zu teilen, diese Ehre gebührte dem Hausherrn. Auch auf die Frage, wo und wann angeschnitten wurde, lässt sich keine einheitliche Antwort geben.

Vor dem Anschneiden des Brots machten Vater oder Mutter ein

oder drei Kreuze auf seine Unterseite. Das katholische Benediktionale (Buch der Segnungen) führt hierzu aus: »Nach altem Brauch wird ein Brotlaib vor dem Anschneiden mit dem Kreuzzeichen gesegnet … Die Segnung des Brotes ist dankbarer Lobpreis des Schöpfers, Bitte um seine Gaben.« Fleisch wurde dagegen ohne weitere Umstände angeschnitten.

Beim Schwarzbrot, das früher etwa alle zwei bis drei Wochen selbst gebacken wurde und in dieser Lagerzeit natürlich auch austrocknete, war das Schneiden Männersache: Der Vater oder der Erste Knecht (Moers) musste dafür einige Kraft aufwenden. Oft nahmen sie eine Brotkrücke zu Hilfe: *ein gebogenes Eisen mit Halterung und ein Schlitz zum Einsetzen des Messers (eine Armstütze)* (Kerken/Niederrhein). Die erste Scheibe eines frischen Brots war bei allen begehrt; sie stand zwar dem Vater zu, der schenkte sie aber oft einem der Kinder (Richrath bei Langenfeld).

Brotschneidemaschinen kamen erst ab etwa 1930 langsam in Gebrauch, zum Beispiel ein »Alexanderwerk« aus Mönchengladbach. Dadurch war der *Vater vom Brotschneiden befreit* (Harzelt/Selfkant). Welche feinen Unterschiede man außerdem je nach Brotart beim Schneiden machte, schildert anschaulich eine katholische Hausfrau (Jahrgang 1912) aus Körrenzig/Jülicher Land:

Früher wurde, bevor der Laib Brot angeschnitten wurde mit dem Messer ein Kreuzzeichen auf der Rückseite gezeichnet. Erst dann durfte das Brot angeschnitten werden. Schwarz-, Weißbrot wurde wechselseitig, einmal von der Unterseite und einmal von der Oberseite her angeschnitten, so dass sich immer nur halbe Scheiben ergaben. Vom Graubrot wurden ganze Scheiben abgeschnitten. Später wurde das Brot auf der Brotmaschine ge-

schnitten (etwa Mitte der 30-siger Jahre). Fleisch wurde vorher nicht aufgeschnitten. Erst wenn man Fleisch wünschte, wurde ein Stück nach verschiedener Größe abgeschnitten. Erwachsene erhielten immer ein größeres Stück als Kinder.

Erwähnenswert ist noch das so genannte Kreuzbrot: *Beim Brotbacken wurde früher das letzte Brot mit einem Kreuz versehen, man drückte oben, unten und seitlich einen Finger darauf* (Frilinghoven bei Heinsberg). Dieses Brot wurde als letztes angeschnitten und gab gleichzeitig das »Signal«, dass nun neuer Sauerteig angesetzt und frisches Brot gebacken werden musste.

TISCHSITTEN, DEKORATION – GESCHIRR – BESTECK Die Frage nach einer besonderen Tischdekoration stellte sich, zumindest für den alltäglichen Bereich, überhaupt nicht. Im Gegenteil: einfaches Geschirr, vielleicht ein Wachstuch, eine Gabel, das war die Grundausstattung, die allen Ansprüchen genügte.

Aus Unzenberg bei Simmern, einer Ortschaft mit fast ausschließlich bäuerlichen Haushalten, heißt es hierzu: *Je nach finanziellen Verhältnissen gab es Zinnteller, Zinngabeln und -löffel, keine Messer oder einfaches Geschirr. Gab es Kartoffeln und Hering (eingelegt), wurde eine rot-weiß karierte Tischdecke aufgelegt. Sonst handgewebte Leinendecken, auch handgestickte Decken. Blau-graue Keramik aus Spabrücken wurde und wird teilweise benutzt.*

Ausführlich beschreibt der Sohn eines Eisenbahnbeamten (Jahrgang 1917) aus Breyell/Niederrhein die Situation um 1925: *Ein Tischtuch gab es zu besonderen Gelegenheiten, Servietten überhaupt nicht. Blumen als Tischschmuck waren nicht üblich, eine Kerze nur bei der Kinderkommunion. Das Gedeck bestand aus einem tiefen Teller, Löffel und Gabel. Flache Teller waren fast unbekannt. Messer wurden kaum benötigt, weil Fleisch vorher zerschnitten wurde. Von Wurst oder Hering biss man einfach ab und nahm sie dazu in die linke Hand. Das Essen mit Messer und Gabel galt als besondere Wissenschaft, die kaum jemand beherrschte. Wer von den Einheimischen versuchte, so zu essen, galt als überspannt. Suppe und Hauptgericht wurden aus dem gleichen tiefen Teller gegessen, für ein eventuelles Dessert gab es meist eine Untertasse.*

In Köln herrschte zu Beginn der 1920er-Jahre eine Sitte, die sich vermutlich bis zum Zweiten Weltkrieg hielt und auch anderswo üblich war: *Der Küchentisch, an dem gegessen wurde, war in früherer Zeit nicht mit einem Tischtuch gedeckt. Jeden Samstag wurde bei einem Händler, der durch die Straßen fuhr und Sand verkaufte, der Sand gekauft, und dann wurde der Tisch gescheuert. Am Samstagabend saß man dann an einem frisch gescheuerten Tisch bei der Abendmahlzeit.* Der Sand wurde übrigens auch dazu benutzt, den Fußboden zu scheuern und zu bestreuen.

Anders sah der Tisch natürlich bei festlichen Anlässen aus, wenn in der Stube oder der besten Kammer eingedeckt wurde: das »gute Geschirr«, auch mit Goldrand, Silberbesteck anstelle der etwas klobigeren Holzgriffe, feines Tischtuch, Kerzen, Messerbänkchen bis hin zu besonderen Gläsern und vor allen Dingen Servietten aus Stoff, all das ein Luxus, den man sich nur an wirklich hohen Feiertagen leistete. Welche Bedeutung übrigens die Kirmes hatte, ist daran zu erkennen, dass in Mannebach/Vulkaneifel das gute Geschirr *Keermessaache* genannt wurde. Für die Mädchen waren die Stoffservietten aus Damast ein besonderes »Muss«: *In der Aussteuer bekam man als Mädchen eine Rolle Damasttischtuch mit zum Abschneiden wie es gebraucht wurde* (Kerken/Niederrhein).

Eine kleine Sensation bedeuteten für einen Lehrer aus Griethausen bei Kleve Tischkärtchen, wohingegen Blumen aus dem eigenen Garten zur festtäglichen Standardausstattung gehörten.

Ein Bericht aus Körrenzig/Jülicher Land beschreibt, wie sich dort die tägliche und die festliche Tafel gestaltete: *Die übliche Sitzordnung am täglichen Familientisch und in der familiären Festgemeinschaft (auch Hausfrau, Kinder, Gäste): Die tägliche Sitzordnung war meist folgende: der Vater saß an einer Stirnseite des Tisches, daneben seitlich die Mutter mit dem Kleinstkind, dann die anderen Kinder in individueller Folge. Waren die Großeltern noch in der Familie, saßen sie an der anderen Stirnseite des Tisches. Jeder hatte seinen festen Platz, der von einem anderen Familienmitglied nicht eingenommen werden durfte. Bei Festlichkeiten saßen die Gäste nach Rang und Ansehen im Anschluß an den Hausherrn oder Jubilar. Kinder waren meist an dieser Tafel nicht zugelassen. Sie saßen in einem anderen Raum. Ausnahme war das Kommunionkind. Es nahm den Ehrenplatz ein. Heute: allgemein ist keine feste Sitzordnung bei Festlichkeiten üblich, es sei dass ein besonderer Gast eingeladen ist (Pfarrer, Bürgermeister, Chef, etc.). Dieser Gast erhält dann einen Ehrenplatz neben dem Gastgeber, bzw. Jubilar, Brautpaar. Zu bemerken ist, dass die Paten und Großeltern früher und auch heute immer einen Ehrenplatz erhielten bzw. erhalten. Am alltäglichen Familientisch hat jedes Familienmitglied auch heute seinen festen Platz, der aber nicht nach Rangfolge eingeordnet ist.*

Die Schilderung fasst zusammen: *Bei besonderen Gelegenheiten und Anlässen (Kinderkommunion, Kirmes, Goldhochzeit, Muttertag) wurde früher und wird auch heute noch der Tisch festlich dekoriert – weißes Tischtuch, Servietten, gutes Porzellan, gutes Besteck, Kerzen, Blumen. Bei Jubiläen und Ehrentagen wurde der Platz des Jubilars oder am Muttertag der Platz der Mutter besonders geschmückt mit Efeuranken und Blumen.*

Einmal im Jahr also widerfuhr der Mutter eine große Ehrung, ansonsten aber war sie 364 Tage lang für die Bedienung der Familie zuständig, von dem Kraftakt des täglichen Kochens einmal ganz abgesehen. Deshalb saß die Mutter mit dem Kleinsten auch »vor« dem Tisch, während die Kinder »hinter« dem Tisch, meist auf einer Bank, saßen. So war sie jederzeit sprungbereit, aus Küche oder Schrank etwas herbeizuholen.

TISCHSITTEN, ESSEN AUS DER PFANNE ODER SCHÜSSEL Jeder hatte für das Essen seinen eigenen Teller, nur bei Bratkartoffeln *wurde die gefüllte Pfanne auf den Tisch gestellt und jeder pickte mit seiner Gabel aus der Pfanne. Ich mochte immer gerne die kleinen Kartoffelstückchen und wanderte dann immer durch die ganze Pfanne.*

Mein Vater schlug mir einmal mit der Gabel auf die Hand und sagte: »Bliev an Dinge Plaatz!« (Alfter bei Bonn) In Kürten waren die Esser vorausschauender: *Eeenen em Mong, eenen an dr Jaffel on eenen em Oej.* Das gemeinsame Essen aus der Schüssel, wie es um die Jahrhundertwende im Rheinland noch gang und gäbe war, verschwand in der Zeit zwischen den beiden Weltkriegen – mit Ausnahme eben der Bratkartoffeln. Nur im Hunsrück, der dieser Entwicklung hinterherhinkte, gab es eine weitere Ausnahme. In Mengerschied gab es Pellkartoffeln im Eisentopf, *dazu die Eisenpfanne mit der Zwiebeltunke. Alle tauchten die Kartoffelstücke von allen Seiten gemeinsam in die Pfanne.* Nur noch ganz selten gab es Milchsuppen oder dicke Milch, die gemeinsam aus der großen Schüssel gegessen wurden (Pantenburg/Eifel).

TISCHSITTEN, GEBET Saßen alle Familienmitglieder an ihrem Platz am Tisch, ging es nicht sofort los mit dem Essen. Zunächst wurde das Tischgebet gesprochen, das mal länger, mal kürzer ausfiel. Der durchaus übliche »Engel des Herrn« in Verbindung mit dem mittäglichen Angelusläuten gehörte zu den längeren Gebeten bei den Katholiken, ein einfaches Tischgebet zu den kürzeren Varianten. Gesprochen wurde gemeinsam, oder aber der Vater oder eines der Kinder betete vor. Allerdings wurde nicht vor jeder Mahlzeit gebetet. Brotmahlzeiten waren ebenso ausgenommen wie Gerichte, die nicht »dampften«, etwa Kartoffelsalat (Aachen), oder wie man in Mönchengladbach-Neuwerk sagte: *Et dämpt net, do bruke merr net te beäne.* Auch nach dem Essen sprach man ein Gebet: Dank, Vater unser und Gegrüßet seist du Maria. In der Gegend um Moers gab es in der evangelischen Bevölkerung eine Besonderheit: *Nach dem Essen ... las der Vater aus der Bibel oder einem Erbauungsbuch, oder ein Blatt des Neukirchener Abreißkalenders vor.* Für Moers-Kapellen galt in einem evangelischen Haushalt: *Sonntags vor dem Mittagessen las Grossvater zusätzlich aus dem Neukirchener Kalenderblatt vor.* Wie wirklichkeitsnah eine Schilderung aus Niederdollendorf/Siebengebirge ist, möge jeder selbst entscheiden: Vor und nach dem Essen sei gebetet, während des Essens geschimpft worden.

Das Abendessen war ein besonderer Fall: Gab es eine kalte Mahlzeit, entfiel das Gebet, ansonsten sprachen die Katholiken *Gebete wie »O liebreichster Jesu« usw. im Winter der Rosenkranz* (Harzelt/Selfkant).

An das Gebet schloss sich zu besonderen Anlässen ein spezieller Segensbrauch der Katholiken an: *Ostern wurde der gedeckte Tisch vom Vater mit dem am Palmsonntag geweihten Palm (Buchsbaumzweig) und frisch geweihten Weihwasser gesegnet* (Mönchengladbach-Neuwerk).

TÖNDEL Kaffeebehälter, der zur Arbeitsstelle mitgenommen wurde (Roetgen bei Aachen). Es ist aber auch die Bezeichnung für eine »Ausgussröhre, besonders an der Kaffeekanne« (RhWb).

TÖRDICH Was mit diesem Wort genau gemeint ist, ist regional sehr unterschiedlich – aber immer ist es etwas zu essen, und zwar eine Eintopfmahlzeit. In der Eifel handelt es sich unter der sprachlichen Variante »Tirtei« um *Sauerkraut, mit Stampfkartoffeln gemischt*, in Eschweiler ist es eine *dicke Suppe von Feuerbohnen* und für den Selfkant ist ein Eintopf aus »Möhren, Bohnen, Kartoffeln« belegt (RhWb). Ähnlich → STAMPES für die Arbeiter im Weinberg.

TOPFKUCHEN Gericht bei der Kartoffelernte (Ober Kostenz / Hunsrück): »Kuchen aus geriebenen Kartoffeln mit Zwiebeln, Dörrfleisch, Ei, Muskatnuß und Öl, früher im Backhaus oder vom Bäcker gebacken« (Dumont).

TOTENHOCHZEIT Totenhochzeit heißt die Beerdigung eines oder einer Unverheirateten. Dann galt es, ein Festessen wie zur Kirmes auf den Tisch zu bringen. Argumentiert wurde beispielsweise in Nieukerk / Niederrhein: *Wir konnten ja keine Hochzeit mit ihm feiern.* Ähnlich sah dies nicht nur eine Bauerntochter in Straelen, wo es normalerweise zum Leichenschmaus Stockfisch mit Kartoffeln und Zwiebelsoße gab, wurde aber *eine Jungfrau oder ein Junggeselle begraben, so wurde ein Festessen wie an Kirmes o. ä. gegeben, als Ersatz für entgangene Hochzeiten.*

TOTENMAHL Um den Tod eines Menschen haben alle Kulturen besondere Rituale entwickelt, um mit diesem Ereignis umzugehen. Und überall auf der Welt gehört ein Totenmahl, ein Leichenschmaus, dazu, also das gemeinsame Essen zum Abschluss der Beisetzung. Für das Totenmahl im Rheinland galten, ähnlich wie beim Festessen zu Kirmes, Hochzeit etc., bis etwa um 1900 ziemlich feste Speisefolgen. »Durchgängige Bestandteile sind Suppe, Rindfleisch mit Zubehör und Schinken mit Beilage/n. Diese Kombination gilt traditionell bis weit in unser Jahrhundert hinein als ein typisches Festtags- oder Kirmesessen. Kartoffeln bzw. Purée werden über den gesamten Zeitraum hinweg als Beilagen genannt, grüne Gemüse spielen demgegenüber eine weitgehend untergeordnete Rolle. Abschluss des Leichenessens bildet der Kaffee, zu dem man Korinthenwecken und später Brezeln verzehrt. Tischgetränke sind Wein und Bier, wobei sich der Wein gegen Ende des 19. Jahrhunderts immer stärker in den Vordergrund schiebt« (Heizmann, Festspeisen).

Zwischen 1870 und 1910 zeichnete sich im nördlichen Rheinland, zumindest auf dem Land, ein Wandel ab: Das Essen wurde all-

mählich einfacher und die aufwendige warme Mahlzeit häufig durch Kaffee und einen Imbiss ersetzt. Noch bis in die Zwischenkriegszeit bestanden beide Formen (warmes Festmahl und Kaffeeimbiss) aber nebeneinander.

Wichtigster Kuchen war der Streuselkuchen, der auch heute noch als typischer Beerdigungskuchen gilt. Im Aachener Raum und im Selfkant sind die bekannten → FLAA zu finden. Ein Landwirtehepaar aus Harzelt/Selfkant berichtet aus der Zeit um 1910: Bei der Beerdigung von Unverheirateten (→ TOTENHOCHZEIT) wurde weiße Flaa und bei Verheirateten schwarze Flaa gereicht. Diese wurde *in der Mitte des Tisches, nachdem die in große Stücke geschnitten war, auf einen Stapel gelegt und jeder nahm sich, bis er satt war.* Im benachbarten Süggerath kannte man ebenfalls den schwarzen Flaa, servierte zusätzlich aber noch → Knöppele (GRAUBROTSTÜCKE MIT WURST).

Vielerorts wurden die Schulkinder, die in ganzen Klassenverbänden in den Beerdigungszügen mitgingen, mit dem Leichenweck (Liekeweck) belohnt. Diese kleinen, aus Weizenmehl gebackenen Brötchen wurden in Harzelt/Selfkant noch bis zum Ersten Weltkrieg in Waschkörben in die Schule gebracht. Als zusätzliche Ausgabe war dieser Brauch *für arme Hinterbliebene eine schwere finanzielle Belastung.* Mancherorts, wie in Puffendorf bei Aachen, kam diese Ausgabe daher nur auf wohlhabende Familien zu. Die Hückeswagener verzehrten als typische Totengebäcke → SCHNECKHÄUSCHEN.

Ein interessanter Hinweis stammt aus Brünen bei Hamminkeln und betrifft die Vorratshaltung: Stets solle *ein guter, luftgetrockneter Schinken als Vorrat da sein (…), »wenn es plötzlich wat ees«.* → TOTENSCHINKEN

Nach den Berichten des Atlas der Deutschen Volkskunde aus den 1930er-Jahren fand das Totenmahl im Sterbehaus oder, wenn der Platz nicht ausreichte, in der Gastwirtschaft statt. Ein richtiges Essen scheint damals schon fast völlig aus der Mode gekommen zu sein: »Heute wird vielfach statt des Mittagsessens Kaffee mit Aufschnitt gegeben.« oder: » Kaffee mit Aufschnitt – auch Essen«. Zum Kaffee gab es also Brot und Fleisch, Käse wird in diesen Belegen nicht genannt. Eine andere Angabe bezieht sich auf die Vergangenheit: »früher Schnaps und Brötchen, heute Kaffee«. Sicherlich gab es immer noch den Leichenschmaus: »ein Essen wie auf Kirmes«, »gute Sonntagskost« oder auch »Rindfleischsuppe, Rindfleisch mit Gürkchen, Sauerkraut mit Schweinebraten«. Im Rheinland hatte sich aber der einfache Leichenkaffee durchgesetzt, zu dem Aufschnitt gereicht wird (eher im nördlichen Teil) oder süße Gerichte (stärker vertreten im Süden). Beides wurde aber schon in den 1930er-Jahren auch kombiniert: »Kaffee mit 1. Weißbrot mit holländischem Käse, Schinken, 2. Rosinenbrot mit Apfelkraut, 3. heute üblich: Streußelkuchen, Bienenstich u. a.«

Wie sieht es heute aus? Der Begriff »Totenmahl« ist weitgehend aus dem Sprachgebrauch verschwunden, im Rheinischen hat sich das → REUESSEN als Bezeichnung gehalten, wobei das Reuessen überwiegend als Kaffee mit belegten Brötchen und Streuselkuchen verstanden wird. Ein Blick auf die Angebotstafeln von Restaurants oder auch Pfarrheimen bringt interessante Resultate: Sehr beliebt sind offensichtlich Reuessen in Pfarrheimen, deren Angebote bis in die Formulierungen hinein identisch sind. Geboten werden belegte Brötchen, Streuselkuchen, Apfel- oder Kirschstreusel, Kaffee, Tee, Kaltgetränke (ohne Alkohol). Auch in zahlreichen Restaurants ist das klassische Reuessen oder der Beerdigungskaffee im Angebot, hier wird zusätzlich zu belegten Brötchen und Kuchen noch Suppe oder eine Fischplatte angeboten.

TOTENSCHINKEN Aus Pont bei Geldern stammt ein Beleg aus den 1930er-Jahren (Atlas der Deutschen Volkskunde): »Hier besteht

T

seit alter Zeit die Sitte des Totenschinkens. Ist ein Schwerkranker im Haus, so wird der größte Schinken als Totenschinken aus der Fleischkammer genommen und an einen besonderen Platz gehängt. Alte Leute treiben einen regelrechten Kult mit dem Totenschinken. Noch in gesunden Tagen bewahren sie alljährlich den schönsten Schinken als ihren Totenschinken auf und zeigen ihn mit Stolz den liknoberen [Leichennachbar, RhWb]. Oft schreiben sie in gesunden Tagen schon die einzelnen Speisen des Leichenessens sowie den Kreis der Einzuladenden genau vor. Stets aber spielt der Totenschinken die Hauptrolle. In vielen Fällen lässt man es auch bei einem likkoffie [Leichenkaffee, RhWb] bewenden, bei dem aber der Totenschinken als Brotauflage (oft auch Käse noch dazu) verzehrt wird. Nach dem Kaffee darf der Leichenkuchen nicht fehlen.«

TRAITEUR Garkoch: *Ein Traiteur leitete eine Stadtküche, die Speisen auf Bestellung ins Haus brachte, der aber auch ein sogenannter »Mittagstisch« angeschlossen war, bei dem Abonnementsgäste gleich ihre Mittagsmahlzeit einnahmen* (Köln). Vermutlich von frz. traiter = behandeln, bedienen (RhWb).

TREIPENWURST Eine Wurst, die mit Fleischteig, Blut, Brotsuppe, Gewürz und Weißkohl gefüllt war, auch Kappesworscht oder hausgemachte Blutwurst (RhWb). → WEISSKOHLWURST

TREVEL Trevel ist ein Brotaufstrich. Aus Simmerath ist folgende Zubereitungsart überliefert: *In der Pfanne wurden Speckstückchen (Jreve) ausgelassen. Hinzu kam ein Teig aus Mehl, Eiern, Milch und Salz. Unter ständigem Rühren entstand dann ein weicher Brei. Je nach Lage waren in dem Teig ein oder mehrere Eier.* In Roetgen bei Aachen galt die Zubereitung als *ausgesprochene Männersache.* Das Gericht ist im deutsch-belgischen Grenzraum Monschau-Eupen-Raeren als Tribel bekannt und dient »als Brotaufstrich, wenn die Butter knapp ist« (RhWb). → EIERSCHMIER

TRINKHALLEN → BÜDCHEN

TRÖÖTSCHEN In Viersen für → JÖBBELCHEN.

TRUCK-SYSTEM Bei diesem System erfolgte die Bezahlung der Arbeitnehmer statt in Geld in Waren, besonders in Lebens- oder Genussmitteln (ergo: Schnaps). Dazu die Definition aus Meyers Konversations-Lexikon aus dem Jahre 1897: »Verfahren, Arbeiter, besonders Fabrikarbeiter, nicht in barem Geld, sondern in Naturalien, namentlich in Anweisungen auf einen vom Arbeitgeber gehaltenen Laden abzulohnen. Vielfach von habsüchtigen Fabrikanten durch Forderung zu hoher Preise und Abgabe schlechter und unbegehrter Ware mißbraucht.« Hauptsächlich im Bergbau und in der Textilindustrie hatte es bereits im 16. Jahrhundert Verbote solcher

Systeme gegeben, die für Preußen 1847 allgemein ausgeweitet wurden. Die Deutsche Gewerbeordnung und ihre Novelle von 1891 legten fest, dass die Arbeitgeber verpflichtet waren, Löhne in bar auszuzahlen. Die »Truck«-Systeme waren also offiziell verboten, jedoch hielten sich verdeckte Formen wie z. B. »Bonds« (Gutscheine zum Warenkauf z. B. in grubeneigenen Geschäften) bis weit über die 1880er-Jahre hinaus, in der Hausindustrie vermutlich sogar noch länger.

TUSNELDATORTE Anderer Name für »Holländer Schnitte« oder »Holländer Kirsch«, in Speldrop/ Niederrhein Torte zur Kirmes. Der Boden besteht aus Blätterteig, die Torte ist gefüllt mit einer Sahnemasse und Kirschen. Oben liegt noch eine Lage Blätterteig, die mit einem rot gefärbten Zuckerguss bestrichen ist.

T

U

UHLES Kartoffelkuchen. Uhles ist neben dem Gänsebraten ein traditionelles Sankt-Martins-Essen im südlichen Rheinland. → DÖPPEKUCHEN

UNGEL Nierenfett (Hückeswagen), in Speldrop/Niederrhein: Ongel.

V

VERWENDUNGSSCHNITTCHEN → ARMER RITTER (Köln), im Aachener Raum »Verwendschnitte«.

VIEZ In der Eifel und auf dem Hunsrück allgemein für Apfel- bzw. Birnenwein. Manchmal auch gemischt (Mengerschied). Ein Autor des Mitmachwörterbuchs ergänzt: »Apfelwein im südlichen Rheinland, oft auch minderwertiger Wein«.

VUMM Ein Vumm oder auch Vümmken macht richtig satt, handelt es sich doch um ein »ordentlich« belegtes Butterbrot (in und um Mönchengladbach, MmWb).

WÄNGEL Dicke Weckbrezel.

WÄRMT Häufig Ausdruck für Brei oder → PAPP.

Laut RhWb: »der Haferbrei, der früher das Frühstück (statt Kaffee) bildete; dann Mehl-, Brotsuppe, dicke Suppe«.

WASSERGLAS Natrium- bzw. Kaliumsilikat, wasserlöslich, diente früher zur Eierkonservierung. → GARANTOL

WATS In Mennkausen bei Wiehl *geriebene grüne Kartoffeln*, als »Watz« im RhWb: »Kartoffelreibekuchen von besonderer Dicke, meist im Backofen gebacken«.

WECK Kleines Weizenbrötchen, häufig mit Rosinen/Korinthen.

WECKFRAU Gebildgebäck in Gestalt einer Frau für die Mädchen zu → NIKOLAUS.

WECKMANN Gebildgebäck aus Hefeteig zu Sankt Martin oder Nikolaus in Form einer menschlichen, vage an die Gestalt des heiligen Bischofs Nikolaus erinnernden Figur mit Tonpfeife und Augen aus Rosinen. Die Tonpfeife ist unterschiedlich angebracht: Einmal hält sie der Weckmann mit dem Pfeifenkopf nach oben, so dass sie entfernt an einen Bischofsstab erinnert. Vielfach zeigt der Kopf nach unten, das Stielende der Pfeife ist dem Weckmann in den Mund gesteckt.

Mit der Weckmannpfeife machten die Jungen ihre ersten Rauchversuche, wobei sie Kamillentee, Nussblätter oder Rinde von Wacholdersträuchen als »Tabak« verwendeten. Seit einiger Zeit wird in Bonner und Kölner Bäckereien die Tonpfeife durch einen roten Lolli ersetzt (oder auch ergänzt). Ob es sich dabei um ein weiteres Zeichen für die gesellschaftliche Ächtung des Rauchens handelt, ist noch nicht abschließend geklärt (→ STUTENKERL).

WEIHNACHTEN Traute Erinnerungen an den Heiligabend der Kindheit sind untrennbar verbunden mit bestimmten Speisen und Gerüchen, freudiger Erwartung und unerträglicher Spannung. Und wer denkt nicht an den festtäglichen Kampf in der Küche zurück – Mutters aufgelöste Frisur und Vaters Versuch, Ente oder Gans möglichst unfallfrei zu tranchieren.

Neben Ostern ist Weihnachten das wichtigste Fest im christlichen Jahreslauf. Es wird mit vielerlei Bräuchen und Symbolen gefeiert und aus dem Alltag herausgehoben. Auch das Essen gehört dazu. Schon Wochen vor dem eigentlichen Festtermin beginnen die Vorbereitungen auf die kulinarische Weihnacht. Die Adventszeit galt früher allerdings als Fastenzeit, einschließlich des Heiligabends als Vigiltag.

Eine Umfrage des Instituts für Volkskunde/Kulturanthropologie der Universität Bonn zeigt zwei Trends zum Essen an Heiligabend. Erstens ist es in vielen Familien Tradition, am Abend des 24. Dezember nur eine kleine und einfache Mahlzeit einzunehmen: beispielsweise Königinpastetchen, Kartoffelsalat mit Würstchen, Käseplatte mit Brot. Möglicherweise sind das noch Hinweise auf die schon lange aus dem kollektiven Gedächtnis verschwundene vorweihnachtliche Fastenzeit. Gleiches gilt für die Tradition, am 24. Dezember Fisch zu essen. Der zweite Trend ist das weihnachtliche Familienfestmahl – mit Braten in jeder Form, Gans, Ente, zahlreichen Beilagen in einem mehrgängigen Menü oder auch mit einem die Gemeinschaft betonenden Fondue oder Raclette.

Der Blick zurück zeigt ein einfacheres Bild: Bis in die Zeit zwischen den beiden Weltkriegen war Heiligabend nicht der Tag des großen Schlemmens. Auch in den Haushalten, in denen »normal« gegessen wurde, hatte das Fastengebot häufig seine Wirkung: Heringssalat, nicht selten einfacher Kartoffelsalat mit Brat-, Blut- oder Leberwurst oder Grünkohl mit Beilagen waren an diesem Tag im ganzen Rheinland übliche Gerichte.

Der erste Weihnachtsfeiertag gehörte einigen wenigen Fleischsorten: jahreszeitlich bedingt dem

Hasenbraten, Gans, Ente oder Kaninchen: *Kaninchen in Essig eingelegt, Rotkohl, Apfelmus* gab es in Xanten, in Hückeswagen als Ragout, dazu Waffeln aus Weizenmehl mit Zucker. Im Bergischen gab es *fast überall Grünkohl ... mit Frischgeschlachtetem (hauptsächlich Bratwurst)*. In einem Schmiedehaushalt in Neukirchen-Vluyn waren Dampfnudeln das traditionelle Essen: *Am zweiten Weihnachtsfeiertag gab es Knudelen (Dampfnudeln) auf gedörrtes Obst gelegt, damit der Schwaden nicht aus dem Topf kam, legte man noch ein Küchentuch darüber. Das Dörrobst war zugleich auch der Nachtisch.* Den selbst gemachten → SCHWARTENMAGEN schnitt man Weihnachten in Xanten zum ersten Mal an. Großer Beliebtheit erfreute sich natürlich auch das typisch rheinische Fest- oder Kirmesessen: Rindfleischsuppe mit Einlage (Markklößchen, Eierstich, Reis), gekochtes Rindfleisch mit *Zubehör* (eingelegte Gürkchen und Zwiebelchen), Braten mit Gemüse und Kartoffeln sowie Nachtisch.

Seit den 1950er-Jahren haben sich unsere Nahrungsgewohnheiten stark verändert. Die fast beliebige Verfügbarkeit aller Lebensmittel bis hin zu exotischen Früchten und Gemüsen hat den Speisezettel sowohl bereichert als auch standardisiert. Gefrierkost und Fertigprodukte erleichtern der Hausfrau die Arbeit, zeitaufwendige Vor- und Zubereitungen entfallen meist. Und trotzdem scheint die einfache Küche sich zumindest an Heiligabend wieder durchzusetzen: Kartoffelsalat mit Würstchen!

WEIHNACHTSAPFEL Rote, eher klein gewachsene Äpfel, die im Winter gelagert werden konnten, werden häufig als »Weihnachtsäpfel« bezeichnet. Sie dienten unter anderem auch als Weihnachtsbaumschmuck. Alte Sorten, die als Weihnachtsapfel bezeichnet werden, sind zum Beispiel Rote Sternrenette oder Roter Pariner.

WEIN Ganz im Gegensatz zum südlichen ist das nördliche Rheinland nicht gerade ein klassisches Weinbaugebiet – was sich aber im Zuge des Klimawandels sehr wohl ändern könnte. Die Römer machten ab dem 4. Jahrhundert das Rheinland zum Weinland. Der edle Rebensaft hatte es aber immer schwer, war er doch teuer und – so wird berichtet – eher säuerlich.

Seit dem Mittelalter verkostete man am Martinstag (→ SANKT MARTIN) den neuen Wein. Die älteste Erwähnung eines Weintrunks an Martini liefert ein lateinisches Gedicht des aus dem Rheinland stammenden Archipoeta (geboren um 1125). Im 16. Jahrhundert bezeugt der Chronist Hermann Weinsberg, dass in Köln der neue Jahrgangswein am 9. November angestochen und am Martinsabend verkostet wurde. Der Weintrunk am Martinsfest muss exzessive Ausmaße angenommen haben. Der niederländische Humanist Johannes Pontanus († 1505) schreibt, dass die Deutschen den heiligen Martin so ehrten, dass sie an seinem Festtag betrunken seien.

Am Fest eines Heiligen war auch das Trinken gesegneten Weins (Minnetrinken) gebräuchlich. Es mag auf den vorchristlichen Brauch zurückgehen, einen Trunk zu Ehren der Götter darzureichen, an deren Stelle im Christentum die Heiligen traten. Die christliche Festüberlieferung kennt den Weintrunk als Martinsminne (11.11.), Johannesminne (26.12.), Gertrudisminne (17.3.) oder Sebastianusminne (20.1.) (vgl. Döring).

Wie es früher zum Beispiel im Kreis Bonn aussah, schildert sehr ausführlich die Medizinaltopographie aus dem Jahre 1825 (HSTAD). Weißwein werde keiner gezogen, Rotwein jedoch an 27 Lagen, wobei Gielsdorf, Oedekoven und Niederbachem als die besten galten. Der Bericht fährt fort: »Die besten roten Weine des Kreises werden meist nach Köln verkauft, durch Vermischung daselbst zu Ahrweinen umgetauft und in den Handel gebracht. … Weinverfälschung: Das Vermischen ist ein erlaubtes und zum Erhalten der Weine ein oft notwendiges Mittcl, die Veränderung des Namens der Weine aber ein Falsum. Weit schändlicher ist aber die jetzt zunehmende betrügerische Methode, den roten Weinen eine dunklere Farbe zu geben und dadurch den Anschein zu erzeugen, als seien solche Weine aus den reifsten Trauben bewirkt.« → GETRÄNKE IM 19. JAHRHUNDERT

Der Abschluss der Weinlese wurde – wie der → ERNTEDANK – mit einem festlichen Mahl gefeiert. Von der Mosel wird zu Beginn des 20. Jahrhunderts berichtet: »Am letzten Tage der Lese wird der letzte Wagen mit den Trauben geschmückt, neben oder an die Bütte ein Tannenbäumchen mit farbigen Bändern (Strous) gesteckt. Abends gibt es dann für alle, die an der Lese teilnahmen, das Mahl: Rindfleischsuppe, Schweinebraten und ›roter Kappes‹, Wein soviel sie trinken wollen.« (Döring) Auch aus Bonn-Lengsdorf erfahren wir aus dem frühen 20. Jahrhundert vom festlichen Abschluss der Weinernte, von Ball, Tanz und Weinausschank – zu einer Zeit, als der dortige Weinbau zu Ende ging. Seit 1979 werden hier vom Heimat- und Verschönerungsverein wieder Reben gepflanzt.

Heute können wir in Weingeschäften und -ketten, Supermärkten und Discountern aus einer breiten Palette in- und ausländischer Weine auswählen. Aber es gibt auch immer noch Kneipen, die nur entweder »Rotwein« oder »Weißwein« anbieten, eventuell mit dem Zusatz »aus Deutschland« oder »aus Frankreich/Italien«.

WEINREBENBLÄTTER Sie wurden in Brünen bei Hamminkeln für die Sauerkrautherstellung benötigt. Gezogen wurden die Reben an günstig gelegenen Südwänden. Sie dienten als Schattenspender, Zierde und schließlich Lieferant von frischen Trauben.

WEINSTEINSÄURE Einmachhilfe, eigentlich Rechts-Weinsäure. Sie wird verwendet zur Herstellung von Backpulvern, Getränken etc.: *Von Beeren bereitete man schönen Saft. Aufgelöste Weinsteinsäure und Wasser darauf, blieb 24 Std. stehen, durchgesiebt, Zucker darauf, dann in Flaschen gefüllt* (Rees), in Mechernich für gekochte und rohe Säfte, in Kerken/Niederrhein zum Gärprozess drei Wochen in Ballons.

WEISSER SONNTAG Der erste Sonntag nach Ostern, der »Weiße Sonntag«, ist bei der katholischen Bevölkerung der Festtag der Erstkommunion. Auch das Essen wurde und wird als Festessen zelebriert. *Es wurde gemacht wie Kirmes, jedoch nicht so aufwendig, wie das heute ist. Um 9 Uhr war Feierabend, wie man so sagt, denn am nächsten Morgen mussten die Kinder wieder früh aufstehen, um zur Kirche zu gehen* (Waldenrath bei Heinsberg). Wie sich ein Griethausener (Jahrgang 1929) erinnert, wurde mit dem Essen an diesem Tag *Staat gemacht*. Das Festmahl 1937 habe sogar der erstklassigen Speisenfolge eines Grand-Hotels entsprochen. Eine ähnliche Wertschätzung genoss das *Kommunionsessen* in einem Kölner Arzthaushalt, wo dieser Ausdruck nach dem Zweiten Weltkrieg, wobei leider kein genauerer Zeitraum angegeben ist (ca. 1955–1965), auch allgemein ein *gutes Essen* bezeichnete:

Die beiden einzigen festlichen Essen, zu denen wir eine größere

Gästeschar ins Haus geladen hatten, fanden aus Anlaß der Erstkommunion meiner Kinder statt. Dazu hatten wir eine »Kochfrau« engagiert, die schon am sehr frühen Morgen erschien und in der Küche allein das ganze Festmahl zubereitete und servierte. (Es war keine gelernte Köchin). Ein solches Essen besteht meist aus vier Gängen: Einer Hühnersuppe z.B., einer kleinen Vorspeise: z.B. ein Ragoutfin, dem Hauptgang, meist guter Roastbeef- oder Rinderfiletbraten mit verschiedenen feinen Gemüsen und Petersilienkartoffeln und als Abschluß eine Eisspeise, die als Eisbombe vom Konditor besonders hübsch dekoriert und ins Haus zur rechten Zeit geliefert wird. Der Konditor brachte auch die Kuchen und Torten für den Nachmittagskaffee.

Nach einem solchen Festtag, mit so viel gutem Essen reichte man zum Abend nur noch ein paar belegte Butterbrötchen und einen pikanten Mayonnaisensalat. z.B. Geflügelsalat aus dem Hühnerfleisch der Mittagssuppe oder den, bei Kölner Feiertagsabendessen üblichen »Hiringsschloot«, den Heringsalat, der meist eine Spezialität der Hausfrau und deshalb auch von ihr persönlich angerichtet worden war. Das Tischgetränk war Wein. Für die älteren Kinder Schorlemorle, das war wenig Wein mit viel Sprudelwasser.

Diese »Komnioonsessen«, Kommunionsessen, waren in den meisten Kölner katholischen Familien, in der oben beschriebenen Form, so üblich.

Das gilt auch für das ganze Rheinland: »In den meisten Familien gab es als Vorspeise Rindfleischsuppe mit Markbällchen oder -klößchen. Das Hauptgericht bestand aus Rinder- oder Schweinebraten, manchmal auch Kaninchenbraten mit Soße, dazu feines Gemüse wie z.B. Erbsen, dem ersten selbst gestochenen Spargel und Kartoffeln. Zum Nachtisch gab es entweder Vanillepudding mit Himbeersaft oder Schokoladenpudding mit Vanillesoße, in wohlhabenden Familien eine Weincremetorte oder eine Eisbombe mit Schlagsahne. An Getränken kam oft selbstgegorener Wein – z.B. Johannisbeerwein – für die Erwachsenen und Saft für die Kinder auf den Tisch.« (Fadel)

Stand keine Erstkommunion in der eigenen Familie ins Haus, gab es zumindest wie an → OSTERN, sozusagen im Nachschlag, Eier – in Speldrop / Niederrhein frisch gekocht und warm, in Kerken / Niederrhein die bereits erwähnten zwölf Hühner- plus zwei Enteneier und ein Gänseei.

WEISSKOHLWURST *Normale Blutwurst, die damals mit ungefähr einem Viertel Weißkohl – gestreckt – wurde* (Kirf). Gekochter Weißkohl wird mit Fleisch vermahlen, bis ein dicker Brei entsteht, gewürzt, in Dünndärme gefüllt und abgebrüht. → TREIPENWURST.

WELLFLEISCH »Leicht gekochtes Bauchfleisch frisch geschlachteter Schweine« (Gorys). In Hückeswagen und Stromberg bei Bad Kreuznach Bestandteil des Schlachttellers. Häufig genannt im Zusammenhang mit dem Schlachttag.

WELLT »Knödel aus Heidekorn« = Buchweizen (Winterspelt/Eifel).

WELSCH »Fremdländisch, besonders soviel wie französisch oder italienisch« (MKL). Daher kommen Bezeichnungen wie Welsche Nuss = Walnuss, → WELSCHER HAHN, Welschhasel = Haselnuss, Welschkohl = Wirsing, → WELSCHKORN, Welschzwiebel = Lauch.

WELSCHER HAHN Puter, laut RhWb für Mosel, Hunsrück und Saargebiet belegt, manchmal auch: Kapaun (eigentlich verschnittener und gemästeter Hahn).

WELSCHKORN Allgemein für Mais; laut RhWb für Merzig und Saarbrücken bezeugt.

WESKE Molke (Sotterbach bei Wiehl), also »das sich beim Gerinnen der Milch abscheidende Wasser«; »Wässich« (RhWb).

WIBBELBOHNEN In Dabringhausen Ausdruck für Saubohne (Vicia faba), also eine Ackerbohne. Sonst nur als Schweinefutter verwendet, diente sie nach dem Zweiten Weltkrieg auch als Notspeise. Am besten wird sie zubereitet als Gemüse aus jungen, frischen Bohnen, solange die Hülsen noch grün sind.

WIEMELE In Düren für Johannisbeeren (MmWb). → WIMMELKES

WIESENMUS Auf dem Hunsrück Ausdruck für Schlangenknöterich (Polygonum bistorta L.), eine Heilpflanze. Manchmal wurden die Blätter auch wie Spinat zubereitet (Ellern).

WILSON-FLEISCH In Hürtgenwald nannte man so amerikanisches Gefrierfleisch, das nach 1918 in Düren zu kaufen war. *Das Fleisch war billiger, der Speck außergewöhnlich hoch und luftgetrocknet.*

Meine Mutter sagte mir, daß nur die armen Leute von dem amerikanischen Fleisch gekauft hätten. Alle die, die sich als was »Besseres« betrachtet hätten, wären nicht nach Düren zum Fleischeinkauf gegangen. Die Bezeichnung ist zurückzuführen auf Th. W. Wilson, von 1913 bis 1921 der 28. Präsident der USA.

WIMMELKES »Johannisbeeren. Gehse ma en paa Wimmelkes für den Kuchen pflücken! Das alte Mundartwort für die Johannisbeeren hat sich überraschend lange in der Umgangssprache gehalten. Es wird aus vielen Teilen des Rheinlands gemeldet« (MmWb).

WINKEL Allgemein für Einkaufs-/Krämerladen.

WINTERAPFEL *Eine winterharte robuste Sorte, die sich allerdings auch bis zur Kirmes zu Pfingsten hielt* (Roetgen bei Aachen). Grundsätzlich werden als Winteräpfel solche Sorten bezeichnet, die erst nach einer Lagerung im Winter gegessen werden können (z. B. Glockenapfel, Gloster, Berlepsch, Cox Orange).

WINTERMOTTE Winterharte Birnensorte: *Im Herbst hatte die Großmutter Wintermotten, Haferäpfel und »Eierprummen« für uns* (Bergisch Gladbach).

WISCHBREI → WÖSCHBREI

WÖSCHBREI In Bergisch Gladbach Rührei mit viel Mehl, in Niederdollendorf/Siebengebirge zusätzlich mit Speck, als Brotaufstrich. Ausführlicher ist ein Rezept vom Schlachttag aus Heisterbacherrott/Siebengebirge: *Speck wurde in der Pfanne ausgelassen, getrocknete Bratwurstscheiben hineingeschnitten; ein Ei wurde aufgeschlagen und zusammen mit einigen Löffeln Mehl unter Rühren in die Pfanne gegeben. Die Masse mußte dann mit geschlossenem Deckel aufkochen.* → EIERKÄSE → EIERSCHMIER → SCHMIER → TREVEL

WOLLBOHNEN Belegt für Dörrebach/Hunsrück. Bezeichnung für die »Feuerbohne, Phaseolus multiflorus« (RhWb). In Kreckersweg bei Wermelskirchen für Eintopfsuppe *(Mobbelnsuppe)* verwendet.

WOLLKRAUT Verbascum thapsus, wurde zum Gurkeneinmachen (Köln) und als Heilkraut (bei Bronchitis, trockenem Husten) genutzt.

WORBELN Allgemein für Waldbeeren.

WOSSNATT In Rees für → WURSTBRÜHE, die nach dem Schlachttag zur Herstellung von → PANHAS an die Verwandten abgegeben wurde.

WRUCKE Gemüse, in Notzeiten gegessen (Dichtelbach/Simmern). → STECKRÜBE

WUPPERTALER → KOTTENBUTTER

WURSTBRÜHE Allgemein die Brühe, in der die Würste gekocht wurden. In Bornheim-Walberberg wurde sie nach dem Schlachttag an gute Nachbarn und Freunde verteilt, aber auch *im eigenen Haushalt mit gewürfelten Kartoffeln zu einer schmackhaften Suppe verarbeitet.* → METZELSUPPE

Z

ZAPPES »In Köln und Umgebung der Zapfkellner, der dem Köbes das Bier ausschenkt, kann aber auch Synonym für den Köbes sein« (MmWb). → KÖBES

ZEHNÜHRCHEN → TAGESMAHLZEITEN, ZEHNÜHRCHEN

ZICHORIE Cichorium intybus L., eine Rübenpflanze. Die Blattsprossen sind als Chicorée bekannt. Die Wurzel diente, nachdem sie gekocht und gemahlen war, als weit verbreiteter Kaffee-Ersatz.

→ KAFFEE, also Bohnenkaffee, war lange ein Luxusgut. Standardgetränk der meisten Familien im 19. Jahrhundert war der Zichorienkaffee, und reiner Bohnenkaffee war ein Festtagsgetränk.

ZICKELSCHES KERMES Dernauer Frühkirmes. → KIRMESESSEN

ZIESEN *Frische Bratwurst ... zu einem Ring gelegt und mit 2 Stäbchen vom Metzger zusammengehalten* (Wermelskirchen). → ZIZIES

ZIMMETKUCHEN Streuselkuchen (Mengerschied/Hunsrück). »Streuselkuchen; der Belag wird aus Mehl, Zucker und Zimt hergestellt« (RhWb).

ZIMTSCHNECKE Neben den heute in ganz Deutschland verbreiteten Rosinenschnecken, die in jeder Bäckerei zu kaufen sind, kannte man in manchen Regionen des Rheinlands einen schneckenartig zusammengerollten speziellen Streuselkuchen mit Zimt. In der Eifel und im Hunsrück war dieser »Rollkooche« genannte Blechkuchen ein typischer Beerdigungskuchen. → TOTENMAHL

● Rezept **Zimtschnecke (Rollkooche)**
Hierzu wird ein Hefeteig ausgerollt, dick mit Butter, Rosinen und Zimt bestreut und bestrichen. Das Ganze rollt man zusammen und schneidet es in gleichmäßige Stücke, die in ein hohes rundes Backblech gesetzt werden. Alles backt zu einem schönen runden Kuchen zusammen, dessen glänzende braune Kruste runde Wirbel zeigt.

ZITSCH »Limonade mit Kohlensäure, meist mit Zitronengeschmack. War früher am Niederrhein und im zentralen Rheinland oft zu hören, verschwindet langsam aus der Umgangssprache« und: »Heute fällt mir auf, daß es bei uns (meiner Oma), nach meiner Erinnerung praktisch nur für den klaren Zitronensprudel, nicht aber für den gelben gebraucht wurde« (MmWb). »Das Wort ahmt den Laut nach, der beim Öffnen der Flasche entsteht« (RhWb).

ZIZIES *Bratwurst ..., gerollt mit Holzstäbchen durch die Wurst* (Krefeld). → ZIESEN. Im RhWb findet sich für den Raum Aachen/Düsseldorf lediglich der Hinweis auf »Sossies« als »frische Bratwurst in bes. dünnem Darm«. Dumont lokalisiert »Zizis« in Köln: »sehr feine, frische Bratwurst«.

ZOPPEN »Eintunken, Brot in Milch oder Kaffee tauchen« (MmWb).

ZÖPPKEN »Küchenmesser ... Das Zöppken, auch Zoppmetz, ist in den Mundarten des gesamten Rheinlands verbreitet. Es ist entstanden aus Zoppenmesser, mit dem man die Zutaten für eine Zoppe – Tunke – schnibbelt« (MmWb).

ZUCKERDITZ → DITZ

ZUCKERKUCHEN Blechkuchen, mit einem knusprigen Belag aus Zucker und Mandeln bestreut.

● Rezept **Zuckerkuchen**
Ein süßer Hefeteig (Mehl, Zucker, Milch, Hefe) wird auf dem Backblech ausgerollt, mit Butterflöckchen belegt und mit Zucker und Mandelsplittern bestreut. Wichtig ist, dass der Backofen gut vorgeheizt ist, damit der Kuchen schnell und heiß abgebacken werden kann.

ZÜNDHÜTCHEN In Osterath für → STIELMUS. »Eingemachtes Rübstiel, Stielmus« (RhWb).

ZUUR Ausguss am Kaffeebehälter (Roetgen bei Aachen). Zute »röhrenförmiger oder vorgewölbter, spitz zulaufender Ausguss an Gefäßen« (RhWb).

ZWIEBELPIEFKES/-PIEPEN Schnittlauch. »In Essen sagten meine Eltern Zwiebelspiepen zu dem Grün, das aus den gesetzten Zwiebeln im Garten spross, es schmeckte uns auf dem Tomatenbrot« (MmWb).

100 Jahre – Küche unserer Heimat. Eine Sammlung der 100 schönsten und originellsten Rezepte aus dem Aachener Raum. Aachen o. J.

A

Abel, Wilhelm: Stufen der Ernährung. Göttingen 1981.

Abrams, Lynn: Zur Entwicklung einer kommerziellen Arbeiterkultur im Ruhrgebiet (1850–1914). In: Kift (Hg.), Kirmes – Kneipe – Kino, Paderborn 1992, S. 33–59.

Allkemper, Gisela: Das Kochbuch aus dem Bergischen Land. Münster 1982.

dies.: Das Kochbuch vom Niederrhein. Münster 1982.

dies.: Rheinische Küchenschätze. Münster 1983.

Alt-Kräuterbüchlein. Von der Kraft und Wirkung der Kräuter. Nach dem »New-Kreüterbüchlein« des Leonhart Fuchs (1543). Frankfurt/Main 1980.

Artelt, Walter: Die deutsche Kochbuchliteratur des 19. Jahrhunderts. In: Edith Heischkel-Artelt (Hg.), Ernährung und Ernährungslehre im 19. Jahrhundert (Studien zur Medizingeschichte im neunzehnten Jahrhundert, 6). Göttingen 1976, S. 350–385.

Aufrichtige und bewährte Nachrichten von allen ersinnlichen Koch- und Backwerck Auch andern Dem Frauenzimmer dienlichen Mitteln und Kunst-Stücken Nebst Einer kleinen Hauß-Apotheke. o. O. 1748/1749.

B

Barbian, Jan-Pieter/Heid, Ludger (Hg.): Die Entdeckung des Ruhrgebiets. Das Ruhrgebiet in Nordrhein-Westfalen 1946–1996. Essen 1997.

Barlösius, Eva: Soziale und historische Aspekte der deutschen Küche. In: Mennell, Stephen, Die Kultivierung des Appetits. Die Geschichte des Essens vom Mittelalter bis heute. Frankfurt am Main 1988, S. 423–444.

Becker, Christiane: Das Schinderhannes-Kochbuch oder: Das kleine Kochbuch aus dem Hunsrück. Münster 1985.

Benediktionale. Studienausgabe für die katholischen Bistümer des deutschen Sprachgebietes. Freiburg/Basel/Wien 1994

Berg, Siegfried: Historische Backwerke aus dem bergischen Lande. Land an Wupper und Rhein 19, 1973, S. 175–182.

Berger, G. D.: Die bäuerliche Butterbereitung im Rheinland. Wortschatz und Sachgut. Masch. schr. Bonn 1943.

Bitsch, Irmgard/Ehlert, Trude/Ertzdorff, Xenja von (Hg.): Essen und Trinken in Mittelalter und Neuzeit. Vorträge eines interdisziplinären Symposions vom 10.–13. Juni 1987 an der Justus-Liebig-Universität Gießen. Sigmaringen 1987.

Böcking, Werner: Nachen und Netze. Die Rheinfischerei zwischen Emmerich und Honnef (Werken und Wohnen, Bd. 12). Köln 1982.

(Boeddinghaus, Julie): Der gute Ratgeber für jeden Tag. Wirtschafts-Kalender für die deutsche Frau. Motto: Tu alles mit Liebe. Düsseldorf (1908).

Brirup-Lindemann, Agnes (Hg.): Westfalenkost und Norddeutsche Küche. Ein Buch für Küche und Haus. (2. Auflage) Warendorf (1925).

Brüggemeier, Franz Josef: »Volle Kost voll«. Die Wohnungsverhältnisse der Bergleute an der Ruhr um die Jahrhundertwende. In: Mommsen

und Borsdorf (Hg.), Glück auf, Kameraden!, Köln 1979, S. 151–173.
ders.: Leben vor Ort. Ruhrbergleute und Ruhrbergbau 1889–1919. 2. durchges. Auflage München 1984.

C

Casparek, Gustav: Das Kochbuch aus dem Rheinland mit Spezialitäten aus Köln und dem Bergischen Land. Münster 1976.
Caspari, Helene (Hg.): Das Landkochbuch. Anleitung zur Herstellung nahrhafter, schmackhafter und preiswerter Kost. Für landwirtschaftliche Haushaltungsschulen und ländliche sowie städtische Haushaltungen bearbeitet von Helene Caspari und Elisabeth Kleemann. 4. neubearb. Auflage Berlin 1921.
Cornelissen, Georg/Honnen, Peter/Langensiepen, Fritz (Hg.): Das rheinische Platt – Eine Bestandsaufnahme. Handbuch der rheinischen Mundarten, Teil 1: Texte. (Rheinische Mundarten – Beiträge zur Volkssprache aus den rheinischen Landschaften, Bd. 2) Köln 1989.
Cornelissen, Georg: Weckmann contra Stutenkerl. Sprachliche Verdrängungswettbewerbe im Rheinland. Wir im Rheinland 24, 2/2006, S. 6–14.

D

Davidis, Henriette: Zuverlässige und Selbstgeprüfte Rezepte der gewöhnlichen und feineren Küche. Mit besonderer Berücksichtigung der Anfängerinnen und angehenden Hausfrauen. Bielefeld 1845.
Davidis-Holle, Henriette: Praktisches Kochbuch für die einfache und feinere Küche. Unter besonderer Berücksichtigung der Anfängerinnen und angehenden Hausfrauen. 58. Auflage Bielefeld/Leipzig 1929.
Diener, G. Walter/Born, Willy: Hunsrücker Volkskunde. 3. neubearb. u. erw. Auflage Würzburg 1984.
Döring, Alois/Heizmann, Berthold: Krautkochen im Rheinland. Rheinisch-westfälische Zeitschrift für Volkskunde 27/28, 1981/1982, S. 57–78.
Döring, Alois: Rheinische Bräuche durch das Jahr. 2. Auflage Köln 2007.
Döring, Alois: Heilige Helfer. Rheinische Heiligenfeste durch das Jahr. Köln 2009.
Döring Alois/Kamp, Michael/Uhlig, Mirko (Hg.): Dem Licht entgegen. Winterbräuche zwischen Erntedank und Maria Lichtmess. Köln 2010.
Dumont, Cedric: Kulinarisches Lexikon. Kochkunst – Lebensmittel – Länderküchen – Nährwerte. Bern 1997.

E

Ehlert, Trude: Das Kochbuch des Mittelalters. Rezepte aus alter Zeit. 2. Auflage Zürich/München 1991.
Ehrenfels-Meiringen, Erich von: Gambrinus. Ein fröhliches Bierbuch aus zwei Jahrtausenden. Duisburg 1953.
Esser, Martin: Die Geschichte der Milchverwertung und Milchverarbeitung. Jahrbuch Düren 1984, S. 42–55.
Exner, Eva: Rheinisch-westfälische Spezialitäten. München 1971.

F

Fadel, Ayten: Kindheit – die schönste Zeit unseres Lebens? Erste Ergebnisse der Erhebung Kindheit im Rheinland bis 1950. Volkskultur an Rhein und Maas (VRM-Spezial »Kindheit«) 11, 1/1992, S. 42–86.
Fischer, Gert u. a.: Bierbrauen im Rheinland (Führer und Schriften des Rheinischen Freilichtmuseums und

Landesmuseums für Volkskunde in Kommern, Nr. 28). Köln 1985.
ders. / Herborn, Wolfgang: Geschichte des rheinischen Brauwesens. In: Fischer u. a., Bierbrauen im Rheinland, Köln 1985, S. 9–118.
Fischer, Helmut: Asculap. Ein bäuerliches Rezeptbüchlein des 19. Jahrhunderts. Die Formen und Traditionen volkstümlicher Heilbehandlung. Heimatblätter des Rhein-Sieg-Kreises 41, Heft 1/1973, S. 1–17.
Franzen, German: Alte moselländische Eßgewohnheiten. Eifeljahrbuch 1985, S. 77–79.
Frauenarbeitskreis Mehren (Hg.): Aus Großmutters Küche. Alte Eifler Rezepte. o. O. 1982.
Früchte aus aller Welt in Garten und Küche. Alles über Anbau und Verwendung. Köln 1988.

G

Gansohr, Heidi: Vom »Sauffteuffel«. In: Gert Fischer u. a., Bierbrauen im Rheinland, S. 169–186.
Gemüse in Garten und Küche. Alles über Anbau und Verwendung. Köln 1988.
Giles, Geoffrey J.: Zur Sozialgeschichte des Alkohols in Deutschland. In: »Wem der geprant wein nutz sey oder schad …«. Hilden 1989, S. 85–98.
Gööck, Roland: Das neue große Kochbuch. Gütersloh 1963.
Gorissen, Friedrich / Böcking, Werner: Nicht mehr als dreimal wöchentlich Salm. Zur Volksmund-Überlieferung der alten Gesindcordnung bezüglich des Fischessens. Kalender für das Klever Land 35, 1985, S. 97–104.
Gorys, Erhard: Heimerans Küchenlexikon. München 1975.
Das häusliche Glück. Vollständiger Haushaltungsunterricht nebst Anleitung zum Kochen für Arbeiterfrauen. Zugleich ein nützliches Hülfsbuch für alle Frauen und Mädchen, die »billig und gut« haushalten lernen wollen. Herausgegeben von einer Commission des Verbandes »Arbeiterwohl«. 11. verb. Auflage M.Gladbach / Leipzig 1882. Nachdruck München 1975.

H

Handwörterbuch des deutschen Aberglaubens. Herausgegeben unter besonderer Mitwirkung von E. Hoffmann-Krayer und Mitarbeit zahlreicher Fachgenossen von Hanns Bächtold-Stäubli. Bd. 1. Berlin / Leipzig 1927.
Hartinger, Walter: »Schnaps! Das war sein letztes Wort, dann trugen ihn die Englein fort …« Industriearbeiter und Alkohol im 19. Jahrhundert. In: »Wem der geprant wein nutz sey oder schad …«, S. 65–80.
Heischkel-Artelt, Edith (Hg.): Ernährung und Ernährungslehre im 19. Jahrhundert. Vorträge eines Symposiums am 5. und 6. Januar 1973 in Frankfurt am Main (Studien zur Medizingeschichte im neunzehnten Jahrhundert, Bd. 6). Göttingen 1976.
Heizmann, Berthold: Medizinische Topographien als volkskundliche Quellen. Ein Beitrag zur Nahrungsforschung im Rheinland. Fachwerk 1/2, 1983, S. 24–32.
ders.: Ländliche Festspeisen im nördlichen Rheinland. Das Totenmahl zwischen 1870 und 1910 als Beispiel. Rheinisch-westfälische Zeitschrift für Volkskunde 29, 1984, S. 147–161.
ders.: Rheinische Gaststätten – Ein Beitrag zur Geschichte des Gaststättenwesens im 19. Jahrhundert. In: Gert Fischer u. a., Bierbrauen im Rheinland, S. 143–168.

ders.: Vom Obst zum Kraut. Volkskultur an Rhein und Maas 5, 2/1986, S. 54–58.

ders.: Massenverpflegung im frühen 19. Jahrhundert. Einige Anmerkungen zur Nahrungsforschung des Rheinlands. In: Festschrift Wiegelmann (Beiträge zur Volkskultur in Nordwestdeutschland, Bd. 60). Münster 1988, Bd. 1, S. 473–481.

ders.: Trinkhallen. Versuch einer volkskundlich-historischen Annäherung an die Alltagskultur. Volkskultur an Rhein und Maas 8, 1/1989, S. 16–24.

ders.: Trinksitten und die Sitte des Trinkens – Ein volkskundlicher Beitrag zur Geschichte des Branntweins. In: »Wem der geprant wein nutz sey oder schad ...«, S. 41–51.

ders.: Von grünem Fleisch, Fladen und Grießmehlbrei. Das Hochzeitsessen im Rheinland. Volkskultur an Rhein und Maas 9, 1/1990, S. 49–58.

ders.: Die rheinische Mahlzeit. Zum Wandel der Nahrungskultur im Spiegel lokaler Berichte (Beiträge zur rheinischen Volkskunde, 6). Köln 1994.

ders.: Trinkhallen im Ruhrgebiet – Geschichte und Geschichten. In: Barbian und Heid (Hg.), Die Entdeckung des Ruhrgebiets. Essen 1997, S. 534–546.

ders.: »Dree Deel dorfste niet, dan stöet dech dr Oos!« Volkskundliche Betrachtungen einiger Nahrungsgewohnheiten im alten Amt Lank und Umgebung. In: Landleben und Brauch. Alltagsgeschichte im Gebiet des früheren Amtes Lank. Hg. v. Peter Dohms. (Im Rheinbogen, Bd. 6). Meerbusch 1998, S. 291–305.

ders.: Rezepte mit Bier. Curioese und Ernsthaftere Nachrichten ueber die Historie vom Umgang mit dem edlen Gerstensafte sowie die Kunst aus selbigem schmackhafte Speisen anzurichten nebst probaten Anleitungen welche höchstpersönlich ausprobieret seynd. In: Bierkultur an Rhein und Maas. Hg. v. Fritz Langensiepen. Bonn 1998, S. 255–264.

ders.: Nicht nur Kraut und Rüben. Ein Streifzug durch die Geschichte des Obstes in der rheinischen Mahlzeit. In: 600 Jahre Drachenfelser Ländchen. Natur- und kulturgeschichtliche Streifzüge. Hg. v. Norbert Kühn und Bruno P. Kremer. Köln 2000, S. 137–142.

ders.: »Lasst uns einen trinken ...«. Schnaps und Kneipen im Ruhrgebiet des 19. Jahrhunderts. Wir im Rheinland 24, 1/2006, S. 38–47.

ders: Von Beerdigungskuchen, Totenbrot und »Fell versaufen«. Alltag im Rheinland 2010, S. 13–19.

Hellmich, Theodor: Geschichte Büderichs bei Düsseldorf. Wattenscheid 1939.

Hellwig, L. Christoph von: Neuvermehrter, auf hundert Jahr gestellter curioeser Hauß-Kalender, nehmlich: von 1701 biß 1801. darinnen zu finden, wie ein jeder Hauß-Vater solche gantze Zeit ueber nach der sieben Planeten Influentz judiciren und sein Hauß-Wesen darnach nuetzlich einrichten koenne, nebst Beschreibung derer Metallen und Mineralien, wie solche unter die Planeten gehoeren, auch der Kraeuter, was fuer welche in jedem Monat vorkommen und bluehen; mit Abbildung der Planeten gezieret, und mit einem Anhang allerhand nuetzlicher Hauß- und Wirthschaffts-Regeln, sonderlich bey der Vieh-Zucht, versehen. Chemnitz 1770.

Hemmersbach, Fritz: »Kuggel«, ein fast vergessenes Freitagsgericht. Kerpener Heimatblätter 6, 1968, S. 362 f.

Hendricks, Barbara Anne: Die Margarineindustrie am unteren Niederrhein im ausgehenden 19. und beginnenden 20. Jahrhundert. Diss. Bonn 1981.
Hermanns, Will: Aachener Bildprinten – eine gebackene Volkskunde. Rheinisch-westfälische Zeitschrift für Volkskunde 1, 1954, S. 137–149.
ders.: Aachener Bildprinten. Eine gebackene Volkskunde. In: Will Hermanns, Gesammelte Werke. Bd. 1. Aachen 1974, S. 336–365.
Herrig, Gertrud: Ländliche Nahrung im Strukturwandel des 20. Jahrhunderts. Untersuchungen im Westeifeler Reliktgebiet am Beispiel der Gemeinde Wolsfeld (Kultureller Wandel, Bd. 1). Meisenheim am Glan 1974.
Hirschfelder, Gunther: Europäische Esskultur. Eine Geschichte der Ernährung von der Steinzeit bis heute. Frankfurt/Main 2001.
Hörandner, Edith: Model: Geschnitzte Formen für Lebkuchen, Spekulatius und Springerle. München 1982.
Hörig, Monika: Slow Food und die Bottermellechbunnezupp. Wir im Rheinland 25, 1/2007, S. 72–74.
Honnen, Peter: »Grillage« oder »Grillasch«? Was ist eine Grillaschtorte, wo wird sie gegessen, woher stammt der Name?. In: Volkskultur an Rhein und Maas 17, 1–2/1998, S. 57–61.
Honnen, Peter: Kappes, Knies und Klüngel. Regionalwörterbuch des Rheinlands. Köln 2003.
Honnen, Peter: Des Rheinlands liebste Mundartwörter. Wir im Rheinland 25, 2/2007, S. 40–45.
Honnen, Peter: Lauter Henkelmänner. Wir im Rheinland 26, 1–2/2008, S. 24–29.
Horn, Erna: Der neuzeitliche Haushalt. Ein Führer durch die gesamte Küche und Hauswirtschaft in zwei Bänden. Bd. 1: Praktischer Lehrgang durch die Küche. München-Solln (1935).
Hundhausen, Emil: Alte Haushaltrezepte (1682) und Konservierungsmethoden. Rheinische Heimatpflege NF 3, 1966, S. 305–320.
ders.: En Fooderkaate für Fröngde vom choden Eissen on Drönken em Berjeschen Land. Stromberg o. J.

J

Jung, Hermann: Der Rheinische Leckerfreß. Das große Kochbuch von der Römerzeit bis heute. Moers 1976.

K

Karch, Brigitte: Dippehas, Halve Hahn und Knollekruk. Von rheinischen Tafelfreuden. Gummersbach 1984.
Kaufmann, Otto: Homburgische Bauernkost im 19. Jahrhundert. Romerike Berge 1, 1950, S. 159–168.
Kaufmann-Krawinkel, Amalie: Leitfaden für den hauswirtschaftlichen Unterricht mit Kochrezepten. 3. Auflage Gummersbach 1909.
Kift, Dagmar (Hg.): Kirmes – Kneipe – Kino. Arbeiterkultur im Ruhrgebiet zwischen Kommerz und Kontrolle (1850–1914). (Forschungen zur Regionalgeschichte, Bd. 6) Paderborn 1992.
Klucke, Heinz: Was und wie man im Bergischen ißt und trinkt. Masch. Ms. (Köln) 1939.
Knaust(ius), Henricus: Fünff Bücher. Von der Göttlichen und Edlenn Gabe der Philosophischen, hochtewren und wunderbaren Kunst, Bier zu brawen … Erfurt 1614. Zitiert nach Wiswe, S. 154. Abdruck des vollständigen Titelblatts bei Lohberg, S. 78.
Knop, Birgit/Schmitz, Martin: Currywurst mit Fritten. Von der Kultur der Imbißbude. Zürich 1983.

Köstlin, Konrad: Heimat geht durch den Magen. Oder: Das Maultaschensyndrom – Soul-Food in der Moderne. In: Beiträge zur Volkskunde in Baden-Württemberg, Bd. 4. Stuttgart 1991, S. 147–164.

Kohl, Hannelore: Was Journalisten »anrichten«. Landau/Pfalz 1985.

Kügler, Martin: Nicht (mehr) nur zum Nikolaustag: der Weckmann und seine Pfeife. In: Döring, Alois (Hg.): Faszination Nikolaus. Kult, Brauch und Kommerz. Essen 2001, S. 163–176.

L

Lamprecht, H.: Kochbuch für drei und mehr Personen. Eine Anleitung, gut, aber auch sparsam für kleinere Haushaltungen zu kochen. Besonders für junge Frauen. 254.–264. T. Reutlingen o. J. (1929).

Lange, Sophie: Bier in Haus und Küche. Die Eifel 91, 3/1996, S. 134.

Laufner, Richard: Der Mensch ist, was er ißt. Über alttrierische Eßgewohnheiten. Jahrbuch Trier-Saarburg, 1983, S. 88–95.

Laux, Hans E. und Helga/Tode, Alfred: Gewürzpflanzen: anbauen, ernten, verwenden. Stuttgart 1993.

Leopold, W. F.: Ostdeutsche Speisenamen in Westdeutschland. Rheinisch-westfälische Zeitschrift für Volkskunde 9, 1962, S. 56–76.

Lexikon der Küchen- und Gewürzkräuter. Herrsching 1977.

Lichtenfelt: Die Geschichte der Ernährung. Berlin 1913.

Lindenberg, Anna: Vom Silvesterfeiern, vom Knockenpott und was dem vorausging. Unser Bocholt 6, 4/1955, S. 36 f.

Löffler, Paul: Fische in der Ahr und ihren Nebenbächen. Heimatjahrbuch Kreis Ahrweiler 1957, S. 116–118.

Lohberg, Rolf: Das große Lexikon vom Bier. 3. erw. u. aktual. Auflage 1984.

Louvet, Leo: Über Heizen, Kochen und Backen in unserer Gegend zu früheren Zeiten. Zwischen Venn und Schneifel 9, 1973, S. 109 f., S. 131–133, S. 154 f.

M

Martha. Eine zuverlässige Ratgeberin in der Kochkunst und Hauswirtschaft. Hg. v. Minna Hooff. Thorn/Leipzig 1917.

Mania, Thomas: »Weißte was – 'nen Schnaps?« Die Gaststätte als Kommunikationszentrum. Theorie und Praxis am Beispiel eines Dortmunder Wohnquartiers (Internationale Hochschulschriften, Bd. 233). Münster u. a. 1997.

Matheus, Michael: Gefeuerter Wein – Zur »Weinverbesserung« in alter Zeit. Jahrbuch Bernkastel-Wittlich, 1985, S. 361–373.

Maurer, Emil: 6000 Jahre Gastronomie. Die Geschichte der feinen Kochkunst. Frankfurt/Main 1981.

Mennell, Stephen: Die Kultivierung des Appetits. Die Geschichte des Essens vom Mittelalter bis heute. Frankfurt/Main 1988.

Meyers Konversations-Lexikon. Ein Nachschlagewerk des allgemeinen Wissens. 17 Bde. 5. Auflage Leipzig/Wien 1894–1897. [MKL]

MitMachWörterbuch (Online unter www.rheinische-landeskunde.de/kompetenz/sprache) [MmWb]

Moeries, Elisabeth: Kleines Kochbuch für die Bäuerin (Der Bauernfreund, Heft 92). Berlin 1946.

Mommsen, Hans/Borsdorf, Ulrich (Hg.): Glück auf, Kameraden! Die Bergarbeiter und ihre Organisationen in Deutschland. Köln 1979.

Mondamin-Kochbuch. Heilbronn/Berlin o.J. (1930).

Morton, Julia F.: Kräuter und Gewürze. Herkunft und Verwendung. München/Zürich 1978.

Müller, Helmut: Kochrezepte aus dem 16. Jahrhundert. Rheinisch-westfälische Zeitschrift für Volkskunde 14, 1967, S. 83–86.

Müller-Klöckner, Lina: Eine Westerwälder Hochzeit um die Jahrhundertwende. In: Beiträge zur Sprache und Volkskunde des Kreises Altenkirchen. Altenkirchen 1980, S. 136 f.

N

Niederrheinisches Kochbuch, darinn Nebst allem demjenigen, was zu dieser Kunst gehoert, nicht nur ausfuehrlich gehandelt wird, sondern auch Verschiedene haußwirthschaftliche Handgriffe und Oekonomische Vorteile gelehrt werden. Erster Band. Düsseldorf 1777.

Niederrheinisches Kochbuch. Die besten Recepte für den bürgerlichen Mittagstisch nebst einer gediegenen Auswahl von Recepten und Anleitungen über die Bereitung von Backwerk, über das Einmachen der Früchte und die Herstellung kalter und warmer Getränke, nebst einem Anhang, eine Anzahl praktischer Winke enthaltend. Neudr. Duisburg 1975.

Nießen, Franz: Brot und Brotbacken am Niederrhein. Die Heimat 54, 1983, S. 52–56.

O

Oehl, Jürgen: Der Döppekoche. Heimatjahrbuch Neuwied 1983, S. 102–104.

Oheim, G.: Das praktische neue Kochbuch. 23. Auflage Gütersloh 1958.

Ossendorf, Karlheinz: Erinnerungen an die Kornbranntweinbrennerei Johann Peter Wüsthofen. Sankt Augustin – Beiträge zur Stadtgeschichte 4, 1984, S. 17–24.

P

Pottkieker Jr.: Bergische Küche. 3. Auflage Wuppertal-Barmen 1976.

Prinz, Jutta (Bearb.): Brauchtum bei Tod und Begräbnis. In: Zender, Matthias (Hg.), ADV NF. Marburg 1959, Lfg. 2, Kt. 20c–24.

Protzner, Wolfgang (Hg.): Vom Hungerwinter zum kulinarischen Schlaraffenland. Aspekte einer Kulturgeschichte des Essens in der Bundesrepublik Deutschland (Beiträge zur Wirtschafts- und Sozialgeschichte, Bd. 35). Stuttgart 1987.

Putra, Gisela: Kröppels, Schwert und Pillekuchen. Alte und neue Rezepte frisch vom Herd der Klingenstadt Solingen. Solingen o.J. (1982)

R

Rath, Claus D.: Zur Problematik der Eß-Forschung am Beispiel eines Forschungsprojekts. Zeitschrift für Volkskunde 76, 1980, S. 189–210.

Reulecke, Jürgen/Weber, Wolfhard (Hg.): Fabrik – Familie – Feierabend. Beiträge zur Sozialgeschichte des Alltags im Industriezeitalter. Wuppertal 1978.

Reuter, Hermann: Siegerländer Weihnachtsgebäck in alter und neuer Zeit (Riewekooche, Wissebäckel und andere Besonderheiten). Siegerland 37, 1960, S. 95–97.

Rey, Manfred van: Großbürgerliche Festessen zur Kaiserzeit. Bonn 1880–1914. Ein Beitrag zur Volkskunde städtischer Bevölkerung. Rheinisch-westfälische Zeitschrift für Volkskunde 34/35, 1989/90, S. 143–203.

Rheinisches Wörterbuch (von verschiedenen Bearbeitern und Herausgebern). 9 Bde. Bonn/Berlin 1928–1971 [RhWb].

Riepenhausen, A./Brauner, Julia: Rund ums Bier. Geschichte und Rezepte. Münster 1977.

Rodway, Avril: Kräuter und Gewürze. Die nützlichsten Pflanzen der Natur – Kultur und Verwendung. Hamburg 1980.

Rüegg, Kathrin: Großmutters Schatztruhe. Altbewährt und überliefert. Augsburg 1989.

Rührig, Wilhelmine: Kochbuch für's Deutsche Haus, enthaltend 1093 auserlesene Kochrecepte für vornehme und bürgerliche Küchen. 10. T. Frankfurt/Main o. J. (1887 oder 1888).

Ruf, Fritz: Die Suppe in der Geschichte der Ernährung. In: Bitsch u. a. (Hg.), Essen und Trinken, S. 165–181.

Ruge-Schatz, Angelika: Von der Rezeptsammlung zum Kochbuch – einige sozialhistorische Überlegungen über Autoren und Benutzer. In: Bitsch u. a. (Hg.), Essen und Trinken, S. 217–226.

Ruland, Josef: Birnenkrautkochen in Mosel – Eifel und Mosel – Hunsrück. Rheinisch-westfälische Zeitschrift für Volkskunde 14, 1967, S. 110–116.

S

Schellack, Gustav: Was man früher auf dem Hunsrück aß und trank. Hunsrücker Heimatblätter 46, 1979, S. 189–197.

Schmeling, Hans-Georg: Werktags- und Sonntagskost nach Vertreibung, Flucht und Neueingliederung. Rheinisch-westfälische Zeitschrift für Volkskunde 14, 1967, S. 90–109.

Schmitt, Josef: Mit bloßen Füßen den Brotteig »gedemmelt«. In Leubsdorf entsteht das alte Backes neu. Heimat-Jahrbuch Neuwied, 1985, S. 109–112.

Schreiber, Heike: Bergischer Leckerfress. Rezepte – Bilder – Geschichten. (Remscheid) 1981.

Schumacher, Uschi: Das Bergische Kochbuch. Ein Buch zum Schmunzeln und Kochen mit Zeichnungen von Jochen Geilen. Gummersbach 1978.

dies.: Wissenswertes über die Bergische Kaffeetafel und die bäuerliche Eigenwirtschaft. In: Oberberg – Heimatjahrbuch für den Oberbergischen Kreis 1984, S. 139–143.

dies./Michel, Rainer: Omas Bergische Backstube mit Bergischer Kaffeetafel. Gummersbach 1981.

Segschneider, Ernst Helmut: Not kennt kein Gebot. Formen der Nahrungsbeschaffung nach dem Zweiten Weltkrieg im Raum Osnabrück. Rheinisch-westfälische Zeitschrift für Volkskunde 34/35, 1989/90, S. 205–238.

Setzen, Werner: Aachener Printenbrevier. Aachen 1985.

Siemes, Helena: Von der »Schwarzbrotgrenze« zum Spekulatiusbrett. Traditionelles Gebildbrot, Gebackenes und Gebäck zwischen Neujahr und Weihnachten. In: Heimatbuch Kreis Viersen, 1996, S. 158–172.

Stein, Trude und Veronika: Das Kochbuch aus der Eifel – gesammelt, aufgeschrieben und ausprobiert von Trude und Veronika Stein mit einem Vorwort von Walter Stein. Münster 1981.

Steinbach, Gunter (Hg.): Das Mosaik-Lexikon der Nutzpflanzen. Der Gemüse-, Kräuter- und Obstgarten in über 250 farbigen Pflanzenportraits. München 1986.

Straelener Wirtschafts-Blatt. Freie unabhängige Speisekarte nach Großmutters Rezepten. 2. Jahrgang 1982. (Speisekarte von Hotel-Restaurant »Straelener Hof«)

T

Tappe, Heinrich: Der Kampf gegen den Alkoholmißbrauch als Aufgabe bürgerlicher Mäßigkeitsbewegung und staatlich-kommunaler Verwaltung. In: Teuteberg (Hg.), Durchbruch zum modernen Massenkonsum, S. 189–235.

Tenfelde, Klaus: Sozialgeschichte der Bergarbeiterschaft an der Ruhr im 19. Jahrhundert. 2. durchges. Auflage Bonn 1981.

Teuteberg, Hans Jürgen: Die Nahrung der sozialen Unterschichten im späten 19. Jahrhundert. In: Heischkel-Artelt (Hg.), Ernährung und Ernährungslehre im 19. Jahrhundert, Göttingen 1976, S. 205–287.

ders. (Hg.): Durchbruch zum modernen Massenkonsum. Lebensmittelmärkte und Lebensmittelqualität im Städtewachstum des Industriezeitalters (Studien zur Geschichte des Alltags, Bd. 8). Münster 1987.

ders. / Bernhard, Annegret: Zur Entwicklung der Säuglings- und Kinderernährung. In: Teuteberg / Wiegelmann, Unsere tägliche Kost, S. 379–406.

ders. / Wiegelmann, Günter: Der Wandel der Nahrungsgewohnheiten unter dem Einfluß der Industrialisierung (Studien zum Wandel von Gesellschaft und Bildung im 19. Jahrhundert, Bd. III). Göttingen 1972.

dies.: Unsere tägliche Kost. Geschichte und regionale Prägung (Studien zur Geschichte des Alltags, 6). 2. Auflage Münster 1988.

Treue, Wilhelm: Das Aufkommen der Ernährungsindustrie. In: Heischkel-Artelt (Hg.), Ernährung und Ernährungslehre im 19. Jahrhundert, S. 99–116.

U

Uhlich, Werner: Nahrungsmittel ABC. Das Nachschlagewerk für gesunde Ernährung. Stuttgart 1981.

V

Vlachová, Libuse: Das Bier Kochbuch. o. O. 1995.

Völger, Gisela / Welck, Karin von (Hg.): Rausch und Realität. Drogen im Kulturvergleich. 3 Bände. Ausstellung Köln 1981.

Vogt, Irmgard: Alkoholkonsum, Industrialisierung und Klassenkonflikte. In: Völger und Welck (Hg.), Rausch und Realität Bd. 1, S. 202–211.

W

Wedertz, Julius: Essensgewohnheiten in alter Zeit. 2. Auflage Kleinich 1987.

»Wem der geprant wein nutz sey oder schad …« Zur Kulturgeschichte des Branntweins. Katalog zur Eröffnungsausstellung des Wilhelm-Fabry-Museums der Stadt Hilden / Historische Kornbrennerei. Hilden 1989.

Wiegelmann, Günter (Bearb.): Tischsitten. Essen aus der gemeinsamen Schüssel. In: Zender, Matthias (Hg.), ADV NF. Marburg 1965, Lfg. 4, Kt. 43.

ders.: Alltags- und Festspeisen. Wandel und gegenwärtige Stellung (ADV, NF, Beiheft 1). Marburg 1967.

ders.: Der Wandel von Speisen- und Tischkultur im 18. Jahrhundert. In: Teuteberg / Wiegelmann, Unsere tägliche Kost, S. 335–344.

Wiswe, Hans: Kulturgeschichte der Kochkunst. Kochbücher und Rezepte aus zwei Jahrtausenden mit einem lexikalischen Anhang zur Fachsprache von Eva Hepp. München 1970.

Wrede, Adam: Rheinische Volkskunde. 2. verb. u. verm. Auflage Heidelberg 1922. Reprint Frankfurt/Main 1979.

ders.: Eifeler Volkskunde. 3. Auflage Frankfurt/Main 1983.

ders.: Neuer Kölnischer Sprachschatz. 3 Bände. 12. Auflage Köln 1999.

Wyrwa, Ulrich: Branntwein und »echtes« Bier. Die Trinkkultur der Hamburger Arbeiter im 19. Jahrhundert. Hamburg 1990.

Z

Zedler, Johann Heinrich: Grosses vollständiges Universal-Lexicon. Bd. 41: Suin–Tarn. Leipzig/Halle 1744, Nachdruck Graz 1962. Sp. 343–361: »Suppen.«

Zentis, J.: Die rheinische Rübensirup-Erzeugung. Diss. masch. Köln 1922.

Ziebarth, Ulrich: Kulinarisches aus Rheinland und Westfalen. Paderborn 1984.

Zwingelberg, Tanja: Medizinische Topographien, städtebauliche Entwicklungen und die Gesundheit der Einwohner urbaner Räume im 18. und 19. Jahrhundert. Diss. Göttingen o. J.

Liebe Leser,

eine Bitte zum Schluss: Küche und Essen sind wichtige Ausdrucksformen und Träger jeder Kultur und eine elementare Möglichkeit, Heimat zu erleben und eine kulturelle Identität zu finden. In diesem Buch stellen wir Ihnen viele Facetten der rheinischen Küche vor, die aus vielfältigen Gründen als »typisch« gelten können. Manches von dem, was Sie beim Lesen entdecken können, stammt aus einer Zeit, die uns schon weit entfernt erscheint oder tatsächlich einer vergangenen Kultur angehört – wie etwa die Hausschlachtung. Die Berichte, die eine wichtige Grundlage des vorliegenden Lexikons bilden, spiegeln Veränderungen wider, die sich vor allem im Verlauf des 20. Jahrhunderts vollzogen haben.

Solche Veränderungen unserer Ernährungsgewohnheiten und unserer Esskultur sind wichtige Indikatoren für den kulturellen Wandel, der sich auch heute vollzieht. Um ihnen weiter nachgehen zu können, brauchen wir Ihre Mitarbeit: Was bedeutet »rheinische Küche« heute für Sie und Ihre Familie? Berichten Sie uns von Ihren Erinnerungen an bestimmte Gerichte, die mit Ihren Vorstellungen von »Rheinland«, »Heimat« oder »Kindheit« verbunden sind. Schicken Sie uns Ihre alltäglichen Speisepläne, nennen Sie uns Termine und Anlässe für bestimmte Gerichte oder schildern Sie uns Bräuche, Traditionen und Tischsitten, die für Sie wichtig sind.

Dann können wir der typisch rheinischen Küche weiter auf der Spur bleiben. Vielen Dank für Ihre Mithilfe.

Bonn, im Februar 2011

Dr. Berthold Heizmann und Dr. Dagmar Hänel

Zuschriften bitte an:

Dr. Berthold Heizmann
Dr. Dagmar Hänel
LVR-Institut für Landeskunde und Regionalgeschichte
Endenicher Straße 133
53155 Bonn

berthold.heizmann@lvr.de
dagmar.haenel@lvr.de

oder

Greven Verlag Köln
Stichwort: »Rheinische Küche«
Neue Weyerstraße 1–3
50676 Köln

Greven.Verlag@Greven.de